2012年国家自然科学基金青年科学基金项目(71203161)
农业科技创新体系中农民专业合作社的职能配置及其实现机制
浙江省哲学社会科学规划课题(15NDJC100YB)
农业科技成果转化体系中农民专业合作社的作用及其实现机制

Research on Technological Innovation Strategy of Labor-Managed Firms

——The Case of Farmer Professional Cooperatives

共营企业的技术创新战略

——以农民专业合作社为例

罗建利　著

ZHEJIANG UNIVERSITY PRESS
浙江大学出版社

图书在版编目(CIP)数据

共营企业的技术创新战略：以农民专业合作社为例 /
罗建利著. —杭州：浙江大学出版社，2017.3
ISBN 978-7-308-16652-2

Ⅰ.①共⋯　Ⅱ.①罗⋯　Ⅲ.①农业合作社—专业合作
社—研究—中国　Ⅳ.①F321.42

中国版本图书馆 CIP 数据核字(2017)第 016912 号

共营企业的技术创新战略——以农民专业合作社为例
罗建利　著

责任编辑	石国华
责任校对	杨利民　沈炜玲　汪淑芳
封面设计	刘依群
出版发行	浙江大学出版社
	（杭州市天目山路 148 号　邮政编码 310007）
	（网址：http://www.zjupress.com）
排　　版	杭州星云光电图文制作有限公司
印　　刷	杭州日报报业集团盛元印务有限公司
开　　本	710mm×1000mm　1/16
印　　张	15
字　　数	280 千
版 印 次	2017 年 3 月第 1 版　2017 年 3 月第 1 次印刷
书　　号	ISBN 978-7-308-16652-2
定　　价	45.00 元

序　言

　　技术创新是企业增强竞争力的核心途径,是企业加快发展的根本源泉。目前国内外学者对技术创新管理理论进行了广泛和深入的研究,为提升企业技术创新能力、形成竞争优势发挥了重要的指导作用。然而,已有的技术创新理论研究主要针对利润最大化企业。现实中还存在另一类为数不多但很重要的企业——即以追求员工收益最大化为目标的共营企业。作为一类以追求公平为主的企业,共营企业的组织方式、利益分配制度和雇佣关系等与利润最大化企业存在根本的不同,技术创新的战略选择显著不同,因此需要研究适用于共营企业的技术创新管理理论。基于此,罗建利博士从东南大学管理科学与工程专业攻读博士学位开始,综合运用共营企业理论、技术创新理论、博弈论、产业组织理论等,采用理论分析与实际案例分析相结合的方法,持续多年开展共营企业的技术创新战略研究,取得了多方面很有意义的研究成果。

　　一是研究了技术创新溢出效应对共营企业技术创新投入战略的影响。分析了当考虑技术创新溢出效应时,共营企业和利润最大化企业在寡头竞争下的技术创新战略互动,以及技术创新溢出效应对共营企业的产出决策和技术创新投入决策的影响。在相同条件下研究了两家共营企业共存、两家利润最大化企业共存环境下,利润最大化企业和共营企业在产出决策和技术创新投入决策上存在的差异,同时阐明了相关研究结论对促进共营企业发展和政策倡导的作用。

　　二是研究了技术吸收能力效应对共营企业的技术创新投入战略的影响。分别探讨在共营企业与共营企业共存的双寡头市场,共营企业与利润最大化企业共存的双寡头市场下,技术吸收能力效应分别对共营企业在产品产出决策、技术创新投入决策以及社会福利的影响;以及存在技术吸收能力效应时,共营企业和利润最大化企业在产品产出决策和技术创新投入决策方面的区别。进一步以农民专业合作社为例,通过案例分析,探讨合作社技术吸收能力的结构框架,以及合作社技术吸收能力的提升路径问题。

　　三是分析技术创新风险和不确定性对共营企业的技术创新投入战略的影响。首先探讨市场需求信息、成本信息、技术创新投入信息分别对共营企业和利润最大化企业的产出与福利的影响,比较了利润最大化企业和共营企业在信息获取方面的不同反应,以及不同寡头市场的区别。在此基础上,采用期权博弈,结合市场需求不确定性和技术创新结果不确定性,分析共营企业和利润最大化企业共存条件下的技术创新投资期权,并分别讨论技术创新成功所带来的成本节约程度、技术创新成功所需要的最大投入、预期市场需求水平对技术创新投入的影响。在理论分析的基础上,以农民专业合作社为例,从农民专业合作社技术创新的技术因素、外部环境因素、合作社自身因素三个维度探讨了合作社的技术创新风险范式,并在三个维度风险的基础上,提出了相应的风险防范策略。

四是以农民专业合作社为例,探讨了共营企业技术创新的实施模式选择问题。在理论研究的基础上,通过对40多家科技型合作社进行实证分析,讨论了合作社技术创新的具体特征,并从企业内部因素、企业外部因素,以及待开发技术的特点三个维度系统研究了合作社技术创新实施模式选择的主要影响因素。另外,针对目前政府关于科技型合作社的建设问题,提出了科技型合作社的界定,并以西班牙蒙德拉贡合作社为借鉴,提出了科技型合作社的培育方法和路径。

作为罗建利博士的导师,看到其以博士论文为基础撰写成的《共营企业的技术创新战略——以农民专业合作社为例》一书即将出版,感到很高兴。该书围绕共营企业技术创新战略问题展开,理论研究深入,实证分析翔实,相信书中的观点和内容能给读者带来思考与启示。

仲伟俊

前　言

公平和效率一直是经济学和社会学讨论的两个问题。共营企业（Labor-managed Firms）作为一种追求公平为主的企业，在构建和谐社会方面发挥着重要的作用。尤其在某些领域，共营企业正越来越成为一种必需的组织形式。但同时共营企业也必须面对激烈的市场竞争，共营企业如何通过技术创新提升企业效率和市场竞争力，是这类企业发展中迫切需要解决的问题。浙江省2005年1月出台、实施了第一部合作社法规《浙江省农民专业合作社条例》，国家于2007年7月同时出台、实施了《中华人民共和国农民专业合作社法》和《中华人民共和国农民专业合作社登记管理条例》，大力发展农民专业合作社已经成为社会各界的共识。我国还发展了许多其他合作社形式，如供销合作社、农村信用合作社、能源合作社等共营企业。

然而由于目前社会主义市场经济体制还不完善，因此国内的经济制度在今后甚至相当长的时期内是以利润最大化企业和共营企业共存的模式为主导。Garino（2004）认为共营企业并不比利润最大化企业效率低，反而认为共营企业能够从根本上提高劳动者的积极性。造成现阶段共营企业不流行的根源是目前还没有一套成熟的制度和体制。因此，有必要研究共营企业的性质，制定相关的政策，促进共营企业的发展。

技术创新是培育与强化共营企业核心竞争力的根本途径，是共营企业发展的根本源泉。本书综合运用共营企业理论、技术创新理论、博弈论、产业组织理论和合作组织等理论，采用理论分析、数学建模和实际案例分析相结合的方法，从提高共营企业技术创新的效率出发，研究共营企业的技术创新战略，并比较共营企业和传统的利润最大化企业（Profit-maximizing Firms）在技术创新方面的异同点。在此基础上，以共营企业的典型类型——农民专业合作社为例，研究合作社技术吸收能力的提升、合作社技术创新实施模式选择、合作社技术创新风险控制，以及科技型农民专业合作社的培育等一系列问题，为农民专业合作社的健康发展提供理论依据和政策建议。本书第一章比较系统地阐述了共营企业的内涵、发展状况、主要类型，讨论了共营企业进行技术创新的意义，综述了共营企业技术创新的研究现状。第二章在介绍技术创新战略的相关内容和共营企业理论的基础上,提出了共营企业技术创新战略管理的研究框架,并从技术创新投入战略和技术创新实施模式两个角度出发提出了本书的内容框架。第三章研究了技术创新溢出效应及其对共营企业技术创新投入战略的影响;分析了当考虑技术创新溢出效应时,寡头竞争下的共营企业的技术创新战略互动,以及技术创新溢出效应对共营企业和利润最大化企业的产出决策和技术创新投入决策的影响。第四章研究了技术吸收能力效应对共营企业的技术创新投入战略的影响;探讨双寡头市场下,技术吸收能力效应分别对共营企业在产品产出决策、技术创新投入决策以及社会福利的影响;并以农民专业合作社为例,探讨合作社技术吸收能力的结构框架,以及合作社技术吸收能力的提升路径问题。第五章分析技术创新风险和不确定性对共营企业的技术创新投入战略的影响。在理论分析的基础上,以农民专业合作社为例,从农民专业合作社技术创新的技术因素、外部环境因素、合作社自身因素三个维度探讨了合作社的技术创新风险范式及其风险防范策略。第六章以农民专业合作社为例,探讨了共营企业技术创新的实施模式选择问题。通过对40多家科技型合作社进行实证分析,讨论了合作社技术创新的具体特征,并从企业内部因素、企业外部因素,以及待开发技术的特点三个维度研究了影响合作社技术创新实施模式选择的主要因素。第七章针对目前农业科技体系中存在的问题,将合作社纳入农业科技创新体系中,构建了新型农业科技创新体系的理论分析框架,并进一步探讨农业科技创新体系中合作社的作用及其影响因素。

本书的理论研究成果,同样具有重要的实践意义。现阶段,农民专业合作社是共营企业的典型代表,本书关于共营企业的研究为目前国内外农民合作社的研究和进一步发展提供了理论基础。尤其是笔者关于共营企业技术创新战略的研究,为当前合作社进行技术创新、实施"科技兴农"战略提供了理论支撑。例如,笔者从2007年开始研究合作社的技术创新战略,江苏省科技厅于2011年11月开始实施了第一批科技型农民专业合作社的建设工作,目前已经建设了三批科技型农民专业合作社,即将启动第四批科技型农民专业合作社的申报和建设。因此,笔者关于共营企业技术创新的研究,尤其是关于农民专业合作社技术创新的研究具有前瞻性,其研究成果为各地政府实施科技型农民专业合作社的建设提供理论依据和政策倡导。本书理论色彩浓厚,同时结合实证案例验证,资料翔实,可为研究者和决策者提供可靠的理论依据和案例经验借鉴。同时,本书对共营企业的技术创新理论研究为非主流企业的技术创新提供了一个研究特例,同时丰富了技术创新理论的范畴。

　　本书在笔者博士论文的基础上,在国家自然科学基金项目"农业科技创新体系中农民专业合作社的职能配置及其实现路径研究"(71203161)和中国博士后科学基金一等资助项目"合作社参与农业科技创新的模式:基于资源基础观的视角"(2013M530287)资助下,经过笔者博士后阶段的积累,以及在英国Exeter大学访学期间的进一步完善,内容更加充实,结构框架更加具有逻辑性,结合实际案例完成由理论到实践的落地,以及实践到理论的升华。

　　由于笔者水平有限,不当之处在所难免,恳请指正!

罗建利

目　录

1 绪 论

随着市场竞争日益加剧,技术创新越来越成为企业赢得竞争优势的主要途径。目前国内外学者对技术创新理论的研究,在提升企业技术创新能力、激励企业技术创新方面,发挥了重要作用。然而,已有的研究主要针对利润最大化企业(Profit-maximizing Firm,简称 PM 企业或 PMF),现实中还存在虽然为数不多,但很重要的另一类企业——即以追求员工收益最大化为目标的共营企业(Labor-managed Firm,简称 LM 企业或 LMF)。由于共营企业在组织方式、利益分配制度和雇佣关系等方面与利润最大化企业存在根本的不同,因此需要研究适用于共营企业的技术创新理论、方法和战略,以提升共营企业的市场竞争力。

1.1 共营企业概况

根据企业制度理论,企业可以分为新古典企业理论学派提出的利润最大化企业,产权理论学派提出的资本家企业,以及伊利里亚学派提出的共营企业。美国和联邦德国的经济学家将共营企业称为"社会主义市场经济"体制下的企业,主要包括股份合作制企业、生产合作社、农业合作社、供销合作社、农村信用合作社、能源合作社、工人自治企业、手工业合作社、广告事务所、会计师事务所、零售商店、股票经济所等。共营企业实质上是一种劳动力雇佣资本型的工人所有制股份合作企业,体现了企业员工的主人翁地位,可以充分调动员工参与企业经营与管理的积极性。国际上相当多的企业属于共营企业,共营企业在国民经济建设中已成为一支不可或缺的企业力量。现实世界中,共营企业的历史甚至比典型的利润最大化企业还要久远,从经验上看其效率并不低于同类的利润最大化企业。如 Bartlett 和 Cable(1992)等研究发现意大利的生产合作社的劳动生产率,比类似的私有企业要高得多。Bradley 和 Estrin 等(1990)发现英国的约翰·刘易斯合伙企业自 20 世纪 50 年代以来,根据英国零售部门的标准衡量,其增长率、利润率和生产率都高于同类的利润最大化企业。另外,创建于 1956 年的蒙德拉贡合作社是西班牙十大企业之一,其连锁超市是西班牙最大的零售企业,合作制的劳动者银行是西班牙五大银行之一。我国台湾地区共营企业代表之一——台湾积体电路制造股份有限公司 2007 年被评为全球第六大半导体公司。共营企业在世界各地广泛存在,如以色列、西班牙、美国、英国、法国、意大利、日本等,都存在许多以追求员工收益最大化为目标的共营企业,部分企业表现出良好的发展趋势。

我国的农民专业合作社(以下简称合作社)属于典型的共营企业,为社员提供农资供应、产品销售、市场信息、技术交流等各类服务,部分解决了农户分散小生产与大市场的对接问题,在农民增收、农业增效、农村发展等方面发挥了积极的作用(孔祥智,2005;徐旭初,2005)。人们日益认识到农民专业合作社的作用,政府也开始鼓励和支持农民专业合作社的发展,浙江省 2005 年 1 月出台了我国第一部合作社法规《浙江省农民专业合作社条例》,国家于 2007 年 7 月同时出台、实施了《中华人民共和国农民专业合作社法》和《中华人民共和国农民专业合作社登记管理条例》,大力发展农民专业合作社已经成为社会各界的共识。当前我国农民专业合作社蓬勃发展,截至 2016 年 6 月底,全国依法登记的农民合作社达到 166.9 万家,实有入社农户约占全国农户总数的 42.7%。

共营企业的技术创新在促进技术转移、扩散和经济发展方面发挥了显著的作用。例如,在现代农业发展实践中,农民专业合作社在农业科技创新中发挥着越来越重要的作用。依托合作社,科技人员和科技能手发挥了科技指导、示范、带动作用。农民专业合作社培养了一支乡土科技人员队伍,并在产业共性技术和关键技术的开发、引进和转化等方面起到重要作用,加快了农业科技创新的步伐。我国政府已经认识到农民专业合作社技术创新的战略意义,开始着手提高农民专业合作社的技术创新能力,通过建设科技型农民专业合作社示范工程等一系列技术创新政策,提高合作社的市场竞争力。例如,2009 年 10 月,江苏省科技厅发布了《关于组织申报江苏省科技型农民专业合作社的通知》,并于 2010 年 3 月启动了首批 116 家科技型农民专业合作社的建设。然而,共营企业作为一种非主流企业,在市场竞争中,尤其是面临较为成熟的利润最大化企业的竞争,其发展受到了很大的阻碍。例如农民专业合作社的发展很大部分依赖政府的扶持、资助,即使这样,其发展规模也不能与利润最大化企业相比。从总体上看,目前我国的农民专业合作社尚处在起步阶段,在推动农业科技创新中仍然面临一系列制约因素。这势必影响农民自我发展和持续增收的能力,进而影响农业技术创新的推进。

共营企业要增强竞争力,能够比竞争对手以更低的成本、更高的质量、更快的速度向用户提供各种创新性、个性化的产品和服务,有多种策略可供选择,如提高共营企业的规模等。然而,随着经济全球化和科学技术的飞速发展,客户的需求越来越多样化和个性化,技术创新能力对企业竞争力的影响越来越大,竞争优势越来越偏爱那些能够利用知识、技术、组织管理不断开发新产品、新工艺和新服务的企业。在这种背景下,产品创新、工艺创新和服务创新是增强共营企业竞争力的主要途径。因此,提升共营企业的技术创新能力,已经成为发展共营企业的关键之一。

目前,已有的技术创新理论主要以利润最大化企业为主。由于共营企业的组织形式、分配方式、雇佣关系等方面与利润最大化企业根本不同,导致其技术创新与利润最大化企业存在着较大的不同。例如,与利润最大化企业相比,共营企业热衷于劳动节约型的技术创新(Labor-saving Technical Change),更倾向于资本节约型技术创新(Capital-saving Technical Change)(Goel and Haruna,2007)。VanekVanek(1970)的研究表明:相对于利润最大化企业,共营企业更加倾向于进行渐进性创新(Minor Innovation 或 Incremental innovation)(Vanek,1970)。因此需要研究适用于共营企业的技术创新理论,以提升共营企业的市场竞争力。正如 Dow(2003)和Garino(2004)所说的,共营企业并不比利润最大化企业效率低,相反,共营企业能够从根本上提高劳动者的积极性。造成现阶段共营企业不流行的一个重要原因是目前没有一套成熟的制度和体制。因此,研究共营企业的技术创新行为,并制定相关的政策,对促进共营企业的发展具有重要的意义。

1.2　共营企业的起源、概念和主要形式

1.2.1　共营企业的起源

现存历史最悠久的共营企业是 18 世纪英国和意大利的一些企业(Bonin,Jones, et al.,1993)。第二次世界大战之后,前南斯拉夫各国在立法上明确规定共营企业的控制权属于全体员工。20 世纪 70 年代至 80 年代期间,共营企业在西欧各国得到了快速发展。例如,1970 年至 1982 年期间意大利的共营企业数量从4370 家增加到 11203 家;相同时期的法国,共营企业数量从 522 家增加到 933 家。而在英国,1976 年至 1981 年期间,共营企业的数量增长了 10 倍,其员工数量也增长了 1.33 倍。20 世纪 80 年代中期,以前南斯拉夫和苏联工人合作社为典型代表的共营企业组织曾非常流行。到 1984 年,具有共营企业性质的生产合作社组织就业总人数达到近 2800 万人,这也带动了世界范围内的生产合作社组织的发展。目前共营企业在世界各地仍广泛存在,例如中国、以色列、西班牙、美国、英国、法国、意大利、日本等国都存在着不同形式的共营企业。

1.2.2　共营企业的概念

目前对共营企业存在不同的命名方式,有人称为 Labor-managed Firm 或Labour-managed Firm,中国人民大学杨瑞龙将其称为劳动管理型企业,我国台湾"中央大学"、台湾大学等将其称为共营厂商等。共营企业概念的提出是相对于利润最大化企业而言的,目前对这个概念还没有明确的界定。其中新古典理论对共营企业做如下假设(Ward,1958):①与传统的利润最大化企业不同,共营企业中员工控制企业的决策权,企业内部实行一人一票制;②共营企业是纯租赁型企业,员工不拥有租赁资本,但资本回报受到限制,即享有固定利息收入;③员工分享企业产生的利润,即共营企业并不是按照契约支付工资,而是获得剩余收入;④在共营企业中员工追求人均收入最大化而不是企业总利润最大化。Dow(2003)、Dow 和Skillman(2007)也对共营企业和利润最大化企业的内涵进行了区分,认为共营企业的确切含义为"劳动管理型企业",而不是"工人所有企业"。对共营企业的研究应该关注控制权,而非所有权。Dow(2003)、Dow 和 Skillman(2007)根据控制权

确定了区分不同组织形式的标准,即共营企业和利润最大化企业之间的区别最终可归结为与正式的控制权相关的问题:如果是"资本提供者"(或者加上少数普通股持有者)选举董事会,则为利润最大化企业;如果是"劳动提供者"(或者诸如已在企业工作一年以上的职工,或者有特定的才能),则为共营企业。

笔者认为共营企业与利润最大化企业的区别主要体现在分配形式、民主形式和雇佣形势三个方面,如表1-1所示。

①分配方式:共营企业一般追求员工平均收益最大化,而利润最大化企业追求企业总利润最大化,其员工仅仅获得相对固定的工资报酬。

②民主形式:共营企业追求民主原则,即共营企业内部进行重大决策时,一般实行一人一票制,或者控制权归员工所有;而利润最大化企业一般由企业高层领导等部分人进行决策,控制权属于资本所有者。

③雇佣形式:共营企业采取劳动雇佣资本的方式,而利润最大化企业采取资本雇佣劳动的方式。

表1-1 共营企业和利润最大化企业的主要区别

区别	共营企业	利润最大化企业
企业目标	追求员工收益最大化	追求企业总利润最大化
分配形式	一般追求平均分配,现实中共营企业内员工的收益相差不大	员工之间的收益相差较大
民主形式	追求民主原则,一般实行一人一票制,企业控制权归员工所有	企业由高层领导或资本所有者进行决策,企业控制权掌握在资本所有者手中
雇佣形式	劳动雇佣资本	资本雇佣劳动

资料来源:作者根据文献整理。

1.2.3 共营企业的主要形式

现实中存在不同形式的共营企业,从行业角度可以分为工业领域的各种共营企业,农业合作社和手工业合作社等。从组织形式角度,共营企业可以分为职工议会制度,德国法律强制执行的监事会中的员工代表权制度,日本公司中非正式的、无明确法律形式的联合决策模式,西班牙的员工合作系统,美国的新一代合作社和员工所有制等。本节主要从共营企业的组织形式角度说明不同形式的共营企业的特点。

1. 社会主义自治制度

1950年6月南斯拉夫国民议会通过《关于工人集体管理国家经济企业和高级经济联合组织的基本法》,即《工人自治法》,宣布在"工厂、矿场、交通、运输、贸易、农业、林业、公用事业和其他国营经济企业"中实行工人自治,还宣布将生产资料的国家所有制改为社会所有制,国营企业改为社会所有制企业。并规定在企业中建立工人委员会,把企业的管理权交给工人,标志着自治社会主义制度的开始。在南斯拉夫社会主义自治制度中,正确处理管理者同劳动者之间关系的措施主要是坚持了如下五项制度:职工大会制度、劳动者直接进行民主选举的制度、经理和主要企业领导人的招聘制度、劳动者的直接监督制度、按劳付酬制度(刘国平,1981;左大培,2009)。南斯拉夫社会主义自治制度,是根据南斯拉夫本国情况采用的社会主义社会关系的体系,是在南斯拉夫的具体条件下开创的独立自主建设社会主义的道路。南斯拉夫社会主义自治制度在实践中不断充实和完善。1971年以后,开始在经济和社会事业部门实行"联合劳动"体制,对经济自下而上地实行相对集中的管理。但是,过早削弱和取消国家管理经济的职能,过分削弱中央权力和计划指导作用,造成经济建设中的无政府主义、比例失调等问题。

社会主义自治制度的确立集中反映了南斯拉夫解放30年来政治经济体制改革的成就。然而,社会主义自治制度孕育着许多涉及自治社会的政治、经济、民族关系等多方面的潜在矛盾。此后的实践表明,各共和国关系上的"邦联化",政体上的"极端民主化"、经济上的过度分散化和违背经济规律的契约化,民族关系上的分立化等倾向日趋明显。与此同时,南共联盟的"联邦化"也日益表面化。回顾南斯拉夫20世纪70年代中期以来的这段历史,曾经被认为是最完善的社会主义自治制度,恰恰是在其以宪法形式全面确立之时,开始了这一制度本身发生根本性动摇的过程。1992年4月27日,南斯拉夫联邦议会通过了由塞尔维亚和黑山两个共和国联合组成的南斯拉夫联盟共和国宪法。至此,原南斯拉夫社会主义联邦共和国已彻底解体。南斯拉夫联邦统一的社会主义自治制度也随之失败。

2. 合作社

合作社是共营企业的典型代表,在意大利、法国、西班牙、日本、以色列、中国等各个国家都存在不同形式的合作社。

意大利是欧洲拥有共营企业数量最多的国家,Estrin(1985)发现1982年意大利拥有11000多个共营企业,50万工人。继1844年在英国的罗奇戴尔出现世界上公认的第一个合作社后,意大利于1854年在都灵建立了一个名叫"保险商店"的合作组织,它是一个消费合作社。1856年,萨窝那省的玻璃制品手工业者又成立了意大利第一个生产合作社。意大利合作社经历了100多年的发展,尽管组织形式和经营内容在不断发展变化,但始终坚持了合作制的原则,保持了合作社的特征。为确保合作社的互助性和民主性,意大利法律规定合作社的目的是互助性质的,它以比市场优惠的条件向社员直接提供物品、服务和劳动机会。劳动合作社的社员必须是劳动者,并从事与该合作社相同的职业;与合作社业务相同的企业经营者不得入社。不直接从事劳动的管理人员和科技人员可以被接纳为社员,但他们的人数不得超过社员总数的12%,农业合作社的管理人员和科技人员不得超过社员总数的8%。合作社的股本总额没有限制,但每个社员的股金不得超过200万里拉,农产品加工、制作合作社社员的股金不得超过40万里拉。入社三个月以上的社员方得享有投票权。不管每个社员股金多少,一律实行一人一票。社员可以委托三代之内的直系亲属或两代之内的旁系亲属代表自己参加社员大会,但被委托的人必须与该社员在同一农场从事农业劳动。意大利合作社实行基层专业合作社、地区联合社、全国合作社组织（Legacoop 国家合作社联盟）三级治理结构,各自担负不同的职责。

法国的合作社起源于 19 世纪上半叶(Sibille,1982)。合作社是以生产为基础、以经营为主导的综合性农业合作组织,规模逐渐扩大并进一步延伸到初级农产品加工与销售,从而确定了农业合作社的产业化道路发展方向。1960 年以后,法国农业合作社企业进行大规模兼并,农业合作社企业的数量从 1965 年的 7500 个减少到 1982 年的 4000 个,但规模不断扩大,营业额不断增长,综合性也不断加强,成为生产、加工、销售、贸易四位一体的综合性农业合作组织,其经营业务也从最初的农产品生产扩展到农产品加工、储藏、销售和贸易领域(李先德和孙致陆,2014)。1966 年,法国农业合作社联盟成立,联盟是合作社的最高组织机构,成员主体是 14 个行业合作社联合会,222 个大区的区域性合作社联盟和少量大型的专业合作社。主要任务是组织协调和为社员服务,作为协会性组织,与政府、议会对话,开展对外联络和交流,保护合作社的利益。1968 年,法国全国合作社协会成立。2006 年,法国政府成立专门负责农业合作事务的法国农业合作最高理事会（HCCA）,该理事会负责农业合作原则与标准的修订、参与相关农业合作公共政策的制定与执行、促进农业合作在各地区的均衡发展以及农业合作经济效益的提高、监管农业合作政策与法规的执行、加强与其他政府部门的合作、为农业合作社的发展提供支持等。经过近几十年来的发展,目前,法国 90% 以上的农民至少加入一个农业合作社。到 2009 年年底,法国共有 2900 个农业合作社企业,社员 50 万个,雇员 15 万人,当年总营业额为 824 亿欧元;地方农业互助信贷银行有 2540 个,社员 650 万个,雇员 16 万人,当年总营业额为 313 亿欧元;共同使用农业生产资料合作社有 1.34 万个,法国约 50% 的农民参加该合作社,雇员 5500 人,当年总营业额为 4.64 亿欧元。农业合作社已经融入法国农业和食品行业产前、产中与产后的各个环节,从生产到销售、加工、贸易的各个环节都有农业合作社参与,成为农业和食品行业重要的组成部分。

西班牙从 19 世纪末期产生第一个农业合作社开始,目前建立健全了各种类型的农业合作社,实现了农业的规模化、产业化和现代化。农业合作社在西班牙经济社会中占有重要地位,被西班牙理论界称之为"高于数学和收益平衡表之上的体现人的存在价值的一种社会经济形式"。西班牙全国合作社有 2 万个左右,平均每年新建 3200 个合作社,以 13% 的速度增长,约有 26 万社员。从合作社类型看,主要是联合劳动性质的合作社(3200 个合作社中有 2000 个属于此类)。此外,还有消费、住房、农业、服务、海上交通、保险、卫生、教育、培训、信贷等合作社。其中,农业合作社很发达,农民基本上都参加了农业合作社,全国 90% 的农产品由合作社生产。西班牙农业合作社的类型很多,有酸类水果种植合作社、农业与环境保护合作社、纯种子培植合作社、灌溉和地下用水合作社、农村金融合作社、产品仓储包装销售合作社、产品加工销售合作社及其他类型合作社。按照农业合作社的发展层次，分为一级农业合作社、二级农业合作社。一级农业合作社成员都是农业生产者，二级农业合作社主要成员是一级农业合作社或外来原料供应者、服务者。同一行业5个以上的农业合作社可以组成行业联合会，不同的行业联合会可以再联合，最大的联合会是FELOAN CCAE（西班牙合作社联合会）。

日本的农业合作社称为"农业协同组合"（Japan Agricultural Cooperatives），简称"农协"。日本政府1947年颁布了《农业协同组合法》，这部法律是以罗奇戴尔公平先锋社原则为思想基础的，以指导农业合作社健康发展。日本农协在其50多年的发展历程中，一直处于政府的保护和援助之下，属于政府推动型合作社。日本农协规模不断发展壮大，无处不在的合作组织在提高农民的组织化程度，保护农民利益，增加农民收入等方面发挥了不可替代的作用。此外，农事组合法人是专门以农民和与农作业相关的合作发展为目的，山岸会就是目前日本最大的农事组合法人。作为农民自主经营的农业经济合作组织，农协主要从事农产品的销售，农业生产所需肥料、农药及农机器具的采购，金融、技术与经营的指导等活动，以"农业者"（包括农户以及小规模农业法人）为主体。由于其成员既是生产者，又是消费者，因此，农协也提供日常生活资料，还开展存贷款等信用事业、共济互助事业以及老年人的福利、健康管理、旅行等多种事业。简言之，农协发挥着农户与市场、农户与政府之间的中介和纽带作用。

以色列的合作社叫作Kibbutz，这是一种独特的乡村共同体，所有成员财产是共有的，是一种以平等原则进行合作生产、消费、教育的社会经济体制。合作社成员共同拥有生产资料，共同劳动，按需分配。以色列的其他重要的合作社形式基本上是在英国殖民统治巴勒斯坦时期（1917—1948）陆续建立起来的，具体包括Moshav、公共交通合作社、储蓄和信贷合作社、消费合作社、生产合作社等。其中，以Moshav最具代表性。Moshav是由Kibbutz演变而来的，前Kibbutz的成员认为Kibbutz的组织限制性太强，但是仍然希望在没有剥削的社会中互相帮助得以生存，于是在1921年产生了一种新的合作经济组织——Moshav。Moshav以家庭为基本生产经营单位，耕种由Moshav从国家租用，然后转租给农户，基本的生产资料归农户所有；Moshav为农户统一提供农业生产资料，农产品储藏、加工，农产品市场营销，储蓄和信贷等产前、产中和产后的生产经营服务以及公共设施、教育、文化、宗教、卫生等市政服务。1948年以色列建国以后，随着大批新移民的定居，农业得到了快速发展，农业合作社的数量也进一步增加。以Moshav、Kibbutz为代表的农业合作社在以色列国民经济发展（特别是农业的发展）、国防事务安全、移民安置、社会保障等方面发挥着重要作用。Kibbutz和Moshav已成为以色列农业合作社的标志。以色列目前大概有270座Kibbutz，大部分的Kibbutz成员约500至600人，全部Kibbutz的居民总数约130000人，约占全国总人口2.5%。Kibbutz的生产范围极广，大部分的产业集中在金属业、塑料业和食品加工业三方面。

3. 美国的新一代合作社

美国的新一代合作社,简称 NGC (New Generation Cooperatives),最早产生于 20 世纪 90 年代,大部分出现在美国中西部靠北的一些州,如北达科他州和明尼苏达州。其中,最有名的是北达科他州种植者面食公司。新一代合作社是主要以提高农产品附加值为目的的一种新型合作社,也有人叫它"新一浪"(New Wave)或"新时代"(New Age)合作社,不过至今用得最多的还是"新一代合作社"。新一代合作社采取交易份额制和限制成员制,交易份额制是指社员必须购买合作社的交易份额或交易权,出资购买后才能成为会员,交易份额或交易权可以转让(张木生,2006;赵玻,2007)。与传统合作社相比,新一代合作社是适应现代农业纵向一体化要求而出现的组织创新,也是农业产业化经营的一种方式。它并不是一个法定的特殊组织架构,而是对传统合作社的一种创新和完善。新一代合作社是传统合作社的新发展,其形式包括信用合作社、农村电力合作社、奶牛合作社、家庭保姆(女工)合作社、住房合作社、农业机械设备合作社等,其中比较著名的合作社有Plywood 合作社(Craig and Pencavel,1992;Gunn,1992)。新一代合作社仍然奉行"一人一票"、"按交易额受益"的原则,但在生产模式、资金筹集、交货权利、买卖协议等方面却独具特色,在传统合作社的基础上发展了一些新的特征。主要表现为:①社员支付较高的首期投资:主要是由于新一代合作社大大延伸了农产品的加工价值链,初始资本投资的金额大大提高。②封闭的社员资格制度:合作社的社员一般不能退股,只能将股份转让。③不再完全坚持一人一票制,表决权与投资额结合起来。④允许非社员持股,但其股票没有投票权,对其报酬有最高限制。⑤社员必须根据拥有的交易权股份规定的交易量向合作社提供农产品,而且质量上有严格的要求。⑥实行专家管理。⑦主要从事农产品加工增值业务。⑧利润主要按交易股权红利返还给社员。

4. 联合决策模式

这种共营企业的组织模式在日本公司以无明确法律规定、非正式的形式广泛存在。主要有以下特点:①企业相当于一个大家庭,其中公司总裁承担家长的角色;②企业管理者不仅仅是股东权益的代表,更代表全体员工的利益;③企业的决策和信息不是掌握在少数高层管理者手中,而是全体员工参与决策;④企业的大部分利润通过冬季和夏季的奖金、提供运动和休闲之类的设施,分给了全体员工。许多日本重要的经济学家,包括 Komiya (1987)、Aoki (1990)、Imai 和 Komiya (1994)均认为日本企业的结构与行为特征更接近于共营企业的制度。例如 Komiya (1987)指出日本企业选择最优的产出及劳动和资本投入的数量,以便在支付股东每股盈余后,能够极大化员工的平均利润。Hashimoto 和 Raisian (1985)指出日本企业普遍使用的年资系统(Seniority-wage System)是使共营企业快速成长的引擎。

5. 员工所有制

美国的员工所有制（应永胜，2002；周志红，2006）包括员工持股计划（Employee Stock Ownership Plans, ESOPs）和权益报酬计划（Equity Compensation Plans）。员工持股计划指由公司内部员工个人出资认购本公司部分股份，并委托公司工会的持股会或信托机构等中介组织，进行集中管理的产权组织。员工持股计划初见于20世纪50年代，后因1974年联邦政府的立法支持，获得大发展。1999年，全美约有11000家企业，由其雇员以雇员持股计划以及股权奖励计划的方式，部分或全额所有。涉及员工数高达770万人，占私营部门劳工总数的8%。雇员所持股份的总市值为4000亿美元。雇员持股公司既包括如美孚石油、美国电话电报那样的上市大公司，也有员工为数十成百人的非上市中小公司。雇员所有制俨然已成为今日美国经济的一个重要的方面。员工持股计划属于一种特殊的报酬计划，是指为了吸引、保留和激励公司员工，通过让员工持有股票，使员工享有剩余索取权的利益分享机制和拥有经营决策权的参与机制。权益报酬计划指企业把利润的一部分以奖金或股份的形式分给雇员，分为现金分享计划和递延计划。其中现金分享计划是立即用现金分配利润，把工作实绩和报酬直接挂钩；递延计划是将雇员的利润记入雇员的账户，延迟到雇员退休时支付。美国约有10万多家企业实行权益报酬计划。

6. 员工持股和参与管理制

德国员工持股和参与管理制（季敏，2001）通过工厂委员会与管理者的协商、同董事会的共同决策和监事会的制衡及其他一些方式实现。在工人的社会性需要方面，如工作时间、工资福利等，委员会还具有共同决策权。特别是当发现劳动条件改变，损害了工人的人性化需要时，它可以要求雇主予以改变或赔偿。工人代表和雇主代表在董事会中对企业的重大经营问题讨论磋商、共同决定，这是德国特有的共同决策制度。职工代表必须参加公司的监事会，通过对董事会的制衡参与管理。德国工人参与企业管理有着坚实的法律保障，德国《职工参与管理法》明确规定，大型企业要按对等原则由劳资双方共同组成监事会，然后再增加一位中立人士担任主席。当双方意见不一致时，设立调节委员进行调节，如还不能解决，则由监事会主席裁定。《企业法》中则规定，凡职工在5人以上的企业都要成立职工委员会，由全厂职工选举产生，每3年改选一次，职委会人数取决于工厂人数多少。职委会的主要任务是在工资、福利、安全等方面维护职工的利益，企业主在对涉及职工工资福利等重大问题做出决定前，必须征得职委会的同意。德国公司法的显著特点之一是规定职工参与制，即监事会成员（监事）三分之一或半数从职工中选举产生，亦即职工参加公司经营管理的参与制，职工参与制思想在200年前的德国就被早期的社会主义者提出，在1848年法兰克福国民会议讨论《营业法》时，就有少数人提出在企业层次应建立职工委员会，作为参与决定的机构，1891年重新修订《营业法》，第一次在法律上承认职工委员会，从而认可职工参与决定制度。1919

年《德国魏玛宪法》第 165 条规定：工人和职员要能平等地与企业家共同决定工资和劳动条件，工人和职员在职工委员会，按地区划分的区职工委员会以及在国家职工委员会中应拥有法定代表，并通过他们来了解自身的社会经济利益。在魏玛宪法中奠定的职工参与企业决策的思想，延续迄今。

荷兰的雇员参与计划源于 1950 年颁布的第一个《工厂委员会法》(Works Council Act)，按照此法规定，雇员规模在 100 人以上的企业可以建立工人委员会。工人委员会人选由雇员选举产生，它代表雇员参与企业管理、决策，维护雇员的合法权益。荷兰的雇员参与计划可以分为三个不同层次上的参与：直接参与(Direct Participation)、金融参与(Financial Participation)和制度参与(Institutional Participation)(季敏，2001)。①直接参与是指雇员参与公司的日常经营管理。参与方式是多样的，如雇员参加公司的一些会议，分享公司的有关信息，拓展雇员的工作范围，丰富雇员的工作任务，赋予雇员更大的自主权和责任。②金融参与即雇员分享公司的经营利润与风险。它有两种形式，第一种形式是利润分享计划(Profit Sharing Scheme)，通常是按照雇员的工资水平和公司的利润规模来支付雇员奖金，这也是目前最常见的形式。第二种形式是雇员股份所有参与制(Share Ownership Participation)，雇员真正承担了公司风险。雇员投资购买公司的股票，从而"把所有的鸡蛋放入了一个篮子"，如果公司倒闭，雇员失去的不仅是他们的投资，而且还有他们的工作。③制度参与是指雇员参与公司一级的决策制定，它是雇员参与制的最高形式。公司通常是利用雇员现有的法定团体如工人委员会来促进雇员的制度参与，通过工人委员会来使雇员参与公司的决策，制度参与往往以雇员股份所有制参与为基础，同时它对工人委员会也提出了更高的要求，如与所代表的雇员保持良好的广泛联系，对公司的事务有远见等，使自己在公司具有一个战略地位。

俄罗斯的人民企业制度源于 1998 年通过的《俄罗斯联邦员工股份公司（人民企业）特别法律地位法》（以下简称《人民企业法》）所设计的人民企业。俄罗斯员工持股的方式主要包括五种：①规定雇员持股比例，有 51% 或 40% 两种方案可供选择。②规定全国公民按人头发放股票券，普通公民持有的股票券可以赠送家人、出售、买本人所在公司股票、买其他公司股票、投入合作基金等。③做出职工购买股票的许多具体政策规定。④职工购买股票可以使用国家发放的 1 万卢布股票券；也可以使用个人存款，企业也可以用上年利润帮助职工购买。⑤确定职工购买股票的分配办法包括平均分配、按工龄分配、按工龄和职务分配，但分配方案也需经职工大会通过。退休工人与在职工人同等待遇。作为私有化的组成部分，俄罗斯的雇员持股方案，通过对所有权进行转换，转变成共营企业的一种形式。

我国台湾地区的台积电(TSMC)每年都会把约 20% 的股票股利或现金股利发放给股东，另外的 80% 会给员工分红，所以台积电的公司体制与共营企业也颇为相似。

表 1-2 罗列了各国共营企业的主要形式和特点。

表 1-2 共营企业的主要形式

序号	形式	所在国家（地区）	特点
1	农民专业合作社	不限：以中国、日本、美国、西班牙、法国、英国、以色列、意大利最为典型	是目前最广泛的一种共营企业，遵循民主管理，按惠顾额分享合作社利润
2	手工业合作社	不限：以中国、日本、美国、西班牙、法国、英国、以色列、意大利最为典型	与农民专业合作社相似，区别在于不从事农业生产，而从事手工业
3	员工股份所有制计划 ESOPs	美国	让员工持有股票，使员工享有剩余索取权的利益分享机制和拥有经营决策权的参与机制
4	权益报酬计划 ECP	美国	员工参与制度，即企业把利润的一部分作为奖金或股份分给雇员
5	员工持股和参与制	俄罗斯、德国、荷兰	员工持有企业一定比例的股份，并参与企业的重大决策
6	联合决策制度	日本	企业代表全体员工的利益，全体员工参与决策
7	员工代表制度	德国	工人代表和雇主代表在董事会中对企业的重大经营问题讨论磋商、共同决定
8	广告事务所	不限	员工一般具有丰富的知识和技术水平，专业性水平较高，因此在企业中具有一定的决策权和利润分配权
9	会计师事务所	不限	
10	股票经济所	不限	
11	社会主义自治制度	东欧的前南斯拉夫各国	劳动者民主选举、劳动者直接监督、按劳付酬、职工代表大会制度

资料来源：作者根据文献整理。

共营企业制度是经济制度由集体所有制迈向私有制的过渡阶段。表 1-3 简单地介绍了各个经济制度的差异。这四种制度，从右而左可代表社会主义或共产主义国家经济体制的变化过程。从共产主义国家早期的计划经济下的集体所有制到近年来的私人股份制。以上的私人股份制，就是目前主流的利润最大化企业，而股份合作制，就是共营企业。从 Ward（1958）的文献中可发现共营企业的一些特性。第一，当固定成本增加时，厂商的产出也会增加。第二，当产品价格上升时，厂商的产量会减少。以上两点迥异于 PM 厂商。因为当固定成本增加时，对利润最大化企业的生产决策不会改变。但是当产品价格上升时，共营企业的产量会增加。

表 1-3　共营企业和利润最大化企业的主要区别

	私人股份制	股份合作制	合作制	集体所有制
资本结构	开放性,个人股	集体公有股、内部个人股、少量外部股	集体公有股、内部个人股	集体公有股
个人持股数量	无限制	限制	限制	无持股
剩余产品分配方式	按资分配	按资分配为主、按劳分配为辅	按劳分配为主、按资分配为辅	按劳分配
决策方式	一人一票	一人一票、一股一票	一人一票	一人一票

综上所述,现实中仍然存在各种类型的共营企业,而且这些企业在某种程度上仍然有效率。因此,进一步深入研究共营企业的相关理论具有其现实必要性。一方面,典型的"资本雇佣劳动"的古典型企业,在现实中早已发生变化,劳动权越来越受到重视。尤其是合作社组织在世界范围内迅速增加,以一种经济学应有的客观理性态度将共营企业的研究深入下去,具有重要的现实意义。另一方面,对共营企业的深入研究,其成果除了弥补主流企业理论在此领域中的缺失外,还可以反过来丰富与完善主流企业理论,因而具有深远的理论意义。

1.3　国内外研究现状

共营企业已经得到了学术界的广泛关注,相关研究日益增多,但是目前针对共营企业技术创新问题的研究还较少。而在技术创新领域已有较多的研究,这为研究共营企业技术创新问题提供了理论基础和方法。为此,本节首先对技术创新理论中与该书研究内容密切相关的技术创新战略模式、技术创新溢出、技术吸收能力、技术创新的风险和不确定性等相关的文献进行综述。然后概述共营企业的相关理论和研究领域。最后从共营企业参与技术创新的必要性、共营企业技术创新的效率、技术创新战略模式、技术创新投入激励等几个方面综述共营企业技术创新的研究现状。

1.3.1　技术创新战略的研究现状

企业技术创新战略是支撑企业竞争战略有效实施的主要手段之一。本部分将从技术创新战略模式、技术创新溢出、技术吸收能力、技术创新的不确定性和风险性等角度阐述技术创新战略的国内外研究现状。

1. 技术创新战略模式的研究现状

(1)技术创新战略模式的分类

国内外学者对技术创新战略模式问题的研究主要集中体现在技术创新战略模式的分类、技术创新战略模式有效选择及其影响因素的关系分析,以及运用博弈模型对各种模式之间的差异性进行均衡比较分析等方面。

通过对技术创新战略模式的有效分类,并分析各类模式的差异性,可以为进一步探讨技术创新战略模式的有效选择问题奠定基础。综观目前与技术创新战略模式相关的分类研究,可以看出,各种分类研究只触及到了企业技术创新战略模式分类的某个方面,所用的分类标准从模式的内在运作机理到相应模式的外在特征各不相同,目前尚缺少全局性、综合性的分类探讨,具体见表 1-4。

表 1-4 国内外企业技术创新战略模式的分类及内容分析

依据标准	技术获取模式类型	对象	创新过程阶段
企业研发活动参与程度(Cho and Yu,2000)	内部研发、合作研发与技术购买	研发模式	研发阶段
模式的运作机理(Zhao, Tong, et al.,2005)	基于搭档的技术获取模式、基于市场的技术获取模式、基于价值链的技术获取模式以及内部技术获取模式	技术获取模式	研发与制造阶段
技术获取的来源(Nagarajan and Mitchell, 1998; Nicholls-Nixon, Woo,2003)	内部研发、外部获取-战略技术联盟(研发合约、许可、联合体企业、少数股权投资、收购等)	技术获取模式	研发与制造阶段
研发活动的契约性质(Hagedoorn, Link, et al., 2000; Roijakkers and Hagedoorn,2006)	正式协议(研发企业-股权型与研发联合体-非股权型)与非正式协议	研发模式	研发阶段
合作者数目、协议的正规化程度、控制结构、持续时间以及关系强度(Roijakkers and Hagedoorn,2006)	少数股权投资、合资企业、正式协议、非正式协议、联合体、网络组织、许可、承包与转包以及外包等	合作技术获取模式	研发与制造阶段
创新动机以及管制程度的不同	股权型战略技术联盟(包括联合体企业、研究企业与少数股权投资)、非股权型战略技术联盟(共同研发协议、技术交流协议、顾客-供应商关系以及单纯的单方面的技术流动	合作技术获取模式	研发与制造阶段
企业内外活动与资源的整合程度以及组织形式的正式化程度(Chiesa and Manzini,1998)	收购、教育获取、兼并、许可、少数股权投资、研发合资企业、共同研发、研发契约、研究资助、联盟、联合体、网络组织与外包	合作技术获取模式	研发与制造阶段
技术资源的不同组合方式(首藤信彦,1993)	交叉型联盟、竞争战略型联盟、短期型联盟、环境变化适应性联盟与开拓新领域联盟	合作技术获取模式	研发与制造阶段
合作伙伴的不同性质(Chan and Heide,1993)	用户联盟、供应商联盟、竞争者联盟、互补性联盟与促进性联盟	合作技术获取模式	研发阶段
研发战略(Chakrabarti and Weisenfeld,1989)	内部开发、共同开发与合作资助	企业技术获取模式	研发阶段
主体企业运用的资源量(Solomon,2001)	联合体、合作研发与技术许可	研发模式	研发阶段
技术获取的整合水平(Steensma and Fairbank,1999)	兼并、共同开发与技术许可	合作技术获取模式	研发与制造阶段
模式的可返回性及行为的参与水平(Vrande, Lemmens, et al.,2006)	风险资本投资、非股权型联盟、股权型联盟、并购	合作技术获取模式	研发与制造阶段

资料来源:根据表中文献和参考文献(马家喜,2010)整理所得。

　　企业技术创新战略模式选择问题对企业生存与发展起到了重要的推动作用，其有效选择过程受到企业内外部相关因素的综合影响。目前，已有国内外研究学者利用不同的理论对企业内外各种影响因素对技术创新战略模式选择的作用机理进行了有效解释。归纳起来，主要包括10种理论：交易成本理论、资源基础观、产业组织理论、内部化理论、组织学习理论、社会嵌入理论、实物期权理论、非对称信息理论、代理理论、消化理论等。如表1-5所示，各种理论对于技术获取模式选择所提供的主张不尽相同，关注的核心影响因素与理论基础也存在显著差异。尽管如此，各种理论之间并不是相互排斥的，而是相互补充的，其有效整合可以为全面阐述企业技术获取模式选择行为奠定丰富的理论基础。

表 1-5　各种理论应用于技术创新战略模式选择的主要观点

理论流派	主要观点	关注的核心影响因素
交易成本理论	技术获取模式选择的关键在于不同的模式带来交易成本降低的程度不同	交易成本主要受到不确定性（包括技术不确定性、行为不确定性以及需求不确定性）、交易频率以及资产专用性三类因素的交叉影响
资源基础观	企业自身技术资源的充裕度与内在能力的不同充分决定了模式的选择，企业通常会选择自身最擅长的一种模式来获取技术	各种模式有效运作对资源投入量与研发能力的要求等
产业组织理论	企业外围的产业环境将显著影响企业的模式选择	吸纳的体制、市场规模、政府对特定模式的支持力度以及市场竞争的程度等
内部化理论	在市场调节不完全的情形下，企业更有可能选中自己能够高度掌控的技术获取模式，以充分降低技术获取过程中所花费的内在组织成本	企业管理能力的高低、企业规模、市场竞争程度等
组织学习理论	技术能力的积累具有累积性特征，技术获取模式的选择具有显著的路径依赖性，所有这些特征取决于企业自身特定的组织学习行为	技术获取模式的运营经验、技术获取模式选择历史等
社会嵌入理论	行为主体所嵌入的网络为行为主体的行为提供了各种资源，同时也限制了行为主体行为可能选择的范围，反映在技术获取模式选择问题上，即技术获取模式选择具有强烈的路径依赖特征	技术获取模式的运营经验、技术获取模式选择历史等

（续表）

理论流派	主要观点	关注的核心影响因素
实物期权理论	企业在固定投入与相机选择投入方面存在收益的差距,由于不同技术获取模式自身柔性不同,在面对技术获取过程中各种不确定性时其可塑性存在差异,因此需要加以选择;当不确定性很低时,选择高控制固化的技术获取模式,而当不确定性较低时则选择更加柔性的技术获取模式	技术不确定性、商业的不确定性与技术的动态性等
非对称信息理论	信息的不对称程度会影响技术获取模式的有效选择;各种技术获取模式在降低潜在合作双方信息不对称方面存在差异	经营产品的相关性
代理理论	委托-代理行为会显著提升技术获取模式选择的成本;通常,相比较无委托-代理行为时,委托-代理行为下的企业经理更倾向于选择更加偏离组织控制的合作型技术获取模式以扩大可控资源的数量	所有权结构、差异化战略的水平
消化理论	主要针对合作技术获取模式而言,当潜在合作双方的任何一方能够有效整合对方资源时,偏向于采取技术并购方式,否则会采取技术联盟方式	经营规模的平衡性

数据来源:根据文献阅读整理和参考文献(马家喜,2010)所得。

在上述代表性理论的指引下,综观目前企业技术获取模式选择的国际研究前沿,该领域目前主要存在如下几个主要的研究方向:①对技术获取模式选择行为与企业绩效之间关系进行探讨,阐明模式选择行为的有效性问题;②对企业技术获取模式选择决策的结果——各类模式本身的有效运作与企业绩效之间的关系进行探讨,分析各种技术获取模式在推动企业绩效方面的差异性,为模式选择奠定实证基础;③结合具体产业,利用上述 10 种相关理论,对两个或两个以上技术获取模式的有效选择及其与影响因素之间的关系进行实证研究,探明各种因子对模式选择的作用机理;④利用实证研究成果,就影响因素对模式选择的作用机理,勾画数理模型(主要是运用博弈模型),深入分析各种技术获取模式在相关均衡变量,如技术开发的投入与专利产出、企业利润、产品价格与产量、消费者剩余以及社会福利方面的差异性,定量分析技术获取模式的有效选择问题。

（2）技术创新战略模式选择的影响因素

关于企业技术创新战略模式有效选择及其影响因素的研究,已经构成了企业技术创新战略模式选择的主体内容,分析所运用的计量方法主要是 Probit 模型与多维 Logistic 回归模型。由于市场环境更加动荡,顾客需求越来越高,各种新型技术的迅速崛起,特别是产品生命周期越来越短,技术开发的成本越来越高,造成该板块所探讨的内容主要以企业间合作技术获取模式为主,研究的样本主要针对信息技术、电子制造、生物技术等高技术产业。

从已有研究成果来看,自 20 世纪 90 年代中期开始,关于技术创新战略模式及其影响因素分析,主要存在三个研究角度。第一个角度以模式选择企业作为决策主体,从决策主体单边决策的角度出发,探讨模式选择问题,代表性的如 Cho 和 Yu (2000)、Steensma 和 Fairbank (1999)、Steensma 和 Corley (2000)等的研究成果。第二个角度主要是针对合作创新的普遍性与重要性,以技术合作企业双方作为决策主体,从双边决策的角度探讨模式选择问题,以 Villalonga 和 McGahan (2005)的研究成果最具代表性。第三个角度将企业放在网络环境下,从网络层次探讨企业的模式选择问题,如 Goyal 和 Moraga-Gonzalez (2001)、曾德明、方放(2006)等的研究成果。

2. 技术创新溢出的研究现状

技术创新溢出也称技术创新的外部性,是指技术创新主体在非自愿的情况下,其技术创新活动对他人或社会所产生的福利溢出,而且也没有从溢出效应中得到任何的收益回报,即得到技术创新溢出的人没有承担与溢出福利相应的成本。技术创新溢出的存在使技术创新资源不能得到最有效的配置,其大小将直接影响到组织进行技术创新的积极性。随着技术创新对经济发展和企业竞争力的影响日益加深,技术创新溢出的广泛存在对经济发展产生的影响日益加剧,学术界对技术创新溢出问题的研究也日益重视。

由于技术知识具有公共产品的部分特性,当缺乏严格的制度保护时,一个企业的技术创新尤其是工艺创新成果,不可能被创新企业独自占有,必然会扩散到其他的企业,很容易被其竞争对手模仿,形成溢出效应。一个直观的例子就是企业通过模仿、反求或雇用员工等方法获得创新企业的技术成果,并且这种获得成果的方式相对自主创新来说具有成本低、风险小的特点。

技术创新的外部性使得竞争性市场结构对技术创新的激励作用下降,并降低了资源的配置效率,使技术创新资源配置达不到帕累托最优状态。因此,人们迫切需要知道技术创新的外部性是如何产生的,即搞清楚产生外部性的具体机制,这是最终解决技术创新外部性,进行有效制度供给的基础。

(1)关于技术创新溢出形式的研究

企业技术创新溢出有不同的类型,从 20 世纪 80 年代开始,相关学者从不同的角度对技术创新溢出进行了分类,如从溢出效果、溢出范围、技术特性、职能分工、溢出趋势、溢出途径、溢出机制、溢出方向等角度,具体见表 1-6 所示。

表 1-6 技术创新溢出的分类

序号	分类标准	类别	学者
1	溢出范围	国际技术创新溢出	尉小雁（2004）
		国内技术创新溢出	
		行业间技术创新溢出	
		行业内技术创新溢出	
2	溢出方向	正向溢出（Positive Spillovers）	Kosová（2010）
		负向溢出（Negative Spillovers）	
3	溢出途径	关联效应（Linkage effects）	Kokko（1994,1996）
		竞争效应（Competition effects）	
		示范效应（Demonstration effects）	
		培训效应（Training effects）	
		人员流动效应（Staff turnover effects）	
4	职能分工	市场层次的溢出	Lake（1979）
		生产层次的溢出	
		研发层次的溢出	
5	溢出效果	分配效率（Allocative efficiency）	Caves（1974）
		技术效率（Technical efficiency）	
		技术转让（Technology transfer）	
6	技术特性	生产和加工技术外溢	Lall（1980,1985）；Narayanan and Wah（2000）
		技术诀窍外溢（Know-how）	
		技术原理外溢（Know-why）	
7	溢出趋势	趋同型技术外溢（Convergency Spillover）	Wanyama（2014）
		竞争型技术外溢（Competition Spillover）	
8	溢出机制	知识溢出（Knowledge Spillovers）	Jaffe（1998）
		市场溢出（Market Spillovers）	
		网络溢出（Netword Spillovers）	

资料来源：根据上述文献阅读整理和参考文献（杜健,2006）所得。

（2）关于技术创新溢出途径的研究

技术创新溢出的途径主要包括示范和模仿作用、人员流动、前向联系和后向联系等。具体如下：

示范与模仿作用：由于技术创新主体在企业内进行技术扩散的过程中，对其他企业产生了示范作用或者通过增加竞争压力迫使竞争企业提高技术水平并引起其他企业的模仿。20 世纪 80 年代许多学者对这种技术创新溢出进行过系统的研究（Mansfield and Romeo,1980；Blomström, et al.,1986），并有许多案例研究成果支持这种影响的存在，如美国跨国公司在欧洲半导体工业的技术示范作用，跨国公司对香港制造业成长的示范作用等。

通过人员流动实现的技术创新溢出：当创新企业培训当地管理人员和技术人员，而这些员工后来被其他企业雇佣或者自办企业时，可能把由此获得的技术知识扩散出去。在对中国台湾的一项研究中发现来自跨国公司的劳动者流向当地企业是非常重要的,那些受过训练的管理者在离开跨国公司后,通常在当地创办企业,成为推动当地技术创新的重要力量(Pack,1993)。

通过前向联系与后向联系带来的技术创新溢出:创新主体会以供应商、顾客、合作伙伴等身份与其他企业建立起业务联系网络,在后向联系方面技术创新主体可能会对其供应商的产品质量提出新的要求,有时还提供改进质量与技术的帮助与信息。此外技术创新主体还对下游企业提供产品培训及使用方面的技术指导与帮助,这种有关高质量产品的知识有时也能转化为下游企业自身的创造性活动(Lall,1980;Rodr,et al.,1996)。

在此基础上不同学者对技术创新途径的分类进一步细化,如将技术创新溢出的途径分为知识和专利技术的公布、产品供给、上下供给链、技术创新人员流动、人员正式和非正式交流等渠道,技术成果在产业内、产业间、国内市场或国际市场上发生溢出(徐怀伏,2007)。技术创新溢出效应的产生分为由转移技术导致技术进步的硬途径与伴随技术转移过程的直接投资带动技术进步的软途径。其中硬途径包括技术升级换代、模仿创新、对关联产业的前波后及作用、产业结构调整;软途径包括导入管理模式和企业精神、人才当地化、引入竞争机制、提供全球市场渠道等(陈晓枫,1997;1999)。

(3)关于技术创新溢出对技术创新战略影响的研究

技术创新溢出是否会影响技术创新战略,取决于技术创新的决策机制。企业技术创新活动的决策和投资直接以经济回报为目标,并作为决策的主要依据。因此,技术创新溢出对技术创新活动的影响将增强。

技术创新的最终目的是为了获得技术创新成果,或者说是为了通过技术创新成果的应用或转让获得利润回报,从而激励组织进一步开展技术创新活动。但是技术创新溢出的存在影响了技术创新者的收益,从而也削弱了技术创新者的积极性,并最终对技术创新产生不利的影响。尽管技术创新的全过程都会存在溢出,但是在不同的阶段和所处领域的不同等原因,技术创新溢出的速度和量值都会有不同,对技术创新战略的影响也存在差异。徐怀伏(2007)在技术创新溢出途径分类的基础上,提出不同的溢出途径对企业技术创新战略会造成不同的影响。例如,知识型溢出对技术创新存在不利影响,但并不严重。人才流动型溢出有助于人力资本的优化配置,推动人才结构调整,并以其溢出效应影响社会生产力的整体提高,但对流出企业技术创新会造成非常严重的影响。技术人员交流型溢出有利于全社会生产要素的优化配置和社会整体技术创新能力的提高,但是它对原企业技术创新存在不利影响。专利公布型溢出会降低企业进行技术创新的积极性,造成企业技术创新活动减少,最终导致市场失灵。

于珍和杨蕙馨(2007)通过建立理论模型,从宏观角度分析了区域集群内技术创新溢出对企业技术创新战略的影响,结果表明对于依赖型技术创新,技术创新溢出增加会导致产业内的技术创新积极性降低；而对于独立型技术创新，技术创新溢出减少会提高产业集群内企业技术创新的积极性。Anselin，Varga et al. (1997)通过增加空间因素，设计了测量技术创新溢出的空间滞后变量与大学和科研单位的技术创新溢出关系模型，得到的结果是技术创新溢出显著地影响技术创新战略。

3. 技术吸收能力的研究现状

Cohen 和 Levinthal (1989,1990)认为技术创新除了能够产生技术创新投资收益外，还能增强企业的技术吸收能力，即技术创新投资能显著产生创新的同时也能发展企业识别、消化、开发出环境知识的能力。

(1)关于技术吸收能力内涵的研究

Cohen 和 Levinthal (1990)从战略管理角度首次对吸收能力进行了定义，即企业识别、评价、消化(Assimilate)与应用外部新知识的能力。它包括三个维度：识别评价、消化及应用。该概念强调企业先前相关知识在企业学习新知识中具有重要作用，并认为吸收能力是企业过去创新活动的副产品，其形成过程具有路径依赖性(Path Dependency)。技术吸收能力与组织的现有技术能力成正比，即吸收能力强的企业能够更好地吸收与利用外部为其提供的知识；反之，企业将由于自身能力不足不能有效吸收与利用外部的新知识。因此，吸收能力对接收方的知识获取及绩效提高起着重要的影响作用。然而，在获取外部知识并得以消化之后，并不能保证组织能够进一步应用。为了弥补 Cohen 和 Levinthal 对知识吸收能力的内涵和结构划分的缺陷，Zahra 和 George (2002)从动态能力的视角出发，将吸收能力作为一种动态的组织能力，将其定义为企业获取、同化、转化和利用知识产生组织动态能力的惯例和流程(Processes)，并把它区分为潜在吸收能力和现实吸收能力。潜在的吸收能力包括知识获取能力(Acquisition)和知识同化能力(Assimilation)，指组织能够获取组织外有价值的知识，并能够得以消化。现实的吸收能力包括知识转换能力(Transformation)和知识利用能力(Exploitation)，即利用消化的知识，结合组织已有的知识，通过进一步的转化，最终开发出新的产品或生产工艺获得竞争优势，它反映组织扩大(Leverage)知识的能力。潜在吸收能力和现实吸收能力在组织内共同存在，两者能够互补性地提升企业的竞争优势。Lane 和 Koka 等(2006)，以及 Todorova 和 Durisin (2007)在 Zahra 与 George (2002)的基础上，修正了吸收能力构成成分，提出了吸收能力是一种具有学习过程导向的能力，即通过探索性(Exploratory)学习，识别并理解潜在有价值的外部新知识；通过转化性学习消化有价值的新知识；通过应用性(Exploitative)学习，运用所消化的知识来创造新知识并产生商业价值。Todorova 和 Durisin (2007)基于学习理论，指出知识的转化不是知识消化之后的一个步骤，也不是吸收能力的构成成分的途径，而是表明了吸收过程的一个替代的过程。消化和转化是个体发展新的认知结构的两个替代过程，是学习规律的两个不同的方面，并可以互相作用。而根据 Nonaka 和 Takeuchi (1995)的知识创新观点，企业吸收能力包括知识的内化、共同化、外化、整合化以及知识的创新。刘常勇和谢洪明认为企业的吸收能力除了包括从外部吸收新知识外,还包括新知识在组织内的扩散、利用与再创新,因此是一种外部学习与内部学习的整合(刘常勇和谢洪明,2003;刘向华和李楚霖,2004)。赖明勇和包群将 FDI 吸收能力归纳为基于技术能力的吸收能力、基于人力资本的吸收能力和扩展的吸收能力三种(赖明勇和包群,2002)。

组织从外部吸收知识的过程可以分为四个阶段:获取、同化、转化和开发利用。知识获取能力是指对外部产生的对本组织有关键作用的知识加以判断和获取的能力,其关键因素是与外界各类知识的识别、判断相关的具有多元化知识的专家库。知识同化能力则强调外部知识在组织内有效地被阐释和理解,不能被理解的知识是很难被再利用开发,其关键因素是与技术知识相互交流和理解相关的组织内部结构、认知、文化等方面的障碍。知识转化能力则是要将新的外部知识与内部已有知识有效地整合,其关键因素是企业家精神和勇于创新的文化。知识开发利用能力是指通过将内外部知识共同运用而开发出新知识,具体见表1-7。

表 1-7 知识吸收能力的维度

过程能力	组成要素	操作性	关键因素
获取能力	前期投资	搜索范围	有多元化知识的专家库
	前期知识	感知计划	
	强度	新联系	
	速度	学习速度	
	方向	学习质量	
同化能力	理解(能力)	解释,说明	组织内部结构、认知、文化等方面的障碍
		理解	
		学习	
转化能力	内在化	知识整合	知识整合
	转化	重新编码(知识重组)	重新编码(知识重组)
		异类联想	异类联想
开发利用能力	运用	核心竞争力	企业家精神和勇于创新的文化
	执行	收获资源	

(2)关于技术吸收能力影响因素研究

根据柯恩等的观点,企业的吸收能力除了受制于其自身的技术基础之外,还取决于其在创新领域的投入和企业的努力程度。此外,一些学者从市场机制角度进行了分析,如 Bhagwati、Grossman(1985),Ozawa(1992),Dunning、Lundan(2008),Kokko(1994),Balasubramanyam 和 Salisu 等(1996)肯定了市场化程度提高对拓展 FDI 吸收能力的促进作用。Alfaroetal、Hemes 和 Lensink 等研究了金融市场效率对技术吸收能力的影响,Markusen and Venables(1995)、Goldsmith Goldsmith and Sporleder(1998)等从"链接效应"(Linkage Effect)角度考察了东道国技术吸收问题。Olofsdotter（1998）认为决定技术吸收能力大小的不仅是东道国的人力资本存量，还包括政府政策、经济开放程度、人口增长、基础设施、行政效率、知识产权保护等众多的因素。杨学义（2001）认为引进技术结构不合理、消化吸收资金短缺等原因造成了我国引进技术后消化吸收在低水平徘徊。其他学者如何洁、姚洋、赖明勇、张建华、欧阳轶雯、王志鹏等也从更为开阔的视角研究了影响区域技术吸收能力的因素。

（3）关于技术吸收能力与技术创新溢出和技术创新战略的关系研究

大量的实证研究证实了吸收能力对企业技术创新的重要影响。如 Cohen 和 Levinthal（1989）指出在半导体产业，企业的技术创新投入不仅能使企业跟上半导体发展的最新步伐，而且有助于吸收企业之外的新技术。Cockburn 和 Henderson（1998）通过对制药公司的研究指出，企业为了得益于公共部门的基础研究，必须进行自身技术创新的投入。Klette 和 Moen 等（2000）通过对企业的实际调查分析证实了吸收能力和技术创新溢出之间的关系。上述研究都为吸收能力对实现外部技术创新溢出的重要性提供了实证支持。近年来，部分学者在实证研究的基础上，对技术吸收能力进行了理论的研究。Cohen 和 Levinthal（1990）首次建立了吸收能力模型并分析了影响吸收能力的主要因素。Kamien 和 Zang（2000）采用三阶段博弈探讨了技术创新的方法选择和投入选择如何影响其技术创新溢出的吸收能力。Grunfeld（2003）研究了技术吸收能力对企业技术创新投资决策的影响，得出吸收能力一方面提高了企业的有效性技术创新，而另一方面也增加了企业的溢出效应。两种效应的大小决定了相对于非合作技术创新，RJV 能否激励企业增加技术创新投入，而且分析了吸收能力效应对社会福利的影响。Wiethaus（2005）研究了存在吸收能力效应的情况下，企业的技术创新方法选择，得出了竞争性企业之间仍然可能选择同一的技术创新方法。Leahy 和 Neary（2007）建立了通用的技术吸收能力过程模型，得出吸收能力不仅增加了自身技术创新的有效性，而且降低了技术创新溢出率。

4. 技术创新不确定性和风险性的研究现状

技术创新存在很大的不确定性和风险性，如果创新失败，会给企业造成很大的损失，创新成功则会给企业带来很大的机遇和收益。技术创新风险主要包括技术风险和市场风险。技术风险是指在技术创新过程中由于技术方面的因素及其变化的不确定性而导致创新失败的可能性。市场风险是指由于市场方面的有关因素及其变化的不确定性而导致创新失败的可能性。如新产品不适应市场需求或其变化，导致未被市场充分或有效地接受。尤其在寡头竞争情况下，当将技术创新作为一种竞争战略时，市场风险还包括对市场容量、竞争对手的可变成本和固定成本的不确定性，可能造成决策的失败。因此，技术创新风险实际上是由技术创新的不确定性导致的。

因此，为了消除技术创新风险中的不确定性，需要收集相关信息。众所周知，信息是有价值的。然而在寡头竞争市场中,企业面对不确定情况时,信息的获取是否一定能够增加企业利润或增加社会福利,是值得怀疑的。关于企业之间的信息传输和共享,最早是由 Basar 和 Ho（1974）以及 Ponssard（1979）将随机非零和博弈应用到利润最大化企业之间。之后,很多学者研究了信息获取和共享在企业中的作用。Gal-Or（1986）研究了两家利润最大化企业共存的双寡头企业进行 Cournot 产量竞争和 Bertrand 价格竞争情况下的信息共享问题,指出利润最大化企业之间是否能够诚实地进行信息共享主要取决于竞争类型（Cournot 和 Bertrand）和信息特征（公共信息或私有信息）。结果显示在 Cournot 竞争下,利润最大化企业之间不会共享公共市场需求信息,但是会共享私有成本信息;而在 Bertrand 竞争下,利润最大化企业之间会共享公共市场需求信息,而不会共享私有成本信息。Sakai and Yamato（1989）分析了寡头市场中信息共享对生产者、消费者以及整个社会福利的影响,并用比较静态分析法分析了产品差异化程度,相互依赖程度以及寡头市场中企业的数量对福利的影响。Sakai（1993）针对两家共营企业共存的双寡头市场、两家利润最大化企业共存的双寡头市场,利用比较静态分析方法研究了成本信息以及市场需求信息对企业目标函数的影响。另外,Novshek、Sonnenschein（1982）,Sakai（1985,1986）,Vives（1984）和 Clarke（1983）都研究了寡头市场中信息共享对福利的影响。已有文献主要以利润最大化企业为研究对象。而在现实中,并非每个企业都是以追求利润最大化为主要目标,还存在追求员工平均收益最大化的共营企业。但是关于不确定条件下的信息获取对共营企业决策的影响,目前很少有学者进行这方面的研究。

在此基础上,国内外学者分析了技术创新存在不确定性和风险性的主要因素,并将不确定性和风险性纳入数学模型,如马尔科夫链、布朗模型、指数模型等,建立技术创新的定量模型。Grenadier and Weiss（1997）将技术创新投资考虑成一个期权链,采用期权定价方法给出企业技术创新的 4 种策略分别为最优策略的条件和概率。刘向华和李楚霖（2004）针对不确定的竞争市场,分析降低成本的不可逆技术创新投资决策。考虑到技术创新结果不确定,而这种不确定与投资量有关,利用博弈论方法分析和给出投资结果不确定的投资期权价值后,分析了各种因素对技术创新投资的影响,得出较大的市场需求预期和较强的成本节约效果鼓励了技术创新投资,而较大的成功技术创新所需的最大投资量挫败了技术创新投资。李强和曾勇（2005）假定采用新技术的产品价格服从混合的布朗运动/跳跃过程,从而将市场不确定性和未来创新的技术不确定性同时引入新技术的价值估计,分析了企业的投资和融资决策,并分析了市场不确定性、技术创新速度和创新程度参数对决策临界值的影响。李平和顾新一（2006）针对技术创新项目的特点,根据子项目时间、费用的不确定性和进度的相关性,运用相关机会规划理论,建立了进度风险、费用风险和进度费用联合风险优化模型,并采用遗传算法对示例进行了计算和分析,实现了风险分担、进度和费用的优化。董雪兵和王争（2007）沿着 Gilbert 与

Shapiro（1990）的分析方法,借用社会福利贴现值的模型,分别引入创新成功概率 ηx 和创新效率 h 研究软件专利保护的最优期限问题,得出在给定回报率条件下对于具有不同投资风险、不同创新成功率的行业,设定专利保护期限的效果存在差异性。

张化尧和万迪昉等(2005)通过对技术外溢和创新偶然率的引入,讨论了非合作的企业技术创新投入与竞争行为及合作技术创新的影响因素。得出公司技术创新投入动力来源于行业内竞争对手技术创新的竞争威胁和自身创新成功的利润激励,而技术创新投入的阻力则在于资金占用的成本和创新成功后的沉没成本。另外对不同创新难度和资源互补性条件下的竞争均衡利润进行数据模拟,得出创新难度的适度提高有利于合作的形成。索贵彬和赵国杰(2008)将灰色系统理论和可拓物元理论相结合,建立了基于灰色可拓物元理论的技术创新风险度量模型,并将该模型用于企业对技术创新项目进行风险度量和决策。张理(2004)运用实物期权理论和马尔科夫过程分析了双寡头在需求不确定条件下的技术创新投资策略。得出领先者和追随者的地位的马尔科夫均衡受到双方生产函数的影响。单位产品生产成本低廉,但是固定生产成本较高的大企业容易成为新产品市场的追随者;而固定生产成本较低,单位产品生产成本较高的小企业容易成为新产品市场的领先者。

Gerlach 和 Rønde 等(2005)建立了将技术创新风险作为内生变量的 Hotelling 模型,分析了企业之间的技术创新决策与生产地点选择。结果显示当技术风险较大时,所有的企业将涉足最有价值的市场分割。当企业面临安全性与风险性的技术创新技术选择时,有两种均衡结果,其一是当至少有一个企业采用风险较大的技术时,两家企业都将涉足最有价值的市场位置;其二是当两家企业都采用风险较小的技术时,他们将各自选择最合适的位置。Hussain(2005,2006,2007)建立了一个包含技术不确定性和创新发现时间不确定性的技术创新竞赛模型,得出技术创新不确定性降低了技术创新投入。当创新具有确定性时,竞争对手倾向于鼓励技术创新,但是当创新具有不确定性时,在技术创新竞赛的早期,同时鼓励创新,而竞赛持续下去时,则表现出相反的结果。Bloom,Bond et al.(2007a,2007b)分析了不确定性对技术创新投资激励的影响,其结果表明技术创新的高度不确定性降低了企业利用技术创新改变经济状况的责任,因此不确定性能够在经济周期中改变技术创新的动态性。通过建立风险分析模型,测量产品开发过程中风险因素的风险度。风险分析模型借助于并行工程(Concurrent Engineering),利用模糊集度量风险因素的冲击值(Impact Values),利用马尔科夫链测量风险发生的概率(Choi and Ahn,2010)。

1.3.2 共营企业的研究现状

关于共营企业的研究可以追溯到 19 世纪,许多伟大的经济学家如 John Stuart Mill 和 Alfred Marshall 都曾涉足该方面的研究。John Stuart Mill 指出一旦工人有了足够的受教育水平并且在政治上获得解放,资本主义雇佣关系将被自愿形成的生产者合作社制度所代替。在资本雇佣劳动的争论中,Dow、Maglin 等人持较为激进的观点,而新制度经济学则从交易费用、信息、激励等方面建立模型说明资本雇佣劳动的合理性(Dow and Skillman,2007)。Vanek、Domar、Meade 在研究关于共营企业和利润最大化企业效率的研究中指出,劳动雇佣资本的体制与资本雇佣劳动的体制在竞争中的资源配置效率是等同的(Vanek,1970)。

其主要范畴包括工业产业中的各种共营企业组织形式、各种形式的农业或手工业合作社等。从经验上看:在 LMF 的分布领域,LMF 的效率并不低于同类的 PMF。如 Bartlett and Cable(1992)研究发现意大利小样本的生产者合作社的劳动生产率,比相应的私有企业要高得多。Bradley,Estrin et al.(1990)发现英国的约翰·刘易斯合伙企业自 20 世纪 50 年代以来,用英国零售部门的标准衡量,其增长率、利润率和生产率都高于同类的利润最大化企业。20 世纪 80 年代中期,以前南斯拉夫和苏联工人合作社为典型代表的共营组织曾非常流行。目前共营企业在世界各地仍广泛存在,例如以色列(的 Kibbutz)、西班牙(的 Mondragon)、美国、英国、法国、意大利、日本等国,也存在许多以追求员工利润最大化为目标的共营企业,甚至部分共营企业表现出良好的发展趋势。如 Plywood Cooperatives(Craig and Pencavel,1992;Gunn,1992)、Employee Stock Ownership Plans(Menke and Buxton,2010)、Spanish Mondragon Cooperation Complex(Whyte and Whyte,1991)、一些律师事务所(Law Firms)和医院等。

随着 20 世纪 70 年代中期到 80 年代末共营企业的兴起和成熟,国外很多学者对共营企业进行了相应的研究,因此关于共营企业理论的研究主要集中在 20 世纪 80 年代到 90 年代中期。然而 80 年代后期随着苏联解体和东欧的政治体制发生变化,以及前南斯拉夫共和国的解体,社会主义国家的工人合作组织也陷入困境。因此 90 年代中期到 21 世纪初,对共营企业的研究较少。直到最近几年,随着对工人人力资本的重视和合作组织的重新兴起,较多的学者开始关注对共营企业的研究。

1. 共营企业研究的理论基础:四种理论框架

按照研究的理论基础,共营企业的研究可分为四种(杨瑞龙,2005;杨瑞龙和卢周来,2005):即以 Jaroslav Vanek 为代表的新古典理论学派、以 Henry Hansmann 为代表的交易费用经济学理论学派、产权经济学理论学派以及以 Gregory Dow 为代表的企业治理理论学派。

(1)新古典理论学派

新古典理论研究共营企业的先驱 Ward(1958)在其开创性的论文中,假设共营企业追求员工利益最大化为目标,将共营企业与传统的利润最大化企业进行比较研究。之后还有 Domar(1967)、Vanek(1970)和 Meade(1972,1974)等人在 Ward(1958)研究成果的基础上对共营企业的新古典理论研究方法进行了扩展,形成了 Ward-Domar-Vanek-Meade 范式。此后,在新古典框架内研究共营企业的文献主要是比较共营企业和利润最大化企业在产品产出、劳动力投入、资金投入市场和原材料等方面选择的不同之处。

新古典理论对共营企业的研究主要基于如下假设：①与传统的利润最大化企业不同，共营企业的决策权由员工控制，企业内实行一人一票制。②共营企业是纯租赁型企业，员工不拥有租赁成本。但资本受回报限制，即享有固定利息收入。③员工分享企业产生的利润，即共营企业不是按契约支付工资，而是获得剩余收入。④共营企业的目标是追求员工平均利润最大化而不是企业利润最大化。

当假设市场上存在单一 LMF，生产一种产品，两种投入要素（劳动力 L 和资本要素 K），产量为 Q，价格为 P，劳动力工资为 w，资本边际成本为 r。则企业利润为 $\pi = PQ - rK - wL$，而员工平均利润为 $V = \pi + wf = \dfrac{(PQ - rK)}{L}$。研究得出 LMF 企业在短期内存在如下现象：①"就业不足"现象，当利润为正时，LM 企业就业比同类的 PM 企业规模小，可能导致 LMF 经济体出现就业不足的缺陷。②"反常供给反应"——沃德效应：在短期内，企业的供给曲线是向右下倾斜的，企业对价格的反应出现反常现象，当价格上升时，供给反而减少。③产量与劳动力投入对固定成本的反应：LFM 的产量和劳动力投入量在短期内与固定成本的增加正相关，而 PMF 在短期内对固定成本的变化不做反应。④劳动力投入的效率：在相同企业构成的二部门经济中，LMF 不能使劳动力市场出清，而 PMF 则出清，具有帕累托效率。Meade（1972）强调，作为短期反应的结果，LMF 经济在出现外生扰动后，必须不成比例地发生企业的进入和推出，才能回复帕累托效率。

研究得出共营企业在短期内存在"就业不足"现象和"反常供给反应"（沃德效应）。而从长期分析则存在如下现象：①规模收益不变时资本对劳动的替代。相对 PMF，如果产品价格上升，LMF 会选择资本更为密集型的生产技术，即产品价格变动会通过提高劳动力成本直接影响生产技术的选择。企业会相应地做出反应，即用资本代替劳动力。②共营企业的产期供给曲线的弹性无穷大，即不会因产品价格发生变化而调整产量。

以上关于共营企业的非效率倾向建立在严格假设的基础上，然而单个共营企业的理论不能推广到整个共营企业经济体中（Meade，1972）。他认为在新企业的进入和退出无成本、完全竞争、要素具有完全流动性和规模收益不变时，共营企业和利润最大化企业的长期均衡都处于帕累托最优。Vanek（1970）认为虽然共营企业缺乏价格弹性，雇佣更少的劳动力，使用更多的资本密集技术，但不承认沃德效应的存在，认为反常供给是现实中不可能发生的特例。共营企业倾向于雇佣更少的劳动力，但不认为共营企业制度下会有更多失业和共营企业对扩张的积极性很低，垄断竞争以及与之相联系的社会福利损失比利润最大化企业少。共营企业比利润最大化企业更富效率。共营企业为"人性化企业"，利润最大化企业为"反人性"的。

（2）产权经济学理论学派

以产权经济学理论研究共营企业的代表人物有 Furubotn（1976）、Pejovich（1992）、Jensen 和 Meckling（1979），他们的主要观点是个人所有权的弱化将使得共营企业出现投资不足，甚至使得作为租赁型企业的共营企业无法存在。因为共营企业现任员工在他们计划离开企业（例如因为工作变换或退休）后从其投资回报积累中得不到收益。因此，共营企业想靠牺牲当前员工的工资来进行内部资本积累将是困难的，造成此问题的关键性是由于"期界问题"（Horizon Problem）。根据期界问题的基本模型（Tortia，2001；2005）和模型的扩展（Zafiris，1982），在所有权属于集体、个人所有权弱化的情况下，会造成员工投资不足，而且员工预计成员资格期限越短，"投资不足"程度越大。因此，在共营企业中，投资只能通过企业剩余的提留来筹集。然而，由于产权没有个人基础，员工只有成员资格期间，才拥有对资产收益的索取权。因此，共营企业通过内部员工筹集资金进行投资的项目，其收益必须足以补偿投资的本金和损失的利息，而且全部收益必须在员工具有成员资格期间付清。Furubotn（1976）和 Pejovich（1992）指出在所有权属于集体，个人所有权弱化的情况下，会造成员工投资不足。而且员工预计成员资格期限越短，投资不足程度就越大。

Jensen 和 Meckling（1979）将共营企业称为"纯租赁型企业"，即"企业被禁止拥有像私人企业那样的耐用生产性资源的要求权和使用权"，但是企业可以通过从拥有全部资源要求的个人那里租用这些资源，从而得到暂时的使用权。雇员可以对企业拥有全部要求权，但不存在这些要求权的市场，即雇员对企业拥有的本期净收益要求权"不能"出售给他人。因为合格的要求权是以就业为条件的，出售成为一个雇员的权利是非法的。Jensen 和 Meckling（1979）认为纯租赁型企业除了产生时间期界问题以及共同财产问题外，还将产生以下问题：①企业所需的无形资源，本质上不能被租赁。因此纯租赁具有不可能性。②工人们所拥有的对企业现金流量的要求权随企业就业水平而定，以及要求权不能进行市场交易所产生的非转移性问题。③对企业内部员工参与决策和控制管理者的政治程序的界定所产生的控制问题。

产权学派还对共营企业外部融资进行了研究，指出共营企业存在内部投资不足的问题，在缺乏私人所有权的条件下，由于财富约束导致企业不可能进行净产权投资，共营企业试图从资本市场上获得融资十分困难。其原因是工人获得外部融资存在道德风险和逆向选择问题。共营企业外部融资的道德风险指共营企业中作为借方的工人享有剩余控制权，所以这种制度安排有利于工人得到风险过渡项目的投资高回报，而将可能造成的损失推给放款人承担。因此，道德风险的存在使得共营企业可能找不到贷方。共营企业外部融资的逆向选择指由于财富约束的原因，相对贫穷的工人将因为无法达到"潜在的放款人所施加的企业家个人财富的下界"而无法获得建立属于自己的共营企业的融资。

　　但 Vanek 和 Meade 认为共营企业虽然由于道德风险和逆向选择很难获得外部融资,但其所需要的资本可以从政府支持获得。

　　(3)交易费用经济学理论学派

　　以交易费用经济学理论研究共营企业的代表人物为 Hansmann、威廉姆森、Dow(2003)等人。威廉姆森认为交易费用经济学的核心是根据不同的组织结构来选择不同的交易方式,可以节省交易费用,即只有节省交易费用的经济组织才是有效率的。威廉姆森将"资产专用型"和"不完全契约"分析框架纳入交易费用经济学得出一般企业不会采取 LMF 组织形式。而 Hansmann 认为共营企业只能在特定的条件下才有效率。LMF 内部存在向心力和离心力,合作社的主要集体组织优势来自于将关键交易内部化到由交易专用资源共同拥有的企业中。通过这种方式使它们避免了外部机会主义对其投资产生准租金的潜在威胁。同时其内部的"合作精神"又足以控制内部机会主义的威胁。因此 LMF 是交易费用很低的一种企业制度安排。他认为共营企业的交易费用主要包括市场交易费用和所有权成本。得出共营企业的市场交易费用比利润最大化企业低,但是其所有权成本中的集体决策成本比利润最大化企业要高得多,这是造成共营企业罕见和规模不大的重要原因。

　　另外,一些学者采用"资产专用型理论"解释供应企业。主要包括威廉姆森的交易费用方法、由 Hart 及其合作者发展起来的剩余控制权框架、由 Dow 发展起来的交易框架。威廉姆森(2002)的"资产专用型理论"假设实物资产是专用型资产、人力资产不具有专用型。对共营企业,员工具有企业的控制权,实物专用资产的投资产生事后准租金,存在员工可能会在事后通过对准租金(本来应该给实物资产所有者)的控制权对资本供给者敲竹杠的危险。利润最大化企业将控制权交给专用型资产提供者,因此利润最大化企业涉及比共营企业更为有效率的一种组织形式。Hart 等人的 GHM 不完全契约理论认为在契约不完全世界里,只有当一项资产的所有者拥有对该资产的剩余控制权,才可以通过将剩余控制权用于吸收来自资产回报中某种未经授权的份额,因而对其形成一种投资于实物专用性资产的激励。尤其当资本家在实物资产上的非契约化投资比劳动力在人力资本方面的非契约化投资更加重要,并且资本家的过度投资比投资不足较少害处时,由资本家控制更有效。Dow 的交易框架由三个阶段构成,首先,资本家在实物资产上进行非契约化投资,工人在人力资产上进行非契约化投资;其次,有一个跨时期谈判,就哪一种控制性投入获得使用契约化投资的权利进行谈判,LMF 中,就实物资本服务的租借费进行谈判,PMF 中,就劳动力使用的工资问题进行谈判;最后,拥有控制权的代理人选择一个产出水平,并且在生产阶段服从于所雇佣投入的参与约束。Dow 得出的均衡解是,当实物资产存在沉没成本而劳动力是通用时,PMF 会出现;当劳动力是专用性而其设备不具备专用性时,LMF 出现。然而现代工业的特点是实物资产专用性更强,从而 LMF 相对于 PMF 更为罕见。其均衡解是,当实物资产存在沉没成本而劳动力是通用时,利润最大化企业会出现;当劳动力是专用性而设备不具备专用性时,共营企业出现。然而现代工业的特点是实物资产专用性更强,从而共营企业相对于利润最大化企业更为罕见。

(4)企业治理理论学派

其代表人物 Dow(2003)认为区分不同组织形式的标准是控制权,而不是所有权。共营企业和利润最大化企业之间的区别最终都可归结为与正式的控制权相关的问题:谁选举董事会? 如果是资本提供者,就是利润最大化企业;如果是劳动力提供者,就是共营企业。在对已有典型共营企业的案例分析基础上,Dow(2003)指出共营企业是有效率的,并且能够存在,LMF 之所以少是因为无效率这种错误断言存在不足。第一,经验事实表明 LMF 在特定的市场环境反复出现过;第二,将效率作为 LMF 的主要特征无法解释一种组织形式向另一种过渡。如什么条件下PMF 会由职工买断(沃尔顿钢铁,阿维斯以及泛美航空),什么条件下 LMF 会被其传统投资者出卖(投资银行企业、西北太平洋胶合板厂);第三,如果资本和劳动在物质和制度方面的投入完全对称,那么就不应该先入为主地认为观察到的组织产出会不对称。尤其没有理由预期 LMF 和 PMF 效率上的差别。Dow 还明确了其对共营企业的偏爱,指出共营企业组织形式具有民主、人性化、平等、尊严、共同体等优点。主流经济学和现行利润最大化企业制度之间存在一种自我增强的机制。即主流经济学越强调利润最大化企业的效率,就越反对共营企业,资本主义经济体就发展起一套制度偏爱利润最大化企业,而忽视共营企业存在的各种政策环境。在解释为什么共营企业罕见时,Dow 认为:当资本和劳动完全对称时,共营企业和利润最大化企业之间没有区别。共营企业比利润最大化企业罕见的原因是由于监督和工作激励问题、融资和投资激励问题、集体选择问题。解释 LMF 之所以稀少的最终原因应该从资本与劳动之间不对称性入手。一旦人力资本比实物资本更具有专用性,为了防止实物资本投资者对专用性人力资本租金的剥削,就可以得出 LMF 是比 PMF 更有效率的组织。另外,LMF 的成员资格市场与 PMF 的股票市场存在不对称性。如果能够建立 LMF 的成员资格市场,允许离开 LMF 的成员在其成员资格被卖出时通过将其价值计算成价格,获得其未来回报的现值,就可以解决 LMF 目前存在的问题。如 LMF 存在和发展最关键的与投资相关的期界问题、反常供给问题和投资激励问题。现有的 LMF 成员资格市场比 LMF 自身还要稀少。但确实存在成员资格市场的例子,如美国西北太平洋胶合厂的案例。而资本和劳动的不对称表现在两个方面:其一是工人无法多样化其劳动(同一时期不能拥有多份工作),而资本家可以将其资本投入多样化;其二是劳动力是高度异质型投入,而金融资本是同质的。

Ben-Ner(1984)关于组织生命周期的相关观点可视为 Dow 的观点的补充和完善。他认为,成功的共营企业在一个生命周期后倾向于退化为利润最大化企业。其原因是在有利可图的共营企业中,在任的成员宁愿通过以外在的机会工资雇用新的雇员,而不愿给他们以完全平等分享企业利润的成员资格形式扩张。但如果共营企业存在完全平滑的成员资格市场,新申请加入者有义务付费给现任成员以精确补充当他们与新的同伴分享利润造成的损失时,这一问题将消失。即成员资格市场完善时,可以防止共营企业退化。

2. 共营企业的研究领域

关于共营企业的四种研究方法中,以新古典方法为理论背景的文献最多,研究历史也最为长。其他三种研究理论主要用来解释共营企业的效率问题和稀缺性问题。而涉及具体的理论时,一般都采用新古典方法为基础。目前国内外共营企业的研究领域,可以简单地归纳为以下几种。

(1)共营企业的投资战略

Neary 和 Ulph (1997)分析了共营企业与利润最大化企业的战略投资,以及在长期条件下如何在寡头市场中共存。Futagami 和 Okamura (1996)通过三阶段博弈,即选择是否进入市场、选择投入作为战略承诺、Cournot 产量博弈,证明了共营企业的投入高于利润最大化企业,产量也高于利润最大化企业,且倾向于采用资本密集型技术。Ohnishi (2006,2008a,2008c,2008b,2009,2010)通过二阶段博弈模型,分析了当存在投入战略承诺情况下,利润最大化企业和共营企业的行为。林燕淑(1991),林燕淑和麦朝成等(1992)研究了不完全竞争条件下共营企业的产量等性质。简浩羽(1996)分析了当存在网络外部性时,在 Cournot 竞争市场环境下共营企业和利润最大化企业的产量分析,以及工资、固定成本、技术变动对产量和市场均衡的影响。

(2)共营企业的市场阻入战略

Richard 和 Terri (1987)分析了当消费者作为一个博弈方时,合作社作为进入者,而利润最大化企业作为在位者时,与两者都为利润最大化企业时的区别。Laffont 和 Moreaun (1983)的研究表明在共营企业经济体系中,自由进入的Cournot 均衡将不存在。Stewart (1991)在 Dixit (1980)市场阻入模型的基础上,分别探讨了共营企业和利润最大化企业的战略进入交互问题。Zhang (1993)和Dixit (1980)在利润最大化企业市场阻入模型的基础上,分析共营企业的市场阻入模型。Shoji (1996)在 Zhang (1993)的研究基础上,采用通用的规模收益不变的生产函数,分析共营企业在产能过剩情况下市场阻入策略,同时探讨了共营企业进入后(Post-entry)纳什均衡的全局稳定性。Lambertini (1998)分析了当至少有一个共营企业参与一项基于成本降低的工艺创新的竞拍时,在三种情况下垄断的持续性问题。

(3)共营企业联盟

Ichiishi (1977)利用 D. Sondermann 的合谋生产经济表示共营企业市场经济,解释了社会主义经济和资本主义经济。Joshi and Smith (2008)建立了联盟形式的博弈模型,探讨了共营企业之间形成联盟的战略激励。同时比较了合作社联盟和利润最大化企业联盟之间在联盟形成的激励方面的差异。

(4)共营企业的进出口问题

Hwang，Yen-shu et al.（1993）和 Hwang，Lin et al.（2001）通过建立共营企业与利润最大化企业之间的国际贸易模型，分别从长期和短期分析了最优关税问题。Bennett，Estrin et al.（1999）分析了寡头市场上，当共营企业的产品质量劣于利润最大化企业时，其均衡的产量和产品出口瓶颈问题。Baniak（2000）分析了共营企业和利润最大化企业共存的寡头市场上，共营企业的产品在国内销售和出口国外之间，共营企业的产出决策问题。施姵全（2007）研究了当同时存在共营企业和利润最大化企业时，如何对共营企业的出口产品进行补贴。

(5)共营企业的寡头市场理论

现在的市场环境越来越倾向不完全竞争，一方面许多国家为了鼓励市场竞争，都制订反垄断法，废除了垄断市场；另一方面，在全球经济一体化的趋势下，为了在市场竞争中保持竞争优势，世界各大企业之间的兼并浪潮一浪高过一浪，这两方面的作用使得垄断和完全竞争的市场环境似乎消失了。

共营企业和利润最大化企业共存的双寡头市场：市场上存在两家寡头企业，分别为利润最大化企业和共营企业，其中利润最大化企业以追求企业利润最大化为目标，而共营企业以追求员工利益最大化为目标。目前国外已有大量的文献研究了共营企业和利润最大化企业共存的战略互动决策。其中 Mai、Hwang（1989）、Horowitz（1991），Okuguchi（1991）和 Sakai（1993）等人对短期内两者劳动力就业和产品生产的互动情况进行了研究。Cremer（1992）拓展已有的研究成果，对长期内两者的劳动力就业和资本投资的互动情况进行了研究。Stewart（1991）、Shoji（1996）和 Zhang（1993）研究了当市场上只有一家共营企业垄断时，利润最大化企业的进入障碍对策。

在共营企业的技术创新研究领域，Futagami 和 Okamura（1996）通过建立一个三阶段博弈模型，比较了共营企业和利润最大化企业在产品生产、技术创新投入等方面的关系以及影响因素。

两家企业共存的双寡头市场：Goel 和 Haruna（2007）分析了市场上分别存在两家共营企业寡头竞争时，在生产和技术创新阶段合作和非合作四种情况下的企业产出决策和技术创新投入决策，并比较了四种情况下的不同之处。本章采用两阶段博弈分析了共营企业和利润最大化企业的产出决策和技术创新投入决策以及两者之间的区别，并分析了技术的吸收能力效应分别对共营企业和利润最大化企业的技术创新投资、产量以及社会福利的影响。

(6)其他研究领域

除了以上研究领域之外，国内外存在相当多的文献阐述了共营企业稀缺性的原因；共营企业与共营企业共存、共营企业与利润最大化企业共存条件下关于 Cournot 产量博弈、Bertrand 价格博弈等均衡解的存在问题（Laffont and

Moreaun,1985；Neary,1985；Okuguchi,1986；1992；Fehr and Sertel,1993；Okuguchi,1993；Sertel,Toros,1999；Wei,1999；Cellini and Lambertini,2006）等；共营企业的地点选择问题（Katz,1984；Hwang,Lin,et al.,2001；Lambertini,2001；Yeung-Nan,2005）；共营企业的增长模型（Sapir,1980；1983；Nakamura,2000）；共营企业的人力资本模型（Spinnewyn and Svejnar,1990；Askildsen and Ireland,1993）等。

1.3.3 共营企业技术创新的研究现状

目前关于共营企业技术创新的研究还不是很成熟，相关学者主要从共营企业参与技术创新的必要性、技术创新效率、共营企业的技术创新战略模式，以及技术创新投入激励等方面进行研究。

1. 共营企业技术创新战略模式研究现状

Vanek（1970）的研究表明相对于利润最大化企业，共营企业更加倾向于进行渐进性创新（Minor Innovation，Incremental Innovation）。由于共营企业内部员工的目标具有一致性，共同参与决策，平均分配企业的利润，共营企业的组织结构能够为员工提供一个没有冲突的工作环境，当员工在工作中有新的创意提升工作效率时，愿意与组织中的其他员工进行分享。员工之间的信息交互最终会激发共营企业渐进性技术创新的出现。

Bonin（1983）在 Vanek（1970）研究的基础上，采用古典方法理论分别从短期和长期证明了共营企业比利润最大化企业更加有动力进行渐进性技术创新。相对于利润最大化企业，共营企业的员工能够分享到更多的技术创新的成果。然而由于所有员工都要分享共营企业的利润，共营企业更加倾向于劳动节约型（Labor-saving）技术创新，同时希克斯（Hicks）中性技术进步引导共营企业更倾向于选择资本密集型（Capital-saving Technical Change）的技术创新。

2. 共营企业技术创新投入激励的研究现状

为了探讨在技术创新日益加快的社会，共营企业是否更加具有技术创新投入的动力和市场竞争性。Lambertini（1998）探讨了当第三方进行基于成本降低的工艺创新时，并将创新技术以出价高者优先获取的原则进行技术许可时，垄断的持续性问题。结果表明，当在位企业为利润最大化企业，潜在进入者为共营企业时，最终在位利润最大化企业有动力竞拍专利技术，进行技术创新，继续成为垄断者，此时共营企业对利润最大化企业不构成威胁；当在位企业为共营企业，潜在进入者也为共营企业时，当且仅当原有技术相对于创新技术生产效率很低或者生产边际成本很高时，在位共营企业才有动力竞拍专利技术，进行技术创新，继续成为垄断企业；当在位企业为共营企业，潜在进入者为利润最大化企业时，利润最大化企业有动力竞拍专利技术，进行技术创新，最终共营企业退出市场，利润最大化企业代替共营企业成为垄断企业。因此，在垄断市场中，利润最大化企业比共营企业更加具有动力购买专利技术进行技术创新获取竞争力，而共营企业缺乏技术创新动力。

Goel 和 Haruna（2007）则在双寡头市场中研究了共营企业的技术创新投入战略互动。采用技术创新理论结合共营企业的新古典方法理论，通过建立二阶段博弈模型，分析了在共营企业与共营企业共存的双寡头市场中，在四种情况下（分别为在技术创新阶段和生产阶段都进行合作 cc，在技术创新阶段和生产阶段都采取竞争 nn，在技术创新阶段采取合作而在生产阶段采取竞争 cn，在技术创新阶段采取竞争而在生产阶段采取合作 nc）共营企业之间的技术创新投入决策和产出决策，并与利润最大化企业进行比较。结果表明，共营企业在 cc、nn、nc 三种情况下，cc 情况下的技术创新投入最大。而在利润最大化企业共存的双寡头市场中，cc 情况下的技术创新投入最小（D'Aspremont and Jacquemin，1988）。在四种情况下，当技术创新溢出率较大时，cc 情况下的技术创新投入最大；nc 情况下的技术创新投入最小。在 cc、nn、cn 三种情况下，当技术溢出较大时，共营企业与利润最大化企业在 cc 情况下的技术创新投入最大，nn 情况下的技术创新投入最小；当技术溢出较小时，共营企业在 cc 情况下的技术创新投入最大，cn 情况下的技术创新投入最小，而利润最大化企业在 nn 情况下的技术创新投入最大，cn 情况下的技术创新投入最小。

何健维（1982）在国内共营企业和国外利润最大化企业进行竞争时，对政府的技术创新补贴政策进行了研究。

3. 共营企业技术创新效率的研究现状

关于共营企业技术创新的效率问题，研究学者主要以共营企业的典型代表——合作社为例，利用博弈模型，研究了合作社技术创新的市场效率和社会福利问题。

Giannakas 和 Murray（2003）利用动态博弈模型，研究了当产品存在差异性时，合作社进行基于成本降低的工艺创新的效率问题，结果表明合作社参与农业技术创新能够提高社会福利，同时通过降低农产品原材料价格，能够加快农业技术创新，提高农业生产率。但是合作社的技术创新效率取决于合作社在产品市场中的初始市场份额，以及技术创新成本。

Drivas 和 Giannakas（2006）利用博弈模型，讨论了合作社与利润最大化企业共存的双寡头市场中，合作社进行基于质量提升的产品创新时的产品定价和社会福利问题。结果表明合作社参与市场创新的效率取决于产品的差异化程度、产品的相对质量、消费者的异质性以及创新成本的大小。

Drivas 和 Giannakas（2007）利用动态博弈，讨论了合作社与利润最大化企业共存的双寡头市场中，合作社进行基于成本降低的工艺创新时的市场效率和社会福利问题。当合作社的成员资格开放时，合作社的出现能够提高全体农业生产者（包括非社员生产者）的社会福利。而合作社技术创新的效率取决于最终产品的质量、生产者的异质性以及技术创新成本的大小。

4. 共营企业参与技术创新的必要性研究现状

关于共营企业在技术创新体系中，参与技术创新的必要性研究，主要以合作社为例展开。目前农业创新体系的建设过程中，还没有充分发挥合作社的作用，出现了一系列问题：①已有的农业技术创新体系中，政府通过技术服务中介组织，或直接与农民进行对接的方式实施农业技术创新，导致技术提供部门不能很好地掌握农民的真正技术需求。一方面，农业技术创新部门提供的创新技术与农业实际生产相脱离，农业科技成果的市场转化率低；另一方面，作为农业科技需求主体的农户无法获得真正需要的农业技术。②在农业技术的扩散过程中，由于新技术异质性，要使新技术能够有效地实现扩散和传播，其前提是传播方和接收方具有一定的同质性（罗吉斯和伯德格，1988）（埃弗里特·M. 罗吉斯和拉伯尔·J. 伯德格，1988）。在目前的农业技术扩散体系中，由于政府、技术服务中介组织、农民三者之间的异质性，存在较大的技术知识、技能的差异，导致农业创新技术难以扩散，或扩散缓慢，严重制约了农业科技成果的市场转化率。③在实施创新技术之后，技术创新获得的收益必须在农民、农产品消费者和农业要素提供者三者之间进行分配。受农户经营规模小、农民自身素质低的制约，农民在三者中处于劣势地位，导致农业技术创新不一定能够增加农民收入。

因此，在推动和建设农业技术创新体系、促进农业技术升级方面，必须有一个代表农民的中介组织，解决目前农业技术创新体系中的问题，合作社的快速发展为上述问题的解决提供了组织保证。

赵国杰，吴连玉等（2009）通过对河北省河间市国欣农研会的调查，提炼出合作社在农业技术引进和推广过程中的科技传播体系、传播方式，以及培训农民会员的渠道，并通过问卷调查，得出农民专业合作社是农业技术创新扩散过程中必要的组织形式，能够发挥重要的作用。国鲁来等从组织制度的角度出发，认为农民专业合作社能够在农业技术推广和技术创新中发挥较大的作用，能够提高农业技术推广效率、降低推广成本（国鲁来，2003b）。合作社不但能够参与公共决策，而且是实现农业技术创新体系社会化的重要前提，尤其是农业技术推广体系的重要组成部分（国鲁来，2003a）。Fronzaglia 和 Guedes 等（2008）分别探讨了农民专业合作社和公共技术创新机构在农业技术创新中的作用，并提出了合作社应该建立与技术创新机构的协调机制，完善和拓展合作社与公共创新机构的战略联盟，对农产品建立完善的农产品供应链和网络体系，如需求预测、农业知识构建以及农业工艺创新和产品创新体系。

Kvakkestad（2009）通过实证研究分析了目前关于转基因农作物创新的研究，分别分析了合作社、农业龙头企业、公共创新部门在技术创新方面的区别，得出不同的创新机构能够影响转基因农作物的类型和特征。合作社和农业龙头企业主要关注与创新具有较大利润的转基因技术；公共创新部门由于受到公共基金的补助，主要关注与食品卫生和食品安全相关的转基因技术。也有学者通过研究丹麦的农业技术创新体系,发现丹麦的合作社不仅能够承担农业主要的行业管理、农业服务、市场营销等,而且能够承担农业技术推广和技术创新(龚春红,2006)。

李中华和高强(2009)分析了农业技术创新体系中以政府为主导的推广方式存在的主要问题,以及合作社在农业技术推广中的作用,最后总结了如何建立以合作社为主导的技术推广体系。

王爱芝(2010)指出合作社在推动农业科技创新中发挥着越来越重要的作用,能够培养科技人员和科技能手,发挥指导、示范、带动作用,并在产业共性技术和关键技术的开发引进方面起到重要作用,加快了农业科技创新的步伐。现阶段为了进一步发挥合作社的技术创新职能,应该做到:①拓宽资金来源渠道,优先满足科技创新资金需求;②加强科技创新人才队伍建设,将内部培养与引进、外聘结合起来;③鼓励创建科技创新型合作社,强化现有合作社的科技服务职能;④理顺政府管理部门的职责,加强政府对合作社的指导和服务。

谷兴荣和姚启明(2009)指出以合作社为载体的新技术推广风险共担模式,能够把分散的产品市场转变为集中的规模化市场,弱化农产品的无序竞争,强调各环节的协同专用性,达到对农产品批发、零售市场的培育,减少交易的不确定性,提高交易频率,建立产业链上各利益主体的风险分担机制。合作社经济组织较分散农户更能获取有用的信息,从而节约信息费用,减少信息的不对称,有利于对未来不确定性的预测。合作经济组织与单个农户相比,能够在市场交易中形成一股强大的力量以提高农民的市场地位。同时指出合作社在农村新技术推广中存在合作社内部凝聚力不足,资金筹集风险比较大等问题。因此,合作社应该在明确利益分配机制、完善内部治理结构的基础上提升合作社凝聚力,拉长产业链条,在延伸合作领域基础上拓展合作社的服务功能。

1.3.4 合作社及其技术创新的研究现状

改革开放以来,中国一直在坚定不移地推动农村经济改革,建立了"以家庭承包经营为基础、统分结合的双层经营体制"。家庭承包经营在"分"这一层面得到了很好的贯彻落实,然而在"统"这一层一直难以有效解决。在这种背景下,农民专业合作社(以下简称合作社)在全国特别是在沿海商品经济比较发达的地区应运而生,并呈现快速发展的态势。由于农民专业合作社为社员提供了农资供应、产品销售、市场信息、技术交流等各类服务,部分解决了农户分散小生产与大市场的对接问题,在农民增收、农业增效、农村发展方面发挥了很好的作用(孔祥智,2005;徐旭初,2005)。

然而进入 20 世纪 90 年代以来,农产品市场格局逐步由卖方市场向买方市场转变,加入 WTO 以后中国农业开始与世界农业接轨,我国农业与农村经济发展发生了深刻的变化。在现有的制度框架下,为了增强我国合作社在国内及国际市场上的竞争力,增加农产品科技含量,积极实施"科技兴农"政策,技术创新成为目前合作社的经营和发展过程中最为重要的部分。

1. 合作社的特点

从 1844 年开始成立世界上最早的合作社"罗虚戴尔"公平先锋社到美国新一代合作社,合作社的原则也在不断地变化和发展。但是其中有几点是不变的,如合作社遵循民主管理的原则,由社员控制合作社,而不是资本所有者,资本仅仅处于附属地位。很多经典的合作社实行"一人一票"表决权;社员共同分享合作社的利润。根据国外合作社和国内合作社的办社原则与合作社的法律法规,合作社具有以下特点。

(1)合作社是一种劳动雇佣资本,以劳动者为主体的组织。这从合作社的成员性质以及合作社的资产所有权可以看出。合作社的成员必须是从事农产品生产的人,如农场主、种植者、牧养者、奶品生产者、水果或坚果生产者等。合作社的资产属于集体所有,这与私人公司的股票资产截然相反。

(2)民主管理原则。绝大多数合作社实行一人一票制,只有为数很少的合作社规定在一人一票的基础票之外,还安排一些额外票。为了防止某些人利用额外票谋取私利,合作社中非交易额获取利润所占的比例都限定在一个较低的比例范围内。

(3)合作社以追求社员利益最大化为目标,而不是追求合作社整体利润最大化为目标。合作社中的社员公平分配利润盈余,采用"惠顾返还额"的形式分配利润。一般情况下,任何人只要通过合作社买进他所需要的货物服务,或者卖出他的农产品都将视为合作社的"惠顾人"。年终结账时,盈余部分按照惠顾人与合作社的交易额或惠顾量,按比例进行分配。

(4)合作社的产品一般是农产品、手工业品、奶制品。合作社同时也相应地分为供货合作社、营销合作社、服务合作社、产业合作社等。其中供货合作社向社员提供各种农用物资和商品,如饲料、化肥、石油、农用化学品、种子、建筑材料等。营销合作社的主要目的和功能则是为社员所生产的农产品和其他产品服务,进行收购、储运和销售等,这类合作社主要集中在柠檬、柑橘、牛奶供应和奶制品等领域。服务合作社主要经营贷款、医疗保健、住院保险、火警、人寿保险;此外,还提供煤气、电力和水利灌溉等方面的服务。产业合作社目前比较罕见,其最早的雏形是1847 年成立的辛辛那提铸铁合作社,后来有奶牛改良合作社、共同灌溉公司、放牧合作社、多种经营合作社等。这类合作社中比较紧密的结合形式是合伙农场和农业公司,从产权合并上进行结合。

根据合作社的上述特点,结合 Ward 的共营企业组织理论(Ward,1958)和Dow 的企业治理理论(Dow,2003),合作社是一种典型的共营企业。因此,合作社的技术创新和创新模式选择问题,应该根据共营企业的特点进行分析。

2. 合作社技术创新的特征

一般而言,合作社主要经营畜牧业、手工业和农产品等行业。其技术创新按其内容分为产品创新和工艺创新,其中产品创新是指企业提供某种新产品或新服务,包括新的农产品、新的工艺品等。工艺创新则是指企业采用某种方式对新产品及新服务进行生产、传输,主要是企业研究和采用新的或有重大改进的生产方式,从而提高劳动生产效率、降低原材料及能源消耗或改进现有产品生产,从而最终实现企业产出的最大化,如对农产品或手工品加工方法的改进,对畜牧业养殖方法的改善等。

合作社的技术创新具有一般企业技术创新的共同特点,如风险性、外部性、时间差异性和一体化等性质。

技术创新的风险性。主要包括市场风险和技术风险。市场风险是指由于创新产品不适应市场需求或其变化而导致的未被市场充分有效地接受而导致的风险。主要包括新产品性能、稳定性或消费者惯性等因素一时难以被市场接受;市场需要开拓的难度较大;因价格等原因市场需求不旺或增长过快;市场定位不准,营销策略、营销组合失误;新产品寿命短或开拓的市场被更新的产品替代,不同性质的创新产品,市场风险不同。技术风险包括技术开发难度大,关键技术预料不足;技术知识无法获得;关键技术难以突破;存在技术障碍或技术壁垒;实验基地、设备和工具缺乏。此外,技术创新还包括财务风险、政策风险、生产风险和管理风险等。

技术创新的外部性。即非创新者从创新中获得收益而不需支付相应的报酬。技术创新的外部性主要是由于技术创新的扩散造成的,主要反映在技术的外部性、市场的外部性、创新的利益外部性。技术的外部性主要是由于非创新者根据创新成果信息进行分析、研究或对新产品实行反求工程,而且有关创新的信息也会从企业的行为活动中反映出来,获得创新技术,进而进行模仿创新。市场外部性是指由于创新者的科技成果商业化应用后所形成的市场信息的外部性,及由于创新者开发了市场,剩余市场需求容量的存在,使非创新者节省了市场开发成本,减少了风险,缩短了市场实现的调节。而创新的利益外部性主要是由于技术的外部性和市场外部性而形成的。

技术创新时间的差异性。不同层次的技术创新所需的时间因其性质不同而异。据统计,大部分技术创新需要 2～10 年的时间。工厂企业开发部门从事发展性开发属于短期创新,一般需要 2～3 年。应用性技术开发属于中期创新,大概需要 5 年左右,如应用电子技术开发出电子手表以替换齿轮机械表就属此类。另外,基础性开发由于是技术原理的发现和新技术的发明,所以需要的时间可能较长,为 8～10 年。

技术创新的一体化。技术创新主要是利用知识形态的技术要素,对元件产品和工艺设备等实体形态的技术要素进行创新的活动。它的这种性质要求技术创新活动必须一体化。这种一体化主要体现在两个方面:一是在企业外部,即产、学、研形成一体化,实现优势互补,保证技术开发的顺利进行;二是在企业内部,即技术开发部门与生产现场及质量管理和销售部门形成一体化。日本技术创新的长处就在于这种开发、设计与生产现场的出色结合。他们在汽车、家用电器、照相机等产品的创新过程中，往往根据生产及销售部门的意见进行设计，使新技术的创新，从设计、生产到管理、销售等环节都能协调一致地进行，保证了技术创新的顺利实施。

合作社由于其产品的特殊性，加上合作社作为一种共营企业，其技术创新也与以往研究的企业——利润最大化企业的技术创新有所不同。归纳起来，合作社的技术创新还包括以下特征：

创新产品的生命周期越来越短。近几年来，随着农业科学技术的发展，尤其是基因技术、生物技术、杂交技术的发展，与国外品种的引进，一些产量比较低，质量和营养价值不高的农产品逐步被新品种代替。由于技术创新，现在的农产品不像以前可以栽种几十年甚至几百年。现在各地农民为了提高收入，纷纷引进不同地区的新品种，以及采取技术创新种植换季产品。因此，目前利用技术创新技术种植不同地区的产品，以及种植不同季节的产品，对于增加农民收入是至关重要的。

以公共部门创新引领自主创新。很多农业创新技术主要是被作为公共品来供给的，农业创新技术具有公共产品的属性。因此农业创新技术被作为公共产品由政府供给，从而实现农业技术创新的社会化。农业部门的创新，尤其是基础研究，基本上是由高校、国家科研机构负责，应用研究重点由国家分设机构和地方科研机构负责，开发研究重点由合作社或协会组织的研究机构负责。根据农业科研任务性质以及公益性程度不同，国家政府、地方政府、合作社分级办科研，各负其责，协调配合，已经成为一种农业科研趋势。美国农业部（USDA）统一负责美国农业技术创新各环节工作的协调。法国政府农业管理部门主要是国家农渔业部及地区、省农林业厅，地区和省农林业厅长均由国家农渔业部长任命，垂直式领导体制保证了全国上下协调一致。荷兰政府对农业实行一体化行政管理，包括"从田间到餐桌"的全过程。韩国农村振兴厅统一负责全国农业技术研究和推广工作，同时还承担农村生活指导以及农场主的培养和农业公务员的培训等。印度联邦农业和农村发展部负责农业和农村发展工作。

合作社技术创新的知识产权保护相对薄弱。由于合作社所涉及的技术创新一般是由公共部门引导的，即使是合作社内部的自主创新或合作创新，其知识产权保护意识也比较薄弱。尤其是合作社内部成员缺乏专利保护意识，造成其他合作社或私人企业可以无偿获取其创新成果，大大降低了合作社进行技术创新的积极性。

1.3.5　已有研究的评述

由以上回顾不难发现，一方面，技术创新理论已经取得了丰富的理论基础，然而已有的技术创新理论仅仅针对利润最大化企业，针对共营企业技术创新的理论还处于起步阶段；另一方面，共营企业经过国内外学者的不断研究和完善，目前也形成了相对完整的理论体系和方法体系，这为研究共营企业技术创新提供了理论和方法基础。因此，利用技术创新战略，提高共营企业的效率和市场竞争力，具有重要的现实和理论意义。现有的文献针对这方面的研究还较少，已有文献的局限主要有以下几个方面：

（1）虽然已有部分学者关注共营企业的技术创新问题，如共营企业技术创新的必要性、共营企业技术创新的效率问题、共营企业技术创新模式、共营企业技术创新激励机制等问题，但仍然没有形成相对完善的理论体系。因此，需要借助利润最大化企业的技术创新战略理论体系，建立适合共营企业的技术创新战略框架。

（2）关于技术创新战略的影响因素，如技术创新溢出、技术吸收能力、技术创新不确定性和风险性等对技术创新战略的影响形成了较为成熟的理论。但已有理论主要针对利润最大化企业，共营企业由于在组织形式、分配方式和雇佣关系与利润最大化企业存在本质的区别。因此，技术创新溢出、技术吸收能力、技术创新不确定性和风险性对共营企业技术创新战略的影响，有待进一步研究。

（3）关于技术创新战略实施模式已有比较丰富的研究成果，但已有的研究主要针对利润最大化企业。如何根据共营企业的特点，并结合现实案例，制定共营企业的技术创新实施模式，是一个尚待解决的问题。

1.4 本书的主要研究内容

公平和效率一直是经济学和社会学讨论的两个问题。共营企业（Labor-managed Firms）作为一种以追求公平为主的企业，在构建和谐社会方面发挥着重要的作用。尤其在某些领域，共营企业正越来越成为一种必需的组织形式。但同时共营企业也必须面对激烈的市场竞争，共营企业如何通过技术创新提升企业效率和市场竞争力，是这类企业在发展中迫切需要解决的问题。

本书综合运用共营企业理论、技术创新理论、博弈论、产业组织理论和合作组织等理论，采用理论分析、数学建模和实际案例分析相结合的方法，从提高共营企业技术创新的效率出发，研究共营企业的技术创新战略，并比较共营企业和传统的利润最大化企业（Profit-maximizing Firms）在技术创新方面的异同点。在此基础上，以共营企业的典型类型——农民专业合作社为例，研究合作社技术吸收能力的提升、合作社技术创新实施模式选择、合作社技术创新风险控制，以及科技型农民专业合作社的培育等一系列问题，为农民专业合作社的健康发展提供理论依据和政策建议。

总体上，本书主要分为两部分，第一部分研究共营企业技术创新战略的相关理论，第二部分在共营企业技术创新战略的基础上，研究农民专业合作社的技术创新战略，具体框架见图 1-1。

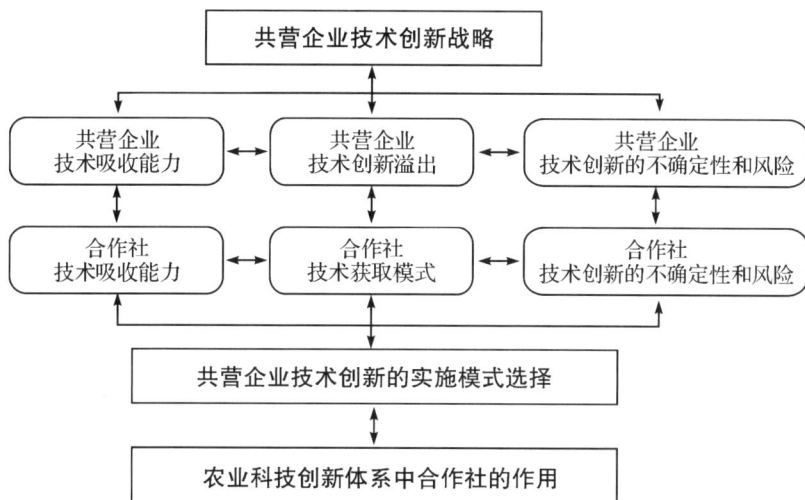

图 1-1 本书的研究框架

第一章系统地阐述了共营企业的内涵、发展状况、主要类型,讨论了共营企业进行技术创新的意义,综述了共营企业技术创新的研究现状,在此基础上提出了本书的主要研究内容。

第二章为理论支撑部分。在介绍了技术创新战略的相关内容和共营企业理论基础的基础上,提出了共营企业技术创新战略管理的研究框架,并从技术创新战略管理过程中的技术创新投入战略和技术创新实施模式两个方面提出了本书的研究框架。

第三章研究了技术创新溢出效应及其对共营企业技术创新投入战略的影响。分析了当考虑技术创新溢出效应时,共营企业和利润最大化企业在寡头竞争下的技术创新战略互动,以及技术创新溢出效应对共营企业的产出决策和技术创新投入决策的影响。并在相同条件下研究了两家共营企业共存、两家利润最大化企业共存环境下,利润最大化企业和共营企业在产出决策和技术创新投入决策上存在的差异,同时阐明了相关研究结论对促进共营企业发展和政策倡导的作用。

第四章研究了技术吸收能力效应及其对共营企业的技术创新投入战略的影响。分别探讨在共营企业与共营企业共存的双寡头市场,共营企业与利润最大化企业共存的双寡头市场下,技术吸收能力效应分别对共营企业在产品产出决策、技术创新投入决策以及社会福利的影响;以及存在技术吸收能力效应时,共营企业和利润最大化企业在产品产出决策和技术创新投入决策方面的区别。进一步以农民专业合作社为例,通过案例分析,探讨合作社技术吸收能力的结构框架,以及合作社技术吸收能力的提升路径问题。

第五章分析技术创新风险和不确定性及其对共营企业的技术创新投入战略的影响。首先探讨市场需求信息、成本信息、技术创新投入信息分别对共营企业和利润最大化企业的产出与福利的影响,比较了利润最大化企业和共营企业在信息获取方面的不同反应,以及不同寡头市场的区别。在此基础上,采用期权博弈,结合市场需求不确定性和技术创新结果不确定性,分析共营企业和利润最大化企业共存条件下的技术创新投资期权,并分别讨论技术创新成功所带来的成本节约程度、技术创新成功所需要的最大投入、预期市场需求水平对技术创新投入的影响。在理论分析的基础上,以农民专业合作社为例,从农民专业合作社技术创新的技术因素、外部环境因素、合作社自身因素三个维度探讨了合作社的技术创新风险范式,并在三个维度风险的基础上,提出了相应的风险防范策略。

第六章探讨了农民专业合作社技术创新的实施模式选择问题。在理论研究的基础上,通过对 40 多家科技型合作社进行实证分析,讨论了农民专业合作社技术创新的具体特征,并从企业内部因素、企业外部因素,以及待开发技术的特点三个维度系统研究了合作社技术创新实施模式选择的主要影响因素。另外,本书针对目前政府关于科技型合作社的建设问题,提出了科技型合作社的界定,并以西班牙蒙德拉贡合作社为借鉴,提出了科技型合作社的培育方法和路径。

第七章探讨农业科技创新体系中合作社的作用及其影响因素。首先利用农业科技创新的特点,将农民专业合作社纳入农业科技创新体系,构建了新型农民专业合作社的理论分析框架。在此基础上,以农业科技创新过程为主线,利用"会员逻辑"和"影响逻辑"理论,提出了合作社参与农业科技创新职能的概念框架。

2　共营企业技术创新战略的内涵和理论架构

随着市场竞争的加剧,技术创新日益成为共营企业获取竞争优势的战略性武器,技术创新战略相应地已成为共营企业战略决策的核心活动之一。共营企业的技术创新战略既具有一般企业技术创新战略的特征,同时又有其自身的特点。如何进行有效的技术创新战略管理已成为共营企业实施技术创新的关键问题之一。

本章首先界定共营企业的技术创新战略的概念和特征;然后根据技术的来源,对共营企业技术创新战略模式进行分类,并说明各种技术创新战略模式的特征;在此基础上构建共营企业技术创新战略管理过程的分析框架;最后从技术创新战略管理过程中的技术创新投入战略和技术创新实施模式两个方面提出了本书的研究框架。

2.1　共营企业技术创新战略的内涵

创新经济学将技术作为企业发展的内生变量之后,技术创新作为企业生存与发展的核心战略之一,为企业长远发展提供了新的机遇。从20世纪70年代晚期开始,技术创新战略逐渐成为技术创新管理研究中的一部分(Adler,1989)。企业技术创新战略是企业在技术创新领域内重大的带有全局性或决定全局的谋划(仲伟俊和梅姝娥,2009),是企业提升市场竞争力、形成竞争优势的重要手段。

2.1.1　共营企业技术创新战略的概念

所谓战略是指重大的带有全局性的或决定全局的谋划;战略具有层次性,按照所属的企业层次,其一般可以分为三个层面:企业战略、经营单位战略和职能性战略。通常,技术创新战略被看作是职能性战略的范畴。随着技术创新重要性的提升,技术创新日益成为企业获取竞争优势的战略性武器,对应地,技术创新战略也成为企业战略决策的核心活动之一。本章将共营企业的技术创新战略界定如下:

共营企业的技术创新战略是共营企业技术选择的表现形式,包括为获取、维持、利用技术能力而投入的资源的类型和数量,并选择相应的技术获取模式,决定共营企业技术创新的实施模式;同时综合考虑技术选择、技术创新投入和技术获取模式选择的影响因素,帮助共营企业形成竞争优势。技术选择决定了共营企业的基本技术能力,决定了产品和工艺的技术含量和水平,直接影响共营企业的竞争能力和可能形成的竞争优势,最终影响共营企业员工的福利。技术创新战略是共营企业整个竞争战略的一个组成部分,是服务于企业总体战略的职能战略,且必须与其他战略协调起来。技术创新战略主要从宏观上解决企业技术创新的基本原则、根本目标、主要规划。

本书关于共营企业技术创新战略的界定特别强调以下几个方面:

(1)共营企业技术创新战略的目标是帮助企业形成竞争优势,提高员工福利。任何企业的基本目标都是通过市场竞争,不断增强自身的竞争能力,提升自己的市场占有率,为客户和企业员工创造价值,形成竞争优势。共营企业技术创新不是目的,而是增加企业内员工收益的手段。因此,共营企业选择何种技术创新战略的关键是看其能否以及如何帮助企业增强竞争力,提高员工福利,这是共营企业技术创新战略的出发点和归宿。

(2)共营企业技术创新战略的重点是技术选择,决定企业占有、开发、使用和放弃的技术种类,这也是共营企业技术创新战略的直接表现。其中既包括在产品和服务中开发和应用什么技术,也包括在工艺中开发和应用什么技术。共营企业的技术选择,主要是在分析企业自身的资源状况、外部技术环境、产业竞争环境的基础上,为了达到对有限的资源进行最有效的分配,选择需要发展的核心技术。技术选择是指决策者为了实现一定的经济、技术和社会目标,考虑系统内外客观因素的制约,对各种技术路线、技术方针、技术措施和技术方案进行分析比较,选取最佳方案的过程。从影响经济增长的因素角度,存在以下几种技术选择:①资本节约型技术(Capital-saving Technology)或劳动密集型技术:特点是劳动占用和消耗比较多,单位劳动占用的资本较少,技术装备较低。它适用于劳动力资源丰富,资本资源紧张,技术水平不高的国家和地区。②劳动节约型技术(Labor-saving Technology)或资本密集型技术:特点是资本占用与消耗较多,技术装备程度较高,容纳劳动力较少。它适用于劳动力资源不足,资本资源充裕,自然资源缺乏的国家和地区。③技术或知识密集型技术:特点是机械化、自动化程度高,技术装备复杂,投资费用高,劳动力占用较少。它适用于资本资源充足,劳动力素质高、人工成本高的国家或地区。

(3)技术创新战略的核心是企业如何构建和提升自己的核心技术能力(Core Technological Competence)。核心技术能力是企业通过特有的技术要素和技能或各种要素和技能的独特的组合来创造具有自身特性的技术,以产生稀缺的、不可模仿的技术资源的企业能力。与一般技术能力相比,核心技术能力还具有独特性、关键性和刚性的特点。核心技术能力是企业竞争能力的重要基础,有意识地培养和发展企业的核心技术能力是企业成功实施技术创新战略,建立和保持竞争优势的关键。

（4）技术创新投入是实施技术创新战略的必要条件。如果技术选择是技术创新战略的计划，技术创新投入则是技术创新战略的执行。技术创新投入是共营企业技术创新活动中投入的资源数量和质量，包括研发资金投入、人力投入、技术引进和消化、吸收投入、技术改造投入等。在进行技术创新战略选择时，不仅是明确企业占有、开发、使用的技术种类，还要决定实现其技术创新战略选择需要资源的类型和数量，尤其是技术创新的投入。

2.1.2 共营企业技术创新战略的特征

共营企业的技术创新战略同样具有一般企业技术创新战略的共同特征（刁天喜，2007），包括：

（1）全局性。技术创新战略是对企业全局性的安排。例如，企业所选择和实施的主导性技术不仅直接影响技术、生产等部门，而且对其他部门甚至企业整体都会产生重要影响，对企业竞争力、发展前途起决定性的作用。

（2）长期性。企业技术创新战略不仅影响企业近期效益，而且对长期竞争力、效益产生深远影响。

（3）层次性。企业技术创新战略不仅要从指导思想、基本框架方面做总体性策划，而且要对构成技术创新战略的各方面、企业总体和各职能部门做出规划。

（4）风险性。技术创新战略的长期性、市场未来的不确定性特点决定了技术创新战略面临的环境是变化的，从而容易导致战略失误，而技术创新战略的全局性特点则会使战略失误的损失放大，因此技术创新战略存在较大的风险性。

共营企业技术创新战略是一个系统工程，在实施技术创新战略管理的过程中，需要解决以下问题：

（1）企业目前技术资源的状况和技术能力的水平

主要包括：①评价企业目前的技术资源状况；②衡量企业技术能力在同行业中的相对水平和地位；③评价企业核心技术能力的竞争程度。

（2）产业竞争环境和技术演化趋势的分析

主要包括：分析产业竞争环境：决定企业创新的机会和价值创造的空间；分析技术演化趋势：决定企业的技术选择，其影响企业的技术创新战略；寻找技术机会与产业竞争环境的结合点。

（3）核心技术的选择

主要包括：①分析企业自身的资源状况、外部技术环境、产业竞争环境；②对有限的资源进行最有效的分配；③选择需要发展的核心技术。

（4）研究开发投入的强度

主要包括：①评估资金投入水平：技术创新投入/销售额，在同行业的地位；②评估人力资源投入：技术创新人员/企业总人力，技术创新人员的素质水平。

（5）技术源的获取模式

主要体现在选择技术源，具体包括自主开发，技术购买，战略联盟。

（6）技术应用的相关资源

主要包括：①企业是否具有开发技术应用所需的相关配套资产；②技术开发所需资源与企业现有资源的兼容程度。

（7）技术在产品和价值链的运用

主要包括：①核心技术和最终产品之间建立什么样的关系；②核心技术在最终产品中如何体现；③形成什么样的产品创新和过程创新平台。

（8）什么时候以什么方式把新技术引入市场

主要包括：①进入市场的时机：即采取什么样的竞争战略，是扮演领先者的角色还是跟随者的角色；②进入市场的方式：是创造新的竞争领域，改变现有竞争领域的竞争模式，还是支持企业现有的业务领域。

（9）如何对创新进行有效的管理

主要包括：①设计有效的研究开发组织；②设计有效的创新绩效评价工具。

2.2 共营企业技术创新战略的分类

技术创新战略决定企业创新的具体行为，因此对技术创新战略的分类是正确选择创新战略的首要条件。对技术创新战略可以从不同的角度进行划分：①按进入市场时间（Time-to-market）分类，主要包括领先进入市场（First-to-market）战略、紧接进入市场（Second-to-market）战略、市场跟随（Followers）战略、晚期进入市场（Late Entrants）战略。②结合技术发展和市场竞争分类，主要包括领先进入市场战略、跟随领导者战略、应用工程战略、模仿创新战略。③按市场竞争策略分类，可划分为市场最大化战略、市场细分化战略和成本最小化战略类型。本章按照技术创新实施模式对技术创新战略进行分类，划分为独立创新战略、引进再创新战略和合作创新战略。

2.2.1 独立创新战略

独立创新战略是指以独立创新为基本目标的技术创新战略。独立创新是指企业通过自身的努力和探索产生技术突破，攻破技术难关，并在此基础上依靠自身的能力推动创新的后续环节，完成技术的商品化，获取商业利润，获得领先优势的创新活动。

1. 独立创新战略的特点

（1）技术突破的内生性：指独立创新所需的关键性核心技术来源于企业内部的技术突破，是企业依靠自身力量，通过独立的研究开发活动获得的。这是独立创新的本质特点，也是独立创新战略与其他创新战略的本质区别，独立创新的许多优势及缺陷也都是由此决定的。当然辅助性外围技术可以自己研发，也可通过委托研究和技术购买的方式解决。

（2）技术与市场方面的率先性：要发挥独立创新的优势，只有在技术与市场方面都具有领先的优势,因此率先性是独立创新努力追求的目标。采取技术领先,即在技术开发的竞争中,企业要率先攻破技术难关,并且新技术成果要率先注册专利。采取市场领先方式,即技术开发的成果要尽快商品化,尽快占领市场。

(3)知识和能力支持的内在性:技术创新的主体工作及主要后续过程都是通过企业自身知识与能力支持实现。独立创新与合作创新有根本性区别,主要体现在合作创新中,创新的推进是通过合作双方或多方的共同努力进行的,任何一方都没有能力独自推动创新的过程。而独立创新过程为企业提供独特的内在的知识和能力积累。

2. 独立创新战略的优势

(1)技术方面:技术突破的内生性有助于形成较强的技术壁垒。跟进者对新技术的解密、消化、模仿以及从投资到形成生产能力到发展成为率先创新者的竞争对手需要一定的时间,此时间内必然会形成独立创新者对新技术的自然垄断。专利保护确定了独立创新者技术的法律垄断。技术突破很可能会引致一系列的技术创新,形成创新的集群现象和簇射现象。

(2)生产方面:独立创新企业产量积累领先于跟进者,优先积累了生产技术和管理方面的经验,较早建立起与新产品生产相适应的企业核心能力,因此,独立创新企业能先于其他企业获得产品成本和质量控制方面的竞争优势。独立创新具有绝对成本优势,"干中学"的成本优势依赖于累计产量和时间。独立创新具有规模经济效应,利用规模经济设置进入壁垒。

(3)市场方面:产品投放市场初期,独立创新企业处于完全独占性垄断地位,可获得大量的超额利润。通过转让新技术专利和技术诀窍,独立创新企业可获得相当可观的收入。新产品的标准和技术规范很可能先入为主,演变为本行业或相关行业统一认定的标准,迫使后来者纳入到该标准和技术规范中来,成为独立创新企业的跟随者,从而奠定独立创新企业在行业中稳固的核心地位,无形中极大地增强企业的竞争力,较早建立起原材料供应网和产品销售网,能够率先占领新产品生产所需的稀缺资源和开辟良好的销售渠道。产品对消费者先入为主的影响,会在消费者心目中确立独立创新企业的行业领导者的形象和声誉,从而使消费者对其产品产生偏好,并且,因为转换成本的原因可以将老用户锁定在其系列产品上,因为网络外部效应的原因可以吸引更多新的消费者。

3. 独立创新战略的劣势

(1)技术方面:具有高投入与高风险性。为了获得技术突破,企业要投巨资于技术研究与开发,而且必须保有一支实力雄厚的科研人员队伍,不断提高 R&D 能力,这将带来沉重的财务负担。新技术领域的探索具有较高的不确定性,能否产生技术突破,何时产生技术突破等问题难以预料,自主研究开发的成功率相当低。为了减少率先探索的风险和产出的不确定性,独立创新企业需要进行多方位、多项目的复合投资。

（2）生产方面：具有高投入与高风险性。独立创新企业一般较难在社会上招聘到现成的熟练技术工人，而必须由企业投资对生产操作人员进行必要的特殊培训，并帮助相关生产协作单位提高生产技术能力。新工艺、新设备可靠性的风险也必须由独立创新企业承担，这在一定程度上增加了独立创新的生产成本和质量控制风险。往往需要投资于互补产品的开发。

（3）市场方面：具有高投入与高风险性。一是需求的不确定性，即独立创新企业需要在市场开发、广告宣传、用户使用知识普及方面投入大量的资金，努力挖掘有效需求，打开产品销售的局面。二是投资的外溢效果，即在新产品概念和消费观念的引入上的投入具有很强的外溢效果，相当一部分投资的收益将被模仿跟进者所占有。三是市场的不确定性，即市场开发有时具有很强的迟滞性，有些新产品有较长的市场沉默期。

2.2.2 合作创新战略

合作创新是指企业间或企业、科研机构、高等院校之间的联合创新行为。通常以合作伙伴的共同利益为基础，以资源共享或优势互补为前提，有明确的合作目的、合作期限和合作规则，合作各方在技术创新的全过程或某些环节共同投入，共同参与，共享成果，共担风险。合作创新一般集中在高新技术产业，以合作进行研究开发（R&D）为主要形式。

1. 合作创新的必要性

（1）有利于实现资源共享，优势互补。由于全球性的技术竞争不断加剧，企业技术创新活动中面对的技术问题越来越复杂，技术的综合性和集群性越来越强。即使是技术实力雄厚的大企业也会面临技术资源短缺的问题，单个企业依靠自身能力取得技术进展越来越困难。因此，以企业间的分工合作的方式进行重大的技术创新，通过外部技术资源的内部化，实现资源共享和优势互补，成为新形势下企业技术创新的必然趋势。

（2）有助于缩短创新时间，增强企业的竞争地位。在竞争性创新中，创新时间的长短对创新的成败起着决定性的作用。合作创新可以缩短收集资料和信息的时间，提高信息质量，增加信息占有量，降低信息费用；可以使创新资源组合趋于优化，使创新的各个环节能有一个比较好的接口环境和接口条件，从而缩短创新过程所需时间；可以通过技术经验和教训的交流集中各方智慧，减少因判断失误所造成的时间损失和资源浪费；能够为参与企业赢得市场，带来经济效益，从而提高企业在市场竞争中的地位。

（3）合作创新能使更多的企业参与分摊创新成本和分散创新风险。合作创新对分摊创新成本和分散创新风险的作用与合作创新的规模和内容有关。一般来说，创新项目越大，内容越复杂，成本越高，风险越大，合作创新分散风险的作用也就越显著。

（4）合作创新是企业适应世界产业结构变化和世界经济的区域一体化趋势的战略措施。合作创新有助于企业打破产业壁垒，以较低的成本进入新产业。对于区域内的企业来说，合作创新有利于区域内企业共同开发区域内市场；对于区域外企业来说，与区域内企业间的合作创新有助于打破区域保护壁垒，从而进入该区域的市场。

2. 合作创新体制

（1）政府主导企业参与合作体制

简称 GCS 体制，是合作创新的一种重要体制。在这一体制中，政府不仅是创新目标的制订者，而且是创新过程的主导者、创新资源的投入者和创新成果的所有者。这一模式首先在日本得到应用，随后在欧盟也得到广泛应用。

（2）政府诱导企业自主合作体制

简称 ECS 体制，是合作创新的主要体制之一。这一体制中，企业既是创新目标的制订者，又是创新过程的组织者和参加者，既是创新资源的投入者，又是创新成果的所有者。政府通过经济政策主要是金融政策和税收政策来诱导企业进行合作创新。日本、美国、欧盟都广泛应用这一体制。

（3）政府倡导企业自由合作体制

简称 FCS 体制。这一体制中，政府既不参与，也没有诱导，只在舆论上倡导企业合作创新。企业合作创新完全是自由形成的，企业是创新活动的发起者、组织者，同时又是主要资源投入者、过程参与者和成果所有者。这一体制在国内、国际合作创新中得到广泛应用。

3. 合作创新的组织模式

根据其组织特征和基本功能可分为五种主要模式：合同创新模式（分散式合作创新）、项目合伙创新模式（分散、集中式）、基地合作创新模式（集中式）、基金合作创新模式（集中式）、研究公司合作创新模式（集中式）。

（1）合同创新模式

合同创新模式是指以合同形式确定的合作创新模式。通常是由委托方（甲方）提供资金和规定创新项目，受委托方（乙方）提供人力、设备并实施创新过程。创新内容可以包括基础研究、应用研究、产品或工艺技术开发以及市场开拓等。一项合同创新可形成两极或更多极合同。合同创新的乙方主体主要是大学、独立研究机构和政府研究开发机构。甲方主体可能是企业、政府或研究开发基金会。

（2）项目合伙创新模式

项目合伙创新方式是企业为完成某一特定技术项目的研究与开发，通过合伙投入并合作组织研究与开发过程，共享研究与开发成果的一种合作创新方式。项目合伙按组织的形式不同，可分为集中合伙制，分散合伙制，混合合伙制。集中合伙制指项目研究与开发过程集中进行或者主要靠集中进行，集中表现在四个方面：资源集中使用；有集中管理机构和项目执行机构；集中组成实验室或技术中心；集中管理项目成果。分散合伙制指项目和投入由合伙成员统一确定,有统一的项目协调机构和管理机构,但项目的执行由各合伙成员分别进行,没有集中的实验室或技术中心,项目完成完全靠各成员的自身实验条件;没有统一的成果管理,但成果由合伙成员共同享有。混合合伙制介于两者之间,有集中的管理机构和项目执行机构,资源集中使用,有集中的实验室或技术中心,项目成果集中管理,但项目的执行既有集中也有分散,一部分集中在中心实验室或技术中心,另一部分分散在各成员单位。

（3）基地合作创新模式

基地合作创新模式是企业在大学或研究机构（包括私人和政府建立的研究机构）建立共同技术创新基地的一种合作创新组织形式。一般由企业提供资金或设备,大学或研究机构提供场地和研究人员。基地提供给企业的往往是中间技术成果或中间产品,同时具有较强的技术培训功能。企业对基地的投入有两种形式:一种是一次性投入,另一种是分散投入。

（4）基金合作创新模式

基金合作创新模式是指为促进某一或某些技术领域的发展,以大企业为主体联合中小企业及其他私人或政府机构共同出资建立一定规模的风险基金。20世纪70年代以来基金合作方式得到了迅速发展,西方有关专家估计大约有1/5左右的技术创新活动是通过基金合作方式完成的。

（5）研究公司合作创新模式

研究公司合作创新模式是企业合作创新的一种新形式,研究公司是由多个大企业（有时也有中小企业和私人或政府研究机构参加）为增进和加速某一或某些技术领域的创新而共同组建的股份制形式的合作创新组织。它往往是一个开放的公司系统,参与企业可按一定程序进入或退出。一个研究公司所选择的创新项目的需求来自多个企业,企业可有选择地参与不同的创新项目。

2.2.3　引进再创新战略

引进再创新是指企业以率先创新者的创新思路和创新行为为榜样,并以其创新产品为示范,跟随率先者的足迹,充分吸取率先者成功的经验和失败的教训,通过引进购买或反向破译等手段吸收和掌握率先创新者的核心技术和技术秘密,并在此基础上率先对创新成果进行改进和完善,进一步开发和生产富有竞争力的产品。

1. 引进再创新的特点

（1）模仿的跟随性

跟随的优势是能够吸取率先创新者成功的经验与失败的教训。巧妙地利用跟随和延迟所带来的优势,可以化被动为主动,变不利为有利。在技术方面,引进再创新者不做新技术的开拓探索者和率先使用者,而是做有价值的新技术的积极追随学习者。在市场方面,引进再创新者不独自开辟新市场,而是充分利用并进一步发展率先创新者所开辟的市场。

（2）研究开发的针对性

能够免费获得的公开技术或能够以合理的价格引进购买的技术不再重复开发，其 R&D 活动主要偏重于破译无法获得的关键技术、技术秘密以及对产品的功能与生产工艺的开发与改进。引进再创新不是单纯的模仿，不是照抄照搬率先者的技术，它同样需要投入足够多的研究开发力量，从事其特有的研究开发活动，应属于一种渐进性创新行为。

（3）资源投入的中间聚积性

由于引进再创新省去了新技术探索开发的大量早期投入和新市场开发建设的大量风险投入，因而能够集中力量在创新链的中游环节投入较多的人力物力，即在产品设计、工艺制造、装备等方面投入大量的人力和物力，使得创新链上的资源分布向中部聚积。而独立创新在创新链上的资源分布较为均衡。

2. 引进再创新的优势

（1）产品竞争力优势

低成本低风险高性能：引进再创新的产品竞争力优势主要得益于引进再创新产品能够以较低的成本、较低的风险，以及更高的性能投入市场，从而能够更好地满足市场需求。

从技术开发方面看：①引进再创新能够有效地回避研究开发探索的风险。引进再创新不做开拓探索者，而是做有价值的新技术的积极追随学习者。率先创新必须独自承担技术探索的风险，负担探索失败的损失，而引进再创新者却可以冷静地观察率先创新者的创新行为，向多个技术先驱学习，选择成功的率先创新进行模仿改进。引进再创新者的研究开发活动不涉足未知的探索性领域，而主要从事渐进性的改进、完善和再开发。②能够回避研究开发竞争的风险。研究开发的竞争是具有强烈排他性的。一项新技术开发的竞争中，最终法律上的成功者只能有一个，只有率先申请专利保护的成功者才能合法使用其开发出的成果，其他晚一步开发成功或晚一步申请专利者，不但其成果得不到保护，而且自己也不能够合法地使用。引进再创新由于没有涉足率先研究开发竞争的角逐，因此也有效地回避了这方面的风险。③其研究开发投入模式具有投入少、效率高的特点。引进再创新企业的研究开发投资具有高度的方向性、集中性和针对性，能够免费获得的公开技术或能够以合理价格引进购买的技术不再重复研究，无法获得的关键技术和核心技术则集中投资和进行攻关。这种研究开发的模式具有投入少、效率高的特点，对引进再创新企业是较为有利的。

从生产方面看：①投资后移的优势。引进再创新免除了研究开发探索的大量投资，能够在生产制造等方面投入较多的技术力量和资金，从而能够建立自己在产品质量、性能、价格等方面的竞争优势。引进再创新企业由于不能够在研究开发方面占优势，只能将竞争取胜的希望后移到生产制造等环节。因此，引进再创新企业更关注产品性能的改进、工艺的进步、产品质量的提高、生产成本的降低、生产效率的提高等方面,即注重在生产制造方面培植自己的能力。引进再创新企业也能够细致而充分地研究市场需求,根据市场需求的反馈信息迅速调整产品生产,改进产品工艺设计,使自己的产品更具竞争力。②后发优势(跟随学习效应)。设备和原辅配套材料方面:相对于率先创新而言,引进再创新可能能够购置到性能更趋稳定、价格更低的设备,也能够一开始便享受原辅配套材料产业规模经济的效益。生产效率方面,引进再创新的成本曲线往往较率先创新的成本曲线下降速度要快得多。原因有三:一是引进再创新企业可以学习率先创新企业的经验从而少走弯路;二是引进再创新企业可以通过雇用率先创新企业中的熟练工人来移植率先创新企业积累的生产经验;三是引进再创新企业一般更注重成本控制和工艺改进。

从市场方面看:①市场沉默:大部分新产品都必须经历一个被用户逐步认识、逐步战胜替代品的过程,其性能和价格要为用户接受也需要一段时间。引进再创新可以观望市场的发展和演变,选择适当产品并以适当时间进入市场,从而有效地回避市场沉默所导致的损失。并且,由于产品性能和质量上的问题具有隐蔽性,适当滞后进入市场还能规避性能质量的"探索—完善"过程中的风险。②外溢效应:率先创新者开拓新产品市场的广告宣传投入中有相当一部分是用于消费观念引导和消费知识普及宣传的,这部分投入有很强的外溢效应。引进再创新者可以充分享受率先创新者新市场开拓的外溢效应,省去大量的公益性资金投入,而集中投资于自己产品品牌的宣传。这对引进再创新产品的成功是十分有利的。③消费偏好:新产品上市时,有相当一部分消费者往往会等待一段时间,等市场上出现价格较低、性能完善、质量趋于稳定、设计相对定型的产品时才购买。这种消费偏好的消费群体为引进再创新产品创造了良好的需求。另外,地域、文化、心理情结等因素,也会形成消费偏好,也为引进再创新提供了细分市场(本地产品保修的便利性,爱国主义情结)。

(2)企业竞争力优势

企业的基础竞争力:引进再创新不仅通过引进再创新产品为企业带来直接的经济利益,而且会引起企业诸多内质,给企业带来超越产品的、深层次的竞争力,我们可将这种竞争力称为企业的基础竞争力。①以引进再创新作为主导创新战略的企业,能够通过长期不懈的引进再创新,有效地提高企业的基础竞争力,这一过程主要是通过引进再创新中的快速高效而特别的技术积累实现的。②技术积累:通常指的是企业知识和技能的积累,是沿特定的方向和轨道逐步积累下来的,并内化到企业组织结构之中的技术知识和能力。技术积累既是企业的一种重要无形资源,又是企业从事技术创新的重要内在基础,其丰厚程度和结构直接决定企业基础竞争力的高低。技术积累可通过组织间的存量迁移和流动而发生增减变化,但更重要的增长源泉是组织学习,即企业作为一个整体在所从事的实践活动中学习。③引进再创新是组织学习最具效率的形式。模仿能够"复制"十分复杂而又难以言表的知识技能(缄默性的知识:Tacit Knowledge)。模仿能够让一个企业在不解析原理和结构的情况下,在暂不知其所以然或无法弄清其所以然的情况下有效地"复制"另一企业的知识技能,丰富其技术积累。而引进再创新则在模仿的基础之上更进一步,不仅对率先创新者的技术积累加以消化吸收,而且进行新的探索,在技术积累方面青出于蓝而胜于蓝。④引进再创新是组织学习最具效率的形式。技术积累可分为自主探索和样板引导两种模式。引进再创新是将样板引导和自主探索有机结合起来的最好的技术积累途径,可以避免走弯路,能以较小的代价获得较高的技术积累。在引进再创新中实现高效的技术积累,提高企业的基础竞争力,是许多后进企业赶超先进企业,在竞争中取胜的秘诀。我国的大多数企业都适合采取以引进再创新为主导的企业技术创新战略。⑤引进再创新对企业基础竞争力的促进还表现在技术积累重点的后移上。引进再创新战略避免了研究开发方面大面积的探索性的投入,将注意力和主要资源投入到工艺改进、批量生产、质量控制等后续环节,因此,在这些环节上,企业可以形成自己丰厚的技术积累,建立起自己的核心能力。后续环节的能力积累直接决定产品的市场竞争力。后续环节的能力积累在很大程度上是团队协作的结果,需要长期积累,一旦形成又会具有较强的稳定性,不会被轻易效仿和在短期内超越。

3. 引进再创新战略的劣势

引进再创新战略的主要缺点是被动性。在技术方面,由于引进再创新者不做研究开发方面的广泛探索和超前投资,而是做先进技术的跟进者,因此,在技术方面有时只能被动适应,在技术积累方面难以进行长远规划。在市场方面,被动跟随和市场定位经常性的变换也不利于营销渠道的巩固和发展。

引进再创新战略有时会受到进入壁垒的制约而影响实施效果。①自然壁垒:如核心技术信息被封锁,反求困难,引进再创新难以进行,率先创新企业先期建立的营销网难以突破等等。②法律保护壁垒:引进再创新有时会和率先者知识产权发生矛盾,产品技术受专利保护的率先创新企业会通过法律保护自身的利益,阻碍引进再创新的发生。

2.3　共营企业技术创新战略管理过程

技术创新是一项非常复杂的高风险工作,要提高共营企业技术创新的成功率,首先需要一个科学和完善的技术创新战略管理体系,使其与共营企业的总体战略和要实现的目标相匹配,与其拥有的资源和能力相匹配。为了让共营企业能科学有效地应对技术创新管理面临的挑战,首先要根据技术创新管理过程,构建全面和系统的企业技术创新战略管理过程体系,并让企业系统深入地了解和掌握科学先进的技术创新战略管理方法。

共营企业作为一种追求员工收益最大化的企业,其技术创新战略与传统的利润最大化企业存在着一些不同之处,本书首先通过借鉴企业技术创新战略管理的研究框架,分析了共营企业技术创新战略管理过程体系,如图2-1所示。

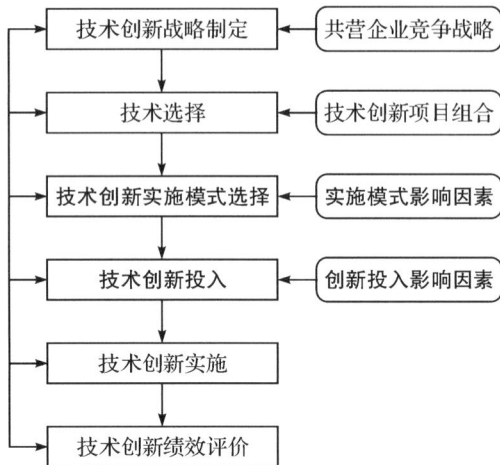

图 2-1 共营企业的技术创新战略管理过程

"技术创新战略制定"是在分析共营企业竞争战略的基础上,通过对企业的内外部环境进行系统的分析,明确企业的技术创新目标,制定企业的技术创新战略。即首先调查和审视企业外部发展环境和内部发展状况,从用户的需求、本行业及相关行业的技术发展、竞争对手行为模式的变化、法律制度对企业环境保护和资源利用的新要求等多个方面分析对企业技术创新的新要求,然后根据企业的创新资源和能力,从增强企业创新能力和竞争能力,提升经济效益的要求出发,确定今后一段时间的技术创新目标,制定技术创新的总体战略和计划。

"技术选择"是支持企业按照技术创新战略的要求,科学地设计和选择近期与中长期相结合的技术创新项目组合。即根据战略制定阶段确定的技术创新目标、战略和计划,形成技术创新项目的评价选择标准,并按照该标准确定企业短期与中长期相结合的技术创新项目,实现短期、中期和远期项目的合理组合。

"技术创新实施模式选择"主要是针对所选择的技术创新项目组合,帮助共营企业在各种技术创新模式中,选择与要实施技术创新项目的特点、企业技术创新资源和能力相匹配的创新模式。即按照企业的技术创新战略,对企业选定的技术创新项目,根据技术的复杂性、技术创新要求、企业的技术创新能力和外部可以获得的科技资源等,在独立创新、合作创新、引进再创新等多种技术创新实施模式中进行选择。在此基础上,对选择的合作创新、特别是产学研合作创新模式,进一步确定有效的合作方式,并选择良好的合作伙伴。其中共营企业在进行具体技术创新模式选择时,受到外部因素、内部因素以及待开发技术的特点等因素的影响

"技术创新投入"主要是共营企业根据选择的技术创新项目组织和实施模式,投入相应的技术创新资源,包括人力、物力、财力等影响。其中技术创新投入战略的制定受到企业内部的产权制度、治理结构、企业规模、技术吸收能力,企业外部的技术创新收益、市场竞争状态,以及与技术创新相关的技术创新溢出效应、技术创

新的风险性和不确定性等影响。该书主要研究技术创新溢出、技术吸收能力以及技术创新的不确定性和风险性对企业技术创新投入的影响。

"技术创新实施过程"涉及新产品和新工艺的开发过程管理、技术创新团队的组建和管理、风险管理、技术创新保护等,支持企业提高技术创新项目实施的效率和成功率。

"技术创新绩效评价"是对前述各阶段的工作进行分析,总结其成功的经验和失败的教训,包括技术创新水平评价、技术创新管理水平评价和创新型企业评价等,通过应用这些评价方法进行科学的评价,以促进企业不断提高创新管理水平和创新水平。

根据共营企业的技术创新战略内涵,确定共营企业的技术创新战略管理过程,需要结合企业战略目标,因为共营企业技术创新战略选择的目标是帮助企业形成竞争优势,提高员工福利。共营企业技术创新战略的重点是技术选择,即决定企业占有、开发、使用和放弃的技术种类,这也是共营企业技术创新战略的直接表现。根据以往的研究,与利润最大化企业相比,共营企业不会热衷于劳动节约型的技术创新,而更倾向于资本节约型技术创新(Goel and Haruna,2007)。

如果技术选择是技术创新战略的计划,技术创新投入则是技术创新战略的执行。因此,技术创新投入是实施技术创新战略的必要条件。在进行技术创新战略选择时,不仅要明确企业占有、开发、使用的技术种类,还要决定实现其技术创新战略选择需要资源的类型和数量,尤其是技术创新的投入。

技术创新的实施模式选择是共营企业技术创新战略的基本内容。共营企业技术创新实施模式有多种,在进行技术创新的过程中,到底选择何种实施模式,不能一概而论,而应根据企业发展目标、经营战略、发展所处的阶段、实例、产业竞争状态等,并充分考虑各种技术创新实施模式的特点,进行综合评判以后作出自己的选择。因此,选择合适的技术创新实施模式是共营企业技术创新战略实施过程的关键问题。

该书主要研究共营企业技术创新的投入战略和技术创新实施模式,最后从政策角度探讨了科技型共营企业的培育及其技术创新激励机制研究。技术创新实施模式选择是实现共营企业技术创新的主要方法和路径,包括独立创新、合作创新和引进再创新。技术创新投入是实现共营企业技术创新战略的必要条件,是技术创新战略的执行。

下面将阐述该书研究的主要内容及其相互之间的关系。

2.3.1 共营企业技术创新投入战略

根据技术创新的过程模型,技术创新通过新产品或新工艺的构想→技术研发→产品生产→营销和销售等阶段,最终到达消费者手中。即共营企业通过对市场需求的分析,初步了解市场对产品的新需求,并结合目前的技术发展状况以及自身的创新和生产能力,形成产品的新思想。然后不断考虑市场需求的新变化,进行新产品的研究、设计和开发,并形成新产品原型。接着在不断考虑市场需求的新变化的同时生产和制造新产品,并进行营销和销售,将其推向市场,产生经济效益。该过程不断重复进行,共营企业不断改进和开发新产品,保持和形成持续的竞争优势。在整个技术创新过程中,技术研发和产品生产需要投入的技术创新资源最多。因此,该书主要探讨技术研发和产品生产两个阶段的技术创新投入。共营企业技术创新投入包括技术创新的资金投入和人力资源投入,其中从广义上人力资源投入又可以归入资金投入。

共营企业技术创新投入和技术创新战略受到企业内外部各种因素的影响。唐清泉和甄丽明(2009)从政府行为、企业行为以及管理人行为三个角度综述了企业技术创新投入的影响因素。其中政府行为包括宏观经济波动、金融发展程度、对外开放水平、知识产权保护制度、人力资本水平、外商直接投资、财政补贴和提供税收优惠政策。企业行为包括合作网络、市场竞争、冗余资源、企业规模、组织结构、财务结构、所有权结构等。管理人行为包括管理层的人口特征、管理层薪酬激励、管理层风险偏好、管理层任期、机构投资者、董事会的规模、外部董事。其中,这些影响因素对技术创新战略的影响同样适用于共营企业。该书认为,共营企业技术创新投入战略的影响因素,还应该包括技术创新溢出、技术吸收能力和技术创新风险。根据企业技术创新过程中各个阶段的技术创新投入与技术创新投入的影响因素,该书构建了以技术创新过程为视角的技术创新投入及其影响因素的分析框架,如图 2-2 所示。

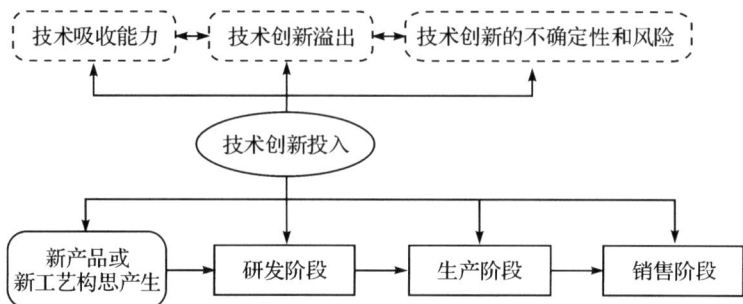

图 2-2　以技术创新过程为视角的技术创新投入战略模型

在这三个影响因素中,技术吸收能力决定共营企业能够从外部环境中获取技术溢出的数量和质量,共营企业培养和提高自身的技术吸收能力的动力是为了吸收外在的技术溢出。而技术创新风险是由技术风险和市场风险构成,其中技术溢出是技术风险的主要因素,因此技术创新溢出是导致共营企业的技术创新风险的一个重要因素。

技术创新溢出,主要是指由客观原因而引发的自有知识被其他研究或生产企业模仿和挪用,如研发人员的流动、自我保密措施不健全、交流活动中的不自觉溢出、知识本身的可流动性、合作中的传播等。英国科学家、哲学家 Polany(1958)根据知识的表现方式,将知识分为两大类:显性知识(Explicit Knowledge)和隐性知识(Tacit Knowledge)。显性知识指用"书面文字、图表和数字表述了的知识",即能够以一定符号系统加以完整表述的知识,或者说是可完全编码化以被传播的知识。隐性知识是指尚未被语言或其他形式表述的知识,面对面的交流是其溢出的主要途径。即存在于个人头脑中的、存在于某个特定环境下的、难以正规化、难以沟通的知识,是知识创新的关键部分,是需要依靠拥有此类知识的个体自己理解和描述的"只可意会,不便言传"的知识。Drucker(1999)认为,隐性知识是不可用语言来解释的,它只能被演示证明它是存在的,主要来源于经验和技能,学习的唯一方法是领悟和练习。

根据显性知识和隐性知识的概念,该书将技术创新溢出分为显性技术创新溢出和隐性技术创新溢出。在技术创新溢出中,显性技术创新溢出是指技术创新过程中主动溢出的新专利、新技术及有关行业发展动态信息的溢出;隐性技术创新溢出是指被动溢出的各种信息、经验、技能在企业或机构之间的非自愿地交换。

根据上述定义,相对于显性技术创新溢出,企业要获取隐性技术创新溢出的数量,与企业已有的技术吸收能力的大小更加相关,即更依赖于企业现有的技术吸收能力。而显性技术创新溢出则可以通过专利购买、技术许可等方式,与企业现有的技术吸收能力关系不大,甚至不存在相关性。

2.3.2 共营企业技术创新实施模式

根据共营企业技术创新战略管理过程模型,在进行技术选择之后,接着需要解决的问题是根据所选择技术的特点,确定共营企业的技术创新实施模式,选择创新技术的开发途径。技术创新实施模式的选择是实现共营企业技术创新的主要方法,常用的典型技术创新实施模式包括独立创新、合作创新和引进再创新(Reinhilde and Cassiman,1999)。将以上三种技术创新实施模式进行比较,可以发现它们各有自己的优点和缺陷,具体如表 2-1 所示。

表 2-1　独立创新、合作创新和引进再创新模式的比较

比较内容	独立创新	合作创新	引进再创新
自身需具备的资源和能力	高	一般	低
利用外部资源和能力	很少	较多	很多
技术开发成本	高	一般	低
技术开发风险	大	一般	小
技术开发和应用速度	慢	一般	快
技术成熟度	低	低	高
对新技术的控制	强	一般	差
应对市场和技术变化能力	一般	强	差
增强技术创新能力	好	好	差
成功创新能带来的竞争优势	显著	明显	很少

资料来源:参考文献(Reinhilde and Cassiman,1999;梅姝娥,2008)

　　显然,选择独立创新模式,共营企业自身需要具备的技术创新能力比较强,承担的风险大,但一旦成功能为企业带来显著的竞争优势;采用合作创新模式,企业自身不一定要具备很强的技术开发能力,同时由于合作还分担了成本和风险,加快了应对市场和技术变化的速度,但是成果创新后形成的新技术可能被多家企业共享,能为企业带来的效益低于成功的独立创新所带来的效益;而采取引进再创新模式,企业自身需要的技术开发资源和能力相对比较少,技术开发风险也很低,但能为企业带来的竞争优势也很小。

　　根据以上所述,不同的技术创新实施模式有明显的差别。一般而言,共营企业应根据企业内外部的因素和创新技术的特点,选择不同的技术创新实施模式。由于共营企业的组织结构、利益分配机制和雇佣关系等方面与利润最大化企业存在较大的不同,其技术创新实施模式也存在一定的差别。其中共营企业在选择具体的技术实施模式时,受到各方面的影响,本书将从内部因素、外部因素、待开发技术的特点三个角度探讨共营企业技术创新的影响因素。其中内部因素包括企业的产权制度、竞争战略、创新人才资源、企业规模等因素;外部因素包括政府支持(法律、法规和管理制度)、市场环境等因素;待开发技术的特点包括技术的复杂性、技术的缄默性和技术环境等因素。该书根据技术创新的实施模式及其影响因素两个维度建立共营企业技术创新实施模式选择模型,如图 2-3 所示。

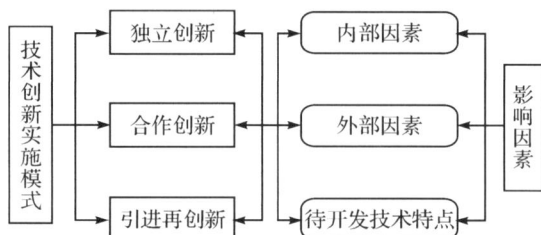

图 2-3　共营企业技术创新实施模式选择模型

2.4　本章小结

　　本章借助企业技术创新战略理论,阐述了共营企业技术创新战略的概念和特征。根据技术来源将技术创新战略分为独立创新战略、合作技术创新战略和引进再创新战略,并分析各种战略的特点、优势、劣势。在此基础上,构建了共营企业技术创新战略管理的分析框架。进一步对共营企业技术创新投入战略和技术创新实施模式进行了细化,根据技术创新的过程模型和技术创新投入的影响因素建立了共营企业技术创新投入战略模型;根据技术创新实施模式的类型和影响因素,建立技术创新实施模式选择模型。

3 共营企业的技术创新溢出及其对技术创新投入战略的影响

由于技术创新溢出的存在,导致企业在技术创新过程中不能完全获得技术创新成果带来的所有收益。企业的竞争对手能够通过逆向工程、商业间谍活动、企业间技术创新的人才流动等方式获得技术创新溢出(Griliches,1998;Goel,1999)。虽然目前对技术创新溢出的度量尚无定论(高山行,徐凯,等,2007),但是已有大量的理论模型分析证明技术创新溢出对企业技术创新战略的影响(D'Aspremont and Jacquemin,1988)。然而,已有的研究大部分针对利润最大化企业,技术创新溢出对共营企业技术创新战略的影响,同样也是研究共营企业技术创新行为的重要内容。

本章针对共营企业和利润最大化企业共存的寡头竞争市场,通过建立二阶段博弈模型,分析存在技术创新溢出条件下,共营企业的产出决策和技术创新投入决策,并进一步讨论技术创新溢出效应对共营企业产出决策和技术创新投入决策的影响;最后将共营企业和利润最大化企业共存的双寡头市场与两家共营企业共存的双寡头市场,两家利润最大化企业共存的双寡头市场进行了比较,分析了不同寡头市场条件下技术创新溢出效益对产出决策和技术创新投入决策的影响。

3.1 概念界定和问题描述

本节通过界定共营企业的技术溢出效应,分析溢出效应对共营企业技术创新战略的影响。在此基础上,对本章需要解决的问题及其假设条件进行描述。

3.1.1 技术创新溢出效应

由于技术创新成果具有公共产品的属性,这决定了技术创新成果不能被技术创新主体独自占有,在一定程度上会溢出到其他企业,这种技术传播机制就形成了技术溢出。技术创新溢出也称技术创新的外部性,是指技术创新主体非志愿或无意识地将其技术创新成果进行扩散和传播,被其他组织获得,而且技术创新主体没有从溢出中获得相应的收益回报,获得技术创新溢出的组织也没有承担与溢出的福利相应的成本。技术创新溢出的途径主要包括逆向工程、商业间谍活动、企业间技术创新的人才流动等方式(Griliches,1998;Goel,1999)。

技术创新的全过程都会存在溢出,而且在不同的阶段和所处领域的不同等原因,技术创新溢出的速度和量值都会有所不同,对技术创新的影响也存在差异。通常技术创新通过知识和专利技术的公布、产品供给、上下供给链、研发人员流动、人员正式和非正式交流等渠道,在产业内、产业间、国内市场或国际市场上发生溢出,对技术创新战略会造成不同的影响。

技术创新溢出效应指技术创新主体的技术创新成果产生技术溢出后,其他组织经过消化吸收,对技术创新主体的技术创新战略、竞争战略、企业福利产生的影响,以及对社会福利的影响。

根据上述定义可知,技术创新溢出效应会对共营企业的技术创新战略产生影响,具体而言,技术创新溢出对技术创新战略的影响根据溢出的具体途径、大小、速度而不同。其中对新技术的选择、技术创新投入强度、技术创新实施模式的选择等方面的影响尤其显著(Goel and Haruna,2007;于珍和杨惠馨,2007;徐怀伏,2007)。首先,技术创新溢出会对新技术的选择产生影响。通常,相对于私人产品创新,公共产品创新的技术溢出数量较多,溢出也较快。对于技术创新者而言,溢出速度越慢则越有利,可以有更多的时间获取回报。因此,在技术创新项目选择时,企业会避免选择具有公共产品性质的技术,回避"公共产品创新",而选择带有私人产品性质的"私人产品创新",并加强企业内的保护措施以减少技术创新成果的溢出量、溢出速度,同时还会加快技术创新成果的运用和收益,推动技术的快速发展。第二,技术创新溢出会对技术创新的实施模式产生影响。一般而言,当某一项目的技术溢出较大时,由于选择独立创新后,技术创新成果容易溢出到其竞争对手,给创新企业造成较大的风险,因此企业之间往往倾向于选择合作创新。只有当某一项目的技术溢出较小时,企业才有可能选择独立创新。第三,已有的研究表明,技术创新溢出会对企业的技术创新投入战略产生影响(Goel and Haruna,2007),本章将进一步考虑在不同的寡头市场下,技术创新溢出对技术创新投入的影响有何不同。

本章主要分析技术创新溢出效应对共营企业技术创新投入的影响,并分析技术创新溢出效应分别对共营企业和利润最大化企业在产品产出和技术创新投入方面的区别。

3.1.2 问题描述

已有的研究都表明企业技术创新或多或少存在技术溢出,共营企业的技术创新活动也存在创新成果的溢出效应。例如,共营企业的典型代表——农民专业合作社的技术创新成果大部分具有公共产品或准公共产品的性质,合作社的技术创新成果往往会溢出到相同或相似的行业中。由于目前社会主义市场经济体制还不完善,因此国内的经济制度在今后甚至相当长的时期内是以共营企业和利润最大化企业共存的双寡头市场为主导。在激烈的市场竞争中,共营企业面对的竞争对手可能是共营企业,也可能是利润最大化企业。例如农民专业合作社面对的竞争对手可能是其他农民专业合作社,也可能是农业龙头企业。其中 Goel 等分析了共营企业和共营企业共存的双寡头市场环境下,技术创新溢出效应对共营企业技术创新投入战略的影响(Goel and Haruna,2007)。相对于利润最大化企业,当存在技术溢出时,共营企业的技术创新战略与利润最大化企业是否存在差异?具体表现在哪些方面?技术创新溢出对共营企业的技术创新战略有何影响?等等。本章主要针对这些问题,在共营企业和利润最大化企业共存的双寡头市场环境下,分析技术创新溢出效应分别对共营企业和利润最大化企业技术创新投入战略的影响,及其两者之间的区别。

3.1.3 问题的假设

本章主要研究共营企业和利润最大化企业共存的技术创新战略互动,以共营企业的新古典经济学理论、DJ 模型(D'Aspremont and Jacquemin,1988)与 Goel 的研究(Goel and Haruna,2007)为基础,建立基于成本降低的存在技术创新溢出的二阶段博弈模型。

(1)假设某地区寡头市场中只有两家寡头企业 $i(i=1,2)$(当生产企业多于两家时,可采取虚拟竞争对手方法,把多人博弈模型转化为两人博弈)生产同类产品,每家企业的战略空间是选择最佳产量。

(2)两家企业生产异质性的产品,产品具有差异性和替代性。

(3)企业进行技术创新,考虑技术创新溢出效应。

(4)为了使分析简单化,本章仅仅考虑短期内的技术创新投入博弈,即短期内企业的生产能力无法进行调整。企业的生产函数仅仅是以劳动力投入为自变量的函数(Goel and Haruna,2007)。生产函数可表示为:$f(l)$,其中 $f'(l)>0$ 和 $f''(l) \leqslant 0$。$f''(l) \leqslant 0$ 表示产品的边际产量递减或不变,即每个劳动者的平均产量大于或等于其边际产量。每个劳动者的产出弹性为 $\varepsilon=lf'/f$,即企业的规模收益。当 $\varepsilon>1(\varepsilon=1,\varepsilon<1)$ 时,生产函数为规模收益递增(不变,递减)。

(5)两家企业在寡头市场上进行 Cournot 产量博弈,根据 Bárcena-Ruiz 和 Espinosa 的假设,寡头市场两家企业产品的逆需求函数分别为:

$$\begin{cases} p_{\mathrm{P}} = a - f_{\mathrm{P}} - d f_{\mathrm{L}} \\ p_{\mathrm{L}} = a - f_{\mathrm{L}} - d f_{\mathrm{P}} \end{cases} \tag{3-1}$$

其中,下标 P 和 L 分别代表利润最大化企业和共营企业;$a>0$ 表示市场上该产品的最高价格;当价格高于 a 时,人们将拒绝购买该产品。当企业之间的产品具有替代性、独立性或互补性时,d 分别为正数、零、负数。本章假设产品具有替代性(替代率小于或等于1),$0 \leqslant d \leqslant 1$。

(6)两家寡头企业的产品初始单位成本都为 c。企业进行成本降低型技术创新,企业 i 要获得技术创新收益 x_i,即单位成本降低 x_i 时,需要付出的技术创新投入为 $u_i(x_i)$,其中 $u_i'(x_i)>0$ 和 $u_i''(x_i)>0$。企业之间存在技术创新溢出,溢出率为 β_i,即企业之间能够互相从竞争企业的技术创新成果中获得收益,令企业 i 从企业 j 获得的技术创新溢出收益为 $\beta_i x_j (0 \leqslant \beta_i \leqslant 1)$。当 $\beta_i=0$ 时,表示不存在技术创新溢出,而 $\beta_i=1$ 表示技术创新成果收益完全溢出(比如 RJV 企业)。因此,双寡头企业的成本函数分别为:

$$\begin{cases} g_P(x_P,x_L) = c - x_P - \beta_P x_L,\ 0 \leqslant \beta_P \leqslant 1 \\ g_L(x_P,x_L) = c - x_L - \beta_L x_P,\ 0 \leqslant \beta_L \leqslant 1 \end{cases} \tag{3-2}$$

3.1.4 模型

根据上述分析,利润最大化企业的目标为最大化企业利润,而共营企业的目标为最大化员工的平均利润,可分别表示如下:

$$\begin{cases} \max\limits_{x_P,l_P} \pi_P = [p_P - g_P(x_P,x_L)]f_P(l_P) - w_P l_P - u_P(x_P) - F_P \\ \max\limits_{x_L,l_L} V_L = \dfrac{\pi_L}{l_L} + w_L = \dfrac{[p_L - g_L(x_P,x_L)]f_L(l_L) - u_L(x_L) - F_L}{l_L} \end{cases} \tag{3-3}$$

其中,w_P,w_L 分别为利润最大化企业和共营企业劳动者的工资,l_P,l_L 为劳动者的数量,F_P 和 F_L 为两者固定成本,假设两者的边际成本为零(Goel and Haruna,2007)。

结合式(3-1)、(3-2)、(3-3),可得双寡头企业的目标函数为:

$$\begin{cases} \max\limits_{x_P,l_P} \pi_P = (a - c - f_P - df_L + x_P + \beta_P x_L)f_P(l_P) - w_P l_P - u_P(x_P) - F_P \\ \max\limits_{x_L,l_L} V_L = \dfrac{\pi_L}{l_L} + w_L = \dfrac{(a - c - f_L - df_P + x_L + \beta_L x_P)f_L(l_L) - u_L(x_L) - F_L}{l_L} \end{cases}$$

$$\tag{3-4}$$

根据上述共营企业和利润最大化企业共存的技术创新模型,建立二阶段博弈模型。第一阶段是技术创新阶段,两家企业选择技术创新投入为战略变量确定最优技术创新投入水平,第二阶段是生产阶段,进行 Cournot 产量博弈,确定最优产出水平。采用逆向归纳法进行分析,首先分析第二阶段,再分析第一阶段。

3.2 技术创新溢出和产出决策

在博弈第二阶段,共营企业通过选择最优产量(劳动力)l_L,最大化每个员工的平均利润 V_L;利润最大化企业选择最优产量(劳动力)l_P,最大化企业利润 π_P。两者存在最优产量投入均衡点的必要条件为:

$$\begin{cases} G_P = \dfrac{\partial \pi_P}{\partial l_P} = (a - c - 2f_P - df_L + x_P + \beta_P x_L)\ f'_P - w_P = 0 \\ G_L = \dfrac{\partial V_L}{\partial l_L} = \dfrac{(a - c - 2f_L - df_P + x_L + \beta_L x_P)f'_L - V_L}{l_L} = 0 \end{cases} \tag{3-5}$$

对式(3-4)求二阶导数得:

$$\begin{cases} \dfrac{\partial^2 \pi_P}{\partial l_P^2} = -2(f'_P)^2 + (a - c - 2f_P - df_L + x_P + \beta_P x_L)f''_P \\ \dfrac{\partial^2 V_L}{\partial l_L^2} = \dfrac{-2(f'_L)^2 + (a - c - 2f_L - df_P + x_L + \beta_L x_P)f''_L}{l_L} \end{cases} \tag{3-6}$$

当规模收益递减或不变时,其二阶导数都小于零,因此式(3-6)满足均衡点存在的充分条件。

求式(3-5)中的驻点,即为 Cournot 产量博弈均衡解 $(l_P^*, l_L^*) = (l_P^*(x_P^*, x_L^*), l_L^*(x_P^*, x_L^*))$。

对利润最大化企业,其边际收益为 $MR_P = (a - c - 2f_P - df_L + x_P + \beta_P x_L) f_P'$,其边际成本 $MC_P = w_P$。而对共营企业,其边际收益为 $MR_L = (a - c - 2f_L - df_P + x_L + \beta_L x_P) f_L'$,边际成本为 $MC_L = V_L$。其中 MR_L 可以理解为共营企业对利润最大化企业的竞争效果,而 MC_L 为共营企业的劳动效果。若企业仅追求利润最大化,则其劳动效果退化为固定的工资收入 w_L,共营企业就回到传统的利润最大化企业。

在一般情况下,共营企业的员工收益 V_L 大于利润最大化企业的员工工资 w_P,根据式(3-5)可得 $(a - c - 2f_P - df_L + x_P + \beta_P x_L) f_P' - w_P + w_P - V_L = 0$。由于 $V_L > w_P$,因此 $(a - c - 2f_L - df_P + x_L + \beta_L x_P) f_L' - w_P > 0$。当 $w_P = w_L$ 时,$l_P > l_L$。

结论 3-1　在相同条件下,当共营企业的员工收益大于利润最大化企业的员工工资时,相对于利润最大化企业,共营企业倾向于雇用更少的劳动力或生产较少的产品。

结论 3-1 与共营企业的新古典理论一致,即"就业不足"现象:当利润为正时,共营企业就业规模比同类的利润最大化企业小,可能导致共营企业经济体出现就业不足的缺陷。主要是因为在所有权属于集体、个人所有权弱化的情况下,如果共营企业继续增加员工数量,新增加的员工会分享现有员工的已有收益,从而稀释现有员工的福利。

3.2.1　稳定性分析

下面分别对模型纳什均衡解的局部稳定性和全局稳定性进行分析。

当共营企业规模收益不变或递减时,Jacobi 行列式[①]:

$$H_1 = \begin{vmatrix} \dfrac{\partial^2 \pi_P}{\partial l_P^2} & \dfrac{\partial^2 \pi_P}{\partial l_P \partial l_L} \\ \dfrac{\partial^2 V_L}{\partial l_L \partial l_P} & \dfrac{\partial^2 V_L}{\partial l_L^2} \end{vmatrix} > 0 \tag{3-7}$$

因此 Cournot 纳什均衡是局部稳定的(Goel and Haruna,2007)。

根据 Gandolfo(1971)的稳定性理论,纳什均衡解的全局稳定性条件为:

$$\begin{cases} \dfrac{\mathrm{d}G_P}{\mathrm{d}l_P} = \dfrac{\partial^2 \pi_P}{\partial l_P^2} < 0 \\ \dfrac{\mathrm{d}G_L}{\mathrm{d}l_L} = \dfrac{\partial^2 V_L}{\partial l_L^2} < 0 \end{cases} \tag{3-8}$$

与

$$\begin{cases} \left| \dfrac{\partial^2 \pi_P}{\partial l_P^2} \right| = \left| \dfrac{\mathrm{d}G_P}{\mathrm{d}l_P} \right| > \left| \dfrac{\mathrm{d}G_P}{\mathrm{d}l_L} \right| = \left| \dfrac{\partial^2 \pi_P}{\partial l_P \partial l_L} \right| \\ \left| \dfrac{\partial^2 V_L}{\partial l_L^2} \right| = \left| \dfrac{\mathrm{d}G_L}{\mathrm{d}l_L} \right| > \left| \dfrac{\mathrm{d}G_L}{\mathrm{d}l_P} \right| = \left| \dfrac{\partial^2 V_L}{\partial l_L \partial l_P} \right| \end{cases} \tag{3-9}$$

---

① 当规模收益不变时,$H_1 = 4(f_P' f_L')^2 / l_L$。

根据式(3-6),当规模收益不变或递减时,式(3-8)显然成立。式(3-9)可转换为:

$$\begin{cases} 2\,f'_{\text{P}} - \dfrac{w_{\text{P}}f''_{\text{P}}}{(f'_{\text{P}})^2} > df'_{\text{L}} \\[2mm] 2(f'_{\text{L}})^2 - \dfrac{V_{\text{L}}f''_{\text{L}}}{f'_{\text{L}}} > \left| \dfrac{d\,f'_{\text{P}}(l_{\text{L}}f'_{\text{L}} - f_{\text{L}})}{l_{\text{L}}} \right| \end{cases} \tag{3-10}$$

因此,当规模收益不变[如 $f(l)=\lambda l$]时,全局稳定性条件显然成立。当规模收益递减[如 $f(l)=\lambda l^{0.5}$]时,若 $\left(\dfrac{d}{2+\dfrac{2V_{\text{L}}}{\lambda}}\right)^2 < \dfrac{l_{\text{P}}}{l_{\text{L}}} < \left(\dfrac{2+\dfrac{2w_{\text{P}}}{\lambda}}{d}\right)^2$ 时,即两寡头企业间的产量相差不是非常大时,全局稳定性条件成立。

3.2.2 产量反应函数

根据式(3-5)可以求出两家企业的产量反应函数 R^l_{P} 和 R^l_{L}:$l_{\text{P}}=l_{\text{P}}(l_{\text{L}})$,$l_{\text{L}}=l_{\text{L}}(l_{\text{P}})$,其斜率为:

$$\begin{cases} \dfrac{\mathrm{d}l_{\text{P}}}{\mathrm{d}l_{\text{L}}} = -\dfrac{\partial^2 \pi_{\text{P}}}{\partial l_{\text{P}}\partial l_{\text{L}}}\left(\dfrac{\partial^2 \pi_{\text{P}}}{\partial l^2_{\text{P}}}\right)^{-1} = df'_{\text{L}}f'_{\text{P}}\left(\dfrac{\partial^2 \pi_{\text{P}}}{\partial l^2_{\text{P}}}\right)^{-1} \\[3mm] \dfrac{\mathrm{d}l_{\text{L}}}{\mathrm{d}l_{\text{P}}} = -\dfrac{\partial^2 V_{\text{L}}}{\partial l_{\text{L}}\partial l_{\text{P}}}\left(\dfrac{\partial^2 V_{\text{L}}}{\partial l^2_{\text{L}}}\right)^{-1} = \dfrac{df'_{\text{P}}(l_{\text{L}}f'_{\text{L}} - f_{\text{L}})}{l^2_{\text{L}}}\left(\dfrac{\partial^2 V_{\text{L}}}{\partial l^2_{\text{L}}}\right)^{-1} \end{cases} \tag{3-11}$$

由 $df'_{\text{L}}f'_{\text{P}}>0$,结合式(3-5)可得 $\dfrac{\mathrm{d}l_{\text{P}}}{\mathrm{d}l_{\text{L}}}<0$。当规模收益递减(不变,递增)时,$\dfrac{\mathrm{d}l_{\text{L}}}{\mathrm{d}l_{\text{P}}}>0$($\dfrac{\mathrm{d}l_{\text{L}}}{\mathrm{d}l_{\text{P}}}=0$,$\dfrac{\mathrm{d}l_{\text{L}}}{\mathrm{d}l_{\text{P}}}<0$)。如图 3-1、图 3-2 和图 3-3 所示。

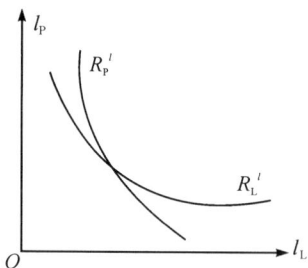

图 3-1　产量反应曲线——共营
企业表现为规模收益递增

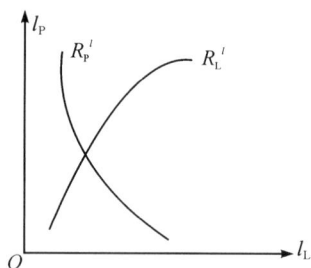

图 3-2　产量反应曲线——共营
企业表现为规模收益递减

对产量反应函数的现实解释也可以从两家企业产品的战略互动角度解释,由式(3-12)可知 $\dfrac{\partial^2 \pi_{\text{P}}}{\partial l_{\text{P}}\partial l_{\text{L}}}<0$。$\dfrac{\partial^2 V_{\text{L}}}{\partial l_{\text{L}}\partial l_{\text{P}}}$ 的符号由共营企业生产的规模收益决定。

$$\begin{cases} \dfrac{\partial^2 \pi_{\text{P}}}{\partial l_{\text{P}}\partial l_{\text{L}}} = -df'_{\text{L}}f'_{\text{P}} < 0 \\[3mm] \dfrac{\partial^2 V_{\text{L}}}{\partial l_{\text{L}}\partial l_{\text{P}}} = \dfrac{-d\,f'_{\text{P}}}{l^2_{\text{L}}}(l_{\text{L}}f'_{\text{L}} - f_{\text{L}}) = \dfrac{-d\,f'_{\text{P}}f_{\text{L}}}{l^2_{\text{L}}}(\varepsilon - 1) \end{cases} \tag{3-12}$$

因此，对于利润最大化企业，其产量反应曲线的斜率为负，即当竞争对手共营企业增加产量时，利润最大化企业为了达到最大的利润，将减少产量，反之依然。由于利润最大化企业以利润最大化为目标，因此当寡头市场上的产品具有替代性时，利润最大化企业仅仅存在竞争效果（$-d f'_P f'_L < 0$）。所以当共营企业增（减）产时，利润最大化企业会减（增）产，共营企业对利润最大化企业表现为战略替代性。

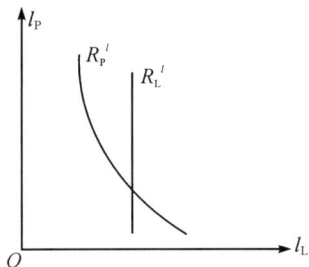

图 3-3　产量反应曲线——共营企业表现为规模收益不变

而对于共营企业，由于以员工利润最大化为目标，式（3-12）中第二个公式由两部分组成。第一部分 $-\dfrac{d f'_P f'_L}{l_L} < 0$，表现为竞争效果；而第二部分 $\dfrac{d f'_P f_L}{l_L^2} > 0$，表现为劳动效果。因此，当利润最大化企业增加产量时，共营企业产出决策取决于竞争效果和劳动效果。其战略互动性由共营企业生产函数的规模收益决定，其产量反应曲线的斜率也与规模收益有关。

（1）当规模收益递减时，其产量反应曲线的斜率为正，即当竞争对手利润最大化企业增加产量时，共营企业为了使员工收益最大化，将同时也增加产量，这就是共营企业的"反供给曲线"。为什么会出现这种情况呢？当存在规模收益递增时，由式（3-12）可知，共营企业的劳动效果大于竞争效果。因为共营企业以员工平均收益最大化为目标，企业增加产量后，会稀释员工平均收益。因此共营企业进行产出决策时，会考虑增加产量后，是否能增加员工的平均利润。通常当利润最大化企业增加产量后，共营企业的员工平均收益会降低，但是当共营企业也同时增加产量时，员工平均收益稀释的程度反而会趋缓，所以共营企业的最佳反应是增加产量，此时利润最大化企业对共营企业表现为战略互补性。

（2）当存在规模收益不变时，共营企业的产量反应曲线的斜率为零，此时其产量反应曲线刚好是一条平行于 x 轴的直线。即当竞争对手利润最大化企业增加产量时，共营企业的产量不变。共营企业的劳动效果等于竞争效果，利润最大化企业对共营企业不存在战略相关性。

（3）当规模收益递增时，其产量反应曲线的斜率为负，即当竞争对手利润最大化企业增加产量时，共营企业为了达到最大的利润，将减少产量。此时共营企业的劳动效果小于竞争效果，利润最大化企业对共营企业表现为战略替代性。

结论 3-2　在相同条件下，利润最大化企业的产量反应曲线为负斜率，即当共营企业增加（减少）产量时，利润最大化企业将减少（增加）产量，共营企业对利润最大化企业表现为战略替代性。共营企业的产量反应曲线的斜率由共营企业的规模收益决定：当利润最大化企业增加产量，如果共营企业的生产函数为规模收益递减（不变，递增）时，共营企业的产量将增加（不变，减少），利润最大化企业对共营企业表现为战略互补性(不存在战略相关性,战略替代性)。

3.2.3 比较静态分析

上述分析是在假定第一阶段的技术创新投入和其他参数不变的情况下讨论第二阶段的均衡产出。本小结讨论当企业的技术创新投入在均衡点附近改变时,对均衡劳动力的影响$\left(\text{如}\dfrac{\partial l_P}{\partial x_P},\dfrac{\partial l_P}{\partial x_L},\dfrac{\partial l_L}{\partial x_P},\dfrac{\partial l_L}{\partial x_L}\right)$,以及其他参数(如$F_P$,$F_L$和$w_P$,$w_L$)的变化对均衡劳动力的影响。

1. 技术创新投入对均衡产出的影响

将式(3-5)分别对x_P,x_L求一阶偏导,利用隐函数方程组求导公式可得:

$$① \quad \frac{\partial l_P}{\partial x_P} = \frac{-1}{H_1}\left(\frac{\partial^2 \pi_P}{\partial l_P \partial x_P}\frac{\partial^2 V_L}{\partial l_L^2} - \frac{\partial^2 \pi_P}{\partial l_P \partial l_L}\frac{\partial^2 V_L}{\partial l_L \partial x_P}\right)$$

可知分母为 Jacobi 行列式 $H_1 = \dfrac{\partial^2 \pi_P}{\partial l_P^2}\dfrac{\partial^2 V_L}{\partial l_L^2} - \dfrac{\partial^2 \pi_P}{\partial l_P \partial l_L}\dfrac{\partial^2 V_L}{\partial l_L \partial l_P} > 0$,$\dfrac{\partial^2 \pi_P}{\partial l_P \partial x_P} = f'_P$
> 0,$\dfrac{\partial^2 V_L}{\partial l_L^2} = \dfrac{-2(f'_L)^2}{l_L} < 0^{①}$,$\dfrac{\partial^2 \pi_P}{\partial l_P \partial l_L} = - d f'_P f'_L < 0$,$\dfrac{\partial^2 V_L}{\partial l_L \partial x_P} = \dfrac{\beta_L}{l_L^2}(f'_L l_L - f_L)$,所以当共营企业的生产为规模收益递减或不变时,$\dfrac{\partial l_P}{\partial x_P} > 0^{②}$。

$$② \quad \frac{\partial l_L}{\partial x_P} = \frac{-1}{H_1}\left(\frac{\partial^2 \pi_P}{\partial l_P^2}\frac{\partial^2 V_L}{\partial l_L \partial x_P} - \frac{\partial^2 \pi_P}{\partial l_P \partial x_P}\frac{\partial^2 V_L}{\partial l_L \partial l_P}\right)$$

$$\frac{\partial^2 \pi_P}{\partial l_P^2} = -2(f'_P)^2 + (a - c - 2f_P - d f_L + x_P + \beta_P x_L)f''_P < 0$$

$$\frac{\partial^2 V_L}{\partial l_L \partial x_P} = \frac{\beta_L}{l_L^2}(f'_L l_L - f_L), \frac{\partial^2 \pi_P}{\partial l_P \partial x_P} = f'_P > 0, \frac{\partial^2 V_L}{\partial l_L \partial l_P} = \frac{-d f'_P}{l_L^2}(f'_L l_L - f_L)$$

当共营企业的生产为规模收益不变时,$\dfrac{\partial l_L}{\partial x_P} = 0$。

根据图 3-4 可知,当规模收益不变时,x_P 增大,利润最大化企业的产量反应曲线将向右侧移动,共营企业的产量反应曲线保持不变,均衡的产量从 A_1 移到 A_2。因此,当利润最大化企业投入更多的经费进行技术创新时,利润最大化企业的均衡产出将增加,而共营企业的均衡产出将保持不变,利润最大化企业将占据更大的市场份额。

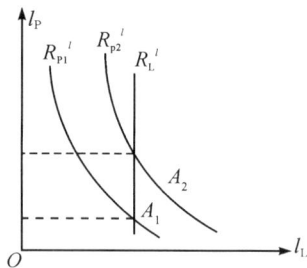

图 3-4　x_P 增加的效果 —— 共营企业的生产规模收益不变

$$③ \quad \frac{\partial l_L}{\partial x_L} = \frac{-1}{H_1}\left(\frac{\partial^2 \pi_P}{\partial l_P^2}\frac{\partial^2 V_L}{\partial l_L \partial x_L} - \frac{\partial^2 \pi_P}{\partial l_P \partial x_L}\frac{\partial^2 V_L}{\partial l_L \partial l_P}\right)$$

$$\frac{\partial^2 \pi_P}{\partial l_P^2} < 0, \frac{\partial^2 V_L}{\partial l_L \partial x_L} = \frac{1}{l_L^2}\left[(f'_L l_L - f_L) + u'_L(x_L)\right]$$

---

① 当规模收益不变,即 $f'_L l_L - f_L = 0$ 时,$f''_L = \dfrac{\mathrm{d} f'_L}{\mathrm{d} l_L} = \dfrac{\mathrm{d}\left(\frac{\mathrm{d} f_L}{\mathrm{d} l_L}\right)}{\mathrm{d} l_L} = 0$

② 特别当共营企业和利润最大化企业的生产函数规模收益不变时,$\dfrac{\partial l_P}{\partial x_P} = \dfrac{1}{2 f'_P} > 0$

$$\frac{\partial^2 \pi_P}{\partial l_P \partial x_L} = \beta_P f_P' > 0, \frac{\partial^2 V_L}{\partial l_L \partial l_P} = \frac{-d f_L'}{l_L^2}(f_L' l_L - f_L)$$

当共营企业的生产规模收益不变时，$\frac{\partial l_L}{\partial x_L} > 0$；特别当共营企业和利润最大化企业的生产函数规模收益都不变时，$\frac{\partial l_L}{\partial x_L} = \frac{u_L'}{2 l_L (f_L')^2} > 0$。

④ $\frac{\partial l_P}{\partial x_L} = \frac{-1}{H_1}\left(\frac{\partial^2 \pi_P}{\partial l_P \partial x_L}\frac{\partial^2 V_L}{\partial l_L^2} - \frac{\partial^2 \pi_P}{\partial l_P \partial l_L}\frac{\partial^2 V_L}{\partial l_L \partial x_L}\right)$

式中，$\frac{\partial^2 \pi_P}{\partial l_P \partial x_L} = \beta_P f_P' > 0$，$\frac{\partial^2 V_L}{\partial l_L^2} < 0$，$\frac{\partial^2 \pi_P}{\partial l_P \partial l_L} = -d f_P' f_L' < 0$，

$$\frac{\partial^2 V_L}{\partial l_L \partial x_L} = \frac{1}{l_L^2}\left[(f_L' l_L - f_L) + u_L'(x_L)\right]。$$

当双寡头的生产规模收益不变，且 $\beta_P > \frac{d u_L'}{(2 f_L)}\left(\beta_P = \frac{d u_L'}{2 f_L}, \beta_P < \frac{d u_L'}{2 f_L}\right)$ 时，$\frac{\partial l_P}{\partial x_L}$ $= \left(2 f_L \beta_P - \frac{d u_L'}{4 f_P' f_L}\right) > 0 \left(\frac{\partial l_P}{\partial x_L} = 0, \frac{\partial l_P}{\partial x_L} < 0\right)$。

根据图 3-5 可知，当规模收益不变时，x_L 增大，共营企业的产量反应曲线将向右侧移动，利润最大化企业的产量反应曲线移动方向与技术创新溢出率有关。设初始状态共营企业和利润最大化企业的反应相交于点 A，当共营企业投入更多的经费进行技术创新时，共营企业的产量增加。而利润最大化企业的产量改变与溢出率有关，当 $\beta_P > d u_L'/(2 f_L)$，均衡产出移到 A_3，利润最大化企业的均衡产出增加；当 $\beta_P = d u_L'/(2 f_L)$，均衡产出移到 A_2，利润最大化企业的均衡产出保持不变。当 $\beta_P < d u_L'/(2 f_L)$，均衡产出移到 A_1，利润最大化企业的均衡产出减少。

结论 3-3 在相同条件下，当共营企业的生产规模收益递增或不变时，利润最大化企业的产量与自身技术创新投入成正比；当共营企业和利润最大化企业的生产规模收益不变，且共营企业的技术创新溢出较大（小）时，利润最大化企业的产量与共营企业的技术创新投入成正（反）比。当共营企业的生产规模收益不变时，共营企业的产量与其自身的技术创新投入成正比；与利润最大化企业的技术创新投入无关。

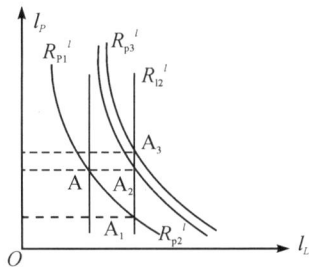

图 3-5　x_L 增加的效果——生产规模收益不变

结论 3-3 说明了增加技术创新投入能够有效降低产品成本，成本的降低为企业赢得竞争优势，这种情况下企业倾向于增加产出，从而可以提高市场的占有率。因此，不管是利润最大化企业，还是共营企业，都存在进行技术创新的激励。

结论 3-3 在政策建议方面具有一定的意义，例如本土的共营企业和国外的利润最大化企业同时向第三个国家出口产品，在共营企业的规模收益不变时，政府为了扶植本土共营企业，扩大出口，可以通过对本国共营企业实施技术创新资助，不但能够提高共营企业的市场占有率，而且当其技术创新溢出较小时，还可以降低国

外利润最大化企业的市场占有率,从而提高本土共营企业的市场竞争力。这对于限制直接出口补贴的 WTO 成员方来说,无疑具有一定的启发意义。

2. 工资对均衡产出的影响

当利润最大化企业和共营企业的员工工资 w_P,w_L 在均衡点改变时,对两家企业的均衡产出有何影响?将式(3-5)分别对 w_P,w_L 求一阶偏导,利用隐函数方程组求导公式求解得到:

$$① \quad \frac{\partial l_P}{\partial w_P} = \frac{-1}{H_1}\left(\frac{\partial^2 \pi_P}{\partial l_P \partial w_P}\frac{\partial^2 V_L}{\partial l_L^2} - \frac{\partial^2 \pi_P}{\partial l_P \partial l_L}\frac{\partial^2 V_L}{\partial l_L \partial w_P}\right)$$

可知 $\frac{\partial^2 \pi_P}{\partial l_P \partial w_P}=-1$,$\frac{\partial^2 V_L}{\partial l_L \partial w_P}=0$,所以 $\frac{\partial l_P}{\partial w_P}<0$。

$$② \quad \frac{\partial l_L}{\partial w_P} = \frac{-1}{H_1}\left(\frac{\partial^2 \pi_P}{\partial l_P^2}\frac{\partial^2 V_L}{\partial l_L \partial w_P} - \frac{\partial^2 \pi_P}{\partial l_P \partial w_P}\frac{\partial^2 V_L}{\partial l_L \partial l_P}\right)$$

由于 $\frac{\partial^2 V_L}{\partial l_L \partial w_P}=0$,$\frac{\partial^2 \pi_P}{\partial l_P \partial w_P}=-1$,所以当共营企业的生产规模收益递减(不变,递增)时,$\frac{\partial l_L}{\partial w_P}>0(\frac{\partial l_L}{\partial w_P}=0,\frac{\partial l_L}{\partial w_P}<0)$。如图 3-6、图 3-7 和图 3-8 所示。

当规模收益递减时,利润最大化企业的员工工资 w_P 增加,利润最大化企业的产量反应曲线将向下移动,使得均衡点由 A_1 移动到 A_2,利润最大化企业的产量减少,同时共营企业将增加产量。

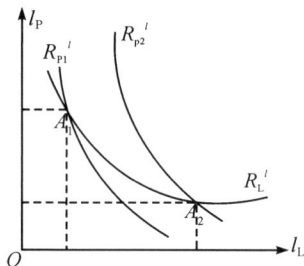

图 3-6　w_P 增加的效果 —— 共营企业表现为规模收益递减

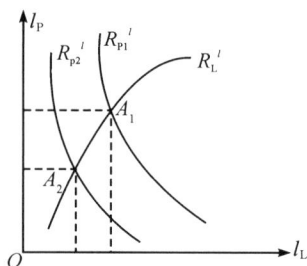

图 3-7　w_P 增加的效果 —— 共营企业表现为规模收益递增

当规模收益递减时,利润最大化企业的员工工资 w_P 增加,利润最大化企业的产量反应曲线将向下移动,使得均衡点由 A_1 移动到 A_2,利润最大化企业的产量减少,同时共营企业也将减少产量。

当规模收益递减时,利润最大化企业的员工工资 w_P 增加,利润最大化企业的产量反应曲线将向下移动,使得均衡点由 A_1 移动到 A_2,利润最大化企业的产量减少,而共营企业的产量

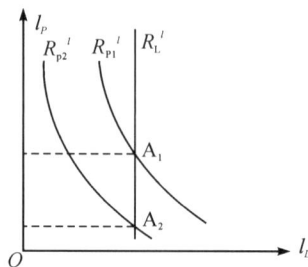

图 3-8　w_P 增加的效果 —— 共营企业表现为规模收益不变

将保持不变。

接着分析共营企业员工工资 w_L 提高时对市场均衡产出的影响。由于共营企业和利润最大化企业的目标函数中都没有 w_L 这项变量,因此 w_L 的增加不会对 PM 和共营企业的产量产生影响。主要是因为共营企业的员工工资变动只是在内部转移,并不会改变共营企业的实际生产决策。

结论 3-4 利润最大化企业的均衡产出与其自身的员工工资 w_P 成反比,而与共营企业的员工工资 w_L 无关。共营企业的均衡产出与其自身的员工工资 w_L 无关;当共营企业的生产规模收益递减(不变,递增)时,其均衡产出与利润最大化企业的员工工资 w_P 成正比(无关,成反比)。

结论 3-4 说明了利润最大化企业员工工资的提高,意味着生产成本的增加,当与共营企业进行寡头竞争时,竞争优势减弱,市场占有率将减少,因此利润最大化企业的产量将减少。而共营企业作为一种员工自治的企业,员工共同分享企业的福利,其收益主要来自企业的利润;员工工资变动只是在内部转移,因此并不会改变共营企业的产量。

结论 3-4 在政策建议方面具有一定的意义,例如国外企业为了避免关税,采用直接在其他国家投资办厂的方式生产产品,如上海大众、海南马自达等。国内的共营企业和国外在国内投资的利润最大化企业进行产品竞争,国内政府为了扶植本土共营企业,当共营企业规模收益递减时,政府可以通过提高国内该行业的最低工资水平,或者增加该行业员工的养老保险、住房公积金等与工资水平相关的社会福利,一方面可以降低利润最大化企业的产量,另一方面可以提高共营企业的产量,最终提高本土共营企业的市场占有率和市场竞争力。

3. 固定成本对均衡产出的影响

当 PM 和共营企业的固定成本 F_P,F_L 在均衡点附近改变时,对两家企业的均衡产出有何影响?如图 3-9 至图 3-11 所示,将式(3-5)分别对 F_P,F_L 求一阶偏导得:

$$① \quad \frac{\partial l_P}{\partial F_P} = \frac{-1}{H_1}\left(\frac{\partial^2 \pi_P}{\partial l_P \partial F_P}\frac{\partial^2 V_L}{\partial l_L^2} - \frac{\partial^2 \pi_P}{\partial l_P \partial l_L}\frac{\partial^2 V_L}{\partial l_L \partial F_P}\right)$$

式中,由 $\frac{\partial^2 \pi_P}{\partial l_P \partial F_P} = 0$,$\frac{\partial^2 V_L}{\partial l_L \partial F_P} = 0$,得 $\frac{\partial l_P}{\partial F_P} = 0$。

$$② \quad \frac{\partial l_L}{\partial F_P} = \frac{-1}{H_1}\left(\frac{\partial^2 \pi_P}{\partial l_P^2}\frac{\partial^2 V_L}{\partial l_L \partial F_P} - \frac{\partial^2 \pi_P}{\partial l_P \partial F_P}\frac{\partial^2 V_L}{\partial l_L \partial l_P}\right)$$

由于 $\frac{\partial^2 V_L}{\partial l_L \partial F_P} = 0$,$\frac{\partial^2 \pi_P}{\partial l_P \partial F_P} = 0$,故 $\frac{\partial l_L}{\partial F_P} = 0$。

因此,利润最大化企业的固定成本 F_P 改变时,不改变均衡的产出,即利润最大化企业和共营企业的均衡产出都保持不变。

$$③ \quad \frac{\partial l_L}{\partial F_L} = \frac{-1}{|H_1|}\left(\frac{\partial^2 \pi_P}{\partial l_P^2}\frac{\partial^2 V_L}{\partial l_L \partial F_L} - \frac{\partial^2 \pi_P}{\partial l_P \partial F_L}\frac{\partial^2 V_L}{\partial l_L \partial l_P}\right)$$

由于 $\frac{\partial^2 V_L}{\partial l_L \partial f_L} = \frac{1}{l_L^2} > 0$,$\frac{\partial^2 \pi_P}{\partial l_P \partial F_L} = 0$,故 $\frac{\partial l_L}{\partial F_L} > 0$。

④ $\dfrac{\partial l_P}{\partial F_L} = \dfrac{-1}{H_1}\left(\dfrac{\partial^2 \pi_P}{\partial l_P \partial F_L}\dfrac{\partial^2 V_L}{\partial l_L^2} - \dfrac{\partial^2 \pi_P}{\partial l_P \partial l_L}\dfrac{\partial^2 V_L}{\partial l_L \partial F_L}\right)$

由于 $\dfrac{\partial^2 \pi_P}{\partial l_P \partial F_L} = 0, \dfrac{\partial^2 \pi_P}{\partial l_P \partial l_L} = -df'_P f'_L < 0, \dfrac{\partial^2 V_L}{\partial l_L \partial f_L} = \dfrac{1}{l_L^2} > 0$，故 $\dfrac{\partial l_P}{\partial F_L} = 0$。

当规模收益递减时，利润最大化企业的固定成本 F_P 增加，共营企业的产量反应曲线将向上移动，结果使得均衡点由 A_1 移动到 A_2，利润最大化企业的产量增加，共营企业产量减少。

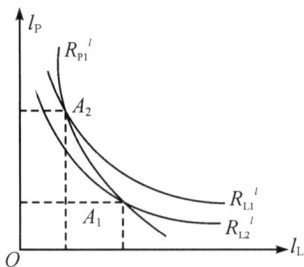

图 3-9　F_P 增加的效果——共营企业表现为规模收益递减

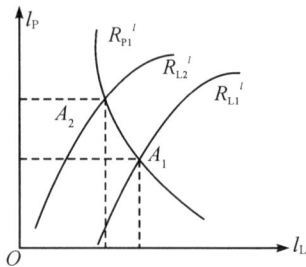

图 3-10　F_P 增加的效果——共营企业表现为规模收益递增

当规模收益递减时，利润最大化企业的固定成本 F_P 增加，共营企业的产量反应曲线将向上移动，结果使得均衡点由 A_1 移动到 A_2，利润最大化企业的产量增加，共营企业将减少产量。

当规模收益递减时，利润最大化企业的固定成本 F_P 增加，共营企业的产量反应曲线将向左移动，结果使得均衡点由 A_1 移动到 A_2，利润最大化企业的产量增加，共营企业的产量减少。

结论 3-5　利润最大化企业产量与自身

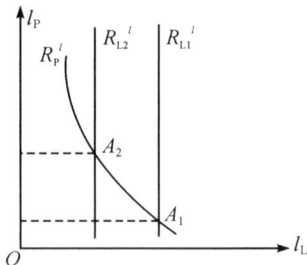

图 3-11　F_P 增加的效果——共营企业表现为规模收益不变

的固定成本无关，与共营企业的固定成本成反比。共营企业产量与自身的固定成本成正比，与利润最大化企业的固定成本无关。

结论 3-5 在政策建议方面具有一定的意义，例如当国内的共营企业与国外的利润最大化企业存在市场竞争时，为了提高国内共营企业的竞争力，政府可以通过采取一些激励机制，扩大共营企业的生产规模，一方面提高了共营企业的产量，另一方面却降低了利润最大化企业的产量，最终提高本土共营企业的市场占有率和市场竞争力。

3.3　技术创新溢出和技术创新投入决策

在博弈的第一阶段，企业进行基于成本降低的技术创新投入。然而由于溢出的存在，企业的技术创新投入除了增加自身的利益，还会影响竞争企业的利益。在共营企业和利润最大化企业双寡头市场中，各自选择技术创新投入水平最大化其目标函数。为了求解两家企业的最优技术创新投入水平 x_P, x_L，将式(3-5)分别对 x_P，x_L 求一阶偏导，并等于零。为了分析简便，假设两家企业的生产规模收益不变，得：

$$\begin{cases} \dfrac{\partial \pi_P}{\partial x_P} = \dfrac{\partial \pi_P}{\partial l_P}\dfrac{\partial l_P}{\partial x_P} + \dfrac{\partial \pi_P}{\partial l_L}\dfrac{\partial l_L}{\partial x_P} + \dfrac{d\pi_P}{dx_P} = f_P - u'_P = 0 \\[2mm] \dfrac{\partial V_L}{\partial x_L} = \dfrac{\partial V_L}{\partial l_L}\dfrac{\partial l_L}{\partial x_L} + \dfrac{\partial V_L}{\partial l_P}\dfrac{\partial l_P}{\partial x_L} + \dfrac{dV_L}{dx_L} = \dfrac{1}{l_L}\left(-d\,f'_P f_L \dfrac{\partial l_P}{\partial x_L} + f_L - u'_L \right) \\[2mm] \qquad = \dfrac{1}{l_L}\left[\left(1 - \dfrac{d\beta_P}{2} \right) f_L + \left(\dfrac{d^2}{4} - 1 \right) u'_L \right] = 0 \end{cases} \quad (3\text{-}13)$$

二阶条件满足：

$$\begin{cases} \dfrac{\partial^2 \pi_P}{\partial x_P^2} = \dfrac{1}{2} - u''_P \\[2mm] \dfrac{\partial^2 V_L}{\partial x_L^2} = \dfrac{1}{l_L}\left[\dfrac{(2 - d\beta_P)\,u'_L}{4 f_L} - \left(1 - \dfrac{d^2}{4} \right) u''_L \right] \end{cases} \quad (3\text{-}14)$$

与

$$\begin{cases} \dfrac{\partial^2 \pi_P}{\partial x_P \partial x_L} = f'_P \dfrac{\partial l_P}{\partial x_L} = \dfrac{1}{2}\left(\beta_P - \dfrac{d\,u'_L}{2 f_L} \right) \\[2mm] \dfrac{\partial^2 V_L}{\partial x_L \partial x_P} = 0 \end{cases} \quad (3\text{-}15)$$

当技术创新投入的边际成本投入比较大时，式(3-14)中的两个表达式均小于零，满足最优技术创新投入水平均衡点存在的充分条件。

其稳定性条件为：

$$H_2 = \begin{vmatrix} \dfrac{\partial^2 \pi_P}{\partial x_P^2} & \dfrac{\partial^2 \pi_P}{\partial x_P \partial x_L} \\[2mm] \dfrac{\partial^2 V_L}{\partial x_L \partial x_P} & \dfrac{\partial^2 V_L}{\partial x_L^2} \end{vmatrix} > 0 \quad (3\text{-}16)$$

Jacobi 行列式大于零，可以认为 Cournot 纳什均衡满足局部稳定性条件(Goel and Haruna,2007)。因此，求解式(3-13)可得驻点即为子博弈精炼纳什均衡解 x_P^*，x_L^*，则 $(l_P^*, l_L^*) = (l_P(x_P^*, x_L^*), l_L(x_P^*, x_L^*))$，相应的产量为 $(f_P^*, f_L^*) = (f_P(l_P^*), f_L(l_L^*))$，相应的价格为 $(P_P^*, P_L^*) = (a - f_P^* - df_L^*, a - f_L^* - df_P^*)$。

当规模收益不变时，$f_P - u'_P = 0$。且技术溢出率 $\beta_P > du'_L/(2f_L)$ 时，则 $f_L - u'_L > 0$，所以均衡的技术创新投入水平 $x_P > x_L$；同理，当 $\beta_P = du'_L/(2f_L)$ 时，$x_P = x_L$；当 $\beta_P < du'_L/(2f_L)$ 时，$x_P < x_L$。

结论 3-6 当规模收益不变时，技术溢出率较大时，共营企业的技术创新投入水平小于利润最大化企业；技术溢出率较小时，共营企业的技术创新投入水平大于利润最大化企业。

3.3.1 技术创新的投入反应函数

根据式(3-13)可以求出两家企业的技术创新投入的反应函数 R_P^x 和 R_L^x：$x_P =$

$x_P(x_L)$，$x_L = x_L(x_P)$，对式（3-13）求一阶条件全微分，可以得到两家企业的技术创新投入反应曲线 R_P^x, R_L^x 的斜率为：

$$\begin{cases} \dfrac{\partial x_P}{\partial x_L} = -\dfrac{\partial^2 \pi_P}{\partial x_P \partial x_L}\left(\dfrac{\partial^2 \pi_P}{\partial x_P^2}\right)^{-1} \\ \dfrac{\partial x_L}{\partial x_P} = -\dfrac{\partial^2 V_L}{\partial x_L \partial x_P}\left(\dfrac{\partial^2 V_L}{\partial x_L^2}\right)^{-1} \end{cases} \tag{3-17}$$

由 $\dfrac{\partial^2 V_L}{\partial l_L \partial x_P} = 0$，得 $\dfrac{\partial x_L}{\partial x_P} = 0$；由 $\dfrac{\partial^2 \pi_P}{\partial x_P \partial x_L} = \dfrac{f'_P \partial l_P}{\partial x_L}$，所以当 $\beta_P > \dfrac{d\,u'_L}{2f_L}$（$\beta_P = \dfrac{d\,u'_L}{2f_L}$，$\beta_P < \dfrac{d\,u'_L}{2f_L}$）时，$\dfrac{\partial x_P}{\partial x_L} > 0$（$\dfrac{\partial x_P}{\partial x_L} = 0$，$\dfrac{\partial x_P}{\partial x_L} < 0$）。如图 3-12、图 3-13 和图 3-14 所示。

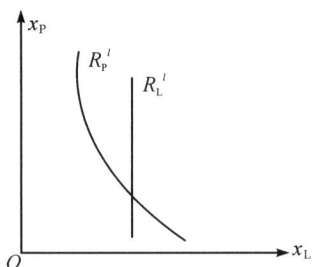

图 3-12　技术溢出率较小

$$\left(\beta_P < \dfrac{d\,u'_L}{2f_L}\right)$$

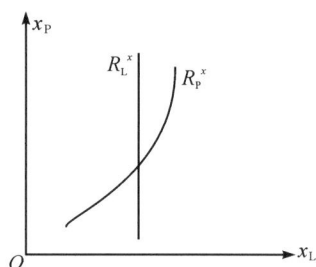

图 3-13　技术溢出率较大

$$\left(\beta_P > \dfrac{d\,u'_L}{2f_L}\right)$$

结论 3-7　当生产规模收益不变时，共营企业的技术创新投入反应曲线的斜率为零；利润最大化企业的技术创新投入反应曲线的斜率与溢出率相关，当溢出率较大（小）时，其技术创新投入反应曲线为正（负）。

3.3.2　比较静态分析

当利润最大化企业和共营企业的生产规模收益不变时，讨论当竞争企业的技术创新溢出在均衡点附近改变时，对均衡的技术创新投

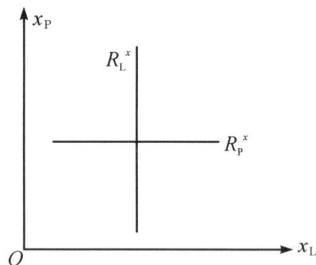

图 3-14　技术溢出率

$$\left(\beta_P = \dfrac{d\,u'_L}{2f_L}\right)$$

入的影响 $\left($如 $\dfrac{\partial x_P}{\partial \beta_P}, \dfrac{\partial x_L}{\partial \beta_P}, \dfrac{\partial x_L}{\partial \beta_L}, \dfrac{\partial x_P}{\partial \beta_L}\right)$。将式（2-13）分别对 β_P, β_L 求一阶偏导，利用隐函数方程组求导公式求解得：

① $\dfrac{\partial x_P}{\partial \beta_P} = \dfrac{1}{H_2}\left(\dfrac{\partial^2 \pi_P}{\partial x_P \partial x_L}\dfrac{\partial^2 V_L}{\partial x_L \partial \beta_P} - \dfrac{\partial^2 \pi_P}{\partial x_P \partial \beta_P}\dfrac{\partial^2 V_L}{\partial x_L^2}\right)$

可知分母为 Jacobi 行列式 $H_2 = \dfrac{\partial^2 \pi_P}{\partial x_P^2}\dfrac{\partial^2 V_L}{\partial x_L^2} - \dfrac{\partial^2 \pi_P}{\partial x_P \partial x_L}\dfrac{\partial^2 V_L}{\partial x_L \partial x_P} > 0$，$\dfrac{\partial^2 \pi_P}{\partial x_P \partial \beta_P} = 0$；

$\dfrac{\partial^2 \pi_{P}}{\partial x_{P} \partial x_{L}} = \dfrac{1}{2}\Big(\beta_{P} - \dfrac{d u'_{L}}{2f_{L}}\Big), \dfrac{\partial^2 V_{L}}{\partial x_{L} \partial \beta_{P}} = \dfrac{-d f_{L}}{2l_{L}}$，得 $\dfrac{\partial x_{P}}{\partial \beta_{P}}$ 的符号与共营企业的技术溢出

率相关。当共营企业的技术溢出率 $\beta_{P} > \dfrac{d u'_{L}}{2f_{L}}\Big(\beta_{P} = \dfrac{d u'_{L}}{2f_{L}}\Big)$，$\beta_{P} < \dfrac{d u'_{L}}{2f_{L}}$，$\dfrac{\partial x_{P}}{\partial \beta_{P}} < 0\Big(\dfrac{\partial x_{P}}{\partial \beta_{P}} =$

$0, \dfrac{\partial x_{P}}{\partial \beta_{P}} > 0\Big)$。

$$② \quad \dfrac{\partial x_{L}}{\partial \beta_{P}} = \dfrac{-1}{H_{2}}\Big(\dfrac{\partial^2 \pi_{P}}{\partial x_{P}^2}\dfrac{\partial^2 V_{L}}{\partial x_{L} \partial \beta_{P}} - \dfrac{\partial^2 \pi_{P}}{\partial x_{P} \partial \beta_{P}}\dfrac{\partial^2 V_{L}}{\partial x_{L} \partial x_{P}}\Big)$$

由于 $\dfrac{\partial^2 V_{L}}{\partial x_{L} \partial \beta_{P}} = -\dfrac{d f_{L}}{2l_{L}}, \dfrac{\partial^2 \pi_{P}}{\partial x_{P} \partial \beta_{P}} = 0$，得 $\dfrac{\partial x_{L}}{\partial \beta_{P}} = \dfrac{1}{H_{2}}\dfrac{d f'}{2l_{L}}\Big(\dfrac{1}{2} - u''_{P}\Big) < 0$，所以 $\dfrac{\partial x_{L}}{\partial \beta_{P}} <$

0。

根据图 3-15 可知，当共营企业的技术溢出率较小时 $[\beta_{P} < d u'_{L}/(2f_{L})]$，随着共营企业技术溢出率 β_{P} 的增加，共营企业的技术创新投入反应曲线将向左移动，结果使得均衡点由 A_{1} 移动到 A_{2}，利润最大化企业的技术创新投入水平增加，共营企业的技术创新投入水平减少。

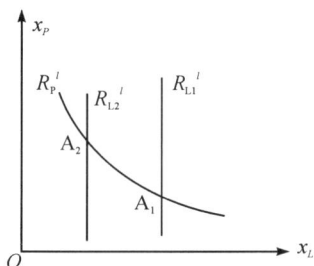

图 3-15 技术溢出率较小
$\Big(\beta_{P} < \dfrac{d u'_{L}}{2f_{L}}\Big)$

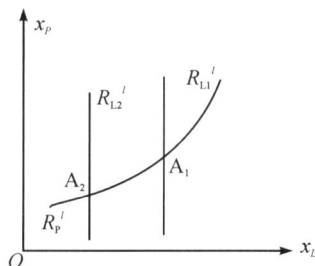

图 3-16 技术溢出率较大
$\Big(\beta_{P} > \dfrac{d u'_{L}}{2f_{L}}\Big)$

根据图 3-16 可知，当共营企业的技术溢出率较大时 $\beta_{P} > \dfrac{d u'_{L}}{2f_{L}}$，随着共营企业技术溢出率 β_{P} 的增加，共营企业的技术创新投入反应曲线将向左移动，结果使得均衡点由 A_{1} 移动到 A_{2}，利润最大化企业的技术创新投入水平减少，共营企业的技术创新投入水平减少。

$$③ \quad \dfrac{\partial x_{L}}{\partial \beta_{L}} = \dfrac{-1}{H_{2}}\Big(\dfrac{\partial^2 \pi_{P}}{\partial x_{P}^2}\dfrac{\partial^2 V_{L}}{\partial x_{L} \partial \beta_{L}} - \dfrac{\partial^2 \pi_{P}}{\partial x_{P} \partial \beta_{L}}\dfrac{\partial^2 V_{L}}{\partial x_{L} \partial x_{P}}\Big)$$

由 $\dfrac{\partial^2 V_{L}}{\partial x_{L} \partial \beta_{L}} = 0, \dfrac{\partial^2 \pi_{P}}{\partial x_{P} \partial \beta_{L}} = 0$；得 $\dfrac{\partial x_{L}}{\partial \beta_{L}} = 0$

$$④ \quad \dfrac{\partial x_{P}}{\partial \beta_{L}} = \dfrac{-1}{H_{2}}\Big(\dfrac{\partial^2 \pi_{P}}{\partial x_{P} \partial \beta_{L}}\dfrac{\partial^2 V_{L}}{\partial x_{L}^2} - \dfrac{\partial^2 \pi_{P}}{\partial x_{P} \partial x_{L}}\dfrac{\partial^2 V_{L}}{\partial x_{L} \partial \beta_{L}}\Big)$$

由 $\dfrac{\partial^2 \pi_{P}}{\partial x_{P} \partial \beta_{L}} = 0, \dfrac{\partial^2 V_{L}}{\partial x_{L} \partial \beta_{L}} = 0$；得 $\dfrac{\partial x_{P}}{\partial \beta_{L}} = 0$。

因此，利润最大化企业的技术溢出率 β_{L} 的变化，不会引起均衡点的移动。

结论 3-8 当生产规模收益不变时:利润最大化企业的技术创新投入与自身的技术创新溢出率无关,与共营企业的技术创新溢出率相关。共营企业的技术创新投入与自身的技术创新溢出率成反比,与利润最大化企业的技术创新溢出率无关。

3.4 与已有研究的比较分析

已有的技术创新模型主要针对两家利润最大化企业共存的双寡头市场,两家共营企业共存的双寡头市场。该小节将本章研究的共营企业和利润最大化企业共存的寡头市场与其他两种寡头市场进行对比,比较企业之间的产品产量战略互动、均衡产出的影响因素,以及技术创新投入的战略互动、均衡技术创新投入水平的影响因素等。由于已有的研究都基于不同的模型假设进行分析,为了便于进行比较,本章将已有两家利润最大化企业共存、两家共营企业共存的双寡头市场模型统一用本章的模型进行重新分析。

为了在相同的模型下进行比较,建立两家利润最大化企业共存的模型:

$$
\begin{cases}
\max_{x_i,l_i} \pi_i = (a - c - f_i - df_j + x_i + \beta_i x_j) f_i(l_i) - u_i(x_i) - w_i l_i - F_i \\
\max_{x_j,l_j} \pi_j = (a - c - f_j - df_i + x_j + \beta_j x_i) f_j(l_j) - u_j(x_j) - w_j l_j - F_j
\end{cases}
\tag{3-18}
$$

建立两家共营企业共存的模型:

$$
\begin{cases}
\max_{x_i,l_i} V_i = \dfrac{1}{l_i} \left[(a - c - f_i - df_j + x_i + \beta_i x_j) f_i(l_i) - u_i(x_i) - F_i \right] \\
\max_{x_j,l_j} V_j = \dfrac{1}{l_j} \left[(a - c - f_j - df_i + x_j + \beta_j x_i) f_j(l_j) - u_j(x_j) - F_j \right]
\end{cases}
\tag{3-19}
$$

同理,当两家共营企业共存、两家利润最大化企业共存条件下,为了追求目标函数达到最大,通过对目标函数进行一阶求导,可以求出最优的产量和技术创新投入水平。通过分析可以发现,其二阶条件满足 Cournot 均衡点存在的充分条件。

3.4.1 产出决策

1. 比较产量战略互动

借鉴共营企业和利润最大化企业寡头的分析过程,两家利润最大化企业共存的战略互动为 $\dfrac{\partial^2 \pi_i}{\partial l_i \partial l_j} = -f_i' f_j' < 0$,因此利润最大化企业之间的产量表现为战略替代性。同理,两家共营企业共存的战略互动为 $\dfrac{\partial^2 V_i}{\partial l_i \partial l_j} = -\dfrac{df_i'(l_i f_i' - f_i)}{l_i^2}$,因此共营企业之间的产量战略互动与其生产函数的规模收益相关。

命题 3-1 在三种寡头市场下:利润最大化企业的产量反应曲线总是为负斜率,即竞争企业对利润最大化企业表现为战略替代性。共营企业的产量反应曲线的斜率由共营企业的规模收益决定,在共营企业的规模效应递减(不变,递增)时,其斜率为正(零,负),竞争企业对共营企业表现为战略互补性(不存在战略相关性,战略替代性)。

所以在三种寡头市场中,不同企业的产量反应曲线的斜率与寡头市场类型无关,而仅仅与企业类型相关。企业类型决定其产量反应曲线和产品的战略互动效应。

2. 比较静态分析法

(1) 当规模收益不变时,讨论技术创新投入变化时,对均衡产量的影响。

① 两家利润最大化企业共存的双寡头市场

$$\frac{\partial l_i}{\partial x_i} = -\left(\frac{\partial^2 \pi_i}{\partial l_i \partial x_i}\frac{\partial^2 \pi_j}{\partial l_j^2} - \frac{\partial^2 \pi_i}{\partial l_i \partial l_j}\frac{\partial^2 \pi_j}{\partial l_j \partial x_i}\right) \cdot \left(\frac{\partial^2 \pi_i}{\partial l_i^2}\frac{\partial^2 \pi_j}{\partial l_j^2} - \frac{\partial^2 \pi_i}{\partial l_i \partial l_j}\frac{\partial^2 \pi_j}{\partial l_j \partial l_i}\right)^{-1}$$

$$= \frac{2 - d\beta_j}{(4 - d^2)f_i'} > 0$$

$$\frac{\partial l_j}{\partial x_i} = -\left(\frac{\partial^2 \pi_i}{\partial l_i^2}\frac{\partial^2 \pi_j}{\partial l_j \partial x_i} - \frac{\partial^2 \pi_i}{\partial l_i \partial x_i}\frac{\partial^2 \pi_j}{\partial l_j \partial l_i}\right) \cdot \left(\frac{\partial^2 \pi_i}{\partial l_i^2}\frac{\partial^2 \pi_j}{\partial l_j^2} - \frac{\partial^2 \pi_i}{\partial l_i \partial l_j}\frac{\partial^2 \pi_j}{\partial l_j \partial l_i}\right)^{-1}$$

$$= \frac{2\beta_j - d}{(2 - d)f_j'}$$

所以在规模收益不变时,利润最大化企业的产出与自身的技术创新投入成正比。当 $\beta_j > d/2$,即竞争企业的技术创新溢出较大时,利润最大化企业的产出与竞争企业的技术创新投入成正比;当 $\beta_j < d/2$,即竞争企业的技术创新溢出较小时,利润最大化企业的产出与竞争企业的技术创新投入成反比。

② 两家共营企业共存的双寡头市场

$$\frac{\partial l_i}{\partial x_i} = -\left(\frac{\partial^2 V_i}{\partial l_i \partial x_i}\frac{\partial^2 V_j}{\partial l_j^2} - \frac{\partial^2 V_i}{\partial l_i \partial l_j}\frac{\partial^2 V_j}{\partial l_j \partial x_i}\right) \cdot \left(\frac{\partial^2 V_i}{\partial l_i^2}\frac{\partial^2 V_j}{\partial l_j^2} - \frac{\partial^2 V_i}{\partial l_i \partial l_j}\frac{\partial^2 V_j}{\partial l_j \partial l_i}\right)^{-1}$$

$$= \frac{u_i'}{2l_i(f_i')^2} > 0$$

$$\frac{\partial l_j}{\partial x_i} = -\left(\frac{\partial^2 V_i}{\partial l_i^2}\frac{\partial^2 V_j}{\partial l_j \partial x_i} - \frac{\partial^2 V_i}{\partial l_i \partial x_i}\frac{\partial^2 V_j}{\partial l_j \partial l_i}\right) \cdot \left(\frac{\partial^2 V_i}{\partial l_i^2}\frac{\partial^2 V_j}{\partial l_j^2} - \frac{\partial^2 V_i}{\partial l_i \partial l_j}\frac{\partial^2 V_j}{\partial l_j \partial l_i}\right)^{-1} = 0$$

所以在规模收益不变时,共营企业的产出与自身的技术创新投入成正比,与竞争企业的技术创新投入无关。

命题 3-2 在三种寡头市场中,规模收益不变时:共营企业的产出与自身的技术创新投入成正比,与竞争企业的技术创新投入无关。利润最大化企业的产出与自身的技术创新投入成正比;当竞争企业的技术创新溢出较大(小)时,利润最大化企业的产出与竞争企业的技术创新投入成正(反)比。

所以在三种寡头市场中,不同企业的技术创新投入对均衡产量的影响与寡头市场类型无关,而仅仅与企业类型相关。

(2) 讨论工资在均衡点附近改变时,对均衡产量的影响。

① 两家利润最大化企业共存的双寡头市场

$$\frac{\partial l_i}{\partial w_i} = -\left(\frac{\partial^2 \pi_i}{\partial l_i \partial w_i}\frac{\partial^2 \pi_j}{\partial l_j^2} - \frac{\partial^2 \pi_i}{\partial l_i \partial l_j}\frac{\partial^2 \pi_j}{\partial l_j \partial w_i}\right) \cdot \left(\frac{\partial^2 \pi_i}{\partial l_i^2}\frac{\partial^2 \pi_j}{\partial l_j^2} - \frac{\partial^2 \pi_i}{\partial l_i \partial l_j}\frac{\partial^2 \pi_j}{\partial l_j \partial l_i}\right)^{-1} < 0$$

$$\frac{\partial l_j}{\partial w_i} = -\left(\frac{\partial^2 \pi_i}{\partial l_i^2}\frac{\partial^2 \pi_j}{\partial l_j \partial w_i} - \frac{\partial^2 \pi_i}{\partial l_i \partial w_i}\frac{\partial^2 \pi_j}{\partial l_j \partial l_i}\right) \cdot \left(\frac{\partial^2 \pi_i}{\partial l_i^2}\frac{\partial^2 \pi_j}{\partial l_j^2} - \frac{\partial^2 \pi_i}{\partial l_i \partial l_j}\frac{\partial^2 \pi_j}{\partial l_j \partial l_i}\right)^{-1} > 0$$

所以利润最大化企业的产出与自身的员工工资成反比，与竞争企业的员工工资成正比。

② 两家共营企业共存的寡头市场

由于共营企业的目标函数中都没有 w 这项变量，因此 w 的变化不会对其自身和竞争企业的产出产生影响。

命题 3-3 在两家利润最大化企业共存的双寡头市场中，利润最大化企业的产出与自身的员工工资成反比，与竞争企业的员工工资成正比。在两家共营企业共存的双寡头市场中，共营企业的产出与自身的员工工资无关，与竞争企业的员工工资也无关。在共营企业和利润最大化企业共存的双寡头市场中，利润最大化企业的均衡产出与自身的员工工资成反比，而与竞争企业的员工工资无关。共营企业的均衡产量与自身的员工工资无关；当共营企业的规模效应递减（不变，递增）时，其均衡产出与利润最大化企业的员工工资成正比（无关，成反比）。

所以在三种寡头市场中，不同企业的员工工资对均衡产出的影响与企业类型和寡头市场类型都相关。

（3）讨论固定成本在均衡点附近改变时，对均衡产量的影响。

① 两家利润最大化企业共存的双寡头市场

$$\frac{\partial l_i}{\partial F_i} = -\left(\frac{\partial^2 \pi_i}{\partial l_i \partial F_i}\frac{\partial^2 \pi_j}{\partial l_j^2} - \frac{\partial^2 \pi_i}{\partial l_i \partial l_j}\frac{\partial^2 \pi_j}{\partial l_j \partial F_i}\right) \cdot \left(\frac{\partial^2 \pi_i}{\partial l_i^2}\frac{\partial^2 \pi_j}{\partial l_j^2} - \frac{\partial^2 \pi_i}{\partial l_i \partial l_j}\frac{\partial^2 \pi_j}{\partial l_j \partial l_i}\right)^{-1} = 0$$

$$\frac{\partial l_j}{\partial F_i} = -\left(\frac{\partial^2 \pi_i}{\partial l_i^2}\frac{\partial^2 \pi_j}{\partial l_j \partial F_i} - \frac{\partial^2 \pi_i}{\partial l_i \partial F_i}\frac{\partial^2 \pi_j}{\partial l_j \partial l_i}\right) \cdot \left(\frac{\partial^2 \pi_i}{\partial l_i^2}\frac{\partial^2 \pi_j}{\partial l_j^2} - \frac{\partial^2 \pi_i}{\partial l_i \partial l_j}\frac{\partial^2 \pi_j}{\partial l_j \partial l_i}\right)^{-1} = 0$$

所以利润最大化企业的产出与自身的固定成本无关，与竞争企业的固定成本也无关。

② 两家共营企业共存的双寡头市场

$$\frac{\partial l_i}{\partial F_i} = -\left(\frac{\partial^2 V_i}{\partial l_i \partial F_i}\frac{\partial^2 V_j}{\partial l_j^2} - \frac{\partial^2 V_i}{\partial l_i \partial l_j}\frac{\partial^2 V_j}{\partial l_j \partial F_i}\right) \cdot \left(\frac{\partial^2 V_i}{\partial l_i^2}\frac{\partial^2 V_j}{\partial l_j^2} - \frac{\partial^2 V_i}{\partial l_i \partial l_j}\frac{\partial^2 V_j}{\partial l_j \partial l_i}\right)^{-1} > 0$$

$$\frac{\partial l_j}{\partial F_i} = -\left(\frac{\partial^2 V_i}{\partial l_i^2}\frac{\partial^2 V_j}{\partial l_j \partial F_i} - \frac{\partial^2 V_i}{\partial l_i \partial F_i}\frac{\partial^2 V_j}{\partial l_j \partial l_i}\right) \cdot \left(\frac{\partial^2 V_i}{\partial l_i^2}\frac{\partial^2 V_j}{\partial l_j^2} - \frac{\partial^2 V_i}{\partial l_i \partial l_j}\frac{\partial^2 V_j}{\partial l_j \partial l_i}\right)^{-1}$$

$$= \frac{-df_i'(l_j f_j' - f_j)}{|H| l_i^2 l_j^2}$$

所以共营企业的产出与自身的固定成本成正比；在竞争企业的生产规模收益递减（不变，递增）时，与竞争企业的固定成本成正比（无关，成反比）。

根据上述分析结合结论 3-5 可以得到命题 3-4：

命题 3-4 对三种模式，利润最大化企业的产出都与自身的固定成本无关，在两家利润最大化企业共存模式下，与竞争企业的固定成本都无关；在共营企业与利润最大化企业共存模式下，与竞争企业的固定成本成反比。对共营企业的产量，在共营企业与利润最大化企业共存模式下，与自身的固定成本成正比，与竞争企业的固定成本无关；在共营企业与共营企业共存模式下，且竞争企业的生产规模收益递减（不变，递增）时，与竞争企业的固定成本成正比（无关，成反比）。

所以在三种模式下，每种企业的固定成本对均衡产量的影响与具体模式相关，不同性质的企业在不同的模式下有不同的战略反应。

3.4.2 技术创新投入决策

1.比较技术创新投入（收益）战略互动

当规模收益不变时，两家共营企业共存下的技术创新投入战略互动为 $\frac{\partial^2 V_i}{\partial x_i \partial x_j} = 0$，共营企业之间的技术创新投入表现与战略无关。当规模收益不变时；两家利润最大化企业共存下的技术创新投入战略互动为 $\frac{\partial^2 \pi_i}{\partial x_i \partial x_j} = f_i' \frac{\partial l_i}{\partial x_j} = \frac{2\beta_i - d}{2 - d}$。

命题 3-5 在三种寡头市场下，规模收益不变时，共营企业技术创新投入的反应曲线的斜率为零。利润最大化企业技术创新投入的反应曲线的斜率与溢出率相关，当溢出率较大（较小）时，其斜率为正（负）。

所以在三种寡头市场中，不同企业的技术创新反应曲线的斜率与寡头市场类型无关，而仅仅与企业类型相关。

2.比较静态分析法

在规模收益不变条件下，分析技术创新溢出变化时，对均衡技术创新投入（收益）的影响。

（1）两家利润最大化企业共存的双寡头市场

$$\frac{\partial x_i}{\partial \beta_i} = -\left(\frac{\partial^2 \pi_i}{\partial x_i \partial \beta_i} \frac{\partial^2 \pi_j}{\partial x_j^2} - \frac{\partial^2 \pi_i}{\partial x_i \partial x_j} \frac{\partial^2 \pi_j}{\partial x_i \partial \beta_i} \right) \cdot \left(\frac{\partial^2 \pi_i}{\partial x_i^2} \frac{\partial^2 \pi_j}{\partial x_j^2} - \frac{\partial^2 \pi_i}{\partial x_i \partial x_j} \frac{\partial^2 \pi_j}{\partial x_j \partial x_i} \right)^{-1} = 0$$

$$\frac{\partial x_j}{\partial \beta_i} = -\left(\frac{\partial^2 \pi_i}{\partial x_i^2} \frac{\partial^2 \pi_j}{\partial x_j \partial \beta_i} - \frac{\partial^2 \pi_i}{\partial x_i \partial \beta_i} \frac{\partial^2 \pi_j}{\partial x_j \partial x_i} \right) \cdot \left(\frac{\partial^2 \pi_i}{\partial x_i^2} \frac{\partial^2 \pi_j}{\partial x_j^2} - \frac{\partial^2 \pi_i}{\partial x_i \partial x_j} \frac{\partial^2 \pi_j}{\partial x_j \partial x_i} \right)^{-1} = 0$$

所以利润最大化企业的产出与自身的技术创新溢出率无关，与竞争企业的溢出率无关。

（2）两家共营企业共存的双寡头市场

$$\frac{\partial x_i}{\partial \beta_i} = -\left(\frac{\partial^2 V_i}{\partial x_i \partial \beta_i} \frac{\partial^2 V_j}{\partial x_j^2} - \frac{\partial^2 V_i}{\partial x_i \partial x_j} \frac{\partial^2 V_j}{\partial x_i \partial \beta_i} \right) \cdot \left(\frac{\partial^2 V_i}{\partial x_i^2} \frac{\partial^2 V_j}{\partial x_j^2} - \frac{\partial^2 V_i}{\partial x_i \partial x_j} \frac{\partial^2 V_j}{\partial x_j \partial x_i} \right)^{-1} = 0$$

$$\frac{\partial x_j}{\partial \beta_i} = -\left(\frac{\partial^2 V_i}{\partial x_i^2} \frac{\partial^2 V_j}{\partial x_j \partial \beta_i} - \frac{\partial^2 V_i}{\partial x_i \partial \beta_i} \frac{\partial^2 V_j}{\partial x_j \partial x_i} \right) \cdot \left(\frac{\partial^2 V_i}{\partial x_i^2} \frac{\partial^2 V_j}{\partial x_j^2} - \frac{\partial^2 V_i}{\partial x_i \partial x_j} \frac{\partial^2 V_j}{\partial x_j \partial x_i} \right)^{-1} < 0$$

所以共营企业的技术创新投入与自身的技术创新溢出率成反比，与竞争企业的溢出率无关。

命题 3-6 在三种寡头市场中，当规模收益不变时：共营企业的技术创新投入与自身的技术创新溢出率成反比，与竞争企业的技术创新溢出率无关。在两家利润最大化企业共存的双寡头市场中,利润最大化企业的技术创新投入与自身和竞争企业的技术创新溢出水平都无关;在共营企业和利润最大化企业寡头市场中,利润最大化企业的技术创新投入与自身的技术创新溢出率无关,与竞争企业的技术创新溢出率相关。

所以在三种寡头市场中,技术创新溢出率对共营企业技术创新投入的影响与寡头市场类型无关;利润最大化企业的技术创新溢出对自身技术创新投入的影响与寡头市场类型无关,竞争企业的技术创新溢出对利润最大化企业技术创新投入的影响与寡头市场类型相关。

综上所述,当存在技术创新溢出效应时,共营企业和利润最大化企业在产出决策上存在很大的差异,如表 3-1 所示。

表 3-1　利润最大化企业和共营企业在产出决策和技术创新投入决策上的差异

比较类型	利润最大化企业	共营企业
产出	多	少
技术创新投入水平	少	多
产品战略互动	表现为战略替代性	表现为战略互补性
技术创新投入战略互动	与竞争企业相关	与竞争企业无关
产出与技术创新投入的关系	与自身的技术创新投入成正比,与竞争企业的技术创新投入随技术创新溢出而变化	与自身的技术创新投入成正比,与竞争企业的技术创新投入无关
产出与工资的关系	与自身的员工工资成反比,与竞争利润最大化企业(共营企业)成正比(无关)	与自身(竞争共营企业)的员工工资无关,与竞争利润最大化企业的工资随规模经济而变化
技术创新投入与技术溢出的关系	与具体的寡头市场相关	与具体的寡头市场无关

3.5　本章小结

本章研究了技术创新溢出效应对共营企业技术创新投入战略的影响。通过建立双寡头博弈模型,分析了存在技术创新溢出条件下,共营企业的产出决策和技术创新投入决策。并进一步讨论技术创新溢出效应对共营企业产出决策和技术创新投入决策的影响,以及共营企业和利润最大化企业在产出决策和技术创新投入决策方面的区别。最后将共营企业和利润最大化企业共存的双寡头市场与共营企业和共营企业共存的双寡头,利润最大化企业和利润最大化企业共存的双寡头市场进行了比较。

结果表明,当考虑技术创新溢出效应时,共营企业在进行产出决策、技术创新投入决策时,都会受到很大的影响。共营企业和利润最大化企业在产出决策和技术创新投入决策方面也存在较大的区别。企业之间的产量和 R&D 战略互动仅仅与企业类型相关,而与寡头市场类型无关;其均衡产量和均衡 R&D 的比较静态分析与企业类型和寡头市场类型都相关。造成利润最大化企业和共营企业差异性的根源是两者的企业制度存在较大的不同。

4 共营企业的技术吸收能力及其对技术创新投入战略的影响

技术创新活动需要大量的知识基础,而企业的知识大部分来自外部环境,因此企业是否能够从企业外部吸收相关技术知识,决定一个企业的技术创新能力,技术吸收能力也因此成为技术创新能力的重要组成部分。大量的实证研究表明,企业能够得益于其他企业的技术创新溢出。然而要获得这种溢出成果,企业需要提高自身的技术吸收能力。相关研究也表明,日本与韩国经济快速成长的主要原因之一就是,日韩企业对外部新知识与新技术具有较强的吸收能力,能够通过模仿、改进、创新等步骤来创造市场竞争优势(Cohen and Levinthal,1990;Linsu,1997)。关于吸收能力的研究使企业意识到技术吸收能力对技术创新的积极作用,从而对企业的技术创新战略也具有重要的影响(Cohen and Levinthal,1989;1990)。共营企业作为一种劳动雇佣资本的企业类型,其目标是追求员工收益最大化。针对这种类型的组织,技术吸收能力效应对共营企业的技术创新战略有何影响?和利润最大化企业相比,吸收能力对共营企业技术创新战略的影响存在哪些区别?影响共营企业的技术吸收能力的因素有哪些?以及如何提高共营企业的吸收能力?上述问题的解决,成为提升共营企业技术创新能力,完善共营企业技术创新战略理论的关键。

本章分别以共营企业和共营企业共存,共营企业和利润最大化企业共存这两种双寡头市场为研究对象,分别探讨技术创新活动中,技术吸收能力对共营企业产出决策、技术创新投入决策、社会福利的影响,并与传统的利润最大化企业进行比较。在此基础上,以农民专业合作社为例,利用案例分析,研究合作社吸收能力的概念框架以及影响因素,进一步探讨合作社技术吸收能力的提升路径问题。上述问题的研究,对于丰富共营企业技术创新战略理论具有重要的理论意义。同时关于合作社技术吸收能力的研究,对于增强合作社的技术创新能力,完善农业创新体系,实施"科技兴农"战略,具有重大的现实意义。

4.1 概念界定和问题描述

本节首先界定共营企业的技术吸收能力效应的概念,在此基础上,分析技术吸收能力效应对共营企业技术创新投入战略的影响。最后对本章需要解决的问题及其假设条件进行描述。共营企业技术吸收能力的概念界定如下:

共营企业的技术创新吸收能力效应是指技术创新活动能够提升企业吸收外界技术溢出的能力，进一步影响企业的产出、技术创新投入战略等。

4.1.1　技术吸收能力与技术创新战略

共营企业为了获取技术创新溢出，需要具备一定的技术吸收能力，这种情况下技术吸收能力会影响技术溢出效应。由上一章的结果可知，技术溢出效应会影响共营企业的技术创新战略，因此，技术吸收能力效应同时也会影响共营企业的技术创新战略。一般情况下，企业的技术创新投入同时也会促进企业技术吸收能力的提高（Cohen and Levinthal, 1989; 1990）。企业的技术创新投入一方面能够为企业获取竞争优势，另一方面，为了获取与吸收能力相关的外部技术创新溢出，企业同时也需要提高自己的技术吸收能力。因此，当外部的技术创新溢出效应与吸收能力相关时，吸收能力效应的存在提高了企业进行技术创新投入的积极性。

相关研究表明，技术吸收能力能够影响企业技术创新战略，包括技术创新方法、技术创新投入、技术创新实施模式等（Cockburn and Henderson, 1998; Grunfeld, 2003; Wiethaus, 2005）。首先，当企业形成研发联合体时，倾向于选择相同的技术创新方法；相反，当企业之间在技术创新阶段相互竞争时，各自倾向于选择自身企业特有的技术创新方法。然而，部分学者提出，即使进行 R&D 竞争时，企业之间为了能够相互从竞争对手那里吸收更多的技术创新溢出，竞争企业之间也有可能选择相同的技术创新方法。因此，虽然目前关于技术吸收能力效应对技术创新方法的影响还没有定论，但是吸收能力的确能够影响企业的技术创新方法，这已成为共识。第二，已有的相关研究表明，企业考虑技术吸收能力效应时，通常会增加技术创新投入，因此技术吸收能力效应对技术创新投入具有激励作用。第三，技术吸收能力对共营企业技术创新实施模式选择的影响尤为显著。例如，引进再创新战略一般需要企业能够发现并引进外部的先进技术，因此选择引进再创新战略的企业一般需要具备较强的技术吸收能力。技术吸收能力的大小也会影响企业技术创新实施模式的选择（朱彬钰，2009；吴晓波和陈颖，2010）。

4.1.2　技术吸收能力与技术创新溢出

根据第二章的介绍，技术创新溢出可分为显性技术创新溢出和隐性技术创新溢出。在技术创新溢出中，显性技术创新溢出是指技术创新过程中主动溢出的新专利、新技术及有关行业发展动态信息；隐性技术创新溢出是指被动溢出的各种信息、经验、技能在企业或机构之间的非自愿地交换。

不同的技术创新溢出，溢出成果的接收企业对技术吸收能力的要求也不尽相同。一般而言，相对于显性技术创新溢出，企业要获取隐性技术创新溢出的数量，与企业已有的技术吸收能力的大小更加相关，即更依赖于企业现有的技术吸收能力。而显性技术创新溢出则可以通过专利购买、技术许可等方式，与企业现有的技术吸收能力关系不大，甚至不存在显著相关性。

该书主要针对隐性技术创新溢出,即当技术创新溢出与技术吸收能力显著相关时,研究技术吸收能力对技术创新投入战略的影响。

4.1.3 问题描述

根据第一章关于技术吸收能力的国内外研究综述可知,目前已有大量的文献分析了技术吸收能力的存在性问题、技术吸收能力的研究框架以及技术吸收能力对技术创新战略的影响等。然而,存在技术创新的吸收能力效应时,已有的研究主要针对利润最大化企业。当然,在很多寡头市场中,仅仅存在利润最大化企业。然而,在某些寡头市场中,仅仅存在共营企业,如农产品的生产领域,很多产品仅仅由农民专业合作社负责生产。而在某些寡头市场中,既存在传统的利润最大化企业,也存在共营企业,即共营企业和利润最大化企业是共存的。如在农产品加工领域,既可以由农业龙头企业进行加工,也存在合作社涉及农产品的加工。

共营企业为了获取技术创新溢出,需要提高自身的技术吸收能力。因此,企业的技术吸收能力的提升能够获取更多的外部技术溢出,进而影响企业的技术创新战略,尤其是企业的技术创新战略投资。本章主要针对共营企业和共营企业共存的双寡头市场,以及共营企业和利润最大化企业共存的双寡头市场,存在技术吸收能力效应时,共营企业的技术创新投入战略,以及技术吸收能力效应对共营企业产出决策和技术创新投入决策的影响。

4.1.4 问题的假设

本章主要以共营企业的新古典经济学理论、DJ 模型(D'Aspremont and Jacquemin,1988)与 Goel 的研究(Goel and Haruna,2007)为基础,建立基于成本降低的存在技术吸收能力效应的二阶段博弈模型。假设如下:

① 假设某地区寡头市场中只有两家寡头企业 $i(i=1,2)$(当多于两家企业时,可采取虚拟竞争对手方法,把多人博弈模型转化为两人博弈)生产同类产品,每家企业的战略空间是选择最佳产出。

② 两家企业生产异质性的产品,产品具有差异性和替代性。

③ 为了使分析简单化,本章仅仅考虑短期内的技术创新博弈,即短期内企业的生产能力无法进行调整。企业的生产函数仅仅是以劳动力投入为自变量的函数(Goel and Haruna,2007)。生产函数可表示为:$f(l)$,其中 $f'(l)>0$ 和 $f''(l)\leqslant 0$。$f''(l)\leqslant 0$ 表示产品的边际产量递减或不变,即每个劳动者的平均产量大于或等于其边际产量。每个劳动者的产出弹性为 $\varepsilon=lf'/f$,即企业的规模收益。当 $\varepsilon>1(=1,<1)$ 时,生产函数为规模收益递增(不变,递减)。

④ 两家企业在寡头市场上进行 Cournot 产量博弈,根据 Bárcena-Ruiz 和 Espinosa 的假设,寡头市场两家企业产品的逆需求函数分别为:

$$p_i = a - f_i(l_i) - df_j(l_j) \tag{4-1}$$

其中,$a>0$ 表示市场上该产品的最高价格;当价格高于 a 时,人们将拒绝购买该产品。当企业之间的产品具有替代性、独立性或互补性时，d 分别为正数、零、负数。本章假设产品具有替代性（替代率小于或等于 1），$0 \leqslant d \leqslant 1$。

⑤ 两家寡头企业的产品初始单位成本都为 c。企业进行成本降低型技术创新，企业 i 要获得技术创新投入 x_i，即单位成本降低 x_i 时，需要付出的技术创新投入成本为 $u_i(x_i)$，其中 $u_i'(x_i) > 0$ 和 $u_i''(x_i) > 0$。

⑥ 企业之间存在技术创新溢出，溢出率为 θ_i，即企业之间能够互相从竞争企业的技术创新成果中获得收益，降低单位产品成本。令企业 i 从企业 j 获得的技术创新溢出收益为 $\theta_i x_j$（$0 \leqslant \theta_i \leqslant 1$），当 $\theta_i = 0$ 时，表示不存在溢出，而 $\theta_i = 1$ 表示技术创新投入完全溢出（比如 RJV 企业）。

⑦ 在 DJ 模型中（D'Aspremont and Jacquemin，1988），技术创新溢出率是一个外生的不变参数，即 $\theta(x) = \beta$。本章假设技术创新具有技术吸收能力效益，技术创新投入能够提升企业的技术吸收能力，即溢出率 θ_i 是一个与自身技术创新投入成正比的函数，即 $\theta_i = \theta_i(x_i)$，$\theta_i'(x_i) > 0$。

因此，双寡头企业的成本函数分别为：

$$g_i(x_i, x_j) = c - x_i - \theta_i(x_i)x_j, \ 0 \leqslant \theta_i(x_i) \leqslant 1 \tag{4-2}$$

4.2 共营企业和共营企业共存的双寡头市场

针对共营企业和共营企业共存的双寡头市场，存在技术创新的吸收能力效应时，讨论了共营企业的产出决策和技术创新投入决策，以及技术吸收能力效应对产出决策和技术创新投入决策的影响。通过建立通用的基于成本降低的技术创新模型，分析了在双寡头市场上共营企业之间的技术创新投入战略互动。即在生产阶段探讨技术吸收能力效应对共营企业均衡产出的影响；在技术创新阶段分别分析了合作和非合作技术创新情况下技术吸收能力对技术创新投入的影响。

4.2.1 模型

共营企业的目标为最大化员工的平均利润，两家共营企业在寡头市场上进行 Cournot 产量博弈。根据上述假设和 Ward 模型（Ward，1958），共营企业 i 的目标函数可以表示为：

$$\max_{x_i, l_i} V_i = \frac{\pi_i}{l_i} + w_i = \frac{[p_i - g_i(x_i, x_j)]f(l_i) - u_i(x_i)}{l_i} \tag{4-3}$$

结合式（4-1）、（4-2）、（4-3），共营企业 i 的目标函数为：

$$\max_{x_i, l_i} V_i = \frac{[a - c - f_i - df_j + x_i + \theta_i(x_i)x_j]f_i(l_i) - u_i(x_i)}{l_i} \tag{4-4}$$

根据上述两家共营企业共存的双寡头市场的技术创新模型，建立二阶段博弈模型。第一阶段是技术创新阶段，两家企业选择技术创新投入为战略变量确定最优技术创新投入，第二阶段是生产阶段，进行 Cournot 产量博弈，确定最优产出水平。采用逆向归纳法进行分析，首先分析第二阶段，再分析第一阶段。

4.2.2 吸收能力对生产阶段的影响

在博弈第二阶段,共营企业通过选择最优产出(劳动力)[①]l,最大化每个员工的平均利润 V。存在最优产出均衡点的必要条件可以通过对式(4-4)求一阶导数得到:

$$G_i = \frac{\partial V_i}{\partial l_i} = \frac{[a - c - 2f_i - df_j + x_i + \theta_i(x_i)x_j]f_i' - V_i}{l_i} = 0 \quad (4\text{-}5)$$

对式(4-4)求二阶导数得:

$$\frac{\partial^2 V_i}{\partial l_i^2} = \frac{dG_i}{dl_i} = \frac{-2(f_i')^2 + [a - c - f_i - df_j + x_i + \theta_i(x_i)x_j]f_i''}{l_i} < 0$$

当规模收益递减或不变时,式(4-4)的二阶导数都小于零,因此满足均衡点存在的充分条件。

求出式(4-5)中的驻点,即为 Cournot 产量博弈均衡解 $(l_i^*, l_j^*) = (l_i(x_i^*, x_j^*), l_j(x_i^*, x_j^*))$。

1. 稳定性分析

下面分别对该模型的纳什均衡解的局部稳定性和全局稳定性进行分析。

假定纳什均衡满足局部稳定性,即 Jacobi 行列式满足:

$$H_1 = \begin{vmatrix} \dfrac{\partial^2 V_i}{\partial l_i^2} & \dfrac{\partial^2 V_i}{\partial l_i \partial l_j} \\ \dfrac{\partial^2 V_j}{\partial l_j \partial l_i} & \dfrac{\partial^2 V_j}{\partial l_j^2} \end{vmatrix} > 0 \quad (4\text{-}6)$$

根据 Gandolfo(1971) 的稳定性理论,纳什均衡解的全局稳定性条件为:

$$\frac{dG_i}{dl_i} = \frac{\partial^2 V_i}{\partial l_i^2} = \frac{-2(f_i')^2 + [a - c - f_i - df_j + x_i + \theta_i(x_i)x_j]f_i''}{l_i} < 0 \quad (4\text{-}7)$$

与

$$\left| \frac{\partial^2 V_i}{\partial l_i^2} \right| = \left| \frac{dG_i}{dl_i} \right| > \left| \frac{dG_i}{dl_j} \right| = \left| \frac{\partial^2 V_i}{\partial l_i \partial l_j} \right| \quad (4\text{-}8)$$

当规模收益不变或递减时,式(4-7)显然成立。式(4-8)可转换为:

$$2(f_i')^2 - V_i \frac{f_i''}{f_i'} > \frac{df_j'}{l_i} |l_i f_i' - f_i| \quad (4\text{-}9)$$

因此,当规模收益不变[如 $f(l) = \lambda l$] 时,全局稳定性条件显然成立。当规模收益递减[如 $f(l) = \lambda l^{0.5}$] 时,若 $\left(\dfrac{d}{2 + \dfrac{2V_i}{\lambda}} \right)^2 < \dfrac{l_j}{l_i} < \left(\dfrac{2 + \dfrac{2w_j}{\lambda}}{d} \right)^2$ 时,即双寡头企业间的产出相差不是非常大时,全局稳定性条件成立。

---

① 根据本章假设,企业的生产函数仅仅是以劳动力投入为自变量的函数,因此研究产品产出与其他变量的正负相关性,只需研究劳动力投入与其他变量之间的关系。

2. 吸收能力对产量反应函数的影响

共营企业 i 的边际收益为 $MR_i = [a - c - 2f_i - df_j + x_i + \theta_i(x_i)x_j]f_i'$，其边际成本为 $MC_i = V_i$。共营企业的产量反应函数 $R_i^l : l_i = l_i(l_j)$，其斜率为：

$$\frac{\mathrm{d}l_i}{\mathrm{d}l_j} = -\frac{\partial^2 V_i}{\partial l_i \partial l_j}\left(\frac{\partial^2 V_i}{\partial l_i^2}\right)^{-1} = \frac{df_j'(l_i f_i' - f_i)}{l_i^2}\left(\frac{\partial^2 V_i}{\partial l_i^2}\right)^{-1} \tag{4-10}$$

对产量反应函数的现实解释也可以从两家企业产品的战略互动角度解释，即：

$$\frac{\partial^2 V_i}{\partial l_i \partial l_j} = \frac{-df_j'}{l_i^2}(l_i f_i' - f_i) = \frac{-df_j' f_i'}{l_i} + \frac{df_j' f_i}{l_i^2} \tag{4-11}$$

式（4-11）由两部分组成。第一部分 $-df_j'f_i'/l_i < 0$，表现为竞争效应，即当共营企业 j 增加（减少）产量时，共营企业 i 会减少（增加）产量；而第二部分 $\frac{df_j'f_i}{l_i^2} > 0$，表现为劳动效应，即共营企业 j 增加（减少）产量时，共营企业 i 也会增加（减少）产量。因此，当共营企业 j 增加产量时，共营企业 i 产量决策取决于竞争效果和劳动效果。当 $\frac{\partial^2 V_i}{\partial l_i \partial l_j} > 0 (\frac{\partial^2 V_i}{\partial l_i \partial l_j} = 0, \frac{\partial^2 V_i}{\partial l_i \partial l_j} < 0)$ 时，劳动效应 $>(=, <)$ 竞争效应。即当生产函数是规模收益递减（不变、递增）时，两家共营企业的产品表现为战略互补（独立、替代）。

（1）当规模收益递减时，其产量反应曲线的斜率为正，曲线是向上的，即当竞争对手共营企业 j 增加产量时，共营企业 i 为了使员工收益最大化，将同时也增加产量，这就是共营企业的"反供给曲线"。为什么会出现这种情况呢？当存在规模收益递增时，由式（4-11）可知，共营企业的劳动效果大于竞争效果。因为共营企业以员工平均收益最大化为目标，企业增加产量后，会稀释员工平均收益。因此共营企业进行产出决策时，会考虑增加产量后，是否能增加员工的平均利润。通常当增加产量后，员工平均收益会降低，但是当共营企业 i 也同时增加产量时，员工平均收益稀释的程度反而会趋缓，所以共营企业 i 的最佳反应是增加产量，此时共营企业 j 对共营企业 i 表现为战略互补性。

（2）当存在规模收益不变时，共营企业的产量反应曲线的斜率为零，此时其产量反应曲线刚好是一条平行于 x 轴的直线。即当竞争对手共营企业 j 增加产量时，共营企业 i 的产量不变。共营企业的劳动效果等于竞争效果，共营企业 j 对共营企业 i 不存在战略相关性。

（3）当规模收益递增时，其产量反应曲线的斜率为负，即当竞争对手共营企业 j 增加产量时，共营企业为了达到最大的利润，将减少产量。此时共营企业的劳动效果小于竞争效果，共营企业 j 对共营企业 i 表现为战略替代性。

因此在寡头竞争市场中，存在技术吸收能力效应时，共营企业和利润最大化企业在反应曲线方面存在较大的不同之处。利润最大化企业以利润最大化为目标，因此当寡头市场上的产品具有替代性时，利润最大化企业仅仅存在竞争效应，当竞争对手增（减）产时，利润最大化企业会减（增）产。

3. 吸收能力对均衡产出的影响

本小节讨论存在技术吸收能力效应时，企业的技术创新投入在均衡点附近改变时，对均衡产出的影响。由于本章的模型具有通用性，没有具体的函数表达式，因此采用比较静态分析法求解第一阶段的技术创新投入对第二阶段的均衡产出的影响，以及有和没有吸收能力效应时，技术创新投入对均衡产出的影响。

共营企业 i 的技术创新投入对其自身的均衡产出的影响可表示为：

$$\frac{\partial l_i}{\partial x_i} = \frac{-1}{H_1}\left(\frac{\partial^2 V_i}{\partial l_i \partial x_i}\frac{\partial^2 V_j}{\partial l_j^2} - \frac{\partial^2 V_i}{\partial l_i \partial l_j}\frac{\partial^2 V_j}{\partial l_j \partial x_i}\right) \tag{4-12}$$

其中 Jacobi 行列式 $H_1 = \dfrac{\partial^2 V_i}{\partial l_i^2}\dfrac{\partial^2 V_j}{\partial l_j^2} - \dfrac{\partial^2 V_i}{\partial l_i \partial l_j}\dfrac{\partial^2 V_j}{\partial l_j \partial l_i} > 0$，$\dfrac{\partial^2 V_i}{\partial l_i \partial x_i} = \dfrac{1}{l_i^2}[(1+\theta_i' x_j)$

$(f_i' l_i - f_i) + u_i'(x_i)]$，$\dfrac{\partial^2 V_i}{\partial l_i \partial l_j} = \dfrac{-df_i'}{l_i^2}(l_i f_i' - f_i)$，$\dfrac{\partial^2 V_j}{\partial l_j \partial x_i} = \dfrac{\theta_j'}{l_j^2}(f_j' l_j - f_j)$。

因此，若存在技术吸收能力效应时，当规模收益不变时，共营企业的技术创新投入能够提高均衡产出。

命题 4-1 如果考虑吸收能力效益的技术溢出率 $\theta(x)$ 等于外生的溢出率 β，共营企业的吸收能力关于自身的技术创新投入对其均衡产出具有负的（无、正的）影响。而且当规模收益不变时，共营企业技术创新投入的增加能够提高其均衡产出。

证明 假设 $g^{(s)} = \dfrac{-x_j}{H_1 l_i^2}\dfrac{\partial \theta_i}{\partial x_i}\dfrac{\partial^2 V_j}{\partial l_j^2}(f_i' l_i - f_i)$，则 $\left(\dfrac{\partial l_i}{\partial x_i}\right)^{(s)} = \left(\dfrac{\partial l_i}{\partial x_i}\right)^{(n)} + g^{(s)}$。上标 s 表示存在吸收能力效应的情况，而上标 n 表示不存在吸收能力效应的情况。

（1）当规模收益不变时，由于 $g^{(s)} = 0$，可得 $\left(\dfrac{\partial l_i}{\partial x_i}\right)^{(s)} = \left(\dfrac{\partial l_i}{\partial x_i}\right)^{(n)}$。因此吸收能力关于自身的技术创新投入对其均衡产出没有影响。

另外，共营企业的技术创新投入与均衡产出的关系可表示为：

$$\left(\frac{\partial l_i}{\partial x_i}\right)^{(n)} = \left(\frac{\partial l_i}{\partial x_i}\right)^{(s)} = -\frac{u_i'(x_i)}{l_i^2}\left(\frac{\partial^2 V_i}{\partial l_i^2}\right)^{-1} = \frac{u_i'(x_i)}{2(f_i')^2 l_i} > 0 \tag{4-13}$$

（2）当规模收益递增时，$g^{(s)} > 0$。因此吸收能力关于自身的技术创新投入对其均衡产出具有正的影响。

（3）当规模收益递减时，$g^{(s)} < 0$。因此吸收能力关于自身的技术创新投入对其均衡产出具有负的影响。

同理，共营企业 i 的技术创新投入对竞争对手 j 的均衡产出的影响可表示为：

$$\frac{\partial l_j}{\partial x_i} = \frac{-1}{H_1}\left(\frac{\partial^2 V_i}{\partial l_i^2}\frac{\partial^2 V_j}{\partial l_j \partial x_i} - \frac{\partial^2 V_i}{\partial l_i \partial x_i}\frac{\partial^2 V_j}{\partial l_j \partial l_i}\right) \tag{4-14}$$

其中，$\dfrac{\partial^2 V_j}{\partial l_j \partial x_i} = \dfrac{\theta_j'}{l_j^2}(f_j' l_j - f_j)$，$\dfrac{\partial^2 V_i}{\partial l_i \partial x_i} = \dfrac{1}{l_i^2}[(1+\theta_i' x_j)(f_i' l_i - f_i) + u_i'(x_i)]$，$\dfrac{\partial^2 V_j}{\partial l_j \partial l_i}$

$= \dfrac{-df_j'}{l_j^2}(l_j f_j' - f_j)$。

命题 4-2 如果存在吸收能力效益 $\theta(x)$ 的技术溢出率等于外生的溢出率 β，生产函数存在规模收益递增（不变、递减）时，共营企业的吸收能力关于自身的技术创新投入对竞争对手均衡产出具有负的（无、负的）影响。而且当规模收益不变时，共营企业技术创新投入与竞争对手的均衡产出不相关。

证明 假设 $h^{(s)} = \dfrac{-df'_i x_j}{H_1(l_i^2 l_j^2)} \dfrac{\partial \theta_i}{\partial x_i}(f'_i l_i - f_i)(f'_j l_j - f_j)$，则 $\left(\dfrac{\partial l_j}{\partial x_i}\right)^{(s)} = \left(\dfrac{\partial l_j}{\partial x_i}\right)^{(n)} + h^{(s)}$。

（1）当规模收益不变时，$\left(\dfrac{\partial l_j}{\partial x_i}\right)^{(s)} = \left(\dfrac{\partial l_j}{\partial x_i}\right)^{(n)} = 0$。如图 4-1 所示。

（2）当规模收益递增时，$h^{(s)} < 0$。因此吸收能力关于自身的技术创新投入对竞争对手的均衡产出具有负的影响。如图 4-2 所示。

（3）当规模收益递减时，$h^{(s)} < 0$。因此吸收能力关于自身的技术创新投入对竞争对手的均衡产出具有负的影响。如图 4-3 所示。

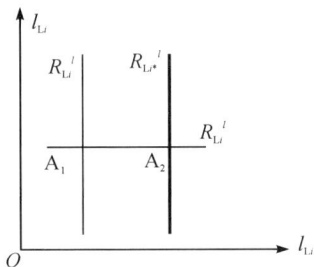

图 4-1 吸收能力对 $\left(\dfrac{\partial l_i}{\partial x_i}\right)$ 的影响 —— 规模收益不变

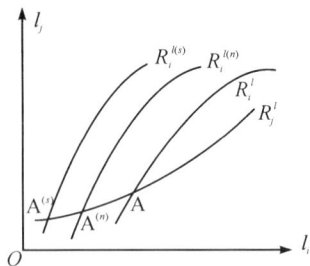

图 4-2 吸收能力对 $\left(\dfrac{\partial l_i}{\partial x_i}\right)$ 的影响 —— 规模收益递增

当规模收益不变时，无论是否存在吸收能力效应，当共营企业 i 的产量反应曲线都是由 $R_{L_i}^l$ 移动到 $R_{L_i^*}^l$，其均衡点也由 A_1 移动到 A_2，但吸收能力效应对产量反应曲线的移动没有影响。

当规模收益递增时，随着共营企业 i 的技术创新投入的改变，当存在吸收能力效应时，共营企业 i 的产量反应曲线由 R_i^l 移动到 $R_i^{l(s)}$，相应的均衡点由 A 点移到 $A^{(s)}$；当不存在吸收能力效应时，共营企业 i 的产量反应曲线由 R_i^l 移动到 $R_i^{l(n)}$，相应的均衡点由 A 点移到 $A^{(n)}$。

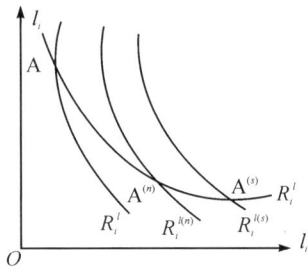

图 4-3 吸收能力对 $\left(\dfrac{\partial l_i}{\partial x_i}\right)$ 的影响 —— 规模收益递减

当规模收益递增时，随着共营企业 i 的技术创新投入的改变，存在技术创新的吸收能力效应时，共营企业 i 的产量反应曲线由 R_i^l 移动到 $R_i^{l(s)}$，相应的均衡点由 A 点移到 $A^{(s)}$；当不存在吸收能力效应时，共营企业 i 的产量反应曲线由 R_i^l 移动到 $R_i^{l(n)}$，相应的均衡点由 A 点移到 $A^{(n)}$。

4.2.3 吸收能力对技术创新阶段的影响

D'Aspremont 和 Jacquemin（1988）首次利用两阶段双寡头博弈模型分析了合作技术创新的均衡投入，之后 Choi，Suzumura，Beath，Bondt 和 Kamien 等在 DJ 模型（D'Aspremont and Jacquemin，1988）的基础上，利用二阶段博弈探讨了 RJV 情形。Nicholas，Katsoulacos，Kultti，Kamien 和 Atallah 通过引入新的决策变量分析了三阶段模型，然而，除了合作和非合作技术创新之外，还存在一些中间形式，如基于成本共享的组织形式、基于信息共享的组织模式等。对于这些中间形式，胡婉丽等提出了利用技术溢出率 β 表示技术创新合作程度的大小。在相同情况下，技术溢出率越大，表示技术创新协作程度越大。因此，只需要分析合作和非合作情况下的模型，而对于其他中间形式可以通过讨论溢出率 β 实现。

在非合作博弈中，共营企业之间同时在技术创新阶段和生产阶段进行竞争；而在合作博弈中，共营企业在技术创新阶段合作性地选择最优技术创新投入，而在第二阶段进行 Cournot 产量竞争。

在博弈的第一阶段，企业进行基于成本降低的技术创新投入。然而由于溢出的存在，企业的技术创新投入除了增加自身的利益，还会影响竞争企业的利益。Futagami 和 Okamura（1996）比较了一般情况下共营企业的投入将大于利润最大化企业的投入。该小节分析了当存在吸收能力效应时，共营企业相对于利润最大化企业的技术创新投入如何，进一步分析了有和没有吸收能力效应时，两种类型企业的技术创新投入水平有何区别。

1. 吸收能力对非合作技术创新的影响

在博弈的第一阶段，企业进行基于成本降低的技术创新投入。然而由于溢出的存在，企业的技术创新投入除了增加自身的利益，而且会影响竞争企业的利益。当存在吸收能力效应时，两家共营企业在第一阶段非合作性地选择技术创新投入时，为了求解两家共营企业的最优技术创新投入 x_i, x_j，将共营企业的目标函数分别对 x_i, x_j 求一阶偏导，并等于零，得：

$$\frac{\partial V_i}{\partial x_i} = \frac{\partial V_i}{\partial l_i}\frac{\partial l_i}{\partial x_i} + \frac{\partial V_i}{\partial l_j}\frac{\partial l_j}{\partial x_i} + \frac{\mathrm{d}V_i}{\mathrm{d}x_i} = \frac{\partial V_i}{\partial l_j}\frac{\partial l_j}{\partial x_i} + \frac{\partial V_i}{\partial x_i}$$

$$= \frac{1}{l_i}\Big[-df'_j f_i \frac{\partial l_j}{\partial x_i} + (1 + x_j\theta'_j)f_i - u'_i\Big] \tag{4-15}$$

即：

$$\frac{\partial V_i}{\partial x_i} = \frac{1}{l_i}\Big[(1 + x_j\theta'_j)f_i - u'_{ii}\Big] = 0 \tag{4-16}$$

其二阶导数为：

$$\frac{\partial^2 V_i}{\partial x_i^2} = \frac{1}{l_i}\Big[\theta''_i x_j f_i + (1 + x_j\theta'_j)\frac{u'_i}{2f_i} - u''_i\Big] \tag{4-17}$$

与

$$\frac{\partial^2 V_i}{\partial x_i \partial x_j} = \frac{f_i \theta_i}{l_i} > 0 \tag{4-18}$$

当技术创新投入的边际成本投入比较大时,式(4-17)中的表达式均小于零,满足存在最优技术创新投入均衡点的充分条件。

其稳定性条件为:

$$H_2 = \begin{vmatrix} \dfrac{\partial^2 \pi_P}{\partial x_P^2} & \dfrac{\partial^2 \pi_P}{\partial x_P \partial x_L} \\ \dfrac{\partial^2 V_L}{\partial x_L \partial x_P} & \dfrac{\partial^2 V_L}{\partial x_L^2} \end{vmatrix} > 0 \tag{4-19}$$

Jacobi 行列式大于零,可以认为技术创新投入的纳什均衡满足局部稳定性条件(Goel and Haruna,2007)。因此,求解式(4-16)可得驻点即为子博弈精炼纳什均衡解 x_i^*,x_j^*。

规模收益不变时,存在吸收能力效应的博弈中,均衡的技术创新投入 $\tilde{x}$ 为:

$$\frac{\partial V_i}{\partial x_i} = \frac{1}{l_i}\left[\left(1 + x_j \frac{\partial \theta_i}{\partial x_{ii}}\right)f_i - u_i'\right] = 0$$

即:

$$f_i[l_i(\tilde{x}_i)] - u_i'(\tilde{x}_i) + \tilde{x}_j \frac{\partial \theta_i}{\partial \tilde{x}_i} f_i[l_i(\tilde{x}_i)] = 0 \tag{4-20}$$

同理,没有吸收能力效应的博弈中,均衡的技术创新投入 $\hat{x}$ 可以由 $\dfrac{\partial V_i}{\partial x_i} = \dfrac{f_i - u_i'}{l_i} = 0$ 得到,即:

$$f_i[l_i(\hat{x}_i)] - u_i'(\hat{x}_i) = 0 \tag{4-21}$$

由式(4-20) 和式(4-21) 可得:

$$f_i[l_i(\hat{x}_i)] - u_i'(\hat{x}_i) = f_i[l_i(\tilde{x}_i)] - u_i'(\tilde{x}_i) + \tilde{x}_j f_i[l_i(\tilde{x}_i)]\left(\frac{\partial \theta_i}{\partial \tilde{x}_i}\right) = 0 \tag{4-22}$$

$$\{f_i[l_i(\hat{x}_i)] - u_i'(\hat{x}_i)\} - \{f_i[l_i(\tilde{x}_i)] - u_i'(\tilde{x}_i)\} = \tilde{x}_j\left(\frac{\partial \theta_i}{\partial \tilde{x}_i}\right)f_i[l_i(\tilde{x}_i)] \tag{4-23}$$

由 $\dfrac{\partial^2 V_i}{\partial x_i^2} < 0$,可得 $f_i - u_i'$ 将随着 x 的增加而减少。假设 $\hat{x} \geqslant \tilde{x}$,则 $\{f_i[l_i(\hat{x}_i)] - u_i'(\hat{x}_i)\} - \{f_i[l_i(\tilde{x}_i)] - u_i'(\tilde{x}_i)\} \leqslant 0$,这与 $\tilde{x}_j\left(\dfrac{\partial \theta_i}{\partial \tilde{x}_i}\right)f_i[l_i(\tilde{x}_i)]$ 相矛盾,因此 $\hat{x} < \tilde{x}$。

命题 4-3 如果存在吸收能力效应 $\theta(x)$ 的技术溢出率等于外生的溢出率 β,当规模收益不变时,在非合作情况下,存在吸收能力效应时的均衡技术创新投入高于没有吸收能力效应时的均衡技术创新投入。

另外,当规模收益不变时,由于 $\frac{\partial^2 V_i}{\partial x_i \partial x_j} = f_i\theta'_i/l_i > 0$。因此,当存在吸收能力效应时,共营企业之间的技术创新投入表现为战略互补性,共营企业的技术创新投入反应曲线是向上的。然而,当不存在吸收能力效应时,共营企业之间的技术创新投入不存在战略相关性,即共营企业的技术创新投入反应曲线是水平或垂直的。如图 4-4 和图 4-5 所示。

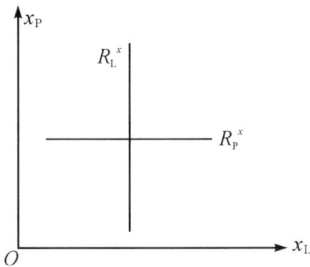

图 4-4 技术创新投入反应曲线
—— 不存在吸收能力效应

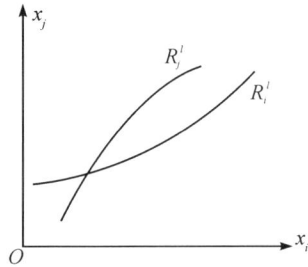

图 4-5 技术创新投入反应曲线
—— 存在吸收能力效应

2. 吸收能力对合作技术创新的影响

共营企业在第一阶段合作性地选择技术创新投入,最大化两家企业的员工平均收益之和:

$$\max_{x_i, x_j} V = \max_{x_i, x_j}(V_i + V_j) \tag{4-24}$$

同理,均衡的技术创新投入可以通过下式求得:

$$\frac{\partial V}{\partial x_i} = \frac{\partial V_i}{\partial l_j}\frac{\partial l_j}{\partial x_i} + \frac{\partial V_j}{\partial l_i}\frac{\partial l_i}{\partial x_i} + \frac{dV_i}{dx_i} + \frac{dV_j}{dx_i} = 0 \tag{4-25}$$

当规模收益不变时,$\frac{\partial l_j}{\partial x_i} = 0$。式(4-25)可以化简为:

$$\frac{\partial V}{\partial \tilde{x}_i} = \frac{f_j}{l_j}\left(\theta_j - df'_i f_j \frac{\partial l_i}{\partial \tilde{x}_i}\right) + \frac{1}{l_i}\left[(1 + \tilde{x}_j\theta'_i)f_i - u'_i\right] = 0 \tag{4-26}$$

其中 $\tilde{x}$ 表示存在吸收能力效应时均衡的技术创新投入,则不存在吸收能力效应的技术创新投入 $\hat{x}$ 可以表示为:

$$\frac{\partial V}{\partial \hat{x}_i} = \frac{f_j}{l_j}\left(\theta_j - df'_i f_j \frac{\partial l_i}{\partial \hat{x}_i}\right) + \frac{f_i - u'_i}{l_i} = 0 \tag{4-27}$$

由式(4-26)和(4-27)得:

$$\frac{f_j}{l_j}\left(\theta_j - df'_i f_j \frac{\partial l_i}{\partial \tilde{x}_i}\right) + \frac{f_i}{l_i}\left(1 + \tilde{x}_i \frac{\partial \theta_i}{\partial \tilde{x}_i}\right) - \frac{u'_i}{l_i} = \frac{f_j}{l_j}\left(\theta_j - df'_i f_j \frac{\partial l_i}{\partial \hat{x}_i}\right) + \frac{f_i - u'_i}{l_i} = 0 \tag{4-28}$$

假设 $g(x) = \frac{f_j}{l_j}\left(\theta_j - df'_i f_j \frac{\partial l_i}{\partial x_i}\right) + \frac{f_i - u'_i}{l_i}$,则:

$$g(\hat{x}) - g(\tilde{x}) = \frac{\tilde{x}_i f_i}{l_i}\frac{\partial \theta_i}{\partial \tilde{x}_i} > 0 \tag{4-29}$$

由 $g'(x) = \dfrac{\partial^2 V}{\partial x_i^2} < 0$，可得 $g(x)$ 为 x 的减函数。假设 $\hat{x} \geqslant \tilde{x}$，则 $g(\hat{x}) - g(\tilde{x}) \leqslant 0$，这与 $\dfrac{\tilde{x}_j f_i}{l_i} \dfrac{\partial \theta_i}{\partial \tilde{x}_i} > 0$ 相矛盾，因此 $\hat{x} < \tilde{x}$。

命题 4-4 如果存在吸收能力效益 $\theta(x)$ 的技术溢出率等于外生的溢出率 β，当规模收益不变时，在合作技术创新情况下，存在吸收能力效应时的均衡技术创新投入高于没有吸收能力效应时的均衡技术创新投入。

3. 合作和非合作技术创新之间的异同点

在 Brander 和 Spencer 模型（Brander and Spencer, 1983）中，由于技术溢出的存在，利润最大化企业在技术创新方面存在过度投资现象；在 DJ 模型（D'Aspremont and Jacquemin, 1988）中，由于技术溢出同时降低了企业进行技术创新投入的积极性，不存在过度投资现象。而在 Grunfeld（2003）模型中，存在技术创新吸收能力效应时，是否存在过度投资现象主要依赖于企业的学习效应，当学习效应比较强时，利润最大化企业为了能够利用其他企业的技术溢出，需要进行自身技术创新的投入，才能获取学习能力或吸收能力。本节将研究共营企业的情形。

当规模收益不变时，利用式（3-17）和式（3-25）的一阶条件，可得：

$$\left(\frac{\partial V}{\partial x_i}\right)^{cn} - \left(\frac{\partial V_i}{\partial x_i}\right)^{nn} = \frac{f_j}{l_j}\left(\theta_j - df'_j f_j \frac{\partial l_i}{\partial x_i}\right) \tag{4-30}$$

其中，$f_j[\theta_j - df'_i f_j(\frac{\partial l_i}{\partial x_i})]/l_j nn$ 表示在技术创新阶段进行非合作，在生产阶段进行 Cournot 竞争；cn 表示技术创新阶段进行合作，在生产阶段进行 Cournot 产量竞争。当 $\theta_j \gtreqqless df'_j f_j(\frac{\partial l_i}{\partial x_i})$，$(\frac{\partial l_i}{\partial x_i})^{cn} \gtreqqless (\frac{\partial l_i}{\partial x_i})^{nn}$，即 $(x_i)^{cn} \gtreqqless (x_i)^{nn}$。

命题 4-5 当规模收益不变时，当溢出率较大时，合作技术创新下的均衡技术创新投入大于非合作技术创新的情形；当溢出率较小时，合作技术创新下的均衡技术创新投入小于非合作技术创新的情形。

4.2.4 共营企业和利润最大化企业之间的比较

为了便于进行比较，本章在相同条件下建立利润最大化企业的模型如下：

$$\max_{x_i, l_i} \pi_i = (p_i + x_i + \theta_i x_j) f_i - u_i(x_i) - w_i l_i \tag{4-31}$$

其中，w_i 表示员工工资。寡头市场中利润最大化企业的最优产出可以通过求一阶条件得：

$$\frac{\partial \pi_i}{\partial l_i} = [a - c - 2f_i - df_j + x_i + \theta_i(x_i)x_j] f'_i = 0 \tag{4-32}$$

双寡头市场中利润最大化企业的生产战略交互为：

$$\frac{\partial^2 \pi_i}{\partial l_i \partial l_j} = -df_j' f'_i / l_i < 0 \tag{4-33}$$

因此，在利润最大化企业中，企业之间的产品在 Cournot 产量竞争中表现为战略替代性。然而,在共营企业中,企业之间产品的战略交互性与规模收益相关。

1. 吸收能力关于技术创新投入对均衡产出的影响

利润最大化企业 i 的技术创新投入对其自身的均衡产出的影响为:

$$\left(\frac{\partial l_i}{\partial x_i}\right)^s = -\frac{1}{H_3}\left(\frac{\partial^2 \pi_i}{\partial l_i \partial x_i}\frac{\partial^2 \pi_j}{\partial l_j^2} - \frac{\partial^2 \pi_i}{\partial l_i \partial l_j}\frac{\partial^2 \pi_j}{\partial l_j \partial x_i}\right) \tag{4-34}$$

其中,Jacobi 行列式 $H_3 = \frac{\partial^2 \pi_i}{\partial l_i^2}\frac{\partial^2 \pi_j}{\partial l_j^2} - \frac{\partial^2 \pi_i}{\partial l_i \partial l_j}\frac{\partial^2 \pi_j}{\partial l_j \partial l_i} > 0$。令 $g^{(s)} = \frac{-f'_i x_j}{H_3}\frac{\partial^2 \pi_j}{\partial l_j^2}\frac{\partial \theta_i}{\partial x_i}$。

当 $\theta(x) = \beta$,可得 $\left(\frac{\partial l_i}{\partial x_i}\right)^{(s)} = \left(\frac{\partial l_i}{\partial x_i}\right)^{(n)} + g^{(s)}$。由 $g^{(s)} > 0$,利润最大化企业的吸收能力关于自身的技术创新投入对其均衡的劳动力投入具有正的效应。

同理,利润最大化企业 i 的技术创新投入对竞争对手的均衡产出的影响为:

$$\left(\frac{\partial l_j}{\partial x_i}\right)^{(s)} = -\frac{1}{H_3}\left(\frac{\partial^2 \pi_i}{\partial l_i^2}\frac{\partial^2 \pi_j}{\partial l_j \partial x_i} - \frac{\partial^2 \pi_i}{\partial l_i \partial x_i}\frac{\partial^2 \pi_j}{\partial l_j \partial l_i}\right) \tag{4-35}$$

令 $h^{(s)} = \frac{-d(f'_i)^2 f'_j x_j}{H_3}\frac{\partial \theta_i}{\partial x_i}$。当 $\theta(x) = \beta$,可得 $\left(\frac{\partial l_j}{\partial x_i}\right)^{(s)} = \left(\frac{\partial l_j}{\partial x_i}\right)^{(n)} + h^{(s)}$。由 $h^{(s)} < 0$,利润最大化企业的吸收能力关于自身的技术创新投入对竞争对手的均衡的劳动力投入具有正的效应。

结论 4-1 如果存在吸收能力效益 $\theta(x)$ 的技术溢出率等于外生的溢出率 β,利润最大化企业的吸收能力关于自身的技术创新投入对其均衡产出具有正的效应,而对竞争对手的均衡产出具有负的效应。而共营企业的吸收能力关于自身的技术创新投入对其均衡产出或竞争对手的均衡产出的影响与规模经济相关。

2. 吸收能力关于技术创新投入对均衡产出的影响

(1) 吸收能力对非合作技术创新的影响

存在吸收能力效应时,利润最大化企业的均衡技术创新投入 $\tilde{x}$ 满足 $\frac{\partial \pi_i}{\partial \tilde{x}_i} = \frac{\partial \pi_i}{\partial l_j}\frac{\partial l_j}{\partial \tilde{x}_i} + \frac{\partial \pi_i}{\partial \tilde{x}_i} = 0$。而不存在吸收能力效应时,利润最大化企业的均衡技术创新投入 $\hat{x}$ 满足 $\frac{\partial \pi_i}{\partial \hat{x}_i} = \frac{\partial \pi_i}{\partial l_j}\frac{\partial l_j}{\partial \hat{x}_i} + \frac{\partial \pi_i}{\partial \hat{x}_i} = 0$。因此:

$$\frac{\partial \pi_i}{\partial \tilde{x}_i} = \frac{\partial \pi_i}{\partial l_j}\frac{\partial l_j}{\partial \tilde{x}_i} + \frac{\partial \pi_i}{\partial \tilde{x}_i} = \frac{\partial \pi_i}{\partial l_j}\left(\frac{\partial l_j}{\partial \hat{x}_i} + h^{(s)}\right) + \frac{\partial \pi_i}{\partial \hat{x}_i} + f'_i\frac{\partial \theta_i}{\partial \tilde{x}_i} \tag{4-36}$$

令 $A(\hat{x}_i) = \frac{\partial \pi_i}{\partial \hat{x}_i}$,由 $h^{(s)} < 0$,可得 $A(\hat{x}_i) - A(\tilde{x}_i) = -df_i f'_j h^{(s)} + f'_i\frac{\partial \theta_i}{\partial \tilde{x}_i} > 0$。因此 $\hat{x} < \tilde{x}$。

结论 4-2 如果存在吸收能力效益 $\theta(x)$ 的技术溢出率等于外生的溢出率 β,在非合作技术创新下,存在吸收能力效应时,利润最大化企业的均衡技术创新投入大于不存在吸收能力效应的技术创新投入。而对于共营企业,当规模收益不变时,结论与利润最大化企业相同;当规模收益不变或递减时,其结果存在较大的不确定性。

（2）吸收能力对合作技术创新的影响

如果利润最大化企业在技术创新阶段进行合作，则其目标为最大化各自的联合利润，即：

$$\max_{x_i}(\pi_i + \pi_j), \; i = 1,2; i \neq j \tag{4-37}$$

对 x_i 求一阶导数可得：

$$\frac{\partial \pi}{\partial x_i} = \frac{\partial \pi_i}{\partial l_j}\frac{\partial l_j}{\partial x_i} + \frac{\partial \pi_j}{\partial l_i}\frac{\partial l_i}{\partial x_i} + \frac{\partial \pi_i}{\partial x_i} + \frac{\mathrm{d}\pi_j}{\mathrm{d}x_i} = 0 \tag{4-38}$$

在合作技术创新条件下，每个利润最大化企业可以将技术创新外部性内部化，即 $\frac{\partial \pi_i}{\partial l_j}\frac{\partial l_j}{\partial x_i} + \frac{\partial \pi_j}{\partial x_i}$。存在吸收能力效应时，均衡的技术创新投入 $\tilde{x}$ 满足：

$$\left(\frac{\partial \pi}{\partial \tilde{x}_i}\right)^{(s)} = -df_i f_j' \left(\frac{\partial l_j}{\partial \tilde{x}_i}\right) - df_i' f_j \left(\frac{\partial l_i}{\partial \tilde{x}_i}\right) + f_i\left(1 + \tilde{x}_i \frac{\partial \theta_i}{\partial \tilde{x}_i}\right) u'(\tilde{x}_i) + \theta_j f_j = 0 \tag{4-39}$$

同理，不存在吸收能力效应时，均衡的技术创新投入满足：

$$\left(\frac{\partial \pi}{\partial \hat{x}_i}\right)^{(s)} = -df_i f_j'\left(\frac{\partial l_j}{\partial \hat{x}_i}\right) - df_i' f_j\left(\frac{\partial l_i}{\partial \hat{x}_i}\right) + f_i - u'(\tilde{x}_i) + \beta_j f_j = 0 \tag{4-40}$$

令 $A(\hat{x}_i) = \frac{\partial \pi_i}{\partial \hat{x}_i}$，由 $\theta(x) = \beta$，可得 $A(\hat{x}_i) - A(\tilde{x}_i) = -df_i f_j' h^{(s)} - df_i' f_j g^{(s)} + f_i'\left(\frac{\partial \theta_i}{\partial \tilde{x}_i}\right) > 0$。因此 $\hat{x} < \tilde{x}$。

所以，在合作技术创新中，利润最大化企业和共营企业的相关结论与合作技术创新的结论相同，见结论 4-2。

4.3 共营企业和利润最大化企业共存的双寡头市场

针对共营企业和利润最大化企业共存的双寡头市场，存在技术创新的吸收能力效应时，讨论了共营企业的产出决策和技术创新投入决策，以及技术吸收能力效应对产出决策和技术创新投入决策以及社会福利的影响。根据共营企业的特点，结合以往的技术创新模型，建立通用的基于成本降低的技术创新模型，分析了在双寡头市场上共营企业和利润最大化企业之间的技术创新投入战略互动。即在生产阶段探讨技术吸收能力效应对共营企业和利润最大化企业均衡产出的影响；在技术创新阶段分析了技术吸收能力对技术创新投入的影响。

4.3.1 模型

根据式（4-2），共营企业和利润最大化企业在双寡头市场中的成本函数分别为：

$$\begin{cases} g_P(x_P, x_L) = c - x_P - \theta_P(x_P)x_L, & 0 \leqslant \theta_P(x_P) \leqslant 1 \\ g_L(x_P, x_L) = c - x_L - \theta_L(x_L)x_P, & 0 \leqslant \theta_L(x_L) \leqslant 1 \end{cases} \tag{4-41}$$

其中,下标 P 和 L 分别代表利润最大化企业和共营企业。

根据共营企业的特点和 Ward 模型,以及基于成本降低的技术创新模型,利润最大化企业和共营企业的目标函数可以分别表示为:

$$
\begin{cases}
\max_{x_{\mathrm{P}}, l_{\mathrm{P}}} \pi_{\mathrm{P}} = \left[p_{\mathrm{P}} - g_{\mathrm{P}}(x_{\mathrm{P}}, x_{\mathrm{L}}) \right] f_{\mathrm{P}}(l_{\mathrm{P}}) - w_{\mathrm{P}} l_{\mathrm{P}} - u_{\mathrm{P}}(x_{\mathrm{P}}) \\
\max_{x_{\mathrm{L}}, l_{\mathrm{L}}} V_{\mathrm{L}} = \dfrac{\pi_{\mathrm{L}}}{l_{\mathrm{L}}} + w_{\mathrm{L}} = \dfrac{\left[p_{\mathrm{L}} - g_{\mathrm{L}}(x_{\mathrm{P}}, x_{\mathrm{L}}) \right] f_{\mathrm{L}}(l_{\mathrm{L}}) - u_{\mathrm{L}}(x_{\mathrm{L}})}{l_{\mathrm{L}}}
\end{cases}
\tag{4-42}
$$

其中,$w_{\mathrm{P}}, w_{\mathrm{L}}$ 为利润最大化企业和共营企业劳动者的工资。

综合上述分析,利润最大化企业的目标为最大化企业利润,而共营企业的目标为最大化员工的平均利润,可分别表示如下:

$$
\begin{cases}
\max_{x_{\mathrm{P}}, l_{\mathrm{P}}} \pi_{\mathrm{P}} = \left[a - c - f_{\mathrm{P}} - d f_{\mathrm{L}} + x_{\mathrm{P}} + \theta_{\mathrm{P}}(x_{\mathrm{P}}) x_{\mathrm{L}} \right] f_{\mathrm{P}}(l_{\mathrm{P}}) - w_{\mathrm{P}} l_{\mathrm{P}} - u_{\mathrm{P}}(x_{\mathrm{P}}) \\
\max_{x_{\mathrm{L}}, l_{\mathrm{L}}} V_{\mathrm{L}} = \dfrac{\pi_{\mathrm{L}}}{l_{\mathrm{L}}} + w_{\mathrm{L}} = \dfrac{\left[a - c - f_{\mathrm{L}} - d f_{\mathrm{P}} + x_{\mathrm{L}} + \theta_{\mathrm{L}}(x_{\mathrm{L}}) x_{\mathrm{P}} \right] f_{\mathrm{L}}(l_{\mathrm{L}}) - u_{\mathrm{L}}(x_{\mathrm{L}})}{l_{\mathrm{L}}}
\end{cases}
$$

$$\tag{4-43}$$

根据以上的共营企业与利润最大化企业共存的双寡头市场模型,本章建立寡头市场上的二阶段博弈模型。第一阶段共营企业和利润最大化企业分别选择技术创新投入为战略变量确定最优技术创新投入水平,第二阶段两家企业进行 Cournot 产量博弈,确定最优产出水平。采用逆向归纳法分别求解,首先进行生产阶段的产出决策,然后进行技术创新阶段的投入决策。

4.3.2 吸收能力对生产阶段的影响

在博弈的第二阶段,共营企业选择最优的产量,最大化员工的平均利润;利润最大化企业选择最优产量,最大化企业利润[①]。为了求两家企业的均衡产出,将式 (4-43) 分别对 l_{P} 和 l_{L} 求一阶偏导,并等于 0,得:

$$
\begin{cases}
G_{\mathrm{P}} = \dfrac{\partial \pi_{\mathrm{P}}}{\partial l_{\mathrm{P}}} = \left[a - c - 2 f_{\mathrm{P}} - d f_{\mathrm{L}} + x_{\mathrm{P}} + \theta_{\mathrm{P}}(x_{\mathrm{P}}) x_{\mathrm{L}} \right] f_{\mathrm{P}}' - w_{\mathrm{P}} = 0 \\
G_{\mathrm{L}} = \dfrac{\partial V_{\mathrm{L}}}{\partial l_{\mathrm{L}}} = \dfrac{\left[a - c - 2 f_{\mathrm{L}} - d f_{\mathrm{P}} + x_{\mathrm{L}} + \theta_{\mathrm{L}}(x_{\mathrm{L}}) x_{\mathrm{P}} \right] f_{\mathrm{L}}' - V_{\mathrm{L}}}{l_{\mathrm{L}}} = 0
\end{cases}
\tag{4-44}
$$

对利润最大化企业,其边际收益为 $MR_{\mathrm{P}} = \left[a - c - 2 f_{\mathrm{P}} - d f_{\mathrm{L}} + x_{\mathrm{P}} + \theta_{\mathrm{P}}(x_{\mathrm{P}}) x_{\mathrm{L}} \right] f_{\mathrm{P}}'$,边际成本为 $MC_{\mathrm{P}} = w_{\mathrm{P}}$。而对共营企业,其边际收益为 $MR_{\mathrm{L}} = \left[a - c - 2 f_{\mathrm{L}} - d f_{\mathrm{P}} + x_{\mathrm{L}} + \theta_{\mathrm{L}}(x_{\mathrm{L}}) x_{\mathrm{P}} \right] f_{\mathrm{L}}'$,边际成本为 $MC_{\mathrm{L}} = V_{\mathrm{L}}$。其中 MR_{L} 可以理解为共营企业对利润最大化企业的竞争效果,而 MC_{L} 为共营企业的劳动效果。若企业仅追求利润最大化,则其劳动效果退化为固定的工资收入 w_{L},共营企业就回到传统的利润最大化企业。

当竞争效果等于劳动效果时,共营企业的产量达到均衡。但是当竞争效果不等

---

① 由于产出仅仅是劳动力的函数,因此选择最优的劳动力,即最优的产量。

于劳动效果时,此时共营企业会适当调整其产量,直到竞争效果等于劳动效果。因此,求出式(4-44)中的驻点,其驻点即为 Cournot 产量博弈均衡解$(l_P^*, l_L^*) = [l_L(x_P^*, x_L^*), l_L(x_P^*, x_L^*)]$,相应的产出为$(f_P^*, f_L^*) = [f_P(l_P^*), f_L(l_L^*)]$,相应的价格为$(p_P^*, p_L^*) = (a - bf_P^* - df_L^*, a - bf_L^* - df_P^*)$。

根据式(4-44),可得$[a - c - 2f_L - df_P + x_L + \theta_L(x_L)x_P]f_L' - w_P + (w_P - V_L) = 0$。一般情况下,当共营企业的员工收益$V_L$大于利润最大化企业的员工工资$w_P$,即$V_L > w_P$时,则$[a - c - 2f_L - df_P + x_L + \theta_L(x_L)x_P]f_L' - w_P > 0$。当$w_P = w_L$时,$l_P > l_L$。

结论 4-3 当共营企业的员工收益大于利润最大化企业的员工工资,相对于利润最大化企业,共营企业倾向于雇用更少的劳动力和较少的产出。

结论 4-3 与共营企业的新古典理论一致,即"就业不足"现象:当利润为正时,共营企业的就业规模比同类的利润最大化企业小,可能导致共营企业经济体出现就业不足的缺陷。主要是因为在所有权属于集体、个人所有权弱化的情况下,如果共营企业继续增加员工数量,新增加的员工会分享现有员工的已有收益,从而稀释现有员工的福利。

1. 稳定性分析

下面分别对模型的纳什均衡解的局部稳定性和全局稳定性进行分析。将式(4-43)分别对l_P和l_L求二阶偏导得:

$$\begin{cases} \dfrac{\partial^2 \pi_P}{\partial l_P^2} = -2(f_P')^2 + (a - c - 2f_P - df_L + x_P + \theta_P x_L)f_P'' \\ \dfrac{\partial^2 V_L}{\partial l_L^2} = \dfrac{-2(f_L')^2 + (a - c - 2f_L - df_P + x_L + \theta_L x_P)f_L''}{l_L} \end{cases} \quad (4\text{-}45)$$

与

$$\begin{cases} \dfrac{\partial^2 \pi_P}{\partial l_P \partial l_L} = -d f_P' f_L' < 0 \\ \dfrac{\partial^2 V_L}{\partial l_L \partial l_P} = \dfrac{-d f_P'(f_L' l_L - f_L)}{l_L^2} \end{cases} \quad (4\text{-}46)$$

当共营企业规模收益不变或递减时,Jacobi 行列式①满足:

$$H_1 = \begin{vmatrix} \dfrac{\partial^2 \pi_P}{\partial l_P^2} & \dfrac{\partial^2 \pi_P}{\partial l_P \partial l_L} \\ \dfrac{\partial^2 V_L}{\partial l_L \partial l_P} & \dfrac{\partial^2 V_L}{\partial l_L^2} \end{vmatrix} > 0 \quad (4\text{-}47)$$

因此 Cournot 纳什均衡是局部稳定的(Goel and Haruna,2007)。

根据 Gandolfo(1971)的稳定性理论,纳什均衡解的全局稳定性条件为:

---

① 当规模收益不变时,$H_1 = 4(f_P' f_L')^2 / l_L$。

$$\begin{cases} \dfrac{\mathrm{d}G_P}{\mathrm{d}l_P} = \dfrac{\partial^2 \pi_P}{\partial l_P^2} < 0 \\[3mm] \dfrac{\mathrm{d}G_L}{\mathrm{d}l_L} = \dfrac{\partial^2 V_L}{\partial l_L^2} < 0 \end{cases} \tag{4-48}$$

与

$$\begin{cases} \left| \dfrac{\partial^2 \pi_P}{\partial l_P^2} \right| = \left| \dfrac{\mathrm{d}G_P}{\mathrm{d}l_P} \right| > \left| \dfrac{\mathrm{d}G_P}{\mathrm{d}l_L} \right| = \left| \dfrac{\partial^2 \pi_P}{\partial l_P \partial l_L} \right| \\[3mm] \left| \dfrac{\partial^2 V_L}{\partial l_L^2} \right| = \left| \dfrac{\mathrm{d}G_L}{\mathrm{d}l_L} \right| > \left| \dfrac{\mathrm{d}G_L}{\mathrm{d}l_P} \right| = \left| \dfrac{\partial^2 V_L}{\partial l_L \partial l_P} \right| \end{cases} \tag{4-49}$$

当规模收益不变或递减时,式(4-48)显然成立。式(4-49)可转换为:

$$\begin{cases} 2 f_P' - \dfrac{w_P f_P''}{(f_P')^2} > d f_L' \\[3mm] 2(f_L')^2 - \dfrac{V_L f_L''}{f_L'} > \left| \dfrac{d f_P'(l_L f_L' - f_L)}{l_L} \right| \end{cases} \tag{4-50}$$

因此,当规模收益不变[如 $f(l) = \lambda l$ 时],全局稳定性条件显然成立。当规模收益递减[如 $f(l) = \lambda l^{0.5}$ 时],若 $\left(\dfrac{d}{2 + \frac{2V_L}{\lambda}} \right)^2 < \dfrac{l_P}{l_L} < \left(\dfrac{2 + \frac{2w_P}{\lambda}}{d} \right)$ 时,即两寡头企业间的产出相差不是非常大时,全局稳定性条件成立。

2. 吸收能力对产量反应函数的影响

根据式(4-44)可以求出两家企业的产量的反应函数分别为 R_P^l 和 R_L^l:$l_P = l_P(l_L)$,$l_L = l_L(l_P)$,如图 4-6、图 4-7 和图 4-8 所示。对式(4-44)求一阶条件全微分,可以得到两家企业的产量反应曲线 R_P^x,R_L^x 的斜率为:

$$\begin{cases} \dfrac{\mathrm{d}l_P}{\mathrm{d}l_L} = -\dfrac{\partial^2 \pi_P}{\partial l_P \partial l_L} \left(\dfrac{\partial^2 \pi_P}{\partial l_P^2} \right)^{-1} = d f_L' f_P' \left(\dfrac{\partial^2 \pi_P}{\partial l_P^2} \right)^{-1} \\[3mm] \dfrac{\mathrm{d}l_L}{\mathrm{d}l_P} = -\dfrac{\partial^2 V_L}{\partial l_L \partial l_P} \left(\dfrac{\partial^2 V_L}{\partial l_L^2} \right)^{-1} = \dfrac{d f_P'(l_L f_L' - f_L)}{l_L^2} \left(\dfrac{\partial^2 V_L}{\partial l_L^2} \right)^{-1} \end{cases} \tag{4-51}$$

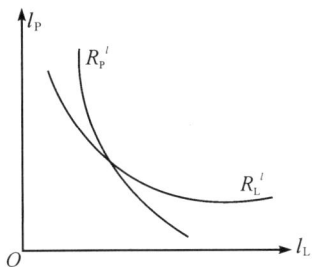

图 4-6　产量反应曲线 —— 共营
企业表现为规模收益递减

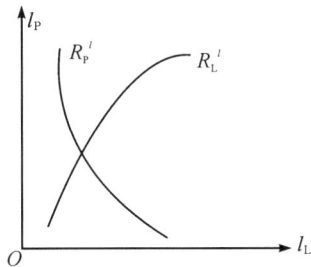

图 4-7　产量反应曲线 —— 共营
企业表现为规模收益递增

可知 $\frac{\partial^2 \pi_P}{\partial l_P^2} < 0$，$\frac{\partial^2 V_L}{\partial l_L^2} < 0$；由 $df'_L f'_P > 0$，得 $\frac{dl_P}{dl_L}$

< 0。当规模收益递减时，即 $\varepsilon < 1$ 时，

$\frac{df'_P(l_L f'_L - f_L)}{l_L^2} < 0$，得 $\frac{dl_L}{dl_P} > 0$；同理，当规模收

益不变时，$\frac{dl_L}{dl_P} = 0$；当规模收益递增时，$\frac{dl_L}{dl_P} < 0$。

对产量反应函数的现实解释可以从两家企业产品的战略互动角度解释，将式（4-44）分别对 l_L 和 l_P 求偏导得：

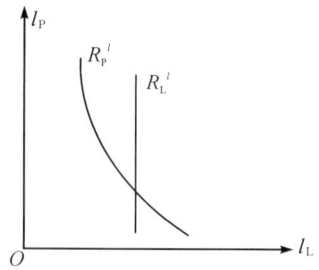

图 4-8　产量反应曲线 —— 共营企业表现为规模收益不变

$$\begin{cases} \dfrac{\partial^2 \pi_P}{\partial l_P \partial l_L} = -df'_L f'_P < 0 \\[3mm] \dfrac{\partial^2 V_L}{\partial l_L \partial l_P} = \dfrac{-df'_P f'_L}{l_L} + \dfrac{df'_P f_L}{l_L^2} = \dfrac{-df'_P(l_L f'_L - f_L)}{l_L^2} \end{cases} \quad (4\text{-}52)$$

显然，式（4-52）中第一个公式小于0。第二个公式的大小由共营企业生产的规模收益决定：当规模收益递增时，$\frac{\partial^2 V_L}{\partial l_L \partial l_P} < 0$；当规模收益不变时，$\frac{\partial^2 V_L}{\partial l_L \partial l_P} = 0$；当规模收益递减时，$\frac{\partial^2 V_L}{\partial l_L \partial l_P} > 0$。

由于利润最大化企业以利润最大化为目标，因此当寡头市场上的产品具有替代性时（$d > 0$），其产量反应曲线的斜率为负，即当竞争对手共营企业增加产量时，利润最大化企业为了达到最大的利润，将减少产量，反之依然。由于利润最大化企业以利润最大化为目标，因此利润最大化企业仅仅存在竞争效果（$-df'_P f'_L < 0$）。

而对于共营企业，由于共营企业以员工利润最大化为目标，式（4-52）中第二个公式由两部分组成。第一部分 $-df'_P f'_L/l_L < 0$，表现为竞争效果；而第二部分 $\frac{df'_P f_L}{l_L^2} > 0$，表现为劳动效果。因此，当利润最大化企业增加产量时，共营企业的产出决策取决于竞争效果和劳动效果。其战略互动性由共营企业生产函数的规模收益决定。

（1）当规模收益递减时，其产量反应曲线的斜率为正，即当竞争对手利润最大化企业增加产量时，共营企业为了使员工收益最大化，将同时也增加产量，这就是共营企业的"反供给曲线"。为什么会出现这种情况呢？当存在规模收益递增时，共营企业的劳动效果大于竞争效果。因为共营企业以员工平均收益最大化为目标，企业增加产量后，会稀释员工平均收益。因此共营企业进行产出决策时，会考虑增加产量后，是否能增加员工的平均利润。通常当利润最大化企业增加产量后，共营企业的员工平均收益会降低，但是当共营企业也同时增加产量时，员工平均收益稀释的程度反而会趋缓，所以共营企业的最佳反应是增加产量，此时利润最大化企业对共营企业表现为战略互补性。

（2）当存在规模收益不变时，共营企业的产量反应曲线的斜率为零，此时其产

量反应曲线刚好是一条平行于 x 轴的直线。即当竞争对手利润最大化企业增加产量时，共营企业的产量不变。共营企业的劳动效果等于竞争效果，利润最大化企业对共营企业在产出方面不存在战略相关性。

（3）当规模收益递减时，其产量反应曲线的斜率为负，即当竞争对手利润最大化企业增加产量时，共营企业为了达到最大的利润，将减少产量。此时共营企业的劳动效果小于竞争效果，利润最大化企业对共营企业表现为战略替代性。

结论 4-4 利润最大化企业的产量反应曲线为负斜率，即当共营企业增加（减少）产量时，利润最大化企业将减少（增加）产量，共营企业对利润最大化企业表现为战略替代性。共营企业的产量反应曲线的斜率由共营企业的规模收益决定：当利润最大化企业增加产量，如果共营企业的生产函数为规模收益递减（不变，递增）时，共营企业的产量将增加（不变，减少），利润最大化企业对共营企业表现为战略互补性（不存在战略相关性，战略替代性）。

3. 吸收能力对均衡产出的影响

本小节讨论当存在技术吸收能力效应时，企业的技术创新投入在均衡点附近改变时，对均衡产出的影响。由于本章的模型具有通用性，没有具体的函数表达式，因此采用比较静态分析法求解第一阶段的技术创新投入对第二阶段的均衡产出的影响（如 $\frac{\partial l_P}{\partial x_P}, \frac{\partial l_P}{\partial x_L}, \frac{\partial l_L}{\partial x_P}, \frac{\partial l_L}{\partial x_L}$），以及有和没有吸收能力效应时，技术创新投入对均衡产出的影响。将式（4-44）分别对 x_P, x_L 求一阶偏导，利用隐函数方程组求导公式求解得：

$$① \quad \left(\frac{\partial l_P}{\partial x_P}\right)^{(s)} = \frac{-1}{H_1}\left(\frac{\partial^2 \pi_P}{\partial l_P \partial x_P}\frac{\partial^2 V_L}{\partial l_L^2} - \frac{\partial^2 \pi_P}{\partial l_P \partial l_L}\frac{\partial^2 V_L}{\partial l_L \partial x_P}\right)^{①}$$

其中，Jacobi 行列式 $H_1 = \frac{\partial^2 \pi_P}{\partial l_P^2}\frac{\partial^2 V_L}{\partial l_L^2} - \frac{\partial^2 \pi_P}{\partial l_P \partial l_L}\frac{\partial^2 V_L}{\partial l_L \partial l_P} > 0$，$\frac{\partial^2 \pi_P}{\partial l_P \partial x_P} = \left(1 + x_L\frac{\partial \theta_P}{\partial x_P}\right)f'_P > 0$，$\frac{\partial^2 V_L}{\partial l_L^2} < 0^{②}$，$\frac{\partial^2 \pi_P}{\partial l_P \partial l_L} = -df'_L f'_P < 0$，$\frac{\partial^2 V_L}{\partial l_L \partial l_P} = \frac{\theta_L}{l_L^2}$，所以当共营企业的生产为规模收益递减或不变时，$\left(\frac{\partial l_P}{\partial x_P}\right)^{(s)} > 0^{③}$。

假设 $g_1^{(s)} = \frac{-f'_P x_L}{H_1}\frac{\partial^2 V_L}{\partial l_L^2}\frac{\partial \theta_P}{\partial x_P} > 0$，则 $\left(\frac{\partial l_P}{\partial x_P}\right)^{(s)} = \left(\frac{\partial l_P}{\partial x_P}\right)^{(n)} + g_1^{(s)}$。

由此可知，在共营企业与利润最大化企业共存条件下，利润最大化企业的吸收能力关于利润最大化企业的技术创新投入对其自身的产出具有正的影响，即有吸

---

① 上标 s 表示有吸收能力的情形；n 表示没有吸收能力的情形。

② 当规模收益不变，即 $f'_L l_L - f_L = 0$ 时，$f''_L = \frac{\mathrm{d}f'_L}{\mathrm{d}l_L} = \frac{\mathrm{d}\left(\frac{\mathrm{d}f_L}{\mathrm{d}l_L}\right)}{\mathrm{d}l_L} = 0$。

③ 特别当共营企业和利润最大化企业的生产函数规模收益不变时，$\frac{\partial_P}{\partial x_P} = 1/(2f'_P) > 0$。

收能力效应的曲线位于无吸收能力效应的曲线上面(如图4-9所示)。

②$\left(\dfrac{\partial l_{\mathrm{L}}}{\partial x_{\mathrm{P}}}\right)^{(s)} = \dfrac{-1}{H_1}\left(\dfrac{\partial^2 \pi_{\mathrm{P}}}{\partial l_{\mathrm{P}}^2}\dfrac{\partial^2 V_{\mathrm{L}}}{\partial l_{\mathrm{L}}\partial x_{\mathrm{P}}} - \dfrac{\partial^2 \pi_{\mathrm{P}}}{\partial l_{\mathrm{P}}\partial x_{\mathrm{P}}}\dfrac{\partial^2 V_{\mathrm{L}}}{\partial l_{\mathrm{L}}\partial l_{\mathrm{P}}}\right)$

由$\dfrac{\partial^2 \pi_{\mathrm{P}}}{\partial l_{\mathrm{P}}^2} < 0$，$\dfrac{\partial^2 V_{\mathrm{L}}}{\partial l_{\mathrm{L}}\partial x_{\mathrm{P}}} = \dfrac{\theta_{\mathrm{L}}}{l_{\mathrm{L}}^2}(f_{\mathrm{L}}' l_{\mathrm{L}} - f_{\mathrm{L}})$，

$\dfrac{\partial^2 \pi_{\mathrm{P}}}{\partial l_{\mathrm{P}}\partial x_{\mathrm{P}}} = \left(1 + x_{\mathrm{L}}\dfrac{\partial \theta_{\mathrm{P}}}{\partial x_{\mathrm{P}}}\right) f_{\mathrm{P}}' > 0$，$\dfrac{\partial^2 V_{\mathrm{L}}}{\partial l_{\mathrm{L}}\partial l_{\mathrm{P}}} = \dfrac{-d f_{\mathrm{L}}'}{l_{\mathrm{L}}^2}(f_{\mathrm{L}}' l_{\mathrm{L}} - f_{\mathrm{L}})$，当共营企业的生产为规模收益不变时，$\left(\dfrac{\partial l_{\mathrm{L}}}{\partial x_{\mathrm{P}}}\right)^{(s)} = 0$。

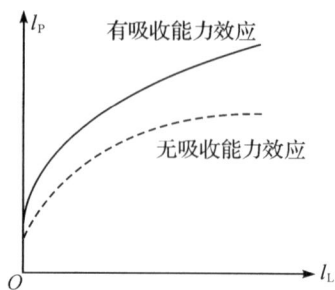

图4-9 有和没有吸收能力效应时技术创新投入和劳动力投入的关系

假设$g_2^{(s)} = \dfrac{-d f_{\mathrm{L}}' f_{\mathrm{P}}' x_{\mathrm{L}}\theta_{\mathrm{P}}'}{H_1 l_{\mathrm{L}}^2}(f_{\mathrm{L}}' l_{\mathrm{L}} - f_{\mathrm{L}})$，则$\left(\dfrac{\partial l_{\mathrm{L}}}{\partial x_{\mathrm{P}}}\right)^{(s)} = \left(\dfrac{\partial l_{\mathrm{L}}}{\partial x_{\mathrm{P}}}\right)^{(n)} + g_2^{(s)}$。

(1)当规模收益不变时，$g_2^{(s)} = 0$，则$\left(\dfrac{\partial l_{\mathrm{L}}}{\partial x_{\mathrm{P}}}\right)^{(s)} = \left(\dfrac{\partial l_{\mathrm{L}}}{\partial x_{\mathrm{P}}}\right)^{(n)} = 0$。因此吸收能力关于自身的技术创新投入对竞争对手的均衡产出没有影响。

(2)当规模收益递增时，$g_2^{(s)} < 0$。因此吸收能力关于自身的技术创新投入对竞争对手的均衡产出具有负的影响。

(3)当规模收益递减时，$g_2^{(s)} > 0$。因此吸收能力关于自身的技术创新投入对竞争对手的均衡产出具有正的影响。

③ $\left(\dfrac{\partial l_{\mathrm{L}}}{\partial x_{\mathrm{L}}}\right)^{(s)} = \dfrac{-1}{H_1}\left(\dfrac{\partial^2 \pi_{\mathrm{P}}}{\partial l_{\mathrm{P}}^2}\dfrac{\partial^2 V_{\mathrm{L}}}{\partial l_{\mathrm{L}}\partial x_{\mathrm{L}}} - \dfrac{\partial^2 \pi_{\mathrm{P}}}{\partial l_{\mathrm{P}}\partial x_{\mathrm{L}}}\dfrac{\partial^2 V_{\mathrm{L}}}{\partial l_{\mathrm{L}}\partial l_{\mathrm{P}}}\right)$

由于$\dfrac{\partial^2 \pi_{\mathrm{P}}}{\partial l_{\mathrm{P}}^2} < 0$，$\dfrac{\partial^2 V_{\mathrm{L}}}{\partial l_{\mathrm{L}}\partial x_{\mathrm{L}}} = \dfrac{1}{l_{\mathrm{L}}^2}\left[\left(f_{\mathrm{L}}' l_{\mathrm{L}} - f_{\mathrm{L}}\right)\left(1 + x_{\mathrm{P}}\dfrac{\partial \theta_{\mathrm{L}}}{\partial l_{\mathrm{L}}}\right) + u_{\mathrm{L}}'(x_{\mathrm{L}})\right]$，

$\dfrac{\partial^2 \pi_{\mathrm{P}}}{\partial l_{\mathrm{P}}\partial x_{\mathrm{L}}} = \theta_{\mathrm{P}} f_{\mathrm{P}}' > 0$，$\dfrac{\partial^2 V_{\mathrm{L}}}{\partial l_{\mathrm{L}}\partial l_{\mathrm{P}}} = \dfrac{-d f_{\mathrm{P}}'}{l_{\mathrm{L}}^2}(f_{\mathrm{L}}' l_{\mathrm{L}} - f_{\mathrm{L}})$，

当共营企业的生产规模收益不变时，$\left(\dfrac{\partial l_{\mathrm{L}}}{\partial x_{\mathrm{L}}}\right)^{(s)} > 0$；特别当共营企业和利润最大化企业的生产函数规模收益都不变时，$\left(\dfrac{\partial l_{\mathrm{L}}}{\partial x_{\mathrm{L}}}\right)^{(s)} = \dfrac{u_{\mathrm{L}}'}{2 l_{\mathrm{L}}(f_{\mathrm{L}}')^2} > 0$。

假设$g_3^{(s)} = \dfrac{-x_{\mathrm{P}}\theta_{\mathrm{L}}'}{H_1 l_{\mathrm{L}}^2}\dfrac{\partial^2 \pi_{\mathrm{P}}}{\partial l_{\mathrm{P}}^2}(f_{\mathrm{L}}' l_{\mathrm{L}} - f_{\mathrm{L}})$，则$\left(\dfrac{\partial l_{\mathrm{L}}}{\partial x_{\mathrm{L}}}\right)^{(s)} = \left(\dfrac{\partial l_{\mathrm{L}}}{\partial x_{\mathrm{L}}}\right)^{(n)} + g_3^{(s)}$。

(1)当规模收益不变时，$g_3^{(s)} = 0$，则$\left(\dfrac{\partial l_{\mathrm{L}}}{\partial x_{\mathrm{L}}}\right)^{(s)} = \left(\dfrac{\partial l_{\mathrm{L}}}{\partial x_{\mathrm{L}}}\right)^{(n)} = \dfrac{u_{\mathrm{L}}'}{2 l_{\mathrm{L}}(f_{\mathrm{L}}')^2}$。因此吸收能力关于自身的技术创新投入对竞争对手的均衡产出没有影响。

(2)当规模收益递增时，$g_3^{(s)} > 0$。因此吸收能力关于自身的技术创新投入对竞争对手的均衡产出具有正的影响。

(3)当规模收益递减时，$g_3^{(s)} < 0$。因此吸收能力关于自身的技术创新投入对竞

争对手的均衡产出具有负的影响。

$$④ \quad \left(\frac{\partial l_P}{\partial x_L}\right)^{(s)} = \frac{-1}{H_1}\left(\frac{\partial^2 \pi_P}{\partial l_P \partial x_L}\frac{\partial^2 V_L}{\partial l_L^2} - \frac{\partial^2 \pi_P}{\partial l_P \partial l_L}\frac{\partial^2 V_L}{\partial l_L \partial x_L}\right)$$

其中，$\dfrac{\partial^2 \pi_P}{\partial l_P \partial x_L} = \theta_P\, f_P' > 0$，$\dfrac{\partial^2 V_L}{\partial l_L^2} < 0$，$\dfrac{\partial^2 \pi_P}{\partial l_P \partial l_L} = - d\, f_P' f_L' < 0$，$\dfrac{\partial^2 V_L}{\partial l_L \partial x_L}$

$= \dfrac{1}{l_L^2}[(f_L' l_L - f_L) + u_L'(x_L)]$。

假设 $g_4^{(s)} = \dfrac{-d\, f_P' f_L' x_P \theta_L'}{H_1 l_L^2}(f_L' l_L - f_L)$，则 $\left(\dfrac{\partial l_P}{\partial x_L}\right)^{(s)} = \left(\dfrac{\partial l_P}{\partial x_L}\right)^{(n)} + g_4^{(s)}$。

（1）当规模收益不变时，$g_4^{(s)} = 0$，则 $\left(\dfrac{\partial l_P}{\partial x_L}\right)^{(s)} = \left(\dfrac{\partial l_P}{\partial x_L}\right)^{(n)} = \dfrac{\theta_P}{2\, f_P'} - \dfrac{d\, u_L'}{4\, f_P' f_L}$。因此吸收能力关于自身的技术创新投入对竞争对手的均衡产出没有影响。

（2）当规模收益递增时，$g_4^{(s)} < 0$。因此吸收能力关于自身的技术创新投入对竞争对手的均衡产出具有负的影响。

（3）当规模收益递减时，$g_4^{(s)} > 0$。因此吸收能力关于自身的技术创新投入对竞争对手的均衡产出具有正的影响。

由此可知，在共营企业与利润最大化企业共存环境下，当共营企业的生产函数存在规模收益递增（不变、递减）时，共营企业的吸收能力关于自身的技术创新投入对利润最大化企业的产出具有负的（无、正的）影响。

综上所述，可以得到结论 4-5。

结论 4-5 在共营企业与利润最大化企业共存环境下，吸收能力效应关于利润最大化企业的技术创新投入对其自身的产出具有正的影响。共营企业的生产函数存在规模收益递增（不变、递减）时，吸收能力效应关于利润最大化企业的技术创新投入对共营企业的产出具有负的（无、正的）影响；吸收能力关于共营企业的技术创新投入对其自身的产出具有负的（无、正的）影响，对利润最大化企业的产出具有正的（无、负的）影响。

4.3.3 吸收能力对技术创新阶段的影响

在博弈的第一阶段，企业进行基于成本降低的技术创新投入。然而由于溢出的存在，企业的技术创新投入除了增加自身的利益，而且会影响竞争企业的利益。Futagami and Okamura（1996）比较了一般情况下共营企业的投入将大于利润最大化企业的投入。该小节分析了技术创新的吸收能力效应对共营企业与利润最大化企业的技术创新投入的影响？进一步分析了有和没有吸收能力效应时，两种类型企业的技术创新投入水平有何区别？

1. 利润最大化企业和共营企业的技术创新投入比较

当共营企业与利润最大化企业在寡头竞争情况下，各自选择技术创新水平最大化其目标函数。为了求解双寡头企业的最优技术创新水平 x_P, x_L，将式（4-43）分

别对 x_P，x_L 求一阶偏导，并等于零，可得：

$$\begin{cases} \dfrac{\partial \pi_P}{\partial x_P} = \dfrac{\partial \pi_P}{\partial l_P} \dfrac{\partial l_P}{\partial x_P} + \dfrac{\partial \pi_P}{\partial l_L} \dfrac{\partial l_L}{\partial x_P} + \dfrac{d \pi_P}{d x_P} \\ \qquad = -d f'_L f_P \left(\dfrac{\partial l_L}{\partial x_P} \right)^{(s)} + \left(1 + x_L \dfrac{\partial \theta_P}{\partial x_P} \right) f_P - u'_P = 0 \\ \dfrac{\partial V_L}{\partial x_L} = \dfrac{\partial V_L}{\partial l_L} \dfrac{\partial l_L}{\partial x_L} + \dfrac{\partial V_L}{\partial l_P} \dfrac{\partial l_P}{\partial x_L} + \dfrac{d V_L}{d x_L} \\ \qquad = \dfrac{1}{l_L} \left[-d f'_P f_L \left(\dfrac{\partial l_P}{\partial x_L} \right)^{(s)} + \left(1 + x_P \dfrac{\partial \theta_L}{\partial x_L} \right) f_L - u'_L \right] = 0 \end{cases} \tag{4-53}$$

当规模收益不变时，上式可化简为：

$$\begin{cases} \dfrac{\partial \pi_P}{\partial x_P} = (1 + x_L \theta'_P) f_P - u'_P = 0 \\ \dfrac{\partial V_L}{\partial x_L} = \dfrac{1}{l_L} \left[\left(1 + x_P \theta'_L - \dfrac{d \theta_P}{2} \right) f_L - \left(1 - \dfrac{d^2}{4} \right) u'_L \right] = 0 \end{cases} \tag{4-54}$$

其二阶导数为：

$$\begin{cases} \dfrac{\partial^2 \pi_P}{\partial x_P^2} = \dfrac{1}{2} - u''_P + x_L f_P \theta'_P \\ \dfrac{\partial^2 V_L}{\partial x_L^2} = \dfrac{1}{l_L} \left[x_P f_L \theta'_L + \left(1 + x_P \theta'_L - \dfrac{d \theta_P}{2} \right) \dfrac{u'_L}{2 f_L} - \left(1 - \dfrac{d^2}{4} \right) u''_L \right] \end{cases} \tag{4-55}$$

与

$$\begin{cases} \dfrac{\partial^2 \pi_P}{\partial x_P \partial x_L} = \theta'_P f_P + (1 + x_L \theta'_P) \left(\dfrac{\theta_P}{2} - \dfrac{d u'_L}{4 f_L} \right) \\ \dfrac{\partial^2 V_L}{\partial x_L \partial x_P} = f'_L \left(\theta'_L - \dfrac{d \theta'_P}{2} \right) \end{cases} \tag{4-56}$$

式（4-54）的解为驻点，即子博弈精炼纳什均衡解 (x_P^*, x_L^*)，则 $(l_P^*, l_L^*) = (l_P(x_P^*, x_L^*), l_L(x_P^*, x_L^*))$，相应的产出为 $(f_P^*, f_L^*) = (f_P(l_P^*), f_L(l_L^*))$，相应的价格为 $(p_P^*, p_L^*) = (a - f_P^* - d f_L^*, a - f_L^* - d f_P^*)$。

当规模收益不变时，$(1 + x_L \theta'_P) f_P - u'_P = 0$。当技术溢出率 $\theta_P > \dfrac{d u'_L}{2 f_L}$ 时，$-d f'_P f_L \left(\dfrac{\partial l_P}{\partial x_L} \right)^{(s)} < 0$，则 $(1 + x_P \theta'_L) f_L - u'_L > 0$，所以均衡的技术创新投入 $x_P < x_L$；同理，当 $\theta_P = \dfrac{d u'_L}{2 f_L}$ 时，$x_P = x_L$；当 $\theta_P < \dfrac{d u'_L}{2 f_L}$ 时，$x_P > x_L$。

根据以上分析，可以得到如下结论：

结论 4-6 当规模收益不变时，技术溢出率较大时，共营企业的技术创新投入大于利润最大化企业；技术溢出率较小时，共营企业的技术创新投入小于利润最大化企业。

2. 吸收能力对技术创新投入的影响

在传统的无吸收能力效应的模型中，如 DJ 模型（D'Aspremont and Jacquemin，

1988),技术溢出率的上升会导致技术创新均衡投入的降低,这就是技术溢出的非激励效应。企业由于技术创新投入使本企业成本降低的正面效应不如因技术溢出而使竞争对手成本降低的负面战略效应,从而使企业不愿意过多地进行技术创新投入。当存在吸收能力效应时,利润最大化企业和共营企业的技术创新投入将发生变化。

结论 4-7   对任意的外生溢出率 $k(k = \theta)$,在无吸收能力效应的博弈中,无论是利润最大化企业还是共营企业,当规模收益递增或不变时,其技术创新投入都低于有吸收能力效应决定的内生技术溢出率的技术创新投入;当规模收益递减时,有和没有吸收能力效应时的技术创新投入大小比较不确定。

证明   对利润最大化企业,具有吸收能力效应的均衡技术创新投入 $\tilde{x}$ 满足等式 $-df'_{L}f_{P}\left(\frac{\partial l_{L}}{\partial \tilde{x}_{P}}\right)^{(s)} + \left(1 + \frac{\tilde{x}_{L}\partial\theta_{P}}{\partial \tilde{x}_{P}}\right)f_{P} - u'_{P}(\tilde{x}_{P}) = 0$。同时,不存在吸收能力的均衡技术创新投入 $\hat{x}$ 满足等式 $f_{P}(\hat{x}_{P}) - u'_{P}(\hat{x}_{P}) = 0$。可得:

$$-df'_{L}f_{P}\left(\frac{\partial l_{L}}{\partial \tilde{x}_{P}}\right)^{(s)} + \left(1 + \tilde{x}_{L}\frac{\partial\theta_{P}}{\partial \tilde{x}_{P}}\right)f_{P} - u'_{P}(\tilde{x}_{P}) = 0 = f_{P}(\hat{x}_{P}) - u'{}_{P}(\hat{x}_{P})$$

(4-57)

令 $h_{1}(x) = f_{P} - u'_{P}$,则

$$h_{1}(\hat{x}) - h_{1}(\tilde{x}) = f_{P}(\tilde{x}_{P})\tilde{x}_{L}\frac{\partial\theta_{P}}{\partial \tilde{x}_{P}} - df'_{L}f_{P}g_{3}^{(s)}$$

(4-58)

其中,$f_{P}(\tilde{x}_{P})\frac{\tilde{x}_{L}\partial\theta_{P}}{\partial \tilde{x}_{P}} > 0$,且当规模收益递增或不变时,$g_{3}^{(s)} \leqslant 0$;由于 $\frac{\partial^{2}\pi_{P}}{\partial x_{P}^{2}} < 0$,$h'_{1}(x)$ 是 x 的减函数,所以 $\hat{x} < \tilde{x}$。当规模收益递减时,$g_{3}^{(s)} > 0$,因此 $f_{P}(\tilde{x}_{P})\frac{\tilde{x}_{L}\partial\theta_{P}}{\partial \tilde{x}_{P}} - df'_{L}f_{P}g_{3}^{(s)}$ 的符号不确定,所以不能比较 $\hat{x}$ 和 $\tilde{x}$ 的大小。

对共营企业,存在吸收能力效应的均衡技术创新投入 $\tilde{x}$ 满足等式 $-df'_{P}f_{L}(\partial_{P}/\tilde{x}_{L}) + \left(1 + \tilde{x}_{P}\frac{\partial\theta_{L}}{\partial \tilde{x}_{L}}\right)^{(s)}f_{L}(l_{L}(\tilde{x}_{L})) - u'_{L}(\tilde{x}_{L}) = 0$。同时,不存在吸收能力效应的均衡技术创新投入 $\hat{x}$ 满足等式 $-df'_{P}f_{L}\left(\frac{\partial l_{P}}{\partial \hat{x}_{L}}\right)^{(n)} + f_{L}[l_{L}(\hat{x}_{L})] - u'_{L}(\hat{x}_{L}) = 0$。可得:

$$-df'_{P}f_{L}\left(\frac{\partial l_{P}}{\partial \tilde{x}_{L}}\right)^{(s)} + \left(1 + \tilde{x}_{P}\frac{\partial\theta_{L}}{\partial \tilde{x}_{L}}\right)f_{L}(l_{L}(\tilde{x}_{L})) - u'_{L}(\tilde{x}_{L}) = 0$$

$$= -df'_{P}f_{L}\left(\frac{\partial l_{P}}{\partial \hat{x}_{L}}\right)^{(n)} + f_{L}(l_{L}(\hat{x}_{L})) - u'_{L}(\hat{x}_{L})$$

令 $h_{2}(x) = -df'_{P}f_{L}\left(\frac{\partial l_{P}}{\partial x_{L}}\right) + f_{L}(l_{L}(x_{L})) - u'_{L}(x_{L})$,

则

$$h_{2}(\hat{x}) - h_{2}(\tilde{x}) = f_{L}(l_{L}(\tilde{x}_{L}))\tilde{x}_{P}\left(\frac{\partial\theta_{L}}{\partial \tilde{x}_{L}}\right) - df'_{P}f_{L}g_{2}^{(s)}$$

(4-59)

其中 $f_L(l_L(\widetilde{x}_L))\widetilde{x}_P\left(\dfrac{\partial\theta_L}{\partial\widetilde{x}_L}\right)>0$，且当规模收益递增或不变时，$g_2^{(s)}\leqslant 0$；由于 $\dfrac{\partial^2 V_L}{\partial x_L^2}<0$，$h_2'(x)$ 是 x 的减函数，所以 $\hat{x}<\widetilde{x}$。当规模收益递减时，$g_2^{(s)}>0$，$f_L(l_L(\widetilde{x}_L))\widetilde{x}_P\left(\dfrac{\partial\theta_L}{\partial\widetilde{x}_L}\right)-d\,f_P'f_L g_2^{(s)}$ 的符号不确定，所以不能比较 $\hat{x}$ 和 $\widetilde{x}$ 的大小。

结论 4-7 的研究结果说明了有和没有吸收能力效应，对企业的技术创新投入有很大的差别。当无吸收能力效应时，如 DJ 模型（D'Aspremont and Jacquemin，1988）中，技术溢出的存在对企业的技术创新投入具有负的效应，即技术创新溢出会降低利润最大化企业进行技术创新的积极性。而在利润最大化企业和共营企业共存条件下，规模收益递增或不变时，吸收能力效应的存在对企业的技术创新投入具有正的激励效应。而 Grunfeld（2003）研究了当利润最大化企业和利润最大化企业共存时，吸收能力效应的存在对企业的技术创新投入具有正的激励效应，而与规模收益无关。

4.3.4 吸收能力对社会福利的影响

在社会主义市场经济条件下，政府不能像计划经济时期通过规定企业的产量达到社会福利最大化。因此在博弈的生产阶段政府一般很难进行政策性引导，然而在技术创新阶段，政府应该如何采取导向性政策，从而增加社会福利。该小结分析了当存在吸收能力效应时，企业的技术创新投入与社会福利的关系，从而为政府的政策制定提供依据。进一步探讨了吸收能力效应对技术创新投入与社会福利的影响。

社会福利可以简单地表示为消费者剩余和生产者剩余之和，如下式所示：

$$W(x_P,x_L)=\pi_P+\pi_L+\frac{1}{2}(f_P+f_L)^2=\left[a-c-\frac{1}{2}f_P+(1-d)f_L+x_P+\theta_P x_L\right]$$

$$f_P+\left(a-c-\frac{1}{2}f_L-df_P+x_L+\theta_L x_P\right)f_L-w_P l_P-u_P(x_P)-w_L l_L-u_L(x_L)$$

$$(4-60)$$

上式中 $0.5(f_P+f_L)^2$ 表示消费者剩余。由于共营企业的利润函数中没有员工工资，因此本章采用共营企业的员工工资 w_L 代替共营企业员工的机会成本。

首先分析当存在技术吸收能力效应时，利润最大化企业的技术创新投入对社会福利的影响，W 对 x_P 求偏导得：

$$\left(\frac{\partial W}{\partial x_P}\right)^{(s)}=\{[a-c-f_P+(1-2d)f_L+x_P+\theta_P x_L]f_P'-w_P\}\left(\frac{\partial l_P}{\partial x_P}\right)^{(s)}$$

$$+\{(a-c-f_L-df_P+x_L+\theta_L x_P)f_L'-w_L\}\left(\frac{\partial l_L}{\partial x_P}\right)^{(s)}$$

$$+(1+\theta_P' x_L)f_P+\theta_L f_L-u_P'$$

$$(4-61)$$

由式（4-60）和式（4-61）可得

$$\left(\frac{\partial W}{\partial x_{\mathrm{P}}}\right)^{(s)} = \left[f_{\mathrm{P}} + (1-d)f_{\mathrm{L}}\right]f_{\mathrm{P}}'\left(\frac{\partial l_{\mathrm{P}}}{\partial x_{\mathrm{P}}}\right)^{(s)} +$$

$$\left[(V_{\mathrm{L}} - w_{\mathrm{L}}) + (df_{\mathrm{P}} + f_{\mathrm{L}})f_{\mathrm{L}}'\right]\left(\frac{\partial l_{\mathrm{L}}}{\partial x_{\mathrm{P}}}\right)^{(s)} + \theta_{\mathrm{L}}f_{\mathrm{L}} \tag{4-62}$$

当规模收益不变时，$\left(\frac{\partial l_{\mathrm{P}}}{\partial x_{\mathrm{P}}}\right)^{(s)} > 0$，$\left(\frac{\partial l_{\mathrm{L}}}{\partial x_{\mathrm{P}}}\right)^{(s)} = 0$，得 $\left(\frac{\partial W}{\partial x_{\mathrm{P}}}\right)^{(s)} > 0$。因此当规模收益不变时，利润最大化企业增加技术创新投入，能够促进社会福利的提高。另一方面，政府如果对利润最大化企业进行技术创新补贴，则能够提高社会福利水平。

当存在吸收能力效应时，共营企业的技术创新投入对社会福利的影响可以通过 W 对 x_{L} 求偏导：

$$\left(\frac{\partial W}{\partial x_{\mathrm{L}}}\right)^{(s)} = \left\{\left[a - c - f_{\mathrm{P}} + (1-2d)f_{\mathrm{L}} + x_{\mathrm{P}} + \theta_{\mathrm{P}}x_{\mathrm{L}}\right]f_{\mathrm{P}}' - w_{\mathrm{P}}\right\}\left(\frac{\partial l_{\mathrm{P}}}{\partial x_{\mathrm{L}}}\right)^{(s)}$$

$$+ \left[(a - c - f_{\mathrm{L}} - df_{\mathrm{P}} + x_{\mathrm{L}} + \theta_{\mathrm{L}}x_{\mathrm{P}})f_{\mathrm{L}}' - w_{\mathrm{L}}\right]\left(\frac{\partial l_{\mathrm{L}}}{\partial x_{\mathrm{L}}}\right)^{(s)}$$

$$+ (1 + \theta_{\mathrm{L}}'x_{\mathrm{P}})f_{\mathrm{L}} + \theta_{\mathrm{P}}f_{\mathrm{P}} - u_{\mathrm{L}}' \tag{4-63}$$

由式（4-60）和式（4-63）可得：

$$\left(\frac{\partial W}{\partial x_{\mathrm{L}}}\right)^{(s)} = (f_{\mathrm{P}} + f_{\mathrm{L}})f_{\mathrm{P}}'\left(\frac{\partial l_{\mathrm{P}}}{\partial x_{\mathrm{L}}}\right)^{(s)} + \left[(V_{\mathrm{L}} - w_{\mathrm{L}}) + f_{\mathrm{L}}f_{\mathrm{L}}'\right]\left(\frac{\partial l_{\mathrm{L}}}{\partial x_{\mathrm{L}}}\right)^{(s)} + \theta_{\mathrm{P}}f_{\mathrm{P}}$$

$$\tag{4-64}$$

由于 $\left(\frac{\partial l_{\mathrm{P}}}{\partial x_{\mathrm{L}}}\right)^{(s)}$ 的符号不确定，所以 W 与 x_{L} 的关系不确定。因此共营企业的技术创新投入与社会福利的相关关系与具体条件相关。

吸收能力效应的存在，对利润最大化企业或共营企业的技术创新投入和社会福利互动关系有何影响？

$$\left(\frac{\partial W}{\partial x_{\mathrm{P}}}\right)^{(s)} - \left(\frac{\partial W}{\partial x_{\mathrm{P}}}\right)^{(n)} = \left[f_{\mathrm{P}} + (1-d)f_{\mathrm{L}}\right]f_{\mathrm{P}}'g_1^{(s)} + \left[(V_{\mathrm{L}} - w_{\mathrm{L}}) + (df_{\mathrm{P}} + f_{\mathrm{L}})f_{\mathrm{L}}'\right]g_3^{(s)}$$

$$\tag{4-65}$$

因此，当规模收益不变或递减时，$\left(\frac{\partial W}{\partial x_{\mathrm{P}}}\right)^{(s)} - \left(\frac{\partial W}{\partial x_{\mathrm{P}}}\right)^{(n)} > 0$，即吸收能力效应关于利润最大化企业的技术创新投入对社会福利之间的互动具有正的效应。

$$\left(\frac{\partial W}{\partial x_{\mathrm{L}}}\right)^{(s)} - \left(\frac{\partial W}{\partial x_{\mathrm{L}}}\right)^{(n)} = (f_{\mathrm{P}} + f_{\mathrm{L}})f_{\mathrm{P}}'g_2^{(s)} + \left[(V_{\mathrm{L}} - w_{\mathrm{L}}) + f_{\mathrm{L}}f_{\mathrm{L}}'\right]g_4^{(s)}$$

$$\tag{4-66}$$

因此，当规模收益递减时，$\left(\frac{\partial W}{\partial x_{\mathrm{L}}}\right)^{(s)} - \left(\frac{\partial W}{\partial x_{\mathrm{L}}}\right)^{(n)} > 0$，即吸收能力效应关于共营企业的技术创新投入对社会福利之间的互动具有正的效应；当规模收益递增时，$\left(\frac{\partial W}{\partial x_{\mathrm{L}}}\right)^{(s)} - \left(\frac{\partial W}{\partial x_{\mathrm{L}}}\right)^{(n)} < 0$，即吸收能力效应关于共营企业的技术创新投入对社会福利之间的互动具有负的效应；当规模收益不变时，$\left(\frac{\partial W}{\partial x_{\mathrm{L}}}\right)^{(s)} - \left(\frac{\partial W}{\partial x_{\mathrm{L}}}\right)^{(n)} = 0$，此时吸

收能力效应关于共营企业的技术创新投入对社会福利之间的互动没有影响。

结论 4-8 当规模收益不变时,利润最大化企业增加技术创新投入,能够促进社会福利的提高。当规模收益不变或递减时,吸收能力效应关于利润最大化企业的技术创新投入对社会福利之间的互动具有正的效应。当规模收益递减(递增,不变)时,吸收能力效应关于共营企业的技术创新投入对社会福利之间的互动具有正的效应(具有负的效应,没有影响)。

4.4　共营企业技术吸收能力及其提升路径研究:以农民专业合作社为例

为了增强我国合作社在国内及国际市场上的竞争力,增加农产品科技含量,积极实施"科技兴农"政策,技术创新成为目前农民专业合作社在经营和发展过程中最为重要的部分。然而,目前的合作社技术创新能力还存在较大的问题,其技术创新能力与利润最大化企业相比,还存在较大的差异。施勇峰通过对杭州市农民专业合作社科技创新的调查分析发现,农民专业合作社具有进行技术创新的积极性和主动性,但是自身技术力量不行,合作社仅仅擅长做试验、示范和推广工作。当前科技型合作社大部分主要采取引进再创新方式,仅有极少的合作社采取合作创新和独立创新形式。在引进再创新为主流的技术创新实施模式下,仅仅引进技术并不能提高企业的技术创新能力。通过日本和韩国企业的技术创新历程可知,在技术引进的过程中,关键是对获取的技术进行进一步的消化、转化和应用,通过提高企业的技术吸收能力来提升企业的技术创新能力。

本节在分析农民专业合作社技术创新现状的基础上,提出了通过增强技术吸收能力提升农民专业合作社的技术创新能力。根据吸收能力的概念框架,分析我国农民专业合作社技术吸收能力的构成维度;并在实际案例分析的基础上,探讨目前我国合作社技术吸收能力的现状和存在的主要问题;最后通过案例分析,研究合作社技术吸收能力的提升路径。

4.4.1　农民专业合作社技术吸收能力框架

农民专业合作社,也称农民(农村)专业协会、农民(农村)专业合作组织、农民(农村)专业联合社,是指在家庭承包经营的基础上,从事同类或者相关农产品的生产经营者,依据自愿加入、自由退出、民主管理、盈余返还的原则,按照章程进行共同生产、经营、服务活动的互助性经济组织。农民专业合作社经营对象是商品(农产品),服务对象是农民。农民专业合作社的组织形式主要包括社员+合作社+合作社联盟,社员+合作社,社员+合作社+龙头企业等。对于社员+合作社+龙头企业的合作社组织形式,其技术吸收能力更多的由龙头企业负责,所以不在本章考虑范围之内。下文主要讨论社员+合作社+合作社联盟形式的合作社组织形式的技术吸收能力框架,并通过描述性案例分析探讨合作社技术吸收能力的构成维度及其影响因素。

为了建立农民专业合作社的技术吸收能力框架,该小节在 Zahra 和 George (2002)的技术吸收能力研究框架的基础上,从吸收能力的获取、同化、转换和利用四个阶段,结合农民专业合作社的组织维度,从组织和吸收能力两个维度,根据"技术"的特点,提出了农民专业合作社技术吸收能力的框架如图 4-10 所示。

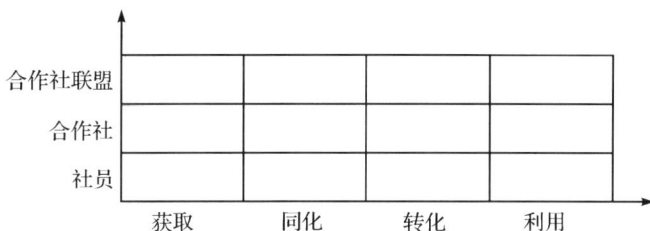

图 4-10 农民专业合作社技术吸收能力框架

1. 社员主导的技术吸收能力

社员主导的技术吸收能力的表现方式是以合作社中的"看门人"(Gatekeeper)或技术能人为主导,表现为"看门人"或技术能人获取、同化、转化、利用外部知识的一系列过程。具体体现在以下四个方面:

(1)技术获取能力:主要是农民专业合作社中的技术能人具有敏锐的观察力,当接触到外界新的技术时,能够获取与合作社发展相关的产品信息或工艺信息。

(2)技术同化能力:指农民专业合作社中的技术能人促进合作社已有知识与新吸收的知识进行有机结合,并不断地推动这一过程发展与优化。

(3)技术转换能力:指农民专业合作社中的技术能人根据自身已有的技术知识,对合作社外部获取的技术知识进行分析、处理、解释和理解的惯例和过程。

(4)技术利用能力:指农民专业合作社中的技术能人通过对获取和转换的知识进行运作从而创造出新的知识。

2. 农民专业合作社主导的技术吸收能力

原有的小农经济制约了农产品的技术创新,家家各自生产,独立经营,一般很少有机会,或者没有精力去获取外部的先进技术知识。而农民专业合作社正是将每个独立的生产单位联合起来,组织专门的技术部门进行技术的获取、同化、转化和利用。农民专业合作社主导的技术吸收能力的表现方式是以合作社为主导,成立专门的技术部门获取、同化、转化、利用外部知识的一系列过程。具体体现在以下四个方面:

(1)农民专业合作社技术获取能力:指农民专业合作社中的技术部门具有敏锐的观察力,当接触到外界新的技术时,能够获取与合作社发展相关的产品信息或工艺信息。

(2)农民专业合作社技术同化能力:指农民专业合作社中的技术部门对外部获取的技术知识进行同化的过程。

（3）农民专业合作社技术转化能力：指农民专业合作社中的技术部门对内外部知识有机结合，并不断地推动这一过程发展与优化。

（4）农民专业合作社技术利用能力：指农民专业合作社中的技术创新部门通过对获取和转换的知识进行运作从而创造出新的知识。

3. 合作社联盟主导的技术吸收能力

目前由于我国农民专业合作社刚刚处于发展阶段，合作社的技术能力相对于传统的利润最大化企业比较弱。因此，很多合作社刚刚从小农经济中走出来，往往没有进行技术创新或者技术吸收的意识，而且农民专业合作社由于资金、科技人才方面的相对匮乏，大部分合作社都没有成立相应的技术部门，导致农民专业合作社很难进行技术获取能力的提高。因此，国内外很多合作社在技术创新领域，往往成立联盟，由合作社联盟负责各个合作社的技术创新活动。合作社联盟主导的技术吸收能力的表现方式是以合作社联盟为主导，成立专门的技术部门获取、同化、转化、利用外部知识的一系列过程。具体体现在以下四个方面。

（1）合作社联盟技术获取能力：在技术获取方面，合作社联盟利用已有的技术知识，获取外部的互补性技术知识。

（2）合作社联盟技术同化能力：指合作社联盟中的技术创新部门对联盟中内外部技术知识有机结合，并不断地推动这一过程发展与优化。

（3）合作社联盟技术转化能力：指合作社联盟中的技术创新部门对合作社或联盟中获取的技术知识进行同化的过程。

（4）合作社联盟技术利用能力：指合作社联盟中的技术创新部门通过对获取和转换的知识进行运作从而创造出新的知识。

4.4.2 农民专业合作社技术吸收能力的提升路径研究

1. 提高"看门人"的能力，建立技术吸收的激励机制

在技术获取方面，"看门人"对农民专业合作社的技术获取能力起到关键性的作用，他是合作社与外界的接口。在农民专业合作社中，看门人一般包括科研机构或高校的科技特派员、合作社中的技术能人、合作社中与外界频繁接触的人员等。看门人的作用主要体现在两个方面：①对外表现为合作社吸收能力的获取能力维度，即能够时刻监控外部环境，发现和评价与合作社相关且有用的技术知识；②对内表现为合作社吸收能力的同化能力维度，即将外部获取的知识向组织内部成员转移和内化。因此，农民专业合作社应该寻找或培养合适的看门人，看门人的专业知识与组织外的知识源的专业知识越相似，他就越适合这个角色，从而从根本上提升农民专业合作社的技术获取能力（George，Zahra et al.，2001）。

然而，农民专业合作社在制度设计方面不能有效地激励看门人发挥技术获取和技术同化的才能。主要表现在两个方面：

（1）农民专业合作社实行"以按交易量利润返还为主"和"以按资本分配为辅"

的分配制度。合作社中社员按照如下公式获得盈余:看门人所得的合作社盈余＝合作社总盈余×按出资额和公积金额分配合作社盈余的比例×他们所持合作社股份的比例。"按交易量利润返还为主"虽然保证了合作社的公平性,但是由于看门人一般是具有丰富知识的人才,基本上不从事生产,导致看门人无法从技术创新中获得相应的回报,最终无法激励看门人发挥其技术获取和同化的才能。

(2)农民专业合作社实行的"一人一票"为主、"一人多票"为辅的民主制度。当合作社中的看门人具有意愿进行技术获取,并采取积极行动在合作社内部进行技术同化时,"一人一票"制度限制了看门人按照自己的意愿运行。导致看门人即使愿意或有动力吸收对合作社有利的技术知识,却陷入了"心有余而力不足"的境地。

因此,传统的农民专业合作社中"按惠顾额分配盈余"和"一人一票制"的制度设计,严重制约了看门人进行技术吸收和利用的动力和吸收能力的发挥。为了充分调动看门人进行技术获取的积极性,在合作社制度允许范围内,可以从以下几个方面进行解决:

(1)为了提高看门人进行技术获取和同化的动力,应该让看门人能够从技术创新活动中获得回报。在传统合作社"按惠顾额分配盈余"的基础上,应该实行看门人按技术入股、按知识入股的激励机制,并适当增加看门人的股份。

(2)当社员成为合作社的股东时,剩余控制权可以派生出两个子控制权:一是社员在合作社的选择看门人方面的最终控制权,即选择控制权;二是看门人一旦被任命就具有技术知识获取方面的控制权。因此,在当前制度下,农民专业合作社中的"一人一票"制度所支配的剩余控制权可以仅限于社员的选择控制权,而将技术知识吸收控制权利交给看门人。

(3)农民专业合作社中的看门人是实现吸收能力最核心的要素之一,合作社看门人素质的高低对合作社潜在吸收能力和实际吸收能力都会产生巨大影响,合作社整体吸收能力的提高需要看门人个体素质的全面提高。因此,农民专业合作社可以通过技术创新网络加快看门人的引进和培养。一方面,合作社看门人可以通过与其他同行或相关的合作社、企业科研人员进行合作,丰富和拓展合作社看门人的技术知识,增强看门人对外部技术知识的感知能力和获取能力。另一方面,农民专业合作社可以保持与高校、科研院所的长期合作关系,充分利用高校、科研院所的科研和教学优势,为合作社培养和培训看门人以及其他科研人员,从而提升合作社的技术吸收能力。

2. 加强农业创新体系网络建设

由于技术吸收能力有助于合作社从技术创新网络中的其他组织吸收需要的技术知识,因此,建立合作社与创新网络中相关组织的"链接",或者增加网络中合作社与相关组织已有"链接"的强度是提升合作社技术吸收能力的一个重要手段。①技术创新网络对合作社吸收能力的提升具有重大的影响。创新网络中的成员不仅包括部分同行组织,而且包括供应链中的上下游企业、高校和科研院所。因此,创新网络拓宽了合作社与外界的接触范围,使合作社有机会接收来自不同产业和部门的信息。合作社可以利用网络关系,积极主动地保持与成员单位的联系和信息交流,从而增强合作社对外部知识的敏感程度。例如,在创新网络中,农民专业合作社可以通过其他合作社学习先进的技术和生产工艺,通过科研院所了解最新的技术和工艺流程等。②由于创新网络中,网络成员在技术知识方面的异质性,促使合作社在参与网络交流的过程中,能够动态地提高自身的吸收能力。农业创新网络搭建起了合作社之间、合作社与高校和科研院所之间相互学习和交流的平台,这为合作社提供了一个很好的学习机会,合作社可以通过学习增加自身的知识存量,完善合作社的知识结构。然而,技术知识的学习是一个动态过程,且学习速度和质量会受到合作社成员知识结构、人员素质、合作社文化等因素的影响。农民专业合作社不可能仅仅通过短暂的学习培训,就能让自身的吸收能力得到较大的提升。因此,合作社需要与重要的合作伙伴保持一种长期的合作关系,尤其是合作社与高校、科研院所的合作关系,从而使农民专业合作社的知识存量保持长期、稳定的增长,为合作社技术吸收能力的提升提供有力的保障。

因此,为了在创新网络中提升农民专业合作社的技术获取能力,关键是提高"链接"强度,扩大合作社技术知识的来源,即增加与已有技术知识互补的外部性技术知识的来源。这方面政府、科研院所和合作社应该相互合作,在创新网络中分别发挥各自的作用。

(1)政府牵头

农民专业合作社往往不是单独存在的,而是存在于一个开放创新网络系统中,并通过知识交换持续地与外部环境进行交互作用。政府需要为创造这样的环境而努力,通过建立农业示范园区,不断完善农民专业合作社所处的产业链,为知识吸收能力战略的实施提供便利。并建立起完善的技术学习和知识转移制度,引导合作社知识吸收能力健康快速地发展。为了更好地建设农业技术创新体系,需要在合作社与其他相关组织,如其他合作社、行业协会、高校、科研院所之间建立"链接"。但由于我国农民专业合作社刚刚处于发展初期,其技术吸收能力还非常弱,甚至合作社在创新网络中找不到与其相联系的组织或部门。因此,政府需要在建设农业技术创新体系方面发挥一定的引导作用。

例如,三门县旗海海产品专业合作社自 1993 年开始海水养殖,合作社的产品"旗海"青蟹供不应求,很多网点销售一空,出现"天价"现象。但同时出现了青蟹苗种难求,苗种数量少,收购成本高,质量难以保证,无法对社员进行统一供种,这些影响了标准化生产和青蟹产量。为了解决青蟹苗种的问题,合作社产生人工培育青蟹苗种的设想。但是由于技术吸收能力有限,合作社无法找到相关的机构进行人工培育青蟹苗种。为此,三门县海洋与渔业局等部门从中进行适当引导和牵头,撮合合作社相关成员与浙江省淡水水产研究所有关专家接触,并邀请专家来三门实地考察。2007 年 2 月,双方签订了"青蟹人工繁殖苗种养殖技术试验和推广"合作协议。该项目成功后解决了合作社内部青蟹、梭子蟹苗种数量不足、种质差、品种杂等问题,同时实现增产增收。

(2)科研院所科技下乡活动

目前国内科研院所举行了科技特派员送科技下乡活动,进行技术引进、科技成果转换、技术许可等。科技特派员是国家和地方现阶段推行并实施的一项重大决策,它通过选派有一定科技专业理论、技术、工作经验、指导方法、管理能力、年富力强的专家、教授、研究员、博士等中青年知识分子,深入到农村第一线,长年累月地和农民在一起,工作在农村、服务农业。按照市场需求和农民实际需要,从事科技成果转化、优势特色产业开发、农业科技园区和产业化基地建设。

例如,浏阳溪江乡华美科技养殖专业合作社主要经营黑山羊的饲养,虽然从事该业务已有 15 年,但是由于缺乏技术,很难走上规模化道路。自从科技特派员程阳生加盟合作社,通过自身的专业知识,结合黑山羊的饲养具体情况,琢磨出一套黑山羊的规模化饲养方法,并进一步进行技术的指导,组织合作社的养殖户进行培训,而且录制了《浏阳黑山羊饲养与疾病防治技术》的光碟,采取面授、口头咨询、发放资料、技术讲座等形式,对养殖社员进行了养殖技术、科技知识和产品市场的分析讲解。在组织社员加强培训的同时,程阳生提出要把黑山羊这一优势产业真正做大做强。为了帮助养殖户解决好销售问题,让社员没有后顾之忧。通过程阳生的牵线搭桥,华美科技养殖专业合作社成功与浏阳河食品厂签订了为期一年的黑山羊生产购销合同。因此,科技特派员的加入,能够增强合作社的技术吸收能力,从而提升合作社的技术创新能力。

(3)农民专业合作社主导的技术获取

农民专业合作社通过技术引进、技术合作创新、设备购买等措施进行技术获取。其中包括以合作社技术能人、大户为主的技术获取,以合作社为主的技术获取,以合作社联盟为主的技术获取。

如吴江市平望镇梅堰蚕业合作社引进高产优质优良蚕种"菁松皓月"新品,这个品种茧丝质量为全国最佳,是纯天然色泽彩茧。在老桑改造和新桑拓植中,合作社大规模引进推广农桑 14 号、丰田 2 号等新桑品种,提高亩产叶量 15% 以上,并增强了对细菌病等的抵抗能力,奠定了蚕茧优质高产的叶质基础。另外,梅堰蚕业合作社在去年生产蚕蛹虫草试验成功的基础上扩大了试验的范围,继续引进苏州大学的接种新技术,接种了 1200 多盒蚕蛹虫草。

3. 增加技术创新投入,提高农民专业合作社的知识转换能力和利用能力

技术创新投入对增强农民专业合作社的技术吸收能力具有极其重要的作用,合作社技术吸收能力常常被视为是技术创新的副产品。知识存量以及技术储备的增加,使合作社能够从技术创新溢出中获利。技术创新投入与吸收能力互相促进,吸收能力影响技术创新投入的方向与强度,而技术创新投入能够使合作社更有效率地获取外部技术知识。因此,农民专业合作社单一地依靠合作研究项目不一定会成功,需要发展有效的内部专业技术以便利用外部技术创新成果。

以积极的态度投入于创新,并将提升吸收能力视为技术创新投入的一项主要目标。合作社要设法结合独立创新与技术转移两种策略,并借由创新资源投入来提升技术的引进水平。同时采取独立创新的策略,为技术发展设定比较高的标杆,以增强农民专业合作社学习新知识与新技术的强度。

4.5 案例实证:农民专业合作社技术吸收能力及其影响因素

本节在上述关于农民专业合作社技术吸收能力构成维度理论模型的基础上,以三个农民专业合作社为案例研究对象,运用描述性案例研究方法,经案例选择、数据收集、案例描述、案例分析结果和讨论,验证合作社技术吸收能力及其影响因素。

4.5.1 理论分析模型构建

Yin(2012,2013)指出设计案例研究的关键是建立正确的理论假定,不管案例研究时提出理论还是验证理论,在研究设计阶段进行理论构建是极为重要的。孙海法等(2004)等也认为案例研究与其他方法一样需要理论指导。

通过上一节的分析,已经建立了农民专业合作社技术吸收能力构成维度的理论模型,分别从组织维度和吸收能力两个维度,根据"技术"的特点,提出了合作社技术吸收能力的框架。下一步将采用描述性案例分析对理论模型进行验证,并探讨农民专业合作社采取不同吸收能力的影响因素。

4.5.2 研究设计

1. 案例选择

案例选择策略是决定案例研究要选择什么样的单位作为研究案例,以及选择多少个案例的方法。为了使被选定的案例与所研究的主题具有较强的相关性,本章由研究对象和研究问题驱动作为案例选择的标准。主要根据以下标准选择案例:

(1)案例的选择对象为具有一定技术创新资源的农民专业合作社

(2)农民专业合作社已经进行了相应的技术创新,并取得了一系列技术创新成果

(3)农民专业合作社的技术吸收能力在实施技术技术创新过程中发挥了相应的作用

(4)不同的案例在组织形式上存在差异

2. 数据收集

该案例分析才采用的数据分析主要采用访谈、观察和文档分析。个人访谈主要通过与合作社管理层、合作社技术部门或技术能人等面对面充分交流、获得更加

贴近现实的丰富信息。这样容易将与合作社技术创新和吸收能力相关的问题辨识清楚,以极大地保证数据收集的真实性和有效性。另外,在收集数据时使用三角测量法,即通过多种数据的汇聚和相互验证来确认新的发现,避免由于访谈双方的偏见影响最终判断,从而为将要形成的理论和假设提供更有力的证据。观察主要是通过深入合作社内部,了解合作社的办公场所、规模、现场等,了解其技术创新现状。文档分析是个人访谈的重要补充,用于数据收集的文档主要包括合作社的内部刊物、年度报告、历史总结、项目文档、内部网络资料、对外网络资料,以及外部媒体的相关报道,以形成证据的三角互证。

其中访谈是在主题提供的基础上完成的,部分与访谈主题相关的问题如下:

(1)农民专业合作社中技术人才的数量和来源?

(2)农民专业合作社主要开展了哪些技术创新活动?

(3)农民专业合作社的技术来源(即技术获取模式)是什么?

(4)农民专业合作社从外部获取相关技术之后,如何将该技术与农民专业合作社的业务进行结合,从而实施技术创新?

(5)农民专业合作社是如何进行技术推广的?

(6)该技术成果对农民专业合作社有哪些作用?

(7)该技术成果对农民专业合作社后续的技术创新起到哪些作用?

4.5.3 案例描述

1. 纵向案例描述

(1)丰城市恒衍鹌鹑养殖合作社

丰城市恒衍鹌鹑养殖合作社(以下简称 A)创办于 2005 年,2007 年 10 月在工商部门正式登记注册。通过努力,合作社近年来鹌鹑种苗 1000 万余羽、种蛋 600 多吨,生产规模名列全国前茅。销售范围南至万泉河,北至鸭绿江,东至江浙沿海,西到云贵高原。销售网络遍布全国 20 多个省、市、自治区,年产值 1.2 亿元,产品出口到美、日、韩及东南亚等地,年创外汇 300 余万美元,带动从业人员 1.2 万人,人均增收 3 万余元,成为全国农民专业合作社中的佼佼者。充分发挥龙头带动效应和示范基地作用,及时把科研成果转化为生产力,技术创新促进产业升级,生产管理水平不断提高。丰城市鹌鹑良种场是江西省一级良种场,目前正与中国农科院、南京农业大学等科研单位进行"高产黄羽鹌鹑的选育及相关技术创新"的科研项目,培育具有自主知识产权的鹌鹑良种,以适应不同地区的市场要求。

回顾丰城市恒衍鹌鹑养殖合作社的发展历程,以上成果的取得,很大部分归功于合作社理事长孙旭初较强的技术吸收能力和技术创新能力,合作社基于社员主导的技术吸收能力,是合作社迅速成长的关键因素。

(2)吴江市平望镇梅堰蚕业合作社

吴江市平望镇梅堰蚕业合作社(以下简称 B),于 2003 年 4 月 16 日正式成立,它的宗旨是不赚农民一分钱,坚持"民办、民营、民受益"的原则。运作方式是:以利益联结为纽带,以茧站为牵头,以蚕农茧子入股为主体,蚕桑技术部门以技术入股参与为方式,按照"桑园入股、交售承包、利益共享、风险共担"的原则,组成紧密型的蚕业合作社,把蚕种生产催青、技术指导、蚕茧收烘和流通等环节相连。目前蚕业合作社拥有桑园面积 150 公顷(2250 亩),入社会员 1150 多人,比建设时增长864 户,每年蚕种的养殖量保持在 4400 张左右,入社会员的年收益要比不入社前提高了 10% 左右。合作社同时和科技、农林部门对入社社员进行技术培训。在蚕期中采用现场会等形式,进行面对面交流,使蚕桑科技深入千家万户,并通过广播讲座和技术资料的发放,把养蚕中的一些应变措施及时告知农户,消除养蚕隐患,确保蚕期安全、稳产、高产。合作社之所以能够取得这些成果,还要得益于技术创新,以技术创新提升市场竞争力。蚕宝宝的娇贵让伺候它们的人吃足了苦头,稍有不慎,很可能就是白辛苦一场。但自从 2003 年有了梅堰蚕业合作社,参加合作社的社员们不论茧丝行情如何变化,都基本保证了有一个稳定的收入。蚕业合作社以社员利益为重,按照"精品蚕业"的要求,引进先进设备和技术,着力提高蚕茧质量,同时开发新产品,延升蚕桑的产业链,提高了蚕茧的附加值。合作社在实施技术创新过程中,不断以合作社为依托提高技术吸收能力。

(3)双峰县农村科技合作社

双峰县农村科技合作社(以下简称 C)创建于 2004 年 7 月 9 日,以民办、民管、民受益的农村合作组织模式构建一套县、乡、村、户四级联动的农村科技社会化服务体系网络。完成省、市、县科技计划推广项目 20 多项,推广农业新技术 12 项,发展社员 1.5 万人,建立农村科技服务示范样板村 20 多个,发展科技示范基地 50个,基地示范面积达 1.5 万亩,亩产收入达 4000 元以上,创新农村金融产品与县农行创新农村金融服务模式,担保发放惠农贷款资金 1200 万元,解决农村青年就业人数达 2000 人,新增农业产值 6000 万元。农村科技合作社的网络发展模式,采用了县农村科技服务体系建设领导小组+农村科技合作社+六大专业产业合作社(即药材、名贵水果、高效蔬菜花卉、特色养殖、农产品加工、农产品营销)+(乡)镇农村科技合作联社+三村一分社(即具体品牌的农业专业合作社)+产业基地+农户的发展模式,既有行政区域服务布局的特色,又有农业产业化发展的特色,两者相结合,在全县按(乡)镇建立了 16 个(乡)镇联社为二级机构,320 个服务分社为三级机构,达到了县(乡)镇、村、户的四级联动的农村科技服务入户网络。

创新农村科技服务经营形式:全方位一体化经营。技术经营形式上,实行省、市、县专家顾问组+技术攻关组+项目论证+示范实验园+技术培训+提供种苗+贷款贴息+提供生产资料+统一技术标准生产跟踪管理服务+统一品牌市场营销和农业技术保险,进行全方位一体化的经营服务,降低农民农业生产成本,提高了农户农业生产的综合能力。

2. 横向案例描述

该节从农民专业合作社成立时间、牵头人(组织)、技术创新方式、合作社技术来源等方面,对所选择的 3 个案例进行横向比较性描述(如表 4-1 所示)。

表 4-1　三个案例合作社基本情况比较

	案例 A	案例 B	案例 C
成立时间	2005	2003	2004
规模	1150 人	15000 人	515 人
所属行业	养殖业	养殖业	种植业、养殖业
经营范围	单一产品	单一产品	多元化产品
牵头人(组织)	个人	平望镇政府	双峰县政府
主导力量	个人主导	合作社主导	合作社联盟主导
技术创新方式	自主创新	合作创新、引进再创新	引进再创新
技术创新成效	增加了社员收入	增加了社员收入	增加了社员收入

从农民专业合作社的成立时间看,三者成立的时间相差不大,都在我国发布农民专业合作社相关法律之前成立的。从所属行业看,合作社 A 和 B 属于养殖业,经营范围比较单一,合作社 C 的经营范围比较多元化,涉及多个领域和多种产品。合作社 A 是由大户和技术能人牵头成立的,合作社 B 是由镇政府牵头成立,合作社 C 是由县政府牵头成立。合作社 A 表现为社员个人主导的技术吸收能力,B 表现为合作社主导的技术吸收能力,C 表现为合作社联盟主导的技术吸收能力。

从技术创新的角度看,合作社 A 的技术创新主要归功于合作社社长个人的技术创新能力,合作社 B 的技术创新主要归功于合作社与高校等的合作创新与引进再创新,合作社 C 的技术创新主要归功于引进再创新,C 的主要作用是进行技术吸收和技术推广。从技术创新成效来看,三者均获得了很大的收益,增加了社员收益。

4.5.4　案例分析结果与讨论

为了阐述农民专业合作社技术吸收能力的构成维度和影响因素,下面分别从技术吸收能力的主导力量角度,对案例 A、B、C 进行分析。

1. 案例 A:社员主导的技术吸收能力

(1)社员技术吸收能力的表现方式

丰城市恒衍鹌鹑养殖合作社的技术吸收能力主要是以合作社中的"看门人"孙旭初为主导,表现为看门人孙旭初利用自身的知识积累,从外界获取相应的信息和知识、并经过知识的同化、转化、利用等一系列过程,最终在"提高鹌鹑种蛋受精率""翻肛门辨别雌雄鹌鹑""羽毛颜色辨别雌雄鹌鹑""鹌鹑防病丹""板鹌鹑的研制"等项目上获得了较多的技术创新成果。如表 4-2 所示。

表 4-2　社员孙旭初在各个创新项目上的技术吸收能力

项目	获取	同化	转化	利用
提高鹌鹑种蛋受精率	获取以前学过的遗传学知识	认真研读、掌握动物的遗传影响因子等知识	将遗传学知识与鹌鹑的受精情况相结合	研究出了雌雄鹌鹑以 3:1 的比例进行交配的最佳交配方式
翻肛门辨别雌雄鹌鹑	获取以前学过的解剖学知识	进行不断深入的理解和同化	结合鹌鹑的生理特征,对鹌鹑进行解剖,观察雌雄鹌鹑的差异性	研究出"翻肛门分公母的技术"
羽毛颜色辨别雌雄鹌鹑	获取国外先进的育种技术和国内科研成果、相关技术	研读大量的书籍和资料,掌握遗传基因和杂交染色体技术	根据遗传基因、杂交技术,将不同羽毛颜色的公母鹌鹑进行杂交试验	从中国黄羽公鹑和朝鲜麻羽母鹑中找到了等位性连锁基因,掌握了用黄羽公鹑和朝鲜麻羽母鹑杂交,子一代黄羽全为母鹑、麻羽全为公鹑,准确率为100%的识别技术,并建立了繁育基地
鹌鹑防病丹的发明	通过咨询中医和兽医专家,获取相关防病知识	深入学习中兽医的相关理论,掌握利用药物防病知识	将中兽医知识应用于鹌鹑病害防治,反复筛选、增减、完善,摸索防病配方	创新出健鹑散、开产灵、增蛋宝等一系列用纯草药防病害的"鹌鹑防病丹",防治鹌鹑禽流感、新城疫、白痢、禽霍乱等多种疾病,该技术被科技部门列为"星火重点推广项目"。
板鹌鹑的研制	从朋友那里获取了板鸭的加工技术	通过实践,掌握板鸭加工的基本步骤	对板鸭的加工技术进行改进,应用于鹌鹑的加工	在全国率先创新加工新工艺,鹌鹑加工成类似"板鸭"的"板鹌鹑",还研制了鹌鹑咸蛋、鹌鹑卤蛋,进一步延伸产业链、增加附加值,使农业产业化提升到一个新高度。

①提高鹌鹑种蛋受精率:在采用先进的方法之前,由于交配的公鹌鹑是青年鹌鹑,一方面年轻的公鹌鹑缺乏交配经验,另一方面个头比母鹌鹑小,因此公鹌鹑往往受到母鹌鹑的欺负,根本没有交配的机会。然而,在交配过程中,出现公鹌鹑争夺母鹌鹑的问题,导致公鹌鹑之间互相打斗。孙旭初①通过认真研读有关资料,获取了雌雄鹌鹑交配的最佳比例,把雌雄鹌鹑以 3:1 的比例进行交配,在每个笼子里都是放 10 只公鹌鹑,30 只母鹌鹑,既不会浪费公鹌鹑的资源,又能保证种蛋的受精率。可是,每个群体里的"受气包鹌鹑",不是被打伤了就是被打怕了,根本不敢去靠近母鹌鹑,更别提交配了,所以实际上十只公鹌鹑里,只有九只在工作。面对这个由于打斗引发的问题,孙旭初采取的办法就是往每只笼子里面再多加一只公鹌鹑。用老鹌鹑带年青鹌鹑的办法,解决了青年鹌鹑交配难的问题,在每十只公鹌鹑里补一只的措施,解决了由于打斗引起的公鹌鹑损耗的问题,种蛋受精率目前都保持在 98% 以上。

---

① 孙旭初毕业于江西省农业大学,通过重新学习和进一步获取以前学过的遗传学知识,经过技术同化和转化,在公鹌鹑里面加进去几只老鹌鹑,通过老鹌鹑的示范,青年鹌鹑很快就进入了角色。

②辨别雌雄鹌鹑：分辨鹌鹑的雌和雄，现在看起来非常简单，然而，它曾经是养殖户面临的最大难题。养鹌鹑赚钱全靠鹌鹑蛋，母鹌鹑天生比公鹌鹑受宠。但鹌鹑只有在出壳 30 天后才能慢慢区分公母。没什么用的公鹌鹑白白占据禽舍，浪费饲料。因此，困扰农户的一个难题就是，如何在饲养初期把雄鹌鹑淘汰掉。1995 年下海养起了鹌鹑，但因为不能及时分出雌雄，养了几年并没赚多少钱。孙旭初说养雌鹌鹑赚的一点钱，都补贴到雄鹌鹑身上去了，所以没有太好的经济效益。当时能解决这一难题的人在全国都寥寥无几。孵化出的种苗里面，是公的母的各占一半，可实际上，只有母鹌鹑是有用的，但是公鹌鹑的需要量仅仅是母鹌鹑的三分之一，而多余的公鹌鹑成了较大的成本负担。其实，从出现鹌鹑的大规模养殖开始，就不断有人探寻区分鹌鹑苗公母的方法，却一直没有成功，时间一长，这竟然成了繁育种鹌鹑的头号技术难题。孙旭初根据以前学过的解剖学知识，结合鹌鹑的生理特征，寻找雌雄鹌鹑之间的差异。经过两年的不断解剖和观察，琢磨出了"翻肛门分公母的技术"，这个技术在他的养殖场里已经得到了熟练的应用。江西省丰城市水产畜牧局局长说，这项技术在全国是领先的。然而"翻肛门分公母的技术"不管学，还是教，都比较困难。

③羽毛颜色辨别雌雄鹌鹑：1996 年，他通过借鉴国外先进育种技术和国内科研成果，获取相关技术，之后根据其以前的遗传学知识，通过技术进一步的理解，并将获取的新技术应用于鹌鹑育种上，终于从中国黄羽公鹑和朝鲜麻羽母鹑中找到了等位性连锁基因，掌握了用黄羽公鹑和朝鲜麻羽母鹑杂交，子一代黄羽全为母鹑、麻羽全为公鹑的识别技术，准确率 100%。

孙旭初为此翻阅了大量的书籍和资料，发现如果拿纯系的黄羽毛的公鹌鹑，跟纯系的栗羽毛的母鹌鹑进行杂交，那么它们的后代中公母数量是各占一半，并且公的全是栗羽的，母的全是黄羽的，即通过羽毛的颜色来辨别鹌鹑苗的公母。杂交之后孙旭初发现，黄色的母的占了多数，但是准确率并没有达到 90% 以上。通过分析，发现在母鹌鹑苗里面，黄色胎毛的确实占了很大的比例，在公鹌鹑苗里面，栗色的同样也占了很大的比例，这就说明书上介绍的方法是非常有效的。可是为什么这些杂交后代没有完全像书上说得那样，公的全是栗羽的，母的全是黄羽的呢？对于这个问题，孙旭初并没有完全照搬书上的理论，而是通过进一步的消化、吸收，结合鹌鹑的特征和自身的遗传学知识，经过研究发现这是由于父母代品系不纯造成的。品系不纯在杂交时就很容易使后代混乱，在判定是种鹌鹑的品种纯度出了问题以后，孙旭初建了一个繁育基地，开始了他的种鹌鹑提纯工作。主要是进行了回交，也就是在同一个品种里面反复交配，这样能提高品种的纯度。随着种鹌鹑品种纯度的提高，杂交后代的表现也让孙旭初越来越满意，不仅"用羽毛颜色分公母的准确率"是越来越高，而且这杂交后代还显现出了优良的产蛋性能，一只杂交的母鹌鹑一年比她的母亲要多生三四十枚鹌鹑蛋。孙旭初的技术淘汰了大部分没用的公鹌鹑，增加了下蛋的母鹌鹑，彻底改变了原来公母混养赚不了多少钱的局面。合作社现在不仅拥有分辨雌雄鹌鹑的技术,还与中国农科院、南京农业大学等科研单位共同推进"高产黄羽鹌鹑的选育及相关技术创新"项目,培育具有自主知识产权的鹌鹑良种,并率先在社员中推广,让社员尝到了"头啖汤"。

④"鹌鹑防病丹"的发明:随着鹌鹑养殖规模的不断扩大,尤其是鹌鹑养殖专业村越来越多,一些莫名其妙的病害也逐渐增多,不少养殖户将鹌鹑养大,可在产蛋高峰期染病,给养殖户带来比较大的损失。孙旭初通过咨询中医和兽医专家,并学习中兽医的相关理论。本着全面、科学、辩证的原则和"古方不能尽治今病"的道理,孙旭初将中兽医理论用于鹌鹑病害防治,通过对自己的配方进行反复筛选、增减、完善,经过长时间的摸索,终于发明了健鹑散、开产灵、增蛋宝等一系列纯草药防病害的"鹌鹑防病丹",可以防治鹌鹑禽流感、新城疫、白痢、禽霍乱等多种疾病。合作社中的社员来丰城购买种苗、饲料,都会一同将"鹌鹑防病丹"带回去,作为饲料添加剂配套使用。由于这种药剂是中草药制成,绿色环保,副作用小,效果又好,所以大受社员的欢迎。该技术立即被科技部门列为"星火重点推广项目",并申请了专利,其良种场也被认定为"江西省无公害畜禽基地"。

⑤板鹌鹑的研制:鹌鹑蛋好卖,但淘汰的老鹌鹑不好处理,为打破市场上鹌鹑蛋好卖而淘汰鹌鹑不好卖的格局。孙旭初在朋友那里获取了板鸭的加工技术,想将板鸭的加工技术应用于鹌鹑。孙旭初在掌握了板鸭的加工技术后,结合鹌鹑肉的特性,通过对板鸭的加工技术进行改进。在全国率先创新加工工艺,把鹌鹑加工成类似"板鸭"的"板鹌鹑"。将鹌鹑制成板鹌鹑,不但解决了老鹌鹑的问题,同时进一步延伸产业链、增加附加值,使农业产业化提升到一个新高度。之后,孙旭初通过对鹌鹑蛋的加工,还研制了鹌鹑咸蛋、鹌鹑卤蛋,加工之后大约一斤鹌鹑蛋可以增值3块多。目前在孙旭初的带领下,合作社已经创办了加工厂,市场上畅销的孙渡汉太板鸭和"板鹌鹑"是全市独创,行情十分看好,远销到广东、福建等地,并通过丰城人馈赠亲友的方式,漂洋过海到了美、英及加拿大等国。南部沿海地区的社员,如福建的养殖户还把产品销往海峡对岸的台湾岛,以及东南亚的马来西亚、新加坡等地,几年来合作社累计创汇达300多万美元。

(2)影响社员技术创新吸收能力的关键因素

①"看门人"已有的技术积累

丰城市恒衍鹌鹑养殖合作社一系列技术创新成果的取得,与社长孙旭初的技术吸收能力具有不可分割的联系,而孙旭初的技术吸收能力,很大程度上也得益于他在大学期间所学习的遗传学知识和技术。因此,社员孙旭初丰富的技术积累是提升技术吸收能力,尤其是技术获取和技术同化的重要因素。

②与高校、科研院所的紧密合作

合作社与中国农科院、南京农业大学等科研单位进行"高产黄羽鹌鹑的选育及相关技术创新"的科研项目,培育具有自主知识产权的鹌鹑良种,以适应不同地区的市场要求。例如南京农业大学动物科技学院黄羽鹌鹑东鹏繁育场,负责研究和培育隐性黄羽鹌鹑。高校和科研院所丰富的技术知识,为合作社进行技术吸收提供了技术源泉。

③合作社缺乏对"看门人"进行技术吸收相应的激励

虽然社员孙旭初较强的技术吸收能力和技术创新能力,为合作社提供了丰富的技术创新成果,但是由于合作社本身在制度设计上还遵循"按惠顾额分配盈余"和"一人一票"的制度,很难激励其他社员提升其技术吸收能力进行技术创新。而且,社员孙旭初提升技术吸收能力和技术创新的动力,大部分来自于其自身成立"江西省恒衍禽业有限公司",其技术创新成果的部分收入也归入其成立的"公司"。如果合作社能够在制度设计上更加有利于外部技术吸收和技术创新,则会有更多的看门人投身于技术吸收和技术创新。

2. 案例 B:农民专业合作社主导的技术吸收能力

(1)农民专业合作社技术吸收能力的表现方式

①技术获取:技术创新是蚕桑乃至农业生产的生命力,合作社在加强技术创新上做了不懈努力,有效提高了产品的市场竞争力。引进高产优质优良蚕种。今年合作社引进"菁松皓月"优良新品,这个品种茧丝质量为全国最佳,纯天然色泽彩茧。在老桑改造和新桑拓植中,合作社大规模引进推广农桑 14 号、丰田 2 号等新桑品种,提高亩产叶量 15% 以上,并增强了对细菌病等的抵抗能力,奠定了蚕茧优质高产的叶质基础。梅堰蚕业合作社在生产蚕蛹虫草试验成功的基础上扩大了试验的范围,继续引进苏州大学的接种新技术,接种了 1200 多盒蚕蛹虫草。

②技术同化:加强统一服务是梅堰蚕业合作社生产经营的一大特色,首当其冲就是统一技术到户服务。开展蚕桑标准化生产是合作社让蚕农养好蚕的技术保障,合作社统一组织,邀请专业技术人员讲课辅导,对蚕农开展小蚕共育自动化控制技术、全年条桑平台育技术、大棚规模化养蚕技术、方格蔟自动上山技术等专题技术培训,全年就举办技术培训班 15 期,培训 1100 人次,发放技术资料 1 万多份。合作社每年都统一组织对全镇蚕农开展桑树新品种、小蚕共育自动化控制、血液型脓病综合治理、方格蔟自动上蔟等专题技术培训,参加培训的达 3000 多人次。

③技术转化:这几年,蚕业合作社一直在探索怎么样来延长栽桑养蚕的产业链,提高养蚕业的经济效益,拓宽入社成员的增收途径。前几年,合作社做了种植果桑开发新型水果和饮料、结合桑园摘芯制作桑叶茶、利用桑园生态环境套养草鸡、养殖彩色茧丝新蚕品种等有益的尝试。去年合作社又引进了蚕蛹虫草的生产技术,为进一步开发蚕的深加工产品、提升养蚕业的经济效益做努力。

④技术利用:合作社不断加强新品开发,去年与苏州大学联合,利用蚕蛹进行蛹虫草的开发取得初步成功,延伸了蚕桑的产业链,提高了蚕桑生产的附加值,打破了传统、单一栽桑养蚕旧模式,增加了经济效益。合作社还通过推广联户共育方法,促进了省力化养蚕,改进上蔟工具,改造烘茧设施,提高了养蚕的技术含量。

合作社理事会实行"统一供应蚕种、统一技术培训、统一大蚕平台育、统一方格蔟上蔟、统一收购、统一加工和统一销售"。在技术指导上,他们邀请专业技术人员进行辅导,提高社员的标准化生产水平。

(2)影响农民专业合作社技术创新吸收能力的关键因素

①与苏州大学建立技术合作关系,增加技术获取的来源和提升技术吸收能力

梅堰蚕业合作社在生产蚕蛹虫草试验成功的基础上扩大了试验的范围,继续引进苏州大学的接种新技术,接种了1200多盒蚕蛹虫草。蚕蛹虫草生产是一种多学科结合的蚕桑生产新技术,合作社在技术引进过程中,充分利用苏州大学的科技人才,尤其是潘中华老师,是多项蚕蛹虫草生产专利发明人,是目前国内蚕蛹虫草生产技术最全面的技术专家之一。合作社利用苏州大学以技术咨询、技术输入、协助市场培养等方式,提高合作社的技术、管理和效益水平。

②以农民专业合作社为平台进行技术培训,推进技术同化

梅堰蚕业合作社借助技术合作单位——苏州大学优良的师资队伍和技术力量,邀请专家进行技术培训,统一技术服务,开展蚕桑标准化生产。合作社除组织和帮助蚕农的生产、技术服务与产品销售外,还在高效养蚕生产、创新产品生产技术引进与推广,蚕文化的保护与发展等方面积极开展尝试。几年来,合作社理事会实行"统一供应蚕种、统一技术培训、统一大蚕平台育、统一方格蔟上蔟、统一收购、统一加工和统一销售"。在技术指导上,他们邀请专业技术人员进行辅导,提高社员的标准化生产水平。

3. 案例C:合作社联盟主导的技术吸收能力

(1)合作社联盟技术吸收能力的表现方式

①先后完成县、市、省、科技计划推广20多项;推广农业先进技术8项,建立农业科技服务示范样板村20多个;培育种苗基地30亩,引进和推广优良品种50个,建立了大小科技示范基地30多个共5000亩;仅优质葡萄、蜜柚、布朗李示范基地面积达3500亩,现挂果亩产收入4000元以上。组织开发药材种植面积1.3万亩;高标准完成国家"青年退耕还林科技示范工程面积2000亩"。

②农村科技合作社已成为了先进农业生产技术的载体和科技成果转化的二传手,成为了农村科技与经济发展的结合点,成为了农村经济发展、农民收入增长的亮点,受到了广大农民朋友的欢迎。同时,一些科研院所非常看好这一农村科技发展服务模式,都与之建立起长期合作关系,推广农业科技成果。湖南省农科院水稻研究所向农村科技合作社推广"湘早143""中鉴99—38"等优良稻种3个;湖南亚华种业、隆平种业共向科技合作社推广农业新技术与优良新品种5个。湖南农大将把双峰县农村科技合作社建成"双百科技富民工程";台湾秀明科技发展有限公司与农村科技合作社建起了一个200亩反季萝卜出口示范开发基地。

③农民专业合作社与大专院校、科研单位积极合作,引进适合当地发展的先进科技成果,主动调整产业结构,发展市场需要的项目。依托农民专业合作社,26项科技成果转化成了生产力。

④集聚社员资本,加大科技投入。社员先后投入资金2000多万元用于开发种养业和加工业,合作社为社员小额贷款担保贴息22万余元,每年拿出15万元科技发展基金化解农民经营风险。注重产学研结合。该社与湖南农业大学、湖南省农科院水稻研究所、亚华种业、隆平种业等高校、科研院所和企业合作,促进科技成果向现实生产力转化。

(2)影响农民专业合作社技术创新吸收能力的关键因素

①吸收农民专业合作社外界的科技人才,使之为合作社在技术推广和技术创新中发挥作用

双峰农村科技合作社聘请一些原任或者现任的农艺师、畜牧师,还有一些农村的土专家担任合作社的技术顾问,一些在职的专家还担任合作社的"双休日专家"。自身基本"不养人"的合作社吸附"体制内资源"的手段是利益共享。按照规定,联社、分社负责人实行月工资+提成+奖励的分配机制,技术人员则是补助+业务提成+奖金。给那些有一技之长却又长期无用武之地的农村科技人员每年带来至少数千元的收益,这在人均耕地不足一亩、农技人员收入微薄的双峰县具有很强吸引力的。双峰县共建了16个(乡)镇科技服务联社,320个村服务分社,六大产业开发专业合作社,850个村设立了村级科技推广业务代理员,技术服务网络队伍跟踪到了田间地头,信息传播到了千家万户,产品连接到了大市场,初步形成了县、(乡)镇、村三级联动的县域农村社会化的科技服务体系。

②利用高校、科研院所,扩大技术获取来源

合作社联盟,相对于单一的农民专业合作社,在规模和人力资源上,更加具有能力与高校、科研院所进行合作。从省市县科研单位聘请了包括2名特殊津贴专家在内的12名高级专家、62名农技站技术员、12名农校毕业生、210名农村科技能人。自2007—2008年期间以来,共举办科技培训班15期,培训3000人次,组织专家下乡服务30场次,出动科技110巡回车80次,科技110咨询电话受理解决问题262个,基本保证了农民需要的技术服务在24小时内送到位。同时,与高等院校、科研机构建立协作关系,及时引进先进科技成果,完成了49项科技成果推广项目,有效提升了农村科技的整体水平。

在进行技术服务的过程中,技术服务人员采取"干中学"的方式,有效提升了合作社联盟的技术吸收能力和技术创新能力。

4.6 本章小结

本章讨论了技术吸收能力对共营企业产出决策和技术创新投入决策的影响,并以农民专业合作社为例,讨论了共营企业技术吸收能力的影响因素,以及吸收能力的提升路径。

首先通过界定共营企业的技术创新吸收能力效应,分析了技术创新吸收能力对共营企业技术创新战略的影响。在此基础上,讨论了当存在吸收能力效应时,以

共营企业和共营企业共存的双寡头市场为研究对象,探讨共营企业的产出决策和技术创新投入决策,以及吸收能力效应分别对共营企业产出决策和技术创新投入决策的影响。最后比较了共营企业和利润最大化企业在产品产出和技术创新战略方面的不同表现。结果表明:当存在吸收能力效应时,与利润最大化企业相同,共营企业的均衡技术创新投入高于不存在吸收能力效应的水平;然而吸收能力对共营企业中技术创新投入和对其自身(或竞争对手)产出的影响却表现出不同的效应,其结果视规模经济收益而定,这与利润最大化企业形成较大的差别。

然后,以共营企业和利润最大化企业共存的双寡头市场为研究对象,讨论共营企业和利润最大化企业的产出决策和技术创新投入决策,分析了技术吸收能力效应分别对共营企业和利润最大化企业的产出决策、技术创新投入决策以及社会福利的影响。结果表明,在产品生产阶段,共营企业相对于利润最大化企业表现出产出不足的现象,而吸收能力关于每个企业的技术创新投入对其自身(或竞争对手)的产出具有或正或负的效应。在技术创新阶段,当技术溢出率较大时,共营企业的技术创新投入大于利润最大化企业,而吸收能力效应对两者增加技术创新投入具有激励作用。最后得出了利润最大化企业的技术创新投入与社会福利具有正相关关系,同时吸收能力关于企业的技术创新投入对社会福利水平之间的互动具有正的效应。本章的研究结论也为政府制定相应的技术创新政策提供了依据。

最后,以农民专业合作社为例,分析了共营企业技术吸收能力的研究框架及其提升路径。应用技术吸收能力的获取、同化、转换和利用四个阶段维度,结合农民专业合作社的组织维度,设计了农民专业合作社技术吸收能力的研究框架。利用案例分析,研究农民专业合作社技术吸收能力的结构和层次。并从提高"看门人"的能力和技术吸收的激励机制;加强农业创新体系网络建设;增加技术创新投入,提高农民专业合作社的知识转换能力和利用能力三个方面讨论了合作社技术吸收能力的提升路径和政策建议。

5　共营企业的技术创新不确定性和风险性及其对技术创新投入战略的影响

技术创新存在较大的不确定性与风险性,一旦创新失败,可能给企业带来不可挽回的损失。高收益、高风险是企业技术创新的显著特征,创新的程度越高,不确定性就越大,相应的风险就越大。因此,技术创新不确定性和风险性直接影响着企业的技术创新行为,特别是在技术创新过程中起支配作用的企业决策者的行为。因此,分析共营企业的技术创新战略,就必须考察风险和不确定性这一重要参量。

技术创新风险主要包括技术风险和市场风险。本章首先针对技术不确定性和市场不确定性,讨论在寡头市场中,获取技术创新收益信息和市场信息是否一定能够增加企业利润或增加社会福利? 以及承担信息获取的主体,应该是政府,还是行业协会或企业? 并针对共营企业和利润最大化企业共存的双寡头市场,探讨获取技术创新收益信息、市场容量信息和成本信息对两者产出、企业福利的影响。在此基础上,研究技术风险和市场风险对共营企业技术创新投入决策、产出决策以及企业福利的影响。最后,以农民专业合作社为例,探讨共营企业技术创新的风险范式,及其风险防范问题。

5.1　概念界定

5.1.1　不确定性和风险性的内涵

任何新技术在其诞生之初都面临着两个不确定性,即技术不确定性和市场不确定性,这是由新技术产业化这一行为的固有特性决定的。能否尽快克服这两种不确定性就成为决定"发明-创新"时滞长短的关键因素。不确定性作为技术创新固有属性和基本特征的性质,一方面能够对企业技术创新产生不利的影响,制约着创新成功的可能性;另一方面,不确定性在技术创新中能够发挥积极的作用,影响着创新成功所带来的利润回报(吴永忠,2002)。

风险性是技术创新战略的一个重要特征。技术创新战略的长期性、市场未来的不确定性特点决定了技术创新战略面临的环境是变化的,容易导致技术创新战略失误。而技术创新战略的全局性特点则会使技术创新战略失误的损失放大,因而技术创新战略存在较大的风险性。技术创新的风险性和不确定性影响共营企业技术创新战略管理的整个过程。

　　共营企业技术创新风险是指由外部环境的不确定性、技术创新项目本身的难度与复杂性，以及共营企业自身能力与实力的有限性，而导致技术创新活动中止、撤销、失败或达不到预期目标的可能性。从创新主体企业的角度看，技术创新风险至少包括技术风险、市场风险、财务风险、政策风险、生产风险和管理风险。每一种风险又分为许多风险因素，具体见表5-1。

表 5-1　技术创新风险分类

风险分类	主要风险因素
技术风险	①技术开发难度大，关键技术预料不足；②技术知识无法获得；③关键技术难于突破；④存在技术障碍和技术壁垒；⑤实验基地、设备和工具缺乏。
市场风险	①新产品由于性能、稳定性或消费者惯性等因素一时难于被市场接受；②市场需要开拓且难度较大；③因价格等原因市场需求不旺或增长不快；④市场定位不准，营销策略、营销组合失误；⑤新产品寿命短或开拓的市场被更新的产品代替。
财务风险	①技术创新资金不足；②融资渠道不畅。
政策风险	①不符合国家或地方的环保政策、能源政策、科技政策和外贸政策；②无法获得产品、原辅材料、设备、技术的进口许可证。
生产风险	①难于实现大批量生产；②工艺不合理或现有工艺不适应；③生产周期过长或生产成本过高；④原材料供应无法解决；⑤检测手段落后、产品质量难以保证、可靠性差。
管理风险	①组织协调不力、其他部门配合不好；②高层领导关注不够；③调研不充分、市场信息失真；④创新主体的领导人做出错误的决策；⑤风险决策机构机制不健全、研发过程不协调。

　　在上述六种风险中，其中最主要的风险是技术风险和市场风险。技术风险是指在技术创新过程中由于技术方面的因素及其变化的不确定性而导致创新失败的可能性。市场风险是指由于市场方面的有关因素及其变化的不确定性而导致创新失败的可能性。因此，技术创新风险很大程度上是由技术创新的不确定性导致的。

5.1.2　不确定性和风险性与技术创新战略

　　由技术创新不确定性和风险性的概念可知，风险性和不确定性能够制约技术创新成功的可能性，同时影响技术创新成果所带来的利润回报。美国的一份研究报告表明，在美国也只有10%的专利能成为创新，而只有10%的创新能获得成功。技术创新风险和不确定性贯穿与影响着整个技术创新战略管理的全过程。

　　技术创新不确定性和风险性影响企业的技术选择。技术选择的风险来自技术风险和市场风险。技术的成熟程度、企业消化吸收和创新能力决定技术风险；市场的潜在性（是已开发的市场还是未开发的市场）、市场开发的率先性（是领先开发还是跟随开发）决定了市场风险。企业进行技术选择时要考虑风险的大小、本企业抗风险能力及决策偏好等因素。新技术的不确定性越大,技术选择的难度也越高。

技术创新不确定性和风险性能够影响企业的技术创新投入。技术创新过程,是一个投入创新资源以换取不稳定回报的过程。结果既可能带来丰厚回报,也可能无法弥补开发投入。相关研究表明,一方面,技术创新的高度不确定性和风险性会降低企业进行技术创新的积极性;另一方面,高风险的技术创新背后蕴含着丰厚的垄断利润,同时也激励很多企业投入大量的资源从事高风险的技术创新活动。例如,20世纪60年代初,IBM向第三代积体电路电子电脑进军,一共投资50亿美元,相当于美国首批三颗原子弹的科研经费。投资之大,史无前例,以至"研究开发一旦失败,IBM将不复存在"。IBM以血的代价开拓创新,奠定了在电脑行业中的领先地位。

技术创新的不确定性和风险性能够影响技术创新的实施模式选择。例如,当企业采取合作创新、形成研发联合体时,技术创新的不确定性和风险性会影响企业技术创新联盟维持与发展(胡耀辉,2007)。另一方面,虽然技术创新的不确定性和风险性造成合作创新的短暂性,但不确定性同时也是企业之间采取合作创新模式的必要条件(翁君奕,2002)。

本章主要分析技术创新的不确定性和风险性对共营企业技术创新投入的影响,并分析技术创新不确定性和风险性分别对共营企业和利润最大化企业在产品产出与技术创新投入方面的区别。在此基础上,探讨共营企业技术创新的风险范式及其风险防范。

5.2　不确定条件下技术创新信息获取——共营企业和利润最大化企业共存的双寡头市场

在垄断和自由竞争情况下,信息是有价值的。然而在寡头竞争市场中,企业面对不确定情况时,信息的获取是否一定能够增加企业利润或增加社会福利,是值得怀疑的。在现实中,企业可以通过自身调研,或者从行业协会、政府机构等组织获得信息。然而这些组织是否应该,或者从多大程度上提供信息给企业,成为一个重要的现实问题。一般的,能够增加社会福利的信息,政府应该予以提供;能够增加行业内各个企业福利的信息,由协会负责收集提供信息,或者由政府提供信息以扶持该行业的发展;而对于仅仅增加企业自身福利的信息,一般由企业自身调研收集。因此,在寡头竞争市场中,研究信息获取对共营企业技术创新战略和福利的影响,具有较大的意义。

已有相关研究(Sakai,1993)分析了两家共营企业共存的双寡头市场、两家利润最大化企业共存的双寡头市场中,获取成本信息以及市场需求信息对企业战略目标的影响。本小节研究了共营企业和利润最大化企业共存的双寡头市场中,信息获取分别对利润最大化企业和共营企业技术创新战略与企业福利的影响,以及利润最大化企业和共营企业在信息获取方面的区别。在 Sakai (1993)等研究的基础上,建立了共营企业和利润最大化企业共存的寡头竞争模型,通过分析技术创新收益信息、市场需求信息和成本信息对企业产出和福利的影响,比较了利润最大化企业和共营企业在信息获取方面的不同反应,以及不同寡头市场的区别。主要通过分析市场需求信息和成本信息对企业产量和福利的凹凸性,引入线性的需求函数和二次的生产函数,分析市场需求信息获取分别对共营企业和利润最大化企业的产量与福利的影响,以及固定成本信息分别对共营企业和利润最大化企业的产量与福利的影响。最后还比较了利润最大化企业和共营企业在信息获取方面的不同反应,以及两者在不同寡头市场中的区别。

5.2.1　模型的构建

1. 问题的假设

(1) 假设某地区寡头市场中只有两家寡头企业 $i(i=1,2)$(当生产企业多于两家时,可采取虚拟竞争对手方法,把多人博弈模型转化为两人博弈)生产同类产品,每家企业的战略空间是选择最佳产量。

(2) 两家企业生产异质性的产品,产品具有差异性和替代性。

(3) 企业进行技术创新,考虑技术创新溢出。

(4) 为了使分析简单化,本章仅仅考虑短期内的技术创新投入博弈,即短期内企业的生产能力无法进行调整。企业的生产函数仅仅是以劳动力投入为自变量的函数(Goel and Haruna,2007)。生产函数可表示为:$q=f(l)$,其中 $f'(l)>0$ 和 $f''(l) \leqslant 0$。$f''(l) \leqslant 0$ 表示产品的边际产量递减或不变,即每个劳动者的平均产量大于或等于其边际产量。生产函数可以转化为 $l=g(q)$,其中 $g'(q)>0$ 和 $g''(q) \geqslant 0$。$g''(q) \geqslant 0$ 表示产品的边际产量递减或不变,即每个劳动者的平均产量大于或等于其边际产量。

(5) 两家企业在寡头市场上进行 Cournot 产量博弈,根据 Bárcena-Ruiz 和 Espinosa 的假设,寡头市场两家企业产品的逆需求函数分别为:

$$P = a - h(Q) \tag{5-1}$$

其中,$a>0$ 表示市场上该产品的最高价格。当价格高于 a 时,人们将拒绝购买该产品。$h'(Q) \geqslant 0$,$Q=q_i+q_j$,q_i 和 q_j 分别代表双寡头企业的产量。

(6) 两家寡头企业的初始单位可变成本都为 c;固定成本分别为 k_i 和 k_j。

(7) 企业进行成本降低型技术创新,企业 i 要获得技术创新收益 x_i,即单位成本降低 x_i 时,需要付出的技术创新投入成本为 $u_i(x_i)$,其中 $u_i'(x_i)>0$ 和 $u_i''(x_i)>0$。企业之间存在技术创新溢出,溢出率为 β,即企业之间能够互相从竞争企业的技术创新活动中获得收益,令企业 i 从企业 j 获得的技术创新溢出收益为 $\beta_i x_j$($0 \leqslant \beta_i \leqslant 1$)。当 $\beta_i = 0$ 时,表示不存在溢出,而 $\beta_i = 1$ 表示技术创新投入完全溢出(比如RJV 企业)。因此,双寡头企业的成本函数分别为:

$$\begin{cases} c_i(x_i,x_j) = c - x_i - \beta x_j, \\ c_j(x_i,x_j) = c - x_j - \beta x_i, \end{cases} \quad 0 \leqslant \beta \leqslant 1 \tag{5-2}$$

其中,c 表示寡头企业没有进行技术创新时的可变成本。

2. 模型

根据上述假设,两家企业在寡头市场上进行 Cournot 产量博弈。利润最大化企业通过选择最优产量实现企业利润最大化,共营企业通过选择最优的产量最大化员工的平均利润,可分别表示如下:

$$\begin{cases} \max\limits_{x_P,q_P} \pi_P = [p_P - c_P(x_P,x_L)]q_P - wg_P(q_P) - u_P(x_P) - k_P \\ \max\limits_{x_L,q_L} V_L = \dfrac{\pi_L}{l_L} + w = \dfrac{[p_L - c_L(x_P,x_L)]g_L - u_L(x_L) - k_L}{g_L(q_L)} \end{cases} \quad (5\text{-}3)$$

其中,w 为企业的员工工资,q_P 和 q_L 分别为利润最大化企业和共营企业的产品产出,k_P 和 k_L 为两者固定成本,假设两者的边际成本为零(Goel and Haruna,2007)。

结合式(5-1)、式(5-2)、式(5-3),可得双寡头企业的目标函数为:

$$\begin{cases} \max\limits_{x_P,q_P} \pi_P = (a - c - h + x_P + \beta x_L)q_P - wg_P(q_P) - k_P - u(x_P) \\ \max\limits_{x_L,q_L} V_L = \dfrac{\pi_L}{l_L} + w = \dfrac{1}{g_L(q_L)}[(a - c - h + x_L + \beta x_P)q_L - k_L - u(x_L)] \end{cases}$$

$$(5\text{-}4)$$

3. 均衡解存在的充要条件和稳定性分析

通过对式(5-4)求一阶导数,利润最大化企业和共营企业的目标函数达到最优值的必要条件为:

$$\begin{cases} G_P = \dfrac{\partial \pi_P}{\partial q_P} = a - c + x_P + \beta x_L - [h + h'q_P + wg'(q_P)] = 0 \\ G_L = \dfrac{\partial V_L}{\partial q_L} = \dfrac{a - c + x_L + \beta x_P - [h + h'q_L + V_L g'(q_L)]}{g(q_L)} = 0 \end{cases} \quad (5\text{-}5)$$

通过对式(5-4)求二阶导数,利润最大化企业和共营企业的目标函数达到最优值的充分条件为:

$$\begin{cases} \dfrac{\partial^2 \pi_P}{\partial q_P^2} = -[2h' + h''q_P + wg''(q_P)] < 0 \\ \dfrac{\partial^2 V_L}{\partial q_L^2} = \dfrac{-[2h' + h''q_L + V_L g''(q_L)]}{g(q_L)} < 0 \end{cases} \quad (5\text{-}6)$$

假设两家企业根据预期的产量调整自身的产量,即:

$$dG_i/dt = \xi_i G_i(q_P, q_L), \quad i = L, P \quad (5\text{-}7)$$

其中,ξ_i 是符号为正的常数。根据 Gandolfo(1971)的稳定性理论,纳什均衡解的全局稳定性条件为:

$$\begin{cases} \left| \dfrac{\partial^2 \pi_P}{\partial q_P^2} \right| = \left| \dfrac{dG_P}{dq_P} \right| > \left| \dfrac{dG_P}{dq_L} \right| = \left| \dfrac{\partial^2 \pi_P}{\partial q_P \partial q_L} \right| \\ \left| \dfrac{\partial^2 V_L}{\partial q_L^2} \right| = \left| \dfrac{dG_L}{dq_L} \right| > \left| \dfrac{dG_L}{dq_P} \right| = \left| \dfrac{\partial^2 V_L}{\partial q_L \partial q_P} \right| \end{cases} \quad (5\text{-}8)$$

其中：

$$
\begin{cases}
\dfrac{\partial^2 \pi_P}{\partial q_P \partial q_L} = -(h' + h'' q_P) < 0 \\[3mm]
\dfrac{\partial^2 V_L}{\partial q_L \partial q_P} = \dfrac{-1}{g(q_L)} \left[h' + h'' q_L - \dfrac{g'(q_L) h' q_L}{g(q_L)} \right] < 0
\end{cases}
\tag{5-9}
$$

设产量反应函数分别为 $q_P = R_P(q_L)$ 和 $q_L = R_L(q_P)$，则式（5-8）所代表的稳定性条件可以转化为：

$$
\begin{cases}
\left| \dfrac{\mathrm{d} R_P}{\mathrm{d} q_L} \right| = \left| \left(\dfrac{\partial^2 \pi_P}{\partial q_P \partial q_L} \right) \cdot \left(\dfrac{\partial^2 \pi_P}{\partial q_P^2} \right)^{-1} \right| = \left| \dfrac{h' + h'' q_P}{2h' + h'' q_P + wg''(q_P)} \right| < 1 \\[4mm]
\left| \dfrac{\mathrm{d} R_L}{\mathrm{d} q_P} \right| = \left| \left(\dfrac{\partial^2 V_L}{\partial q_L \partial q_P} \right) \cdot \left(\dfrac{\partial^2 V_L}{\partial q_L^2} \right)^{-1} \right| = \left| \dfrac{g'(q_L) h' q_L - g(q_L)(h' + h'' q_L)}{g(q_L)[2h' + h'' q_L + V_L g''(q_L)]} \right| < 1
\end{cases}
\tag{5-10}
$$

即利润最大化企业和共营企业存在均衡解的稳定性条件为：

$$
\begin{cases}
h' + wg''(q_P) > 0 \\
| g'(q_L) h' q_L - g(q_L)(h' + h'' q_L) | < g(q_L)[2h' + h'' q_L + V_L g''(q_L)]
\end{cases}
\tag{5-11}
$$

式（5-11）中的第一个表达式显然成立，第二个表达式与共营企业规模收益有关。

5.2.2 分析框架

对某一信息 I，服从分布 $\varphi(I)$。每家企业在博弈之前，可能知道，也可能不知道信息 I。① 为了简化分析过程，假设对信息 I 的掌握程度只有两种，完全不知道信息的情形 η^0 和完全信息的情形 η^c。因此，本章将信息不确定性限定为完全不知道信息 I。② 企业之间进行对称信息博弈，即各博弈方对信息的掌握程度相同。③ 信息获取不需要成本，如企业可以从商会、政府机构等公共服务机构无偿取得。

1. 市场需求信息不确定的分析框架

在不确定性条件下，a 是一个随机参数，表示市场需求的不确定性。在没有获得市场需求信息时，每个企业根据竞争企业的产量和市场需求期望值选择最优产量。因此，市场需求不确定性条件下 η^0 的均衡产出 $(q_P^0(a), q_L^0(a))$ 满足：

$$
\begin{cases}
q_P^0(a) = \arg\max_{q_P} E(\pi_P(q_P, q_L^0, a)) \\
q_L^0(a) = \arg\max_{q_L} E(V_L(q_L, q_P^0, a))
\end{cases}
\tag{5-12}
$$

而完全信息下的情形 η^c，对任意给定的 a，均衡产出 $(q_P^c(a), q_L^c(a))$ 满足：

$$
\begin{cases}
q_P^c(a) = \arg\max_{q_P} \pi_P(q_P, q_L^c, a) \\
q_L^c(a) = \arg\max_{q_L} V_L(q_L, q_P^c, a)
\end{cases}
\tag{5-13}
$$

由于 a 是 π_P 和 V_L 的线性函数，可得：

$$\begin{cases} q_P^0(a) = \arg\max\limits_{q_P} E(\pi_P(q_P, q_L^0, a)) = \arg\max\limits_{q_P} \pi_P(q_P, q_L^0, E(a)) = q_P^c(E(a)) \\ q_L^0(a) = \arg\max\limits_{q_L} E(V_L(q_L, q_P^0, a)) = \arg\max\limits_{q_L} V_L(q_L, q_P^0, E(a)) = q_L^c(E(a)) \end{cases}$$

$$(5\text{-}14)$$

因此,可得:

$$\begin{cases} \pi_P^c(E(a)) = \pi_P^0(a) \\ V_L^c(E(a)) = V_L^0(a) \end{cases}, \quad \begin{cases} q_P^c(E(a)) = q_P^0(a) \\ q_L^c(E(a)) = q_L^0(a) \end{cases} \quad (5\text{-}15)$$

讨论市场需求信息不确定性对寡头企业产出决策及其目标函数的影响,需要比较市场需求信息不确定性和完全信息条件下的产出或目标函数,即要比较 $q_P^0 \sim E(q_P^c(a))$、$q_L^0 \sim E(q_L^c(a))$、$\pi_P^0 \sim E(\pi_P^c(a))$、$V_L^0 \sim E(V_L^c(a))$。根据式(5-15),比较市场需求信息不确定的情形 η^0 和完全信息的情形 η^c 条件下的产量和目标函数,只需要比较 $q_P^0(E(a)) \sim E(q_P^c(a))$、$q_L^0(E(a)) \sim E(q_L^c(a))$、$\pi_P^0(E(a)) \sim E(\pi_P^c(a))$、$V_L^0(E(a)) \sim E(V_L^c(a))$。

2. 成本信息不确定的分析框架

成本信息包括固定成本信息 k_P 和 k_L 与可变成本信息 c。讨论不确定条件下可变成本信息 c 的不确定性对寡头企业产出决策及其目标函数的影响,与市场需求信息 a 的不确定性对寡头企业产出决策及其目标函数的影响刚好相反,因此不需要进行讨论。所以,只需要对固定成本信息 k_P 和 k_L 进行分析。

同理,假设 k_P 和 k_L 是随机参数,表示成本(固定成本)的不确定性。在没有获得成本信息时,每个企业根据竞争企业的产出和固定成本信息的期望值选择最优产量。并且,k_P 和 k_L 分别是 π_P 和 V_L 的线性函数,因此固定成本不确定下的均衡产出 $(q_P^0(k_P), q_L^0(k_L))$ 为:

$$\begin{cases} q_P^0(k_P) = \arg\max\limits_{q_P} E(\pi_P(q_P, q_L^0, k_P)) = \arg\max\limits_{q_P} \pi_P(q_P, q_L^0, E(k_P)) = q_P^c(E(k_P)) \\ q_L^0(k_L) = \arg\max\limits_{q_L} E(V_L(q_L, q_P^0, k_L)) = \arg\max\limits_{q_L} V_L(q_L, q_P^0, E(k_L)) = q_L^c(E(k_L)) \end{cases}$$

$$(5\text{-}16)$$

因此,可得:

$$\begin{cases} \pi_P^c(E(k_P)) = \pi_P^0(k_P) \\ V_L^c(E(k_L)) = V_L^0(k_L) \end{cases}, \quad \begin{cases} q_P^c(E(k_P)) = q_P^0(k_P) \\ q_L^c(E(k_L)) = q_L^0(k_L) \end{cases} \quad (5\text{-}17)$$

讨论固定成本信息不确定性对寡头企业产出决策及其目标函数的影响,需要比较固定成本信息不确定性条件下的产出或目标函数与完全信息条件下的情形,即要比较 $q_P^0 \sim E(q_P^c(k_P))$、$q_L^0 \sim E(q_L^c(k_L))$、$\pi_P^0 \sim E(\pi_P^c(k_P))$、$V_L^0 \sim E(V_L^c(k_L))$。根据式(5-17),比较产量和目标函数在固定成本信息不确定下的情形 η^0 和完全信息条件下的情形 η^c,只需要比较 $q_P^0(E(k_P)) \sim E(q_P^c(k_P))$、$q_L^0(E(k_L)) \sim E(q_L^c(k_L))$、$\pi_P^0(E(k_P)) \sim E(\pi_P^c(k_P))$、$V_L^0(E(k_L)) \sim E(V_L^c(k_L))$。

3. 技术创新收益信息不确定的分析框架

同理,x_P 和 x_L 是随机参数,分别表示共营企业和利润最大化企业进行技术创新之后,技术创新收益的不确定性。在没有获得技术创新收益信息时,每家企业根据竞争企业的产出和技术创新收益的期望值选择最优产量。并且,x_P 和 x_L 分别是 π_P 和 V_L 的线性函数,因此技术创新收益信息不确定下的均衡产出 $(q_P^0(x_L)$,$q_L^0(x_P))$ 为:

$$
\begin{cases}
q_P^0(x_L) = \arg\max_{q_P} E(\pi_P(q_P,q_L^0,x_P,x_L)) = \arg\max_{q_P} \pi_P(q_P,q_L^0,E(x_L)) \\
\qquad = q_P^c(E(x_L)) \\
q_L^0(x_P) = \arg\max_{q_L} E(V_L(q_L,q_P^0,x_P,x_L)) = \arg\max_{q_L} V_L(q_L,q_P^0,E(x_P)) \\
\qquad = q_L^c(E(x_P))
\end{cases}
$$

$$(5\text{-}18)$$

因此,可得:

$$
\begin{cases}
\pi_P^c(E(x_L)) = \pi_P^0(x_L) \\
V_L^c(E(x_P)) = V_L^0(x_P)
\end{cases}
,
\begin{cases}
q_P^c(E(x_L)) = q_P^0(x_L) \\
q_L^c(E(x_P)) = q_L^0(x_P)
\end{cases}
\tag{5-19}
$$

讨论技术创新收益信息不确定性对寡头企业产出决策及其目标函数的影响,需要比较技术创新收益信息不确定性条件下的产量或目标函数与完全信息条件下的情形,即要比较 $q_P^0 \sim E(q_P^c(x_P))$、$q_L^0 \sim E(q_L^c(x_L))$、$\pi_P^0 \sim E(\pi_P^c(x_P))$、$V_L^0 \sim E(V_L^c(x_L))$。根据式(5-18),比较产量和目标函数在技术创新收益信息不确定下的情形 η^0 和完全信息条件下的情形 η^c,只需要比较 $q_P^0(E(x_P)) \sim E(q_P^c(x_P))$,$q_L^0(E(x_L)) \sim E(q_L^c(x_L))$,$\pi_P^0(E(x_P)) \sim E(\pi_P^c(x_P))$,$V_L^0(E(x_L)) \sim E(V_L^c(x_L))$。

通过上述分析,可以将不确定性条件下 η^0 的信息转换为完全信息条件下 η^c 的情形,为问题的研究提供了方便。

定理 5-1 设 x 是随机变量,y 是 x 的函数,对 x 的任意概率密度函数 $\varphi(x)$,当 $\dfrac{\mathrm{d}^2 y}{\mathrm{d}x^2} > 0\left(\dfrac{\mathrm{d}^2 y}{\mathrm{d}x^2} < 0,\dfrac{\mathrm{d}^2 y}{\mathrm{d}x^2} = 0\right)$ 时,$E(y(x)) > y(E(x))$,或 $E(y(x)) < y(E(x))$,或 $E(y(x)) = y(E(x))$。

证明 由于 $\dfrac{\mathrm{d}^2 y}{\mathrm{d}x^2} > 0$,因此,$y$ 是 x 的凸函数,根据 Jensen 不等式,$E(y(x)) > y(E(x))$。同理,当 $\dfrac{\mathrm{d}^2 y}{\mathrm{d}x^2} < 0$ 时,$E(y(x)) < y(E(x))$;当 $\dfrac{\mathrm{d}^2 y}{\mathrm{d}x^2} = 0$ 时,$E(y(x)) = y(E(x))$。

因此,根据上述定理,为了分析获取市场需求信息 a、可变成本信息 c、固定成本信息 k_L 和 k_P,以及技术创新收益信息 x_L 和 x_P,对产出和福利的影响,只需要分析其求二阶导数即可。

5.2.3 信息获取分析

为了更加精确地探讨两者之间的不同,需要对具体的市场需求函数表达式和生产函数表达式进行分析。假设市场需求为线性函数，生产函数为二次平方函数，即 $h = q_P + q_L$，$g(q) = \gamma q^2$，$u(x_i) = 0.5\lambda x_i^2$。通过验证可知，该假设符合现实条件，并且符合均衡解存在的充要条件和稳定性条件。

将上述假设的线性需求函数和平方生产函数代入式(5-4)和式(5-5)分别得：

$$\begin{cases} \max_{q_P} \pi_P = (a - c + x_P + \beta x_L - q_P - q_L)q_P - w\gamma q_P^2 - k_P - u(x_P) \\ \max_{q_L} V_L = \dfrac{[(a - c + x_L + \beta x_P - q_P - q_L)q_L - k_L - u(x_L)]}{\gamma q_L^2} \end{cases} \quad (5\text{-}20)$$

对式(5-20)求一阶导数得：

$$\begin{cases} \dfrac{\partial \pi_P}{\partial q_P} = a - c + x_P + \beta x_L - [q_L + 2q_P(1 + w\gamma)] = 0 \\ \dfrac{\partial V_L}{\partial q_L} = \dfrac{a - c + x_L + \beta x_P - [q_P + 2q_L(1 + V_L\gamma)]}{\gamma q_L^2} = 0 \end{cases} \quad (5\text{-}21)$$

对式(5-20)求二阶导数得：

$$\begin{cases} \dfrac{\partial^2 \pi_P}{\partial q_P^2} = -2(1 + w\gamma) < 0 \\ \dfrac{\partial^2 V_L}{\partial q_L^2} = -\dfrac{2(1 + V_L\gamma)}{\gamma q_L^2} < 0 \end{cases} \quad (5\text{-}22)$$

根据式(5-11)，存在均衡解的稳定性条件为：

$$\begin{cases} 1 + 2w\gamma > 0 \\ \dfrac{(1 + 2\gamma V_L)}{\gamma q_L^2} > 0 \end{cases} \quad (5\text{-}23)$$

显然满足稳定性条件。

1. 市场需求信息对企业产量和福利的影响

当市场需求信息 a 不确定时，为了探讨获取市场需求信息对企业的产量 $q_P(a)$、$q_L(a)$ 和企业福利 $\pi_P(a)$、$V_L(a)$ 的影响，需要讨论 $\dfrac{\mathrm{d}^2 q_P}{\mathrm{d}a^2}$、$\dfrac{\mathrm{d}^2 q_L}{\mathrm{d}a^2}$、$\dfrac{\mathrm{d}^2 \pi_P}{\mathrm{d}a^2}$、$\dfrac{\mathrm{d}^2 V_L}{\mathrm{d}a^2}$ 的符号。

(1) 获取市场需求信息对寡头企业产量的影响

式(5-21)对 a 求导得：

$$\begin{cases} 2(1 + \gamma w)\dfrac{\mathrm{d}q_P}{\mathrm{d}a} + \dfrac{\mathrm{d}q_L}{\mathrm{d}a} = 1 \\ \dfrac{\mathrm{d}q_P}{\mathrm{d}a} - 2(1 + \gamma V_L)\dfrac{\mathrm{d}q_L}{\mathrm{d}a} = 1 \end{cases} \quad (5\text{-}24)$$

求解式(5-24)得：

$$\begin{cases} \dfrac{\mathrm{d}q_P}{\mathrm{d}a} = \dfrac{3 + 2\gamma V_L}{4(1 + \gamma w)(1 + \gamma V_L) + 1} > 0 \\ \dfrac{\mathrm{d}q_L}{\mathrm{d}a} = -\dfrac{1 + 2\gamma w}{4(1 + \gamma w)(1 + \gamma V_L) + 1} < 0 \end{cases} \quad (5\text{-}25)$$

式(5-20)对 a 求导得：

$$\begin{cases} \dfrac{d\pi_P}{da} = q_P\left(1 - \dfrac{dq_L}{da}\right) > 0 \\ \dfrac{dV_L}{da} = \dfrac{1}{\gamma q_L}\left(1 - \dfrac{dq_P}{da}\right) > 0 \end{cases} \tag{5-26}$$

根据式(5-25)，$q_P(a)$、$q_L(a)$ 分别对 a 求二阶导数得：

$$\begin{cases} \dfrac{d^2 q_P}{da^2} = \dfrac{-2\gamma(1+2\gamma w)}{[1+4(1+\gamma w)(1+\gamma V_L)]^2} \dfrac{dV_L}{da} < 0 \\ \dfrac{d^2 q_L}{da^2} = \dfrac{4\gamma(1+\gamma w)(1+2\gamma w)}{[1+4(1+\gamma w)(1+\gamma V_L)]^2} \dfrac{dV_L}{da} > 0 \end{cases} \tag{5-27}$$

可知，$q_P(a)$ 是 a 的凹函数、$q_L(a)$ 是 a 的凸函数。因此获取市场需求信息能够增加共营企业的产量，但降低了利润最大化企业的产量。

结论 5-1　在共营企业和利润最大化企业共存的双寡头市场中，获取市场需求信息，能够增加共营企业的产量，同时又会降低利润最大化企业的产量。

（2）获取市场需求信息对寡头企业福利的影响

同理，根据式(5-26)，$\pi_P(a)$、$V_L(a)$ 分别对 a 求二阶导数得：

$$\dfrac{d^2\pi_P}{da^2} = \dfrac{dq_P}{da}\left(1 - \dfrac{dq_L}{da}\right) - q_P\dfrac{d^2 q_L}{da^2} = \dfrac{2(1+\gamma w)}{q_L[1+4(1+\gamma w)(1+\gamma V_L)]^3} \cdot$$

$$\{q_L(3+2\gamma V_L)^2[1+4(1+\gamma w)(1+\gamma V_L)] - 4\gamma q_P(1+2\gamma w)^2(1+\gamma V_L)\}$$

$$\dfrac{d^2 V_L}{da^2} = \dfrac{dq_L}{da}\left(1 - \dfrac{dq_P}{da}\right) - \dfrac{1}{q_L}\dfrac{d^2 q_P}{da^2}$$

$$= \dfrac{2q_L(1+2\gamma w)(1+\gamma V_L) + 2q_P(1+2\gamma w)\left(1 - \dfrac{dq_P}{da}\right)}{q_L[1+4(1+\gamma w)(1+\gamma V_L)]^2} > 0 \tag{5-28}$$

由式(5-28)可知，$V_L(a)$ 是 a 的凸函数，因此获取市场需求信息能够增加共营企业员工的期望收益；$\pi_P(a)$ 是 a 的凸函数，因此获取市场需求信息能够增加利润最大化企业的期望利润。

结论 5-2　在共营企业和利润最大化企业共存的双寡头市场中，获取市场需求信息，能够提高共营企业的员工平均收益，同时又能够提高利润最大化企业的总利润。

因此，获取市场需求信息能够同时增加共营企业和利润最大化企业的福利。共营企业和利润最大化企业都有获取市场需求信息的激励。为了获取该信息，可以由寡头企业联合收集，或由行业协会获取该信息。政府为了扶持该行业，也可以通过提供市场需求信息提高企业的福利。

2. 固定成本信息对寡头企业产量和企业福利的影响

当固定成本信息 k_P 和 k_L 不确定时，为了探讨获取固定成本信息对企业的产量 $q_P(k_P, k_L)$、$q_L(k_P, k_L)$ 和企业福利 $\pi_P(k_P, k_L)$、$V_L(k_P, k_L)$ 的影响，需要讨论 $\dfrac{d^2 q_P}{dk_P{}^2}$、

$\dfrac{\mathrm{d}^2 q_\mathrm{P}}{\mathrm{d}k_\mathrm{L}{}^2}$、$\dfrac{\mathrm{d}^2 q_\mathrm{L}}{\mathrm{d}k_\mathrm{P}{}^2}$、$\dfrac{\mathrm{d}^2 q_\mathrm{L}}{\mathrm{d}k_\mathrm{L}{}^2}$、$\dfrac{\mathrm{d}^2 \pi_\mathrm{P}}{\mathrm{d}k_\mathrm{P}{}^2}$、$\dfrac{\mathrm{d}^2 \pi_\mathrm{P}}{\mathrm{d}k_\mathrm{L}{}^2}$、$\dfrac{\mathrm{d}^2 V_\mathrm{L}}{\mathrm{d}k_\mathrm{P}{}^2}$、$\dfrac{\mathrm{d}^2 V_\mathrm{L}}{\mathrm{d}k_\mathrm{L}{}^2}$ 的符号。

（1）获取固定成本信息对寡头企业产量的影响

① $\dfrac{\partial q_\mathrm{P}}{\partial k_\mathrm{P}} = -\left(\dfrac{\partial^2 \pi_\mathrm{P}}{\partial q_\mathrm{P} \partial k_\mathrm{P}} \dfrac{\partial^2 V_\mathrm{L}}{\partial q_\mathrm{L}^2} - \dfrac{\partial^2 \pi_\mathrm{P}}{\partial q_\mathrm{P} \partial q_\mathrm{L}} \dfrac{\partial^2 V_\mathrm{L}}{\partial q_\mathrm{L} \partial k_\mathrm{P}}\right) \cdot \left(\dfrac{\partial^2 \pi_\mathrm{P}}{\partial q_\mathrm{P}^2} \dfrac{\partial^2 V_\mathrm{L}}{\partial q_\mathrm{L}^2} - \dfrac{\partial^2 \pi_\mathrm{P}}{\partial q_\mathrm{P} \partial q_\mathrm{L}} \dfrac{\partial^2 V_\mathrm{L}}{\partial q_\mathrm{L} \partial q_\mathrm{P}}\right)^{-1}$

由 $\dfrac{\partial^2 \pi_\mathrm{P}}{\partial q_\mathrm{P} k_\mathrm{P}} = 0$，$\dfrac{\partial^2 V_\mathrm{L}}{\partial q_\mathrm{L}^2} = \dfrac{[-2(1+\gamma V_\mathrm{L})]}{\gamma q_\mathrm{L}^2}$，$\dfrac{\partial^2 V_\mathrm{L}}{\partial q_\mathrm{L} \partial k_\mathrm{P}} = 0$，$\dfrac{\partial^2 \pi_\mathrm{P}}{\partial q_\mathrm{P} q_\mathrm{L}} = -1$，

$\dfrac{\partial^2 \pi_\mathrm{P}}{\partial q_\mathrm{P}^2} = -2(1+\gamma w)$，$\dfrac{\partial^2 V_\mathrm{L}}{\partial q_\mathrm{L} \partial k_\mathrm{L}} = \dfrac{2}{\gamma q_\mathrm{L}^3}$，$\dfrac{\partial^2 V_\mathrm{L}}{\partial q_\mathrm{L} \partial q_\mathrm{P}} = \dfrac{1}{\gamma q_\mathrm{L}^2}$，$\dfrac{\partial^2 \pi_\mathrm{P}}{\partial q_\mathrm{P} \partial k_\mathrm{L}} = 0$，得：

$$\dfrac{\partial q_\mathrm{P}}{\partial k_\mathrm{P}} = 0$$

其二阶导数为：

$$\dfrac{\partial^2 q_\mathrm{P}}{\partial k_\mathrm{P}^2} = 0$$

可知，$q_\mathrm{P}(k_\mathrm{P}, k_\mathrm{L})$ 是 k_P 的线性函数，因此是否获取利润最大化企业的固定成本信息与其产出不存在相关性。

② $\dfrac{\partial q_\mathrm{L}}{\partial k_\mathrm{P}} = -\left(\dfrac{\partial^2 \pi_\mathrm{P}}{\partial q_\mathrm{P}^2} \dfrac{\partial^2 V_\mathrm{L}}{\partial q_\mathrm{L} \partial k_\mathrm{P}} - \dfrac{\partial^2 \pi_\mathrm{P}}{\partial q_\mathrm{P} \partial k_\mathrm{P}} \dfrac{\partial^2 V_\mathrm{L}}{\partial q_\mathrm{L} \partial q_\mathrm{P}}\right) \cdot \left(\dfrac{\partial^2 \pi_\mathrm{P}}{\partial q_\mathrm{P}^2} \dfrac{\partial^2 V}{\partial q_\mathrm{L}^2} - \dfrac{\partial^2 \pi_\mathrm{P}}{\partial q_\mathrm{P} \partial q_\mathrm{L}} \dfrac{\partial^2 V_\mathrm{L}}{\partial q_\mathrm{L} \partial q_\mathrm{P}}\right)^{-1}$

代入得：

$$\dfrac{\partial q_\mathrm{L}}{\partial k_\mathrm{P}} = 0$$

其二阶导数为：

$$\dfrac{\partial^2 q_\mathrm{L}}{\partial k_\mathrm{P}^2} = 0$$

$q_\mathrm{L}(k_\mathrm{P}, k_\mathrm{L})$ 是 k_P 的线性函数，因此是否获取利润最大化企业的固定成本信息与共营企业的产出不存在相关性。

③ $\dfrac{\partial q_\mathrm{L}}{\partial k_\mathrm{L}} = -\left(\dfrac{\partial^2 \pi_\mathrm{P}}{\partial q_\mathrm{P}^2} \dfrac{\partial^2 V_\mathrm{L}}{\partial q_\mathrm{L} \partial k_\mathrm{L}} - \dfrac{\partial^2 \pi_\mathrm{P}}{\partial q_\mathrm{P} \partial k_\mathrm{L}} \dfrac{\partial^2 V_\mathrm{L}}{\partial q_\mathrm{L} \partial q_\mathrm{P}}\right) \cdot \left(\dfrac{\partial^2 \pi_\mathrm{P}}{\partial q_\mathrm{P}^2} \dfrac{\partial^2 V}{\partial q_\mathrm{L}^2} - \dfrac{\partial^2 \pi_\mathrm{P}}{\partial q_\mathrm{P} \partial q_\mathrm{L}} \dfrac{\partial^2 V_\mathrm{L}}{\partial q_\mathrm{L} \partial q_\mathrm{P}}\right)^{-1}$

代入可得：

$$\dfrac{\partial q_\mathrm{L}}{\partial k_\mathrm{L}} = \dfrac{4(1+\gamma w)}{[4(1+\gamma w)(1+\gamma V_\mathrm{L}) + 1]q_\mathrm{L}} > 0 \tag{5-29}$$

其二阶导数为：

$\dfrac{\partial^2 q_\mathrm{L}}{\partial k_\mathrm{L}^2} = \dfrac{-4(1+\gamma w)}{[4(1+\gamma w)(1+\gamma V_\mathrm{L}) + 1]q_\mathrm{L}^2} \dfrac{\partial q_\mathrm{L}}{\partial k_\mathrm{L}} - \dfrac{16\gamma(1+\gamma w)^2}{[4(1+\gamma w)(1+\gamma V_\mathrm{L}) + 1]^2 q_\mathrm{L}} \dfrac{\mathrm{d}V_\mathrm{L}}{\mathrm{d}k_\mathrm{L}}$

结合式（5-29）可得：

$$\dfrac{\partial^2 q_\mathrm{L}}{\partial k_\mathrm{L}^2} = \dfrac{-32(1+\gamma w)^2}{[4(1+\gamma w)(1+\gamma V_\mathrm{L}) + 1]^3 q_\mathrm{L}^3} < 0$$

可知，$q_L(k_P, k_L)$ 是 k_L 的凹函数，因此获取共营企业的固定成本信息会降低共营企业的产量。

④ $\dfrac{\partial q_P}{\partial k_L} = -\left(\dfrac{\partial^2 \pi_P}{\partial q_P \partial k_L} \dfrac{\partial^2 V_L}{\partial q_L^2} - \dfrac{\partial^2 \pi_P}{\partial q_P \partial q_L} \dfrac{\partial^2 V_L}{\partial q_L \partial k_L}\right) \cdot \left(\dfrac{\partial^2 \pi_P}{\partial q_P^2} \dfrac{\partial^2 V}{\partial q_L^2} - \dfrac{\partial^2 \pi_P}{\partial q_P \partial q_L} \dfrac{\partial^2 V_L}{\partial q_L \partial q_P}\right)^{-1}$

代入得：

$$\frac{\partial q_P}{\partial k_L} = \frac{-2}{q_L[4(1+\gamma w)(1+\gamma V_L)+1]} < 0 \tag{5-30}$$

其二阶导数为：

$$\frac{\partial^2 q_P}{\partial k_L^2} = \frac{2}{[4(1+\gamma w)(1+\gamma V_L)+1]q_L^2} \frac{\partial q_L}{\partial k_L} + \frac{8\gamma(1+\gamma w)}{[4(1+\gamma w)(1+\gamma V_L)+1]^2 q_L} \frac{dV_L}{dk_L}$$

结合式(5-30)和式(5-37)可得：

$$\frac{\partial^2 q_P}{\partial k_L^2} = \frac{16(1+\gamma w)}{[4(1+\gamma w)(1+\gamma V_L)+1]^3 q_L^3} > 0 \tag{5-31}$$

可知，$q_P(k_P, k_L)$ 是 k_L 的凹函数，因此获取共营企业的固定成本信息会增加利润最大化企业的产量。

结论 5-3 在共营企业和利润最大化企业共存的双寡头市场中，是否获取利润最大化企业的固定成本信息，不能直接影响共营企业和利润最大化企业的市场占有率；而获取共营企业的固定成本信息，会降低共营企业的产量，同时会增加利润最大化企业的产量。

（2）获取固定成本信息对寡头企业福利的影响

① $\pi_P(k_P, k_L)$ 关于 k_P 的一阶导数为：

$$\frac{d\pi_P}{dk_P} = 1 - q_P \frac{\partial q_L}{\partial k_P} = 1 \tag{5-32}$$

$\pi_P(k_P, k_L)$ 关于 k_P 的二阶导数为：

$$\frac{d^2 \pi_P}{dk_P^2} = 0 \tag{5-33}$$

可知，$\pi_P(k_P, k_L)$ 是 k_P 的线性函数，因此是否获取利润最大化企业的固定成本信息与其利润不存在相关性。

② $\pi_P(k_P, k_L)$ 关于 k_L 的一阶导数为：

$$\frac{d\pi_P}{dk_L} = -q_P \frac{\partial q_L}{\partial x_L} = \frac{-4q_P(1+\gamma w)}{q_L[4(1+\gamma w)(1+\gamma V_L)+1]} < 0 \tag{5-34}$$

由 $\dfrac{\partial q_L}{\partial k_L} = \dfrac{4(1+\gamma w)}{[4(1+\gamma w)(1+\gamma V_L)+1]q_L}$，$\dfrac{\partial q_P}{\partial x_L} = \dfrac{-2}{q_L[4(1+\gamma w)(1+\gamma V_L)+1]}$

和 $\dfrac{\partial^2 q_L}{\partial k_L^2} = \dfrac{-4(1+\gamma w)}{[4(1+\gamma w)(1+\gamma V_L)+1]q_L^2} \dfrac{\partial q_L}{\partial k_L} + \dfrac{16(1+\gamma w)^2}{[4(1+\gamma w)(1+\gamma V_L)+1]^2 q_L} \dfrac{dV_L}{dk_L}$
< 0。

$\pi_P(k_P, k_L)$ 关于 k_L 的二阶导数为：

$$\frac{d^2 \pi_P}{dk_L^2} = -\left(\frac{\partial q_P}{\partial k_L} \frac{\partial q_L}{\partial k_L} + q_P \frac{\partial^2 q_L}{\partial k_L^2}\right) \tag{5-35}$$

由 $\dfrac{\partial q_L}{\partial k_L} > 0, \dfrac{\partial q_P}{\partial k_L} < 0, \dfrac{\partial^2 q_L}{\partial k_L^2} < 0$,可得:

$$\frac{\mathrm{d}^2 \pi_P}{\mathrm{d} k_L^2} > 0 \tag{5-36}$$

可知,$\pi_P(k_P, k_L)$ 是关于 k_L 的凸函数,因此获取共营企业的固定成本信息能够增加利润最大化企业的利润。

③$V_L(k_P, k_L)$ 关于 k_L 的一阶导数为:

$$\frac{\mathrm{d} V_L}{\mathrm{d} k_L} = -\frac{1}{\gamma q_L} \frac{\partial q_P}{\partial k_L} - \frac{1}{\gamma q_L^2} = \frac{1}{\gamma q_L^2} \frac{1 - 4(1+\gamma w)(1+\gamma V_L)}{4(1+\gamma w)(1+\gamma V_L)+1} < 0 \tag{5-37}$$

$V_L(k_L)$ 关于 k_L 的二阶导数为:

$$\frac{\mathrm{d}^2 V_L}{\mathrm{d} k_L^2} = -\frac{1}{\gamma q_L} \frac{\partial^2 q_P}{\partial k_L^2} + \frac{1}{\gamma q_L^2} \frac{\partial q_L}{\partial k_L} \frac{\partial q_P}{\partial k_L} + \frac{2}{\gamma q_L^3} \frac{\partial q_L}{\partial k_L}$$

结合式(5-29),(5-30),(5-31),(5-32)得:

$$\frac{\mathrm{d}^2 V_L}{\mathrm{d} k_L^2} = \frac{8(1+\gamma w)}{\gamma q_L^4 \left[4(1+\gamma w)(1+\gamma V_L)+1\right]^2}$$
$$\left[4(1+\gamma w)(1+\gamma V_L) - \frac{2}{4(1+\gamma w)(1+\gamma V_L)+1}\right] > 0$$

可知,$V_L(k_P, k_L)$ 是关于 k_L 的凸函数,因此获取共营企业的固定成本信息能够增加共营企业的员工福利。

④$V_L(k_P, k_L)$ 关于 k_P 的一阶导数为:

$$\frac{\mathrm{d} V_L}{\mathrm{d} k_P} = \frac{\partial V_L}{\partial q_P} \frac{\partial q_P}{\partial k_P} + \frac{\partial V_L}{\partial k_P} = 0$$

所以 $V_L(k_P, k_L)$ 关于 k_P 的二阶导数为:

$$\frac{\mathrm{d}^2 V_L}{\mathrm{d} k_P^2} = 0$$

可知,$V_L(k_P, k_L)$ 是关于 k_P 的线性函数,因此获取利润最大化企业的固定成本信息与共营企业的员工福利无关。

结论 5-4 在共营企业和利润最大化企业共存的双寡头市场中,获取共营企业的固定成本信息能够同时增加共营企业的员工福利和利润最大化企业的利润;是否获取利润最大化企业的固定成本信息,不能直接影响共营企业员工福利和利润最大化企业的利润。

因此,获取共营企业的固定成本信息能够同时增加共营企业的员工福利和利润最大化企业的利润。共营企业和利润最大化企业都有获取共营企业固定成本信息的激励。为了获取该信息,可以由寡头企业联合收集,或由行业协会获取该信息。

3. 技术创新收益信息对寡头企业产量和福利的影响

企业进行技术创新,然而由于技术创新结果具有较大的不确定性,其创新投入能够获得的收益往往也成为不确定性信息。

技术创新收益信息不确定性分为两种情况进行讨论:

情况(1):企业进行技术创新投入,能够确定自身的技术创新收益,但是对竞争企业的技术创新收益不确定。即企业 i 在技术创新投入后,能够确定自身获得的技术创新收益信息 x_i,但对竞争企业 j 获得的技术创新收益信息 x_j 不确定。

情况(2):企业进行技术创新投入,对自身和竞争企业的技术创新收益都不确定。即寡头企业在技术创新投入后,对自身和竞争企业的技术创新收益信息 x_i 和 x_j 都不确定。

当企业对技术创新投入不确定时,为了探讨获取技术创新收益信息对企业产量 $q_P(x_P,x_L)$、$q_L(x_P,x_L)$ 的影响,需要讨论 $\mathrm{d}^2 q_P/\mathrm{d}x_P{}^2$、$\mathrm{d}^2 q_P/\mathrm{d}x_L{}^2$、$\mathrm{d}^2 q_L/\mathrm{d}x_L{}^2$、$\mathrm{d}^2 q_L/\mathrm{d}x_P{}^2$;为了探讨获取技术创新收益信息对企业福利 $\pi_P(x_P,x_L)$、$V_L(x_P,x_L)$ 的影响,需要讨论 $\mathrm{d}^2 \pi_P/\mathrm{d}x_P{}^2$、$\mathrm{d}^2 V_L/\mathrm{d}x_P{}^2$、$\mathrm{d}^2 \pi_P/\mathrm{d}x_L{}^2$、$\mathrm{d}^2 V_L/\mathrm{d}x_L{}^2$。

(1)技术创新收益信息对寡头企业产量的影响

① $\dfrac{\partial q_P}{\partial x_P}=-\left(\dfrac{\partial^2 \pi_P}{\partial q_P \partial x_P}\dfrac{\partial^2 V_L}{\partial q_L^2}-\dfrac{\partial^2 \pi_P}{\partial q_P \partial q_L}\dfrac{\partial^2 V_L}{\partial q_L \partial x_P}\right)\cdot\left(\dfrac{\partial^2 \pi_P}{\partial q_P^2}\dfrac{\partial^2 V}{\partial q_L^2}-\dfrac{\partial^2 \pi_P}{\partial q_P \partial q_L}\dfrac{\partial^2 V_L}{\partial q_L \partial q_P}\right)^{-1}$

由 $\dfrac{\partial^2 \pi_P}{\partial q_P \partial x_P}=1$,$\dfrac{\partial^2 V_L}{\partial q_L^2}=\dfrac{-2(1+\gamma V_L)}{\gamma q_L^2}$,$\dfrac{\partial^2 V_L}{\partial q_L \partial x_P}=\dfrac{-\beta}{\gamma q_L^2}$,$\dfrac{\partial^2 \pi_P}{\partial q_P \partial q_L}=-1$;$\dfrac{\partial^2 \pi_P}{\partial q_P^2}=-2(1+\gamma w)$,$\dfrac{\partial^2 V_L}{\partial q_L \partial x_L}=\dfrac{1}{\gamma q_L^2}\left(\dfrac{2u'(x_L)}{q_L}-1\right)$,$\dfrac{\partial^2 V_L}{\partial q_L \partial q_P}=\dfrac{1}{\gamma q_L^2}$,$\dfrac{\partial^2 \pi_P}{\partial q_P \partial x_L}=\beta$,可得:

$$\dfrac{\partial q_P}{\partial x_P}=\dfrac{2(1+\gamma V_L)+\beta}{4(1+\gamma w)(1+\gamma V_L)+1}>0 \qquad (5\text{-}38)$$

因此,$q_P(x_P,x_L)$ 关于 x_P 的二阶偏导数为:

$$\dfrac{\partial^2 q_P}{\partial x_P^2}=\dfrac{2\gamma[1-2\beta(1+\gamma w)]}{[4(1+\gamma w)(1+\gamma V_L)+1]^2}\dfrac{\mathrm{d}V_L}{\mathrm{d}x_P}$$

由式(5-41),结合式(5-38)可得:

$$\dfrac{\partial^2 q_P}{\partial x_P^2}=\dfrac{-4(1+\gamma V_L)[1-2\beta(1+\gamma w)]^2}{q_L[4(1+\gamma w)(1+\gamma V_L)+1]^3}<0$$

可知 $q_P(x_P,x_L)$ 是 x_P 的凹函数,因此获取利润最大化企业的技术创新收益信息会降低其产品产量。

② $\dfrac{\partial q_L}{\partial x_P}=-\left(\dfrac{\partial^2 \pi_P}{\partial q_P^2}\dfrac{\partial^2 V_L}{\partial q_L \partial x_P}-\dfrac{\partial^2 \pi_P}{\partial q_P \partial x_P}\dfrac{\partial^2 V_L}{\partial q_L \partial q_P}\right)\cdot\left(\dfrac{\partial^2 \pi_P}{\partial q_P^2}\dfrac{\partial^2 V}{\partial q_L^2}-\dfrac{\partial^2 \pi_P}{\partial q_P \partial q_L}\dfrac{\partial^2 V_L}{\partial q_L \partial q_P}\right)^{-1}$

代入得:

$$\dfrac{\partial q_L}{\partial x_P}=\dfrac{1-2\beta(1+\gamma w)}{4(1+\gamma w)(1+\gamma V_L)+1}>0 \qquad (5\text{-}39)$$

$q_L(x_P,x_L)$ 关于 x_P 的二阶偏导数为:

$$\dfrac{\partial^2 q_L}{\partial x_P^2}=\dfrac{4\gamma(1+\gamma w)[1-2\beta(1+\gamma w)]}{[4(1+\gamma w)(1+\gamma V_L)+1]^2}\dfrac{\mathrm{d}V_L}{\mathrm{d}x_P}$$

由式(5-41),结合式(5-38)可得:

$$\dfrac{\partial^2 q_L}{\partial x_P^2}=\dfrac{-8(1+\gamma w)(1+\gamma V_L)[1-2\beta(1+\gamma w)]^2}{q_L[4(1+\gamma w)(1+\gamma V_L)+1]^3}<0$$

可知,$q_L(x_P, x_L)$ 是 x_P 的凹函数,因此获取利润最大化企业的技术创新收益信息会降低共营企业的产品产量。

③ $\dfrac{\partial q_L}{\partial x_L} = -\left(\dfrac{\partial^2 \pi_P}{\partial q_P^2} \dfrac{\partial^2 V_L}{\partial q_L \partial x_L} - \dfrac{\partial^2 \pi_P}{\partial q_P \partial x_L} \dfrac{\partial^2 V_L}{\partial q_L \partial q_P}\right) \cdot \left(\dfrac{\partial^2 \pi_P}{\partial q_P^2} \dfrac{\partial^2 V}{\partial q_L^2} - \dfrac{\partial^2 \pi_P}{\partial q_P \partial q_L} \dfrac{\partial^2 V_L}{\partial q_L \partial q_P}\right)^{-1}$

代入得:

$$\frac{\partial q_L}{\partial x_L} = \frac{2(1+\gamma w)\left[\dfrac{2u'(x_L)}{q_L} - 1\right] + \beta}{4(1+\gamma w)(1+\gamma V_L) + 1}$$

其二阶偏导数为:

$$\frac{\partial^2 q_L}{\partial x_L^2} = \frac{4(1+\gamma w)}{[4(1+\gamma w)(1+\gamma V_L)+1]q_L^2}\left[u''(x_L)q_L - u'(x_L)\frac{\partial q_L}{\partial x_L}\right] -$$

$$\frac{\partial q_L}{\partial x_L}\frac{4\gamma(1+\gamma w)}{4(1+\gamma w)(1+\gamma V_L)+1}\frac{dV_L}{dx_L}$$

即:

$$\frac{\partial^2 q_L}{\partial x_L^2} = \frac{4(1+\gamma w)u''(x_L)}{[4(1+\gamma w)(1+\gamma V_L)+1]q_L} - \left[\frac{\partial q_L}{\partial x_L}\frac{4(1+\gamma w)}{4(1+\gamma w)(1+\gamma V_L)+1}\right]$$

$$\left[\frac{u'(x_L)}{q_L^2} + \gamma \frac{dV_L}{dx_L}\right]$$

由式(5-40),可得:

$$\frac{\partial^2 q_L}{\partial x_L^2} = \frac{4(1+\gamma w)}{[4(1+\gamma w)(1+\gamma V_L)+1]q_L}\left[u''(x_L) - \frac{\partial q_L}{\partial x_L}\left(1 - \frac{\partial q_P}{\partial x_L}\right)\right]$$

其中,由式(5-39)可得:

$$\left(\frac{\partial q_P}{\partial x_L} - 1\right) = \frac{2(1+\gamma V_L)[\beta - 2(1+\gamma w)] - \dfrac{2u'(x_L)}{q_L}}{4(1+\gamma w)(1+\gamma V_L) + 1} < 0$$

因此,$q_L(x_P, x_L)$ 关于 x_L 的凹凸性不确定,与具体的表达式相关,即与劳动生产效率 γ 以及技术创新的溢出系数 β 相关。

④ $\dfrac{\partial q_P}{\partial x_L} = -\left(\dfrac{\partial^2 \pi_P}{\partial q_P \partial x_L} \dfrac{\partial^2 V_L}{\partial q_L^2} - \dfrac{\partial^2 \pi_P}{\partial q_P \partial q_L} \dfrac{\partial^2 V_L}{\partial q_L \partial x_L}\right) \cdot \left(\dfrac{\partial^2 \pi_P}{\partial q_P^2} \dfrac{\partial^2 V}{\partial q_L^2} - \dfrac{\partial^2 \pi_P}{\partial q_P \partial q_L} \dfrac{\partial^2 V_L}{\partial q_L \partial q_P}\right)^{-1}$

代入得:

$$\frac{\partial q_P}{\partial x_L} = \frac{2\beta(1+\gamma V_L) + \left[1 - \dfrac{2u'(x_L)}{q_L}\right]}{4(1+\gamma w)(1+\gamma V_L) + 1}$$

二阶偏导数为:

$$\frac{\partial^2 q_P}{\partial x_L^2} = \frac{2\gamma\beta\dfrac{dV_L}{dx_L} - \dfrac{2}{q_L^2}\left[u''(x_L)q_L - u'(x_L)\dfrac{\partial q_L}{\partial x_L}\right] - 4\gamma(1+\gamma w)\dfrac{\partial q_P}{\partial x_L}\dfrac{dV_L}{dx_L}}{4(1+\gamma w)(1+\gamma V_L) + 1}$$

$$\frac{dV_L}{dx_L} = -\frac{1}{\gamma q_L}\frac{\partial q_P}{\partial x_L} + \frac{q_L - u'(x_L)}{\gamma q_L^2} = \frac{1}{\gamma q_L}\left[\left(1 - \frac{\partial q_P}{\partial x_L}\right) - \frac{u'(x_L)}{q_L}\right]$$

化简得:

$$\frac{\partial^2 q_{\mathrm{P}}}{\partial x_{\mathrm{L}}^2} = \frac{2q_{\mathrm{L}}\left[\left(1-\dfrac{\partial q_{\mathrm{P}}}{\partial x_{\mathrm{L}}}\right)-\dfrac{u'(x_{\mathrm{L}})}{q_{\mathrm{L}}}\right]\left[\beta-2(1+\gamma w)\dfrac{\partial q_{\mathrm{P}}}{\partial x_{\mathrm{L}}}\right]-2\left[u''(x_{\mathrm{L}})q_{\mathrm{L}}-u'(x_{\mathrm{L}})\dfrac{\partial q_{\mathrm{L}}}{\partial x_{\mathrm{L}}}\right]}{[4(1+\gamma w)(1+\gamma V_{\mathrm{L}})+1]q_{\mathrm{L}}^2}$$

$$\frac{\partial^2 q_{\mathrm{P}}}{\partial x_{\mathrm{L}}^2} = \frac{-4\dfrac{1}{q_{\mathrm{L}}}\left[\left(1-\dfrac{\partial q_{\mathrm{P}}}{\partial x_{\mathrm{L}}}\right)-\dfrac{u'(x_{\mathrm{L}})}{q_{\mathrm{L}}}\right]\dfrac{(1+w\gamma)\left[1-\dfrac{2u'(x_{\mathrm{L}})}{q_{\mathrm{L}}}\right]}{4(1+w\gamma)(1+V_{\mathrm{L}}\gamma)+1}-2\dfrac{\left[u''(x_{\mathrm{L}})q_{\mathrm{L}}-u'(x_{\mathrm{L}})\dfrac{\partial q_{\mathrm{L}}}{\partial x_{\mathrm{L}}}\right]}{q_{\mathrm{L}}^2}}{4(1+w\gamma)(1+V_{\mathrm{L}}\gamma)+1}$$

代入得:

$$\frac{\partial^2 q_{\mathrm{P}}}{\partial x_{\mathrm{L}}^2} = \frac{2\gamma\beta\dfrac{\mathrm{d}V_{\mathrm{L}}}{\mathrm{d}x_{\mathrm{L}}}-2\dfrac{\left[u''(x_{\mathrm{L}})q_{\mathrm{L}}-u'(x_{\mathrm{L}})\dfrac{\partial q_{\mathrm{L}}}{\partial x_{\mathrm{L}}}\right]}{q_{\mathrm{L}}^2}-4(1+w\gamma)\dfrac{\partial q_{\mathrm{P}}}{\partial x_{\mathrm{L}}}\dfrac{1}{q_{\mathrm{L}}}\left[1-\dfrac{\partial q_{\mathrm{P}}}{\partial x_{\mathrm{L}}}-\dfrac{u'(x_{\mathrm{L}})}{q_{\mathrm{L}}}\right]}{4(1+w\gamma)(1+V_{\mathrm{L}}\gamma)+1}$$

因此,$q_{\mathrm{P}}(x_{\mathrm{P}},x_{\mathrm{L}})$ 关于 x_{L} 的凹凸性不确定,与具体的表达式相关,即与劳动生产率 γ 和技术创新的溢出系数 β 相关。

结论 5-5 在共营企业和利润最大化企业共存的双寡头市场中,获取利润最大化企业的技术创新收益信息能够同时降低共营企业和利润最大化企业的产量;是否获取共营企业的技术创新收益信息,对共营企业和利润最大化企业产量的影响与具体的劳动生产率 γ 和技术创新的溢出系数 β 相关。

(2) 技术创新收益信息对寡头企业福利的影响

① $\pi_{\mathrm{P}}(x_{\mathrm{P}},x_{\mathrm{L}})$ 关于 x_{P} 的一阶导数为:

$$\frac{\mathrm{d}\pi_{\mathrm{P}}}{\mathrm{d}x_{\mathrm{P}}} = q_{\mathrm{P}}\left(1-\frac{\partial q_{\mathrm{L}}}{\partial x_{\mathrm{P}}}\right)-u'(x_{\mathrm{P}}) = q_{\mathrm{P}}\left[1-\frac{1-2\beta(1+\gamma w)}{4(1+\gamma w)(1+\gamma V_{\mathrm{L}})+1}\right]-u'(x_{\mathrm{P}})$$

$$= \frac{q_{\mathrm{P}}(1+\gamma w)\left[2(1+\gamma V_{\mathrm{L}})+\beta\right]}{4(1+\gamma w)(1+\gamma V_{\mathrm{L}})+1}-u'(x_{\mathrm{P}})$$

$\pi_{\mathrm{P}}(x_{\mathrm{P}},x_{\mathrm{L}})$ 关于 x_{P} 的二阶导数为:

$$\frac{\mathrm{d}^2\pi_{\mathrm{P}}}{\mathrm{d}x_{\mathrm{P}}^2} = \frac{\partial q_{\mathrm{P}}}{\partial x_{\mathrm{P}}}\left(1-\frac{\partial q_{\mathrm{L}}}{\partial x_{\mathrm{P}}}\right)-q_{\mathrm{P}}\frac{\partial^2 q_{\mathrm{L}}}{\partial x_{\mathrm{P}}^2}-u''(x_{\mathrm{P}})$$

即:

$$\frac{\mathrm{d}^2\pi_{\mathrm{P}}}{\mathrm{d}x_{\mathrm{P}}^2} = \frac{2(1+w\gamma)\left[2(1+V_{\mathrm{L}}\gamma)+\beta\right]^2}{\left[4(1+w\gamma)(1+V_{\mathrm{L}}\gamma)+1\right]^2}+\frac{q_{\mathrm{P}}8(1+w\gamma)(1+V_{\mathrm{L}}\gamma)\left[2\beta(1+\gamma w)-1\right]}{q_{\mathrm{L}}\left[4(1+w\gamma)(1+V_{\mathrm{L}}\gamma)+1\right]^2}-u''(x_{\mathrm{P}})$$

因此,$\pi_{\mathrm{P}}(x_{\mathrm{P}},x_{\mathrm{L}})$ 关于 x_{P} 的凹凸性不确定,与具体的表达式相关,即与劳动生产率 γ 技术创新的溢出系数 β 相关。

② $\pi_{\mathrm{P}}(x_{\mathrm{P}},x_{\mathrm{L}})$ 关于 x_{L} 的一阶导数为:

$$\frac{\mathrm{d}\pi_{\mathrm{P}}}{\mathrm{d}x_{\mathrm{L}}} = q_{\mathrm{P}}\left(\beta-\frac{\partial q_{\mathrm{L}}}{\partial x_{\mathrm{L}}}\right)$$

$\pi_{\mathrm{P}}(x_{\mathrm{P}},x_{\mathrm{L}})$ 关于 x_{L} 的二阶导数为:

$$\frac{\mathrm{d}^2\pi_{\mathrm{P}}}{\mathrm{d}x_{\mathrm{L}}^2} = \frac{\partial q_{\mathrm{P}}}{\partial x_{\mathrm{L}}}\left(\beta-\frac{\partial q_{\mathrm{L}}}{\partial x_{\mathrm{L}}}\right)-q_{\mathrm{P}}\frac{\partial^2 q_{\mathrm{L}}}{\partial x_{\mathrm{L}}^2}$$

即：

$$\frac{\mathrm{d}^2\pi_P}{\mathrm{d}x_L^2} = \frac{\partial q_P}{\partial x_L}\left(\beta - \frac{\partial q_L}{\partial x_L}\right) - q_P\frac{\partial^2 q_L}{\partial x_L^2}$$

$$= \frac{2(1+\gamma w)\left[2\beta(1+\gamma V_L) - \left(\frac{2u'(x_L)}{q_L} - 1\right)\right]^2}{\left[4(1+\gamma w)(1+\gamma V_L) + 1\right]^2} - q_P\frac{\partial^2 q_L}{\partial x_L^2}$$

因此，$\pi_P(x_P, x_L)$ 关于 x_L 的凹凸性不确定，与具体的表达式相关，即与劳动生产率 γ 和技术创新的溢出系数 β 相关。但是一般情况下，$\pi_P(x_P, x_L)$ 是关于 x_L 的凸函数，利润最大化企业获取共营企业的技术创新收益信息能够提高自身的企业福利。

③$V_L(x_P, x_L)$ 关于 x_L 的一阶导数为：

$$\frac{\mathrm{d}V_L}{\mathrm{d}x_L} = -\frac{1}{\gamma q_L}\frac{\partial q_P}{\partial x_L} + \frac{q_L - u'(x_L)}{\gamma q_L^2} = \frac{1}{\gamma q_L}\left[1 - \frac{\partial q_P}{\partial x_L} - \frac{u'(x_L)}{q_L}\right] \quad (5\text{-}40)$$

$V_L(x_L)$ 关于 x_L 的二阶导数为：

$$\frac{\mathrm{d}^2V_L}{\mathrm{d}x_L^2} = -\frac{1}{\gamma q_L}\frac{\partial^2 q_P}{\partial x_L^2} - \frac{1}{\gamma q_L^2}\frac{\partial q_L}{\partial x_L}\left(1 - \frac{\partial q_P}{\partial x_L}\right) + \frac{1}{\gamma q_L^2}\left[\frac{2u'(x_L)}{q_L}\frac{\partial q_L}{\partial x_L} - u''(x_L)\right]$$

即：

$$\frac{\mathrm{d}^2V_L}{\mathrm{d}x_L^2} = \frac{1}{\gamma q_L^2}\left[\frac{\partial q_L}{\partial x_L}\left(\frac{2u'(x_L)}{q_L} + \frac{\partial q_P}{\partial x_L} - 1\right) - q_L\frac{\partial^2 q_P}{\partial x_L^2} - u''(x_L)\right]$$

因此，$V_L(x_P, x_L)$ 关于 x_L 的凹凸性不确定，与具体的表达式相关，即与劳动生产率 γ 和技术创新的溢出系数 β 相关。但是一般情况下，$V_L(x_P, x_L)$ 是关于 x_L 的凹函数，共营企业获取自身的技术创新收益信息反而会降低自身的企业福利。

④$V_L(x_L)$ 关于 x_P 的一阶导数为：

$$\frac{\mathrm{d}V_L}{\mathrm{d}x_P} = \frac{1}{\gamma q_L}\left(\beta - \frac{\partial q_P}{\partial x_P}\right) = \frac{2(1+\gamma V_L)[2\beta(1+\gamma w) - 1]}{\gamma q_L[4(1+\gamma w)(1+\gamma V_L) + 1]} \quad (5\text{-}41)$$

$V_L(x_P, x_L)$ 关于 x_P 的二阶导数为：

$$\frac{\mathrm{d}^2V_L}{\mathrm{d}x_P^2} = -\frac{1}{\gamma q_L}\frac{\partial^2 q_P}{\partial x_P^2} - \frac{1}{\gamma q_L^2}\frac{\partial q_L}{\partial x_P}\left(\beta - \frac{\partial q_P}{\partial x_P}\right)$$

即：

$$\frac{\mathrm{d}^2V_L}{\mathrm{d}x_P^2} = \frac{1}{\gamma q_L^2}\left(\beta - \frac{\partial q_P}{\partial x_P}\right)\left\{\frac{4\beta(1+\gamma w) - 2}{\left[4(1+\gamma w)(1+\gamma V_L) + 1\right]^2} - \frac{\partial q_L}{\partial x_P}\right\}$$

代入可得：

$$\frac{\mathrm{d}^2V_L}{\mathrm{d}x_P^2} = \frac{1}{\gamma q_L^2}\frac{2(1+\gamma V_L)[2\beta(1+\gamma w) - 1]^2}{\left[4(1+\gamma w)(1+\gamma V_L) + 1\right]^2}\left(\frac{2}{4(1+\gamma w)(1+\gamma V_L) + 1} + 1\right) > 0$$

因此，$V_L(x_P, x_L)$ 是关于 x_P 的凸函数，共营企业获取利润最大化企业的技术创新收益信息能够增加自身的企业福利。

结论 5-6 在共营企业和利润最大化企业共存的双寡头市场中，获取利润最大化企业的技术创新收益信息能够提高共营企业的员工收益，而对利润最大化企业的利润影响与劳动生产率 γ 和技术创新的溢出系数 β 相关;是否获取共营企业的技术创新收益信息,对共营企业和利润最大化企业的福利影响与劳动生产率 γ 和技术创新的溢出系数 β 相关。

5.3 不确定条件下技术创新信息获取——两家利润最大化企业共存的双寡头市场

5.3.1 模型的构建

1. 问题分析

根据上述假设,两家企业在寡头市场上进行 Cournot 产量博弈。利润最大化企业通过选择最优产量实现企业利润最大化,其目标函数可分别表示如下:

$$\max_{x_i, q_i} \pi_i = [p_i - c_i(x_i, x_j)]q_i - wg(q_i) - u_i(x_i) - k_i \tag{5-42}$$

其中,w 为企业的员工工资,q_i 为利润最大化企业的产品产出,k_i 为固定成本,假设边际成本为零(Goel and Haruna,2007)。

结合式(5-1),(5-2),(5-3),可得双寡头企业的目标函数为:

$$\max_{x_i, q_i} \pi_i = (a - c - h + x_i + \beta x_j)q_i - wg_i(q_i) - k_i - u_i(x_i) \tag{5-43}$$

2. 均衡解存在的充要条件和稳定性分析

通过对式(5-4)求一阶导数,利润最大化企业和共营企业的目标函数达到最优值的必要条件为:

$$G_i = \frac{\partial \pi_i}{\partial q_i} = a - c + x_i + \beta x_j - [h + h'q_i + wg_i'(q_i)] = 0 \tag{5-44}$$

通过对式(5-4)求二阶导数,利润最大化企业和共营企业的目标函数达到最优值的充分条件为:

$$\frac{\partial^2 \pi_i}{\partial q_i^2} = -[2h' + h''q_i + wg''(q_i)] < 0 \tag{5-45}$$

假设两家企业根据预期的产量调整自身的产量,即:

$$dG_i/dt = \xi_i G_i(q_i, q_j) \tag{5-46}$$

其中,ξ_i 是符号为正的常数。根据 Gandolfo(1971)的稳定性理论,纳什均衡解的全局稳定性条件为:

$$\left| \frac{\partial^2 \pi_i}{\partial q_i^2} \right| = \left| \frac{dG_i}{dq_i} \right| > \left| \frac{dG_i}{dq_j} \right| = \left| \frac{\partial^2 \pi_i}{\partial q_i \partial q_j} \right| \tag{5-47}$$

其中:

$$\frac{\partial^2 \pi_i}{\partial q_i q_j} = -(h' + h''q_i) < 0 \tag{5-48}$$

设产量反应函数分别为 $q_i = R_i(q_j)$,则式(5-8)所代表的稳定性条件可以转化为

$$\left| \frac{dR_i}{dq_j} \right| = \left| \left(\frac{\partial^2 \pi_i}{\partial q_i q_j} \right) \cdot \left(\frac{\partial^2 \pi_i}{\partial q_i^2} \right)^{-1} \right| = \left| \frac{h' + h''q_i}{2h' + h''q_i + wg''(q_i)} \right| < 1 \tag{5-49}$$

即利润最大化企业存在均衡解的稳定性条件为：

$$h' + wg_i''(q_i) > 0 \tag{5-50}$$

5.3.2 分析框架

1. 市场需求信息不确定的分析框架

在不确定性条件下，a 是一个随机参数，表示市场需求的不确定性。在没有获得市场需求信息时，每个企业根据竞争企业的产量和市场需求期望值选择最优产量。因此，市场需求不确定性条件下 η^0 的均衡产出 $(q_i^0(a), q_j^0(a))$ 满足：

$$q_i^0(a) = \arg\max_{q_i} E(\pi_i(q_i, q_j^0, a)) \tag{5-51}$$

而完全信息下的情形 η^c，对任意给定的 a，均衡产出 $(q_i^c(a), q_j^c(a))$ 满足：

$$q_i^c(a) = \arg\max_{q_i} \pi_i(q_i, q_j^c, a) \tag{5-52}$$

由于 a 是 π_i 的线性函数，可得：

$$q_i^0(a) = \arg\max_{q_i} E(\pi_i(q_i, q_j^0, a)) = \arg\max_{q_i} \pi_i(q_i, q_j^0, E(a)) = q_i^c(E(a)) \tag{5-53}$$

因此，可得：

$$\pi_i^c(E(a)) = \pi_i^0(a), q_i^c(E(a)) = q_i^0(a) \tag{5-54}$$

讨论市场需求信息不确定性对寡头企业产出决策及其目标函数的影响，需要比较市场需求信息不确定性和完全信息条件下的产出或目标函数，即要比较 $q_i^0 \sim E(q_i^c(a))$ 和 $\pi_i^0 \sim E(\pi_i^c(a))$。根据式(3-15)，比较市场需求信息不确定的情形 η^0 和完全信息的情形 η^c 条件下的产量和目标函数，只需要比较 $q_i^0(E(a)) \sim E(q_i^c(a))$ 和 $\pi_i^0(E(a)) \sim E(\pi_i^c(a))$。

2. 成本信息不确定的分析框架

成本信息包括固定成本信息 k_i 与可变成本信息 c。讨论不确定条件下可变成本信息 c 不确定性对寡头企业产出决策及其目标函数的影响，与市场需求信息 a 不确定性对寡头企业产出决策及其目标函数的影响刚好相反，因此不需要进行讨论。所以，只需要对固定成本信息 k_i 进行分析。

同理，假设 k_i 是随机参数，表示成本(固定成本)的不确定性。在没有获得成本信息时，每个企业根据竞争企业的产出和固定成本信息的期望值选择最优产量。并且，k_i 分别是 π_i 的线性函数，因此固定成本不确定下的均衡产出 $(q_i^0(k_i), q_j^0(k_i))$ 为：

$$q_i^0(k_i) = \arg\max_{q_i} E(\pi_i(q_i, q_j^0, k_i)) = \arg\max_{q_i} \pi_i(q_i, q_j^0, E(k_i)) = q_i^c(E(k_i)) \tag{5-55}$$

因此，可得：

$$\pi_i^c(E(k_i)) = \pi_i^0(k_i), q_i^c(E(k_i)) = q_i^0(k_i) \tag{5-56}$$

讨论固定成本信息不确定性对寡头企业产出决策及其目标函数的影响,需要比较固定成本信息不确定性条件下的产出或目标函数与完全信息条件下的情形,即要比较 $q_i^0 \sim E(q_i^c(k_i))$ 和 $\pi_i^0 \sim E(\pi_i^c(k_i))$。根据式(3-17),比较产量和目标函数在固定成本信息不确定下的情形 η^0 和完全信息条件下的情形 η^c,只需要比较 $q_i^0(E(k_i)) \sim E(q_i^c(k_i))$ 和 $\pi_i^0(E(k_i)) \sim E(\pi_i^c(k_i))$。

3. 技术创新收益信息不确定的分析框架

同理,x_i 是随机参数,表示利润最大化企业进行技术创新之后,技术创新收益的不确定性。在没有获得技术创新收益信息时,每家企业根据竞争企业的产出和技术创新收益的期望值选择最优产量。并且,x_i 是 π_i 的线性函数,因此技术创新收益信息不确定下的均衡产出 $q_i^0(x_j)$ 为:

$$q_i^0(x_j) = \arg\max_{q_i} E(\pi_i(q_i, q_j^0, x_i, x_j)) = \arg\max_{q_i} \pi_i(q_i, q_j^0, E(x_j)) = q_i^c(E(x_j))$$

$$(5\text{-}57)$$

因此,可得:

$$\pi_i^c(E(x_j)) = \pi_i^0(x_j), q_i^c(E(x_j)) = q_i^0(x_j) \qquad (5\text{-}58)$$

讨论技术创新收益信息不确定性对寡头企业产出决策及其目标函数的影响,需要比较技术创新收益信息不确定性条件下的产量或目标函数与完全信息条件下的情形,即要比较 $q_i^0 \sim E(q_i^c(x_i))$ 和 $\pi_i^0 \sim E(\pi_i^c(x_i))$。根据式(5-18),比较产量和目标函数在技术创新收益信息不确定下的情形 η^0 和完全信息条件下的情形 η^c,只需要比较 $q_i^0(E(x_i)) \sim E(q_i^c(x_i))$ 和 $\pi_i^0(E(x_i)) \sim E(\pi_i^c(x_i))$。

通过上述分析,可以将不确定性条件下 η^0 的信息转换为完全信息条件下 η^c 的情形,为问题的研究提供了方便。

根据上述定理,为了分析获取市场需求信息 a、可变成本信息 c、固定成本信息 k_i 和 k_j,以及技术创新收益信息 x_i 和 x_j,对企业产出和利润的影响,只需要分析其二阶导数即可。

5.3.3 信息获取分析

为了更加精确地探讨两者之间的不同,需要对具体的市场需求函数表达式和生产函数表达式进行分析。假设市场需求为线性函数,生产函数为二次平方函数,即 $h = q_i + q_j$,$g(q) = \gamma q^2$,$u(x_i) = 0.5\lambda x_i^2$。通过验证可知,该假设符合现实条件,并且符合均衡解存在的充要条件和稳定性条件。

将上述假设的线性需求函数和平方生产函数代入式(5-4)和式(5-5)分别得:

$$\max_{q_i} \pi_i = (a - c + x_i + \beta x_j - q_i - q_j)q_i - w\gamma q_i^2 - k_i - u(x_i) \qquad (5\text{-}59)$$

对式(5-20)求一阶导数得:

$$\frac{\partial \pi_i}{\partial q_i} = a - c + x_i + \beta x_j - [q_j + 2q_i(1 + w\gamma)] = 0 \qquad (5\text{-}60)$$

对式(5-20)求二阶导数得:

$$\frac{\partial^2 \pi_i}{\partial q_i^2} = -2(1+w\gamma) < 0 \tag{5-61}$$

根据式(5-11),存在均衡解的稳定性条件为:

$$1 + 2w\gamma > 0 \tag{5-62}$$

显然满足稳定性条件。

1. 市场需求信息对企业产量和福利的影响

当市场需求信息 a 不确定时,为了探讨获取市场需求信息对企业的产量 $q_i(a)$ 和企业利润 $\pi_i(a)$ 的影响,需要讨论 $\frac{\mathrm{d}^2 q_i}{\mathrm{d}a^2}$ 和 $\frac{\mathrm{d}^2 \pi_i}{\mathrm{d}a^2}$ 的符号。

(1)获取市场需求信息对寡头企业产量的影响

式(5-21)对 a 求导得:

$$2(1+\gamma w)\frac{\mathrm{d}q_i}{\mathrm{d}a} + \frac{\mathrm{d}q_j}{\mathrm{d}a} = 1 \tag{5-63}$$

求解式(5-24)得:

$$\frac{\mathrm{d}q_i}{\mathrm{d}a} = \frac{1}{3+2\gamma w} > 0 \tag{5-64}$$

式(5-20)对 a 求导得:

$$\frac{\mathrm{d}\pi_i}{\mathrm{d}a} = q_i\left(1 - \frac{\mathrm{d}q_j}{\mathrm{d}a}\right) > 0 \tag{5-65}$$

根据式(5-25),$q_i(a)$ 对 a 求二阶导数得:

$$\frac{\mathrm{d}^2 q_i}{\mathrm{d}a^2} = 0 \tag{5-66}$$

可知 $q_i(a)$ 是 a 的线性函数。因此获取市场需求信息对利润最大化企业的预期产出没有影响。

结论 5-7 在利润最大化企业共存的双寡头市场中,获取市场需求信息,对利润最大化企业的预期产出没有影响。

(2)获取市场需求信息对寡头企业福利的影响

同理,根据式(5-26),$\pi_P(a)$ 对 a 求二阶导数得:

$$\frac{\mathrm{d}^2 \pi_i}{\mathrm{d}a^2} = \frac{\mathrm{d}q_i}{\mathrm{d}a}\left(1 - \frac{\mathrm{d}q_j}{\mathrm{d}a}\right) - q_i\frac{\mathrm{d}^2 q_j}{\mathrm{d}a^2} = \frac{2(1+\gamma w)}{(3+2\gamma w)^2} > 0 \tag{5-67}$$

由式(5-28)可知,$\pi_i(a)$ 是 a 的凸函数,因此获取市场需求信息能够增加利润最大化企业的期望利润。

结论 5-8 在利润最大化企业共存的双寡头市场中,获取市场需求信息,能够增加利润最大化企业的总利润。

因此,获取市场需求信息能够同时增加双寡头利润最大化企业的福利,双方都有获取市场需求信息的激励。为了获取该信息,可以由寡头企业联合收集,或由行业协会获取该信息。如果政府为了扶持该行业,也可以通过提供市场需求信息提高企业的福利。

2. 固定成本信息对寡头企业产量和企业福利的影响

当固定成本信息 k_i 不确定，为了探讨获取固定成本信息对企业的产量 $q_i(k_i,k_j)$ 和企业福利 $\pi_i(k_i,k_j)$ 的影响，需要讨论 $\dfrac{\mathrm{d}^2 q_i}{\mathrm{d}k_i^2}$、$\dfrac{\mathrm{d}^2 q_i}{\mathrm{d}k_j^2}$、$\dfrac{\mathrm{d}^2 \pi_i}{\mathrm{d}k_i^2}$、$\dfrac{\mathrm{d}^2 \pi_i}{\mathrm{d}k_j^2}$ 的符号。

（1）获取固定成本信息对寡头企业产量的影响

① $\dfrac{\partial q_i}{\partial k_i} = -\left(\dfrac{\partial^2 \pi_i}{\partial q_i \partial k_i} \dfrac{\partial^2 \pi_i}{\partial q_j^2} - \dfrac{\partial^2 \pi_i}{\partial q_i \partial q_j} \dfrac{\partial^2 \pi_j}{\partial q_j \partial k_i} \right) \cdot \left(\dfrac{\partial^2 \pi_i}{\partial q_i^2} \dfrac{\partial^2 \pi_j}{\partial q_j^2} - \dfrac{\partial^2 \pi_i}{\partial q_i \partial q_j} \dfrac{\partial^2 \pi_j}{\partial q_j \partial q_i} \right)^{-1}$

由 $\dfrac{\partial^2 \pi_i}{\partial q_i k_i} = 0, \dfrac{\partial^2 \pi_j}{\partial q_j \partial k_i} = 0$，可得：

$$\frac{\partial q_i}{\partial k_i} = 0$$

其二阶导数为：

$$\frac{\partial^2 q_i}{\partial k_i^2} = 0$$

可知，$q_i(k_i, k_j)$ 是 k_i 的线性函数，因此利润最大化企业是否获取自身的固定成本信息与其产出不存在相关性。

② $\dfrac{\partial q_j}{\partial k_i} = -\left(\dfrac{\partial^2 \pi_i}{\partial q_i^2} \dfrac{\partial^2 \pi_j}{\partial q_j \partial k_i} - \dfrac{\partial^2 \pi_i}{\partial q_i \partial k_i} \dfrac{\partial^2 \pi_j}{\partial q_j \partial q_i} \right) \cdot \left(\dfrac{\partial^2 \pi_i}{\partial q_i^2} \dfrac{\partial^2 \pi_j}{\partial q_j^2} - \dfrac{\partial^2 \pi_i}{\partial q_i \partial q_j} \dfrac{\partial^2 \pi_j}{\partial q_j \partial q_i} \right)^{-1}$

代入得：

$$\frac{\partial q_j}{\partial k_i} = 0$$

其二阶导数为：

$$\frac{\partial^2 q_j}{\partial k_i^2} = 0$$

可知，$q_j(k_i, k_j)$ 是 k_i 的线性函数，因此利润最大化企业是否获取对方的固定成本信息与其产出不存在相关性。

结论 5-9 在利润最大化企业共存的双寡头市场中，无论利润最大化企业是否获取自身或对方的固定成本信息，都不能直接影响共营企业和利润最大化企业的市场占有率。

（2）获取固定成本信息对寡头企业福利的影响

① $\pi_i(k_i, k_j)$ 关于 k_i 的一阶导数为：

$$\frac{\mathrm{d}\pi_i}{\mathrm{d}k_i} = 1 - q_i \frac{\partial q_j}{\partial k_i} = 1 \tag{5-68}$$

$\pi_P(k_P, k_L)$ 关于 k_P 的二阶导数为：

$$\frac{\mathrm{d}^2 \pi_i}{\mathrm{d}k_i^2} = 0 \tag{5-69}$$

可知，$\pi_i(k_i, k_j)$ 是 k_i 的线性函数，因此利润最大化企业是否获取自身的固定成本信息与其利润不存在相关性。

②$\pi_i(k_i,k_j)$ 关于 k_j 的一阶导数为：

$$\frac{\mathrm{d}\pi_i}{\mathrm{d}k_j} = -q_i\frac{\partial q_j}{\partial x_j} = 0 \tag{5-70}$$

$\pi_i(k_i,k_j)$ 关于 k_j 的二阶导数为：

$$\frac{\mathrm{d}^2\pi_i}{\mathrm{d}k_j^2} = 0 \tag{5-71}$$

可知，$\pi_i(k_i,k_j)$ 是 k_j 的线性函数，因此利润最大化企业是否获取竞争对手的成本信息与其利润不存在相关性。

结论 5-10　在利润最大化企业共存的双寡头市场中，利润最大化企业是否获取自身或竞争对手的固定成本信息与企业的利润不存在相关性。

3. 技术创新收益信息对寡头企业产量和福利的影响

当利润最大化企业对技术创新收益不确定时，为了探讨获取技术创新收益信息 x_i 对企业产量 $q_i(x_i,x_j)$ 和 $q_j(x_i,x_j)$ 的影响，需要讨论 $\dfrac{\mathrm{d}^2 q_i}{\mathrm{d}x_i^2}$ 和 $\dfrac{\mathrm{d}^2 q_j}{\mathrm{d}x_i^2}$；为了探讨获取技术创新收益信息 x_i 对企业利润 $\pi_i(x_i,x_j)$ 和 $\pi_j(x_i,x_j)$ 的影响，需要讨论 $\dfrac{\mathrm{d}^2 \pi_i}{\mathrm{d}x_i^2}$ 和 $\dfrac{\mathrm{d}^2 \pi_j}{\mathrm{d}x_i^2}$。

（1）技术创新收益信息对寡头企业产量的影响

①$q_i(x_i,x_j)$ 关于 x_i 的一阶偏导数为：

$$\frac{\partial q_i}{\partial x_i} = -\left(\frac{\partial^2 \pi_i}{\partial q_i\partial x_i}\frac{\partial^2 \pi_j}{\partial q_j^2} - \frac{\partial^2 \pi_i}{\partial q_i\partial q_j}\frac{\partial^2 \pi_j}{\partial q_j\partial x_i}\right)\cdot\left(\frac{\partial^2 \pi_i}{\partial q_i^2}\frac{\partial^2 \pi_j}{\partial q_j^2} - \frac{\partial^2 \pi_i}{\partial q_i\partial q_j}\frac{\partial^2 \pi_j}{\partial q_j\partial q_i}\right)^{-1}$$

由 $\dfrac{\partial^2 \pi_i}{\partial q_i\partial x_i} = 1$，$\dfrac{\partial^2 \pi_j}{\partial q_j^2} = -2(1+w\gamma) < 0$，$\dfrac{\partial^2 \pi_i}{\partial q_i\partial q_j} = -1$，$\dfrac{\partial^2 \pi_j}{\partial q_j\partial x_i} = \beta$，可得：

$$\frac{\partial q_i}{\partial x_i} = \frac{2(1+\gamma w) - \beta}{4(1+\gamma w)^2 - 1} > 0 \tag{5-72}$$

因此，$q_i(x_i,x_j)$ 关于 x_i 的二阶偏导数为：

$$\frac{\partial^2 q_i}{\partial x_i^2} = 0$$

可知，$q_i(x_i,x_j)$ 是 x_i 的线性函数，因此利润最大化企业获取的自身技术创新收益信息与企业的预期产出无关。

②$q_j(x_i,x_j)$ 关于 x_i 的一阶偏导数为：

$$\frac{\partial q_j}{\partial x_i} = -\left(\frac{\partial^2 \pi_i}{\partial q_i^2}\frac{\partial^2 \pi_j}{\partial q_j\partial x_i} - \frac{\partial^2 \pi_i}{\partial q_i\partial x_i}\frac{\partial^2 \pi_j}{\partial q_i\partial q_j}\right)\cdot\left(\frac{\partial^2 \pi_i}{\partial q_i^2}\frac{\partial^2 \pi_j}{\partial q_j^2} - \frac{\partial^2 \pi_i}{\partial q_i\partial q_j}\frac{\partial^2 \pi_j}{\partial q_j\partial q_i}\right)^{-1}$$

代入得：

$$\frac{\partial q_j}{\partial x_i} = \frac{2\beta(1+w\gamma) - 1}{4(1+\gamma w)^2 - 1} \tag{5-73}$$

$q_L(x_P,x_L)$ 关于 x_P 的二阶偏导数为：

$$\frac{\partial^2 q_j}{\partial x_i^2} = 0$$

可知,$q_j(x_i,x_j)$ 是 x_i 的线性函数,因此利润最大化企业获取的竞争对手的技术创新收益信息与企业的预期产出无关。

结论 5-11 在利润最大化企业共存的双寡头市场中,利润最大化企业是否获取自身或竞争对手的技术创新收益信息都与企业的预期产量无关。

(2)技术创新收益信息对寡头企业福利的影响

① $\pi_i(x_i,x_j)$ 关于 x_i 的一阶导数为:

$$\frac{\partial \pi_i}{\partial x_i} = q_i\left(1 - \frac{\partial q_j}{\partial x_i}\right) - u'(x_i) = q_i\left[1 - \frac{2\beta(1+\gamma w)-1}{4(1+\gamma w)^2-1}\right] - u'(x_i)$$

$\pi_i(x_i,x_j)$ 关于 x_i 的二阶导数为:

$$\frac{\partial^2 \pi_i}{\partial x_i^2} = q_i\left(1 - \frac{\partial q_j}{\partial x_i}\right) - u'(x_i) = \frac{\partial q_i}{\partial x_i}\left[1 - \frac{2\beta(1+\gamma w)-1}{4(1+\gamma w)^2-1}\right] - u''(x_i)$$

$$= \frac{2(1+\gamma w)[2(1+\gamma w)-\beta]^2}{4(1+\gamma w)^2-1} - u''(x_i)$$

可知,$\pi_i(x_i,x_j)$ 关于 x_i 的凹凸性不确定,与具体的表达式相关,即与劳动生产率 γ 和技术创新的溢出系数 β 相关。

② $\pi_i(x_i,x_j)$ 关于 x_j 的一阶导数为:

$$\frac{\partial \pi_i}{\partial x_j} = q_i\left(\beta - \frac{\partial q_j}{\partial x_j}\right) = q_i\left[\beta - \frac{2(1+\gamma w)-\beta}{4(1+\gamma w)^2-1}\right]$$

$$= q_i\left[\frac{2(1+\gamma w)[2\beta(1+\gamma w)-1]}{4(1+\gamma w)^2-1}\right]$$

$\pi_i(x_i,x_j)$ 关于 x_j 的二阶导数为:

$$\frac{\partial^2 \pi_i}{\partial x_j^2} = 0$$

可知,$\pi_i(x_i,x_j)$ 是 x_j 的线性函数,因此利润最大化企业是否获取竞争对手的技术创新收益信息与企业利润无关。

结论 5-12 在利润最大化企业共存的双寡头市场中,利润最大化企业是否获取竞争对手的技术创新收益信息与企业利润无关。获取自身的技术创新收益信息企业的利润影响与劳动生产率 γ 和技术创新的溢出系数 β 相关。

5.4 不确定条件下技术创新信息获取 —— 两家共营企业共存的双寡头市场

5.4.1 模型的构建

1.问题分析

根据上述假设,两家共营企业在寡头市场上进行 Cournot 产量博弈。共营企业通过选择最优的产量最大化员工的平均利润,可分别表示如下:

$$\max_{x_i,q_i} V_i = \frac{\pi_i}{l_i} + w = \frac{[p_i - c_i(x_i,x_j)]g_i - u_L(x_i) - k_i}{g_i(q_i)} \tag{5-74}$$

其中,w 为企业的员工工资,q_i 为共营企业的产品产出,k_i 为两者固定成本,假设两者的边际成本为零(Goel and Haruna,2007)。

结合式(5-1)、式(5-2)、式(5-3),可得双寡头企业的目标函数为:

$$\max_{x_i, q_i} V_i = \frac{\pi_i}{l_i} + w = \frac{1}{g_i(q_i)}[(a - c - h + x_i + \beta x_j)q_i - k_i - u(x_i)] \quad (5\text{-}75)$$

2. 均衡解存在的充要条件和稳定性分析

通过对式(5-4)求一阶导数,利润最大化企业和共营企业的目标函数达到最优值的必要条件为:

$$G_i = \frac{\partial V_i}{\partial q_i} = \frac{a - c + x_i + \beta x_j - [h + h'q_i + V_L g'(q_i)]}{g(q_i)} = 0 \quad (5\text{-}76)$$

通过对式(5-4)求二阶导数,利润最大化企业和共营企业的目标函数达到最优值的充分条件为:

$$\frac{\partial^2 V_i}{\partial q_i^2} = \frac{-[2h' + h''q_i + V_i g''(q_i)]}{g(q_i)} < 0 \quad (5\text{-}77)$$

假设两家企业根据预期的产量调整自身的产量,即:

$$dG_i / dt = \xi_i G_i(q_i, q_j), \quad i = L, P \quad (5\text{-}78)$$

其中,ξ_i 是符号为正的常数。根据 Gandolfo(1971)的稳定性理论,纳什均衡解的全局稳定性条件为:

$$\left| \frac{\partial^2 V_i}{\partial q_i^2} \right| = \left| \frac{dG_i}{dq_i} \right| > \left| \frac{dG_i}{dq_j} \right| = \left| \frac{\partial^2 V_i}{\partial q_i \partial q_j} \right| \quad (5\text{-}79)$$

其中:

$$\frac{\partial^2 V_i}{\partial q_i q_j} = \frac{-1}{g(q_i)}\left[h' + h''q_i - \frac{g'(q_i)h'q_i}{g(q_i)} \right] < 0 \quad (5\text{-}80)$$

设产量反应函数分别为 $q_P = R_P(q_L)$ 和 $q_L = R_L(q_P)$,则式(5-8)所代表的稳定性条件可以转化为:

$$\left| \frac{dR_i}{dq_j} \right| = \left| \left(\frac{\partial^2 V_i}{\partial q_i q_j} \right) \cdot \left(\frac{\partial^2 V_i}{\partial q_i^2} \right)^{-1} \right| = \left| \frac{g'(q_i)h'q_i - g(q_i)(h' + h''q_i)}{g(q_i)[2h' + h''q_i + V_i g''(q_i)]} \right| < 1$$

$$(5\text{-}81)$$

即利润最大化企业和共营企业存在均衡解的稳定性条件为:

$$| g'(q_i)h'q_i - g(q_i)(h' + h''q_i) | < g(q_i)[2h' + h''q_i + V_i g''(q_i)] \quad (5\text{-}82)$$

式(5-11)中,表达式是否成立与共营企业规模收益有关。

5.4.2 分析框架

1. 市场需求信息不确定的分析框架

在不确定性条件下,a 是一个随机参数,表示市场需求的不确定性。在没有获得市场需求信息时,每个企业根据竞争企业的产量和市场需求期望值选择最优产量。因此市场需求不确定性条件下 η^0 的均衡产出 $(q_i^0(a), q_j^0(a))$ 满足:

$$q_i^0(a) = \arg\max_{q_i} E(V_i(q_i, q_j^0, a)) \tag{5-83}$$

而完全信息下的情形 η^c,对任意给定的 a,均衡产出 $(q_i^c(a), q_j^c(a))$ 满足:

$$q_i^c(a) = \arg\max_{q_i} V_i(q_i, q_j^c, a) \tag{5-84}$$

由于 a 是 V_i 的线性函数,可得:

$$q_i^0(a) = \arg\max_{q_i} E(V_i(q_i, q_j^0, a)) = \arg\max_{q_i} V_i(q_i, q_j^0, E(a)) = q_i^c(E(a)) \tag{5-85}$$

因此,可得:

$$V_i^c(E(a)) = V_i^0(a), q_i^c(E(a)) = q_i^0(a) \tag{5-86}$$

讨论市场需求信息不确定性对寡头企业产出决策及其目标函数的影响,需要比较市场需求信息不确定性和完全信息条件下的产出或目标函数,即要比较 $q_i^0 \sim E(q_i^c(a))$ 和 $\pi_i^0 \sim E(V_i^c(a))$。根据式(5-15),比较市场需求信息不确定的情形 η^0 和完全信息的情形 η^c 条件下的产量和目标函数,只需要比较 $q_i^0(E(a)) \sim E(q_i^c(a))$ 和 $\pi_i^0(E(a)) \sim E(V_i^c(a))$。

2. 成本信息不确定的分析框架

成本信息包括固定成本信息 k_i 与可变成本信息 c。讨论不确定条件下可变成本信息 c 不确定性对寡头企业产出决策及其目标函数的影响,与市场需求信息 a 不确定性对寡头企业产出决策及其目标函数的影响刚好相反,因此不需要进行讨论。所以,只需要对固定成本信息 k_i 进行分析。

同理,假设 k_i 是随机参数,表示成本(固定成本)的不确定性。在没有获得成本信息时,每个企业根据竞争企业的产出和固定成本信息的期望值选择最优产量。并且,k_i 分别是 π_i 的线性函数,因此固定成本不确定下的均衡产出 $(q_i^0(k_i), q_j^0(k_j))$ 为:

$$q_i^0(k_i) = \arg\max_{q_i} E(V_i(q_i, q_j^0, k_i)) = \arg\max_{q_i} V_i(q_i, q_j^0, E(k_i)) = q_i^c(E(k_i)) \tag{5-87}$$

因此,可得:

$$V_i^c(E(k_i)) = V_i^0(k_i), q_i^c(E(k_i)) = q_i^0(k_i) \tag{5-88}$$

讨论固定成本信息不确定性对寡头企业产出决策及其目标函数的影响,需要比较固定成本信息不确定性条件下的产出或目标函数与完全信息条件下的情形,即要比较 $q_i^0 \sim E(q_i^c(k_i))$ 和 $V_i^0 \sim E(V_i^c(k_i))$。根据式(5-17),比较产量和目标函数在固定成本信息不确定下的情形 η^0 和完全信息条件下的情形 η^c,只需要比较 $q_i^0(E(k_i)) \sim E(q_i^c(k_i))$ 和 $V_i^0(E(k_i)) \sim E(V_i^c(k_i))$。

3. 技术创新收益信息不确定的分析框架

同理,x_i 是随机参数,表示利润最大化企业进行技术创新之后,技术创新收益的不确定性。在没有获得技术创新收益信息时,每家企业根据竞争企业的产出和技术创新收益的期望值选择最优产量。并且，x_i 是 π_i 的线性函数，因此技术创新收益信息不确定下的均衡产出 $q_i^0(x_j)$ 为：

$$q_i^0(x_j) = \arg\max_{q_i} E(V_i(q_i, q_j^0, x_i, x_j)) = \arg\max_{q_i} V_i(q_i, q_j^0, E(x_j)) = q_i^c(E(x_j))$$

$$(5\text{-}89)$$

因此，可得：

$$V_i^c(E(x_j)) = V_i^0(x_j), \quad q_i^c(E(x_j)) = q_i^0(x_j) \qquad (5\text{-}90)$$

讨论技术创新收益信息不确定性对寡头企业产出决策及其目标函数的影响，需要比较技术创新收益信息不确定性条件下的产量或目标函数与完全信息条件下的情形，即要比较 $q_i^0 \sim E(q_i^c(x_i))$ 和 $V_i^0 \sim E(V_i^c(x_i))$。根据式(5-18)，比较产量和目标函数在技术创新收益信息不确定下的情形 η^0 和完全信息条件下的情形 η^c，只需要比较 $q_i^0(E(x_i)) \sim E(q_i^c(x_i))$ 和 $V_i^0(E(x_i)) \sim E(V_i^c(x_i))$。

通过上述分析，可以将不确定性条件下 η^0 的信息转换为完全信息条件下 η^c 的情形，为问题的研究提供了方便。

根据上述定理，为了分析获取市场需求信息 a、可变成本信息 c、固定成本信息 k_i 和 k_j，以及技术创新收益信息 x_i 和 x_j，对企业产出和利润的影响，只需要分析其求二阶导数即可。

5.4.3　信息获取分析

为了更加精确地探讨两者之间的不同，需要对具体的市场需求函数表达式和生产函数表达式进行分析。假设市场需求为线性函数，生产函数为二次平方函数，即 $h = q_i + q_j$，$g(q) = \gamma q^2$，$u(x_i) = 0.5\lambda x_i^2$。通过验证可知，该假设符合现实条件，并且符合均衡解存在的充要条件和稳定性条件。

将上述假设的线性需求函数和平方生产函数代入式(3-4)和式(3-5)分别得：

$$\max_{q_i} V_i = \frac{[(a - c + x_i + \beta x_j - q_j - q_i)q_i - k_i - u(x_i)]}{\gamma q_i^2} \qquad (5\text{-}91)$$

对式(5-20)求一阶导数得：

$$\frac{\partial V_i}{\partial q_i} = \frac{a - c + x_i + \beta x_j - [q_j + 2q_i(1 + V_i\gamma)]}{\gamma q_i^2} = 0 \qquad (5\text{-}92)$$

对式(5-20)求二阶导数得：

$$\frac{\partial^2 V_i}{\partial q_i^2} = -\frac{2(1 + V_i\gamma)}{\gamma q_i^2} < 0 \qquad (5\text{-}93)$$

根据式(5-11)，存在均衡解的稳定性条件为：

$$\frac{(1 + 2\gamma V_i)}{\gamma q_i^2} > 0 \qquad (5\text{-}94)$$

显然满足稳定性条件。

1. 市场需求信息对企业产量和福利的影响

当市场需求信息 a 不确定时，为了探讨获取市场需求信息对企业的产量 $q_i(a)$

和员工平均收益 $V_i(a)$ 的影响,需要讨论 $\dfrac{\mathrm{d}^2 q_i}{\mathrm{d}a^2}$ 和 $\dfrac{\mathrm{d}^2 V_i}{\mathrm{d}a^2}$ 的符号。

(1) 获取市场需求信息对寡头企业产量的影响

式(5-21)对 a 求导得:

$$\frac{\mathrm{d}q_j}{\mathrm{d}a} + 2(1 + \gamma V_i)\frac{\mathrm{d}q_i}{\mathrm{d}a} + 2\gamma q_i\left(\frac{q_i}{\gamma q_i^2} - \frac{q_i}{\gamma q_i^2}\frac{\mathrm{d}q_j}{\mathrm{d}a}\right) = 1 \qquad (5\text{-}95)$$

求解式(5-24)得:

$$\frac{\mathrm{d}q_i}{\mathrm{d}a} = -\frac{1}{1 + 2\gamma V_j} < 0 \qquad (5\text{-}96)$$

式(5-20)对 a 求导得:

$$\frac{\mathrm{d}V_i}{\mathrm{d}a} = \frac{1}{\gamma q_i}\left(1 - \frac{\mathrm{d}q_j}{\mathrm{d}a}\right) = \frac{2(1 + \gamma V_i)}{\gamma q_i(1 + 2\gamma V_i)} > 0 \qquad (5\text{-}97)$$

根据式(5-25),$q_\mathrm{P}(a)$、$q_\mathrm{L}(a)$ 分别对 a 求二阶导数得:

$$\frac{\mathrm{d}^2 q_i}{\mathrm{d}a^2} = \frac{1}{(1 + 2\gamma V_i)^2}\frac{\mathrm{d}V_i}{\mathrm{d}a} > 0 \qquad (5\text{-}98)$$

可知 $q_i(a)$ 是 a 的凸函数,因此获取市场需求信息能够增加共营企业的产量。

结论 5-13 在共营企业共存的双寡头市场中,获取市场需求信息,能够提高共营企业的产量。

(2) 获取市场需求信息对寡头企业福利的影响

同理,根据式(5-26),$V_i(a)$ 对 a 求二阶导数得:

$$\begin{aligned}
\frac{\mathrm{d}^2 V_i}{\mathrm{d}a^2} &= \frac{-1}{(\gamma q_i)^2}\left(1 - \frac{\mathrm{d}q_i}{\mathrm{d}a}\right)\frac{\mathrm{d}q_i}{\mathrm{d}a} - \frac{1}{\gamma q_i}\frac{\mathrm{d}^2 q_i}{\mathrm{d}a^2} \\
&= \frac{-1}{(\gamma q_i)^2}\left[\frac{\mathrm{d}q_i}{\mathrm{d}a} - \left(\frac{\mathrm{d}q_i}{\mathrm{d}a}\right)^2 + \frac{\gamma q_i}{(1 + 2\gamma V_i)^2}\frac{\mathrm{d}V_i}{\mathrm{d}a}\right] \\
&= \frac{-1}{(\gamma q_i)^2}\left[\frac{\mathrm{d}q_i}{\mathrm{d}a} - \left(\frac{\mathrm{d}q_i}{\mathrm{d}a}\right)^2 + \gamma q_i\left(\frac{\mathrm{d}q_i}{\mathrm{d}a}\right)^2\frac{\mathrm{d}V_i}{\mathrm{d}a}\right] \\
&= \frac{-1}{(\gamma q_i)^2}\left[\frac{\mathrm{d}q_i}{\mathrm{d}a} - \left(\frac{\mathrm{d}q_i}{\mathrm{d}a}\right)^2 + \left(\frac{\mathrm{d}q_i}{\mathrm{d}a}\right)^2\left(1 - \frac{\mathrm{d}q_i}{\mathrm{d}a}\right)\right] \\
&= \frac{-1}{(\gamma q_i)^2}\left[\frac{\mathrm{d}q_i}{\mathrm{d}a} - \left(\frac{\mathrm{d}q_i}{\mathrm{d}a}\right)^3\right] > 0 \qquad (5\text{-}99)
\end{aligned}$$

由式(5-28)可知,$V_i(a)$ 是 a 的凸函数,因此获取市场需求信息能够增加共营企业员工的期望收益。

结论 5-14 在共营企业和利润最大化企业共存的双寡头市场中,获取市场需求信息,能够提高共营企业的员工平均收益,同时又能够提高利润最大化企业的总利润。

2. 固定成本信息对寡头企业产量和企业福利的影响

当固定成本信息 k_i 不确定,为了探讨获取固定成本信息对企业的产量 $q_i(k_i, k_j)$

和企业福利 $V_i(k_i, k_j)$ 的影响，需要讨论 $\dfrac{\mathrm{d}^2 q_i}{\mathrm{d}k_i^2}$、$\dfrac{\mathrm{d}^2 q_i}{\mathrm{d}k_i^2}$、$\dfrac{\mathrm{d}^2 V_i}{\mathrm{d}k_i^2}$、$\dfrac{\mathrm{d}^2 V_i}{\mathrm{d}k_i^2}$ 的符号。

（1）获取固定成本信息对寡头企业产量的影响

① $\dfrac{\partial q_i}{\partial k_i} = -\left(\dfrac{\partial^2 V_i}{\partial q_i \partial k_i}\dfrac{\partial^2 V_j}{\partial q_j^2} - \dfrac{\partial^2 V_i}{\partial q_i \partial q_j}\dfrac{\partial^2 V_j}{\partial q_j \partial k_i}\right) \cdot \left(\dfrac{\partial^2 V_i}{\partial q_i^2}\dfrac{\partial^2 V_j}{\partial q_j^2} - \dfrac{\partial^2 V_i}{\partial q_i \partial q_j}\dfrac{\partial^2 V_j}{\partial q_j \partial q_i}\right)^{-1}$

$\dfrac{\partial^2 V_i}{\partial q_i \partial k_i} = \dfrac{2}{\gamma q_i^3}, \dfrac{\partial^2 V_j}{\partial q_j^2} = -\dfrac{2(1+\gamma V_j)}{\gamma q_j^2} < 0, \dfrac{\partial^2 V_i}{\partial q_i \partial q_j} = \dfrac{1}{\gamma q_i^2}, \dfrac{\partial^2 V_j}{\partial q_j \partial k_i} = 0$

$\dfrac{\partial q_i}{\partial k_i} = \dfrac{4(1+\gamma V_j)}{q_i[4(1+\gamma V_i)(1+\gamma V_j)-1]} > 0$

其二阶导数为：

$$\dfrac{\partial^2 q_i}{\partial k_i^2} = \dfrac{4\gamma \dfrac{\partial V_j}{\partial k_i}}{q_i[4(1+\gamma V_i)(1+\gamma V_j)-1]} - \dfrac{16\gamma(1+\gamma V_j)\left[(1+\gamma V_i)\dfrac{\partial V_j}{\partial k_i} + (1+\gamma V_j)\dfrac{\partial V_i}{\partial k_i}\right]}{q_i[4(1+\gamma V_i)(1+\gamma V_j)-1]^2}$$

$$- \dfrac{4(1+\gamma V_j)\dfrac{\partial q_i}{\partial k_i}}{q_i^2[4(1+\gamma V_i)(1+\gamma V_j)-1]}$$

$$= \dfrac{4\gamma[4(1+\gamma V_i)(1+\gamma V_j)-1]\dfrac{\partial V_j}{\partial K_i} - 16\gamma(1+\gamma V_j)(1+\gamma V_i)\dfrac{\partial V_j}{\partial k_i}}{q_i[4(1+\gamma V_i)(1+\gamma V_j)-1]^2}$$

$$- \dfrac{16\gamma(1+\gamma V_j)^2\dfrac{\partial V_i}{\partial k_i}}{q_i[4(1+\gamma V_i)(1+\gamma V_j)-1]} - \dfrac{4(1+\gamma V_j)\dfrac{\partial q_i}{\partial k_i}}{q_i^2[4(1+\gamma V_i)(1+\gamma V_j)-1]}$$

$$= \dfrac{-4\gamma \dfrac{\partial V_j}{\partial k_i}}{q_i[4(1+\gamma V_i)(1+\gamma V_j)-1]^2} - \dfrac{16\gamma(1+\gamma V_j)^2\dfrac{\partial V_i}{\partial k_i}}{q_i[4(1+\gamma V_i)(1+\gamma V_j)-1]}$$

$$- \dfrac{4(1+\gamma V_j)\dfrac{\partial q_i}{\partial k_i}}{q_i^2[4(1+\gamma V_i)(1+\gamma V_j)-1]}$$

$$= \dfrac{16(1+\gamma V_j)}{q_i^2 q_j[4(1+\gamma V_i)(1+\gamma V_j)-1]^3} + \dfrac{32(1+\gamma V_j)^2}{q_i^3[4(1+\gamma V_i)(1+\gamma V_j)-1]^2}$$

$$+ \dfrac{16(1+\gamma V_j)^2}{q_i^3[4(1+\gamma V_i)(1+\gamma V_j)-1]} - \dfrac{16(1+\gamma V_j)^2}{q_i^3[4(1+\gamma V_i)(1+\gamma V_j)-1]^2}$$

> 0

即，

$$\dfrac{\partial^2 q_i}{\partial k_i^2} = \dfrac{16(1+\gamma V_j)}{q_i^2[4(1+\gamma V_i)(1+\gamma V_j)-1]}\left\{\dfrac{1}{q_j[4(1+\gamma V_i)(1+\gamma V_j)-1]^2}\right.$$

$$\left. + \dfrac{16(1+\gamma V_j)}{q_i[4(1+\gamma V_i)(1+\gamma V_j)-1]} + \dfrac{16(1+\gamma V_j)}{q_i}\right\}$$

$$> 0$$

可知，$q_P(k_P, k_L)$ 是 k_P 的凸函数，因此共营企业获取自身的固定成本信息会减少企业的产量（市场占有量）。

② $\dfrac{\partial q_j}{\partial k_i} = -\left(\dfrac{\partial^2 V_i}{\partial q_i^2}\dfrac{\partial^2 V_j}{\partial q_j \partial k_i} - \dfrac{\partial^2 V_i}{\partial q_i \partial k_i}\dfrac{\partial^2 V_j}{\partial q_j \partial q_i}\right) \cdot \left(\dfrac{\partial^2 V_i}{\partial q_i^2}\dfrac{\partial^2 V_j}{\partial q_j^2} - \dfrac{\partial^2 V_i}{\partial q_i \partial q_j}\dfrac{\partial^2 V_j}{\partial q_j \partial q_i}\right)^{-1}$

代入得：

$$\frac{\partial q_j}{\partial k_i} = \frac{2}{q_i[4(1+\gamma V_i)(1+\gamma V_j)-1]} > 0$$

其二阶导数为：

$$\frac{\partial^2 q_j}{\partial k_i^2} = -\frac{2\dfrac{\partial q_i}{\partial k_i}}{q_i^2[4(1+\gamma V_i)(1+\gamma V_j)-1]} - \frac{8\gamma\left[(1+\gamma V_i)\dfrac{\partial V_j}{\partial k_i} + (1+\gamma V_j)\dfrac{\partial V_i}{\partial k_i}\right]}{q_i[4(1+\gamma V_i)(1+\gamma V_j)-1]^2}$$

$$= -\frac{8(1+\gamma V_j)}{q_i^3[4(1+\gamma V_i)(1+\gamma V_j)-1]^2} + \frac{32(1+\gamma V_i)(1+\gamma V_j)}{q_i^2 q_j[4(1+\gamma V_i)(1+\gamma V_j)-1]^3}$$

$$+ \frac{8(1+\gamma V_j)}{q_i^3[4(1+\gamma V_i)(1+\gamma V_j)-1]^2}\left(\frac{2}{[4(1+\gamma V_i)(1+\gamma V_j)-1]}+1\right)$$

$$= -\frac{8(1+\gamma V_j)}{q_i^3[4(1+\gamma V_i)(1+\gamma V_j)-1]^2} + \frac{32(1+\gamma V_i)(1+\gamma V_j)}{q_i^2 q_j[4(1+\gamma V_i)(1+\gamma V_j)-1]^3}$$

$$+ \frac{16(1+\gamma V_j)}{q_i^3[4(1+\gamma V_i)(1+\gamma V_j)-1]^3} + \frac{8(1+\gamma V_j)}{q_i^3[4(1+\gamma V_i)(1+\gamma V_j)-1]^2}$$

$$= \frac{32(1+\gamma V_i)(1+\gamma V_j)}{q_i^2 q_j[4(1+\gamma V_i)(1+\gamma V_j)-1]^3} + \frac{16(1+\gamma V_j)}{q_i^3[4(1+\gamma V_i)(1+\gamma V_j)-1]^3}$$

$$> 0$$

可知，$q_j(k_i,k_j)$ 是 k_i 的凸函数，因此共营企业获取竞争对手的固定成本信息会减少企业的产量（市场占有量）。

结论 5-15 在共营企业共存的双寡头市场中，是否获取利润最大化企业的固定成本信息，不能直接影响共营企业和利润最大化企业的市场占有率；而获取共营企业的固定成本信息，会降低共营企业的产量，同时增加利润最大化企业的产量。

（2）获取固定成本信息对寡头企业福利的影响

① $V_i(k_i,k_j)$ 关于 k_i 的一阶导数为：

$$\frac{\partial V_i}{\partial k_i} = -\frac{1}{\gamma q_i}\frac{\partial q_j}{\partial k_i} - \frac{1}{\gamma q_i^2} = -\frac{1}{\gamma q_i^2}\left(\frac{2}{[4(1+\gamma V_i)(1+\gamma V_j)-1]}+1\right) < 0$$

$$(5\text{-}100)$$

$V_i(k_i,k_j)$ 关于 k_i 的一阶导数为：

$$\frac{\partial^2 V_i}{\partial k_i^2} = \frac{2\dfrac{\partial q_i}{\partial k_i}}{\gamma q_i^3}\left(\frac{2}{[4(1+\gamma V_i)(1+\gamma V_j)-1]}+1\right) + \frac{8\gamma\left[(1+\gamma V_i)\dfrac{\partial V_j}{\partial k_i} + (1+\gamma V_j)\dfrac{\partial V_i}{\partial k_i}\right]}{\gamma q_i^2[4(1+\gamma V_i)(1+\gamma V_j)-1]^2}$$

$$= \frac{8(1+\gamma V_j)}{\gamma q_i^4[4(1+\gamma V_i)(1+\gamma V_j)-1]}\left(\frac{2}{[4(1+\gamma V_i)(1+\gamma V_j)-1]}+1\right)$$

$$- \frac{32(1+\gamma V_i)(1+\gamma V_j)}{\gamma q_i^3 q_j[4(1+\gamma V_i)(1+\gamma V_j)-1]^3} - \frac{16(1+\gamma V_j)}{\gamma q_i^4[4(1+\gamma V_i)(1+\gamma V_j)-1]^3}$$

$$- \frac{8(1+\gamma V_j)}{\gamma q_i^4[4(1+\gamma V_i)(1+\gamma V_j)-1]^2}$$

$$= \frac{8(1+\gamma V_j)}{\gamma q_i^3[4(1+\gamma V_i)(1+\gamma V_j)-1]}\left\{\frac{2}{q_i[4(1+\gamma V_i)(1+\gamma V_j)-1]}\right.$$

$$+\frac{1}{q_i}-\frac{4(1+\gamma V_i)}{q_j[4(1+\gamma V_i)(1+\gamma V_j)-1]^2}-\frac{2}{q_i[4(1+\gamma V_i)(1+\gamma V_j)-1]^2}$$

$$\left.-\frac{1}{q_i[4(1+\gamma V_i)(1+\gamma V_j)-1]}\right\}$$

即:

$$\frac{\partial^2 V_i}{\partial k_i^2}=\frac{16(1+\gamma V_j)}{\gamma q_i^3[4(1+\gamma V_i)(1+\gamma V_j)-1]^2}$$

$$\times\left\{\frac{2(1+\gamma V_i)(1+\gamma V_j)}{q_i}-\frac{2q_i(1+\gamma V_i)+q_j}{q_i q_j[4(1+\gamma V_i)(1+\gamma V_j)-1]}\right\}$$

$$>0 \tag{5-101}$$

可知,$V_i(k_i,k_j)$是k_i的凸函数,因此共营企业获取自身的固定成本信息会减少企业的员工福利。

②$V_j(k_i,k_j)$关于k_i的一阶导数为:

$$\frac{\partial V_j}{\partial k_i}=-\frac{q_j}{\gamma q_j^2}\frac{\partial q_i}{\partial k_i}=-\frac{4(1+\gamma V_j)}{\gamma q_i q_j[4(1+\gamma V_i)(1+\gamma V_j)-1]}<0 \tag{5-102}$$

$V_j(k_i,k_j)$关于k_L的二阶导数为:

$$\frac{\partial^2 V_j}{\partial k_i^2}=\frac{8(1+\gamma V_j)}{\gamma q_i^2 q_j[4(1+\gamma V_i)(1+\gamma V_j)-1]^2}$$

$$\times\left\{\frac{4(1+\gamma V_i)(1+\gamma V_j)-3}{q_j[4(1+\gamma V_i)(1+\gamma V_j)-1]}-\frac{4(1+\gamma V_j)}{q_i[4(1+\gamma V_i)(1+\gamma V_j)-1]}\right\}$$

$$\tag{5-103}$$

$$\frac{\partial^2 V_j}{\partial k_i^2}=\frac{1}{\gamma q_j^2}\frac{\partial q_i}{\partial k_i}\frac{\partial q_j}{\partial k_i}-\frac{1}{\gamma q_j}\frac{\partial^2 q_i}{\partial k_i^2}=\frac{1}{\gamma q_i^2 q_j^2}\frac{8(1+\gamma V_j)}{[4(1+\gamma V_i)(1+\gamma V_j)-1]^2}$$

$$-\frac{16(1+\gamma V_j)}{\gamma q_i^2 q_j[4(1+\gamma V_i)(1+\gamma V_j)-1]}\left\{\frac{1}{q_j[4(1+\gamma V_i)(1+\gamma V_j)-1]^2}\right.$$

$$\left.+\frac{16(1+\gamma V_j)}{q_i[4(1+\gamma V_i)(1+\gamma V_j)-1]}+\frac{16(1+\gamma V_j)}{q_i}\right\}$$

$$<0$$

可知,$V_i(k_i,k_j)$是k_i的凹函数,因此共营企业获取竞争对手的固定成本信息会增加企业的员工福利。

结论 5-16 在共营企业共存的双寡头市场中,共营企业获取的自身固定成本信息能够同时减少共营企业的员工福利,获取竞争对手的固定成本信息会增加员工福利。

3. 技术创新收益信息对寡头企业产量和福利的影响

(1) 技术创新收益信息对寡头企业产量的影响

$$①\frac{\partial q_i}{\partial x_i}=-\left(\frac{\partial^2 V_i}{\partial q_i\partial x_i}\frac{\partial^2 V_j}{\partial q_j^2}-\frac{\partial^2 V_i}{\partial q_i\partial q_j}\frac{\partial^2 V_j}{\partial q_j\partial x_i}\right)\cdot\left(\frac{\partial^2 V_i}{\partial q_i^2}\frac{\partial^2 V_j}{\partial q_j^2}-\frac{\partial^2 V_i}{\partial q_i\partial q_j}\frac{\partial^2 V_j}{\partial q_j\partial q_i}\right)^{-1}$$

由于 $\dfrac{\partial^2 V_i}{\partial q_i \partial x_i} = \dfrac{1}{\gamma q_i^2}\left(\dfrac{2u'(x_i)}{q_i}-1\right)$，$\dfrac{\partial^2 V_j}{\partial q_j^2} = -\dfrac{2(1+\gamma V_j)}{\gamma q_j^2} < 0$

$\dfrac{\partial^2 V_i}{\partial q_i \partial q_j} = \dfrac{1}{\gamma q_i^2}$，$\dfrac{\partial^2 V_j}{\partial q_j \partial x_i} = \dfrac{-\beta}{\gamma q_j^2}$

代入得：

$$\frac{\partial q_i}{\partial x_i} = \frac{2(1+\gamma V_j)\left(\dfrac{2u'(x_i)}{q_i}-1\right)-\beta}{4(1+\gamma V_i)(1+\gamma V_j)-1}$$

其二阶偏导数为：

$$\frac{\partial^2 q_i}{\partial x_i^2} = \frac{\dfrac{2}{q_j}\left(\beta-\dfrac{\partial q_i}{\partial x_i}\right)\left(\dfrac{2u'(x_i)}{q_i}-1\right)+2(1+\gamma V_j)\left[\dfrac{2u''(x_i)}{q_i}-\dfrac{2u'(x_i)}{q_i^2}\dfrac{\partial q_i}{\partial x_i}\right]}{4(1+\gamma V_i)(1+\gamma V_j)-1} - $$

$$\frac{\left[2(1+\gamma V_j)\left(\dfrac{2u'(x_i)}{q_i}-1\right)-\beta\right]}{[4(1+\gamma V_i)(1+\gamma V_j)-1]^2}\left\{\dfrac{4(1+\gamma V_i)}{q_j}\left(\beta-\dfrac{\partial q_i}{\partial x_i}\right)+\dfrac{4(1+\gamma V_j)}{q_i}\left[1-\dfrac{\partial q_j}{\partial x_i}-\dfrac{u'(x_i)}{q_i}\right]\right\}$$

$$= \frac{1}{[4(1+\gamma V_i)(1+\gamma V_j)-1]^2}\left\{\dfrac{2\left(\beta-\dfrac{\partial q_i}{\partial x_i}\right)}{q_j}\left[2\beta(1+\gamma V_i)-\left(\dfrac{2u'(x_i)}{q_i}-1\right)\right]\right.$$

$$+ 2(1+\gamma V_j)[4(1+\gamma V_i)(1+\gamma V_j)-1]\left[\dfrac{2u''(x_i)}{q_i}-\dfrac{2u'(x_i)}{q_i^2}\dfrac{\partial q_i}{\partial x_i}\right]$$

$$\left.- \dfrac{4(1+\gamma V_j)}{q_i}\left[2(1+\gamma V_j)\left(\dfrac{2u'(x_i)}{q_i}-1\right)-\beta\right]\left[1-\dfrac{\partial q_j}{\partial x_i}-\dfrac{u'(x_i)}{q_i}\right]\right\}$$

$$= \frac{1}{[4(1+\gamma V_i)(1+\gamma V_j)-1]^2}\left\{\dfrac{2\left(\beta-\dfrac{\partial q_i}{\partial x_i}\right)}{q_j}\left[2\beta(1+\gamma V_i)-\left(\dfrac{2u'(x_i)}{q_i}-1\right)\right]\right.$$

$$+ 2(1+\gamma V_j)[4(1+\gamma V_i)(1+\gamma V_j)-1]\left[\dfrac{2u''(x_i)}{q_i}-\dfrac{2u'(x_i)}{q_i^2}\dfrac{\partial q_i}{\partial x_i}\right]$$

$$\left.- \dfrac{4(1+\gamma V_j)}{q_i}\left[2(1+\gamma V_j)\left(\dfrac{2u'(x_i)}{q_i}-1\right)-\beta\right]\left[1-\dfrac{\partial q_j}{\partial x_i}-\dfrac{u'(x_i)}{q_i}\right]\right\}$$

因此，$q_i(x_i, x_j)$ 关于 x_i 的凹凸性不确定，与具体的表达式相关，即与劳动生产效率 γ 以及技术创新的溢出系数 β 相关。

② $\dfrac{\partial q_j}{\partial x_i} = -\left(\dfrac{\partial^2 V_i}{\partial q_i^2}\dfrac{\partial^2 V_j}{\partial q_j \partial x_i}-\dfrac{\partial^2 V_i}{\partial q_i \partial x_i}\dfrac{\partial^2 V_j}{\partial q_j \partial q_i}\right)\cdot\left(\dfrac{\partial^2 V_i}{\partial q_i^2}\dfrac{\partial^2 V_j}{\partial q_j^2}-\dfrac{\partial^2 V_i}{\partial q_i \partial q_j}\dfrac{\partial^2 V_j}{\partial q_j \partial q_i}\right)^{-1}$

代入得：

$$\frac{\partial q_j}{\partial x_i} = \frac{\left(\dfrac{2u'(x_i)}{q_i}-1\right)-2\beta(1+\gamma V_j)}{4(1+\gamma V_i)(1+\gamma V_j)-1}$$

二阶偏导数为：

$$\frac{\partial^2 q_i}{\partial x_i^2} = \frac{\dfrac{2u''(x_i)}{q_i}-\dfrac{2u'(x_i)}{q_i^2}\dfrac{\partial q_j}{\partial x_i}-\dfrac{2\beta}{q_j}\left(\beta-\dfrac{\partial q_i}{\partial x_i}\right)}{4(1+\gamma V_i)(1+\gamma V_j)-1}-\frac{\left(\dfrac{2u'(x_i)}{q_i}-1\right)-2\beta(1+\gamma V_j)}{[4(1+\gamma V_i)(1+\gamma V_j)-1]^2}$$

$$\left\{ \frac{4(1+\gamma V_i)}{q_j}\Big(\beta-\frac{\partial q_i}{\partial x_i}\Big) + \frac{4(1+\gamma V_i)}{q_i}\Big[1-\frac{\partial q_j}{\partial x_i}-\frac{u'(x_i)}{q_i}\Big] \right\}$$

$$= \frac{\frac{2u''(x_i)}{q_i}-\frac{2u'(x_i)}{q_i^2}\frac{\partial q_j}{\partial x_i}}{4(1+\gamma V_i)(1+\gamma V_j)-1} + \frac{\frac{2\beta}{q_i}\Big(\beta-\frac{\partial q_i}{\partial x_i}\Big)}{[4(1+\gamma V_i)(1+\gamma V_j)-1]^2}$$

$$-\frac{\Big(\frac{2u'(x_i)}{q_i}-1\Big)\frac{4(1+\gamma V_i)}{q_j}\Big(\beta-\frac{\partial q_i}{\partial x_i}\Big)}{[4(1+\gamma V_i)(1+\gamma V_j)-1]^2} - \frac{\Big(\frac{2u'(x_i)}{q_i}-1\Big)-2\beta(1+\gamma V_j)}{[4(1+\gamma V_i)(1+\gamma V_j)-1]^2}$$

$$\frac{4(1+\gamma V_j)}{q_i}\Big[1-\frac{\partial q_j}{\partial x_i}-\frac{u'(x_i)}{q_i}\Big]$$

因此,$q_j(x_i,x_j)$关于x_i的凹凸性不确定,与具体的表达式相关,即与劳动生产率γ和技术创新的溢出系数β相关。

结论 5-17 在共营企业和利润最大化企业共存的双寡头市场中,获取利润最大化企业的技术创新收益信息能够同时降低共营企业和利润最大化企业的产量;是否获取共营企业的技术创新收益信息,对共营企业和利润最大化企业产量的影响与具体的劳动生产率和技术创新的溢出系数β相关。

(2)技术创新收益信息对双寡头共营企业员工福利的影响

①$V_i(x_i,x_j)$关于x_i的一阶导数为:

$$\frac{\partial V_i}{\partial x_i} = -\frac{1}{\gamma q_i}\frac{\partial q_j}{\partial x_i} + \frac{q_i-u'(x_i)}{\gamma q_i^2} = \frac{1}{\gamma q_i}\Big[1-\frac{\partial q_j}{\partial x_i}-\frac{u'(x_i)}{q_i}\Big] \tag{5-104}$$

$V_i(x_i,x_j)$关于x_i的二阶导数为:

$$\frac{\partial^2 V_i}{\partial x_i^2} = -\frac{1}{\gamma q_i}\frac{\partial q_j}{\partial x_i} + \frac{q_i-u'(x_i)}{\gamma q_i^2} = \frac{1}{\gamma q_i}\Big[1-\frac{\partial q_j}{\partial x_i}-\frac{u'(x_i)}{q_i}\Big]$$

$$= -\frac{1}{\gamma q_i^2}\frac{\partial q_i}{\partial x_i}\Big[1-\frac{\partial q_j}{\partial x_i}-\frac{u'(x_i)}{q_i}\Big] - \frac{1}{\gamma q_i}\Big[\frac{\partial^2 q_j}{\partial x_i^2}+\frac{u''(x_i)}{q_i}-\frac{u'(x_i)}{q_i^2}\frac{\partial q_i}{\partial x_i}\Big]$$

$$< 0$$

因此,$V_i(x_i,x_j)$关于x_i的凹凸性不确定,与具体的表达式相关,即与劳动生产率γ以及技术创新的溢出系数β相关。

②$V_j(x_i,x_j)$关于x_i的一阶导数为:

$$\frac{\partial V_j}{\partial x_i} = \frac{1}{\gamma q_j}\Big(\beta-\frac{\partial q_i}{\partial x_i}\Big) \tag{5-105}$$

$V_j(x_i,x_j)$关于x_i的二阶导数为:

$$\frac{\partial^2 V_j}{\partial x_i^2} = -\frac{1}{\gamma q_j}\frac{\partial^2 q_i}{\partial x_i^2} - \frac{1}{\gamma q_j^2}\frac{\partial q_j}{\partial x_i}\Big(\beta-\frac{\partial q_i}{\partial x_i}\Big)$$

因此,$V_j(x_i,x_j)$关于x_i的凹凸性不确定,与具体的表达式相关,即与劳动生产率γ以及技术创新的溢出系数β相关。

5.4.4 与已有研究的比较

Sakai(1993)分别研究了两家利润最大化企业共存条件下和两家共营企业

共存条件下,获取市场需求信息和成本信息对利润最大化企业和共营企业产出决策和福利的影响。而本章分别研究了共营企业和利润最大化企业共存的双寡头、两家利润最大化企业共存的双寡头,以及两家共营企业共存的双寡头条件下,获取市场需求信息、成本信息以及技术创新投入或收益信息分别对利润最大化企业和共营企业产出决策和福利的影响,以及不同寡头市场下,不同企业之间在信息获取方面的差异性。同时,在 Sakai(1993)的模型中,假设两家双寡头企业的固定成本相同,而在笔者的模型中,允许两家双寡头企业的固定成本存在一定差异。

Sakai(1993)的研究表明,两家利润最大化企业共存的寡头市场中,是否获取市场需求信息对利润最大化企业的产出决策没有影响,而市场需求信息的获取能够同时增加利润最大化企业的产量和企业利润;是否获取成本信息对利润最大化企业的产出决策和企业利润都没有影响。在两家共营企业共存的寡头市场中,市场需求信息的获取能够增加共营企业的产量,然而获取市场需求信息是否能够增加共营企业员工的平均利润与市场需求和成本的具体值有关;成本信息的获取能够同时增加共营企业的产量和员工的平均利润。

本章研究的三种寡头市场中,由于在 Sakai(1993)模型的基础上,允许固定成本信息存在差异,同时加入了技术创新投入信息对双寡头企业产出和企业福利的影响,其结果与 Sakai(1993)的结果存在一定的差异性。例如,在共营企业和利润最大化企业共存的寡头市场中,获取市场需求信息能够增加共营企业的产量和员工平均收益,降低了利润最大化企业的产量,而对利润最大化企业利润的影响视共营企业和利润最大化企业的产量而定。获取市场需求信息能够增加共营企业的期望员工平均收益。获取成本信息反而同时降低了利润最大化企业的产量和企业利润,获取成本信息同样也降低了共营企业产量,但是能够增加共营企业的员工平均收益。具体见表 5-2 所示。

从表 5-2 可以看出,信息获取对不同企业的产出决策和福利影响存在一定的差异性,同时信息获取对不同类型企业的影响在不同的寡头市场中也存在差异性。而且从表 5-2 可以发现,信息对共营企业的影响比利润最大化企业的影响大。

造成两者差异性的根源是在利润最大化企业经济体中,企业追求企业总利润最大化,企业将生产要素中的劳动力与其他相关的要素如资金等同等对待。但是在共营企业经济实体中,企业追求员工平均收益最大化,劳动力要素除了作为生产环节中的一个要素之外,还参与企业利润的分享。因此,在共营企业经济实体中,劳动力要素比其他生产要素显得更加重要,造成其在信息获取方面与利润最大化企业存在较大的不同。

表 5-2　信息获取在不同寡头市场中对不同企业的影响

信息不确定性	PMF-PMF 双寡头	LMF-LMF 双寡头	PMF-LMF 双寡头	
市场需求信息	$\dfrac{dq_i^2}{da^2}=0$	$\dfrac{dq^2}{da^2}>0$	$\dfrac{dq_P^2}{da^2}<0$	$\dfrac{dq_L^2}{da^2}>0$
	$\dfrac{d\pi_i^2}{da^2}>0$	$\dfrac{dV^2}{da^2}>0$	$\dfrac{d\pi_P^2}{da^2}>0^{(1)}$	$\dfrac{dV_L^2}{da^2}>0$
成本信息	$\dfrac{dq_i^2}{dk_i^2}=0$	$\dfrac{dq^2}{dk_i^2}>0$	$\dfrac{dq_P^2}{dk_P^2}=0$	$\dfrac{dq_L^2}{dk_P^2}=0$
	$\dfrac{dq_j^2}{dk_i^2}=0$	$\dfrac{dq_j^2}{dk_i^2}>0$	$\dfrac{dq_P^2}{dk_L^2}>0$	$\dfrac{dq_L^2}{dk_L^2}<0$
	$\dfrac{d\pi_i^2}{dk_i^2}=0$	$\dfrac{dV_i^2}{dk_i^2}>0$	$\dfrac{d\pi_P^2}{dk_P^2}=0$	$\dfrac{dV_L^2}{dk_P^2}=0$
	$\dfrac{d\pi_j^2}{dk_i^2}=0$	$\dfrac{dV_j^2}{dk_i^2}<0$	$\dfrac{d\pi_P^2}{dk_L^2}>0$	$\dfrac{dV_L^2}{dk_L^2}>0$
技术创新收益信息	$\dfrac{dq_i^2}{dx_i^2}=0$	$\dfrac{dq_i^2}{dx_i^2}$ 不确定	$\dfrac{\partial^2 q_P}{\partial x_P^2}<0$	$\dfrac{\partial^2 q_L}{\partial x_P^2}<0$
	$\dfrac{dq_j^2}{dx_i^2}=0$	$\dfrac{dq_j^2}{dx_i^2}$ 不确定	$\dfrac{\partial^2 q_P}{\partial x_P^2}$ 不确定	$\dfrac{\partial^2 q_L}{\partial x_L^2}$ 不确定
	$\dfrac{d\pi_i^2}{dx_i^2}$ 不确定	$\dfrac{d\pi_i^2}{dx_i^2}$ 不确定	$\dfrac{d\pi_P^2}{dx_P^2}$ 不确定	$\dfrac{\partial^2 V_L}{\partial x_P^2}>0$
	$\dfrac{d\pi_j^2}{dx_i^2}=0$	$\dfrac{d\pi_j^2}{dx_i^2}$ 不确定	$\dfrac{d\pi_P^2}{dx_L^2}$ 不确定	$\dfrac{\partial^2 V_L}{\partial x_L^2}$ 不确定

注：当 q_P 和 q_L 两者相差不是很大时，$\dfrac{d\pi_P}{da}>0$。

5.5　不确定性环境下共营企业的技术创新投入战略分析

企业技术创新活动的成功与否往往存在较大的不确定性,其投入往往是不可逆或部分不可逆的,并且企业的技术创新活动还要面对市场需求的不确定性。目前利用实物期权模型来讨论技术创新项目投资正在理论和实践中越来越受到重视,尤其在竞争环境下,将博弈论分析引入期权模型来讨论企业进行降低成本的策略投资。

该小节采用期权博弈,结合市场需求不确定性和技术创新结果不确定性,分析共营企业和利润最大化企业共存条件下的技术创新投资期权,并分别讨论技术创新成功所带来的成本节约程度、技术创新成功所需要的最大投入、预期市场需求水平对技术创新投入战略的影响。

5.5.1　寡头模型

1. 问题的假设

（1）假设某产品的生产技术是规模收益不变的,企业的产量仅仅是劳动力的函数,劳动力和产量的关系式为 $l = \gamma q^2$。

（2）企业进行基于成本降低的工艺创新。如果不进行技术创新,劳动力 l 的生产率为 γ_1;进行降低成本的技术创新时,设技术创新成功后能使劳动力的生产率的增加为 $\gamma_2(\gamma_2 - \gamma_1 = \delta > 0)$,而技术创新失败后劳动力生产率仍为 γ_1。

（3）技术创新成功的概率与企业的技术创新投入量有关。设成功技术创新要求的最大投入量为 K,企业投入为 I 时,技术创新成功的概率 $p = \sqrt{\dfrac{I}{K}}, I \leqslant K$。

（4）考虑一个两期的问题,在 $t = 0$ 时,共营企业已在市场中作为在位垄断企业,独自拥有一个技术创新投入机会。共营企业付出不可逆投入成本 I 进行技术创新,则技术创新成功的概率 $p = \sqrt{\dfrac{I}{K}}$,技术创新成功使共营企业在 $t = 1$ 时的劳动生产率从 γ_1 提高至 $\gamma_2(\gamma_1 > \gamma_2)$;技术创新失败的概率为 $1 - p = 1 - \sqrt{\dfrac{I}{K}}$,技术创新失败使共营企业在 $t = 1$ 时的劳动生产率仍为 γ_1。在 $t = 1$ 时市场开放,利润最大化企业作为进入者进入市场与共营企业进行 Cournot 产量博弈,劳动生产率为 γ_1。

（5）假设共营企业和利润最大化企业进行生产的固定成本都为 F,市场的逆需求函数为 $P(a,Q) = a - Q$。

2. 模型

在 $t = 0$ 时,共营企业在市场上处于垄断地位,由于共营企业追求员工利润最大化为目标,其目标函数为:

$$\max_{l, q_L} V_L = \frac{\pi_L}{l_L} + w_L = \frac{(P - c)q_L - F}{\gamma_1 q_L^2} = \frac{(a - c - q_L)q_L - F}{\gamma_1 q_L^2} = \frac{(\theta - q_L)q_L - F}{\gamma_1 q_L^2}$$

$$(5\text{-}106)$$

其中,c 表示产品的边际成本,$\theta = a - c$ 为反映市场需求的容量参数,是 $(0, \infty)$ 上的随机变量。当 $t = 0$ 时只知道它的期望值为 $E_0[\theta] = \theta_0$,当 $t = 1$ 时两企业均可观察到市场需求规模的实际值。

根据式（5-106）,对 V_L 求关于 x_L 的一阶导数得:

$$\frac{\partial V_L}{\partial q_L} = \frac{-\theta q_L + 2F}{\gamma_1 q_L^3} = 0$$

求解得:

$$q_L^M = \frac{2F}{\theta}, \quad V_L^M = \frac{1}{\gamma_1}\left(\frac{\theta^2}{4F} - 1\right)$$

5.5.2 技术创新投入结果分析

1. 不进行技术创新投入的情况

若共营企业在 $t = 0$ 时不进行技术创新投入,则在 $t = 1$ 时,和利润最大化企业在市场上成为劳动生产率水平相同的 Cournot 双寡头,两家企业均以生产率 γ_1 进行生产。共营企业和利润最大化企业的目标函数分别为：

$$\begin{cases} \max_{q_P} \pi_P = (p-c)q_P - l_P w - k = (\theta - q_L - q_P)q_P - \gamma_1 q_P^2 w - F \\ \max_{q_L} V_L = \dfrac{(p-c)q_L - F}{l_L} = \dfrac{(\theta - q_L - q_P)q_L - F}{\gamma_1 q_L^2} \end{cases}$$

上式分别对 q_P, q_L 求一阶导数得：

$$\begin{cases} \dfrac{\partial \pi_P}{\partial q_P} = \theta - q_L - 2(1 + \gamma_1 w)q_P = 0 \\ \dfrac{\partial V_L}{\partial q_L} = \dfrac{-(\theta - q_L)q_L + 2F}{\gamma_1 q_L^3} = 0 \end{cases}$$

整理得：

$$\begin{cases} \theta q_L - q_P q_L - 2F = 0 \\ \theta - q_L - 2(1 + \gamma_1 w)q_P = 0 \end{cases}$$

因此，不进行技术创新投入情况下，共营企业和利润最大化企业的产量分别为：

$$\begin{cases} q_P^N = \dfrac{(3 + 2\gamma_1 w)\theta + \sqrt{(3 + 2\gamma_1 w)^2 \theta^2 + 8(1 + \gamma_1 w)(\theta^2 - 2F)}}{2(1 + \gamma_1 w)} \\ q_L^N = \dfrac{-(1 + 2\gamma_1 w)\theta + \sqrt{(1 + 2\gamma_1 w)^2 \theta^2 + 16F(1 + \gamma_1 w)}}{2} \end{cases}$$

不进行技术创新投入情况下，共营企业和利润最大化企业的目标函数分别为：

$$\begin{cases} \pi_P^N = (1 + \gamma_1 w)(q_P^N)^2 - F \\ V_L^N = \dfrac{1}{\gamma_1}\left[\dfrac{F}{(q_L^N)^2} - 1\right] \end{cases}$$

2. 进行技术创新投入的情况

若共营企业在 $t = 0$ 时进行技术创新投入，则在 $t = 1$ 时共营企业和利润最大化企业在市场上以概率 $p = \sqrt{\dfrac{I}{K}}$ 成为劳动生产率存在差异的 Cournot 双寡头竞争，以概率 $1 - p = 1 - \sqrt{\dfrac{I}{K}}$ 成为无差异的 Cournot 双寡头竞争。

当共营企业进行技术创新，其技术创新投入为 I，技术创新成功使共营企业在 $t = 1$ 时的劳动生产率从 γ_1 提高至 γ_2，$(\gamma_1 > \gamma_2)$，两家企业的目标函数分别为：

$$\begin{cases} \max_{q_P} \pi_L = (\theta - q_L - q_P)q_P - \gamma_1 w q_P^2 - F \\ \max_{q_L} V_L = \dfrac{(\theta - q_P - q_L) \cdot q_L - F - I}{\gamma_2 q_L^2} \end{cases}$$

上式分别对 q_P, q_L 求一阶导数得：

$$\begin{cases} \dfrac{\partial \pi_P}{\partial q_P} = \theta - q_L - 2(1+\gamma_1 w)q_P = 0 \\ \dfrac{\partial V_L}{\partial q_L} = -\dfrac{(\theta - q_P)q_L - 2(F+I)}{\gamma_2 q_L^3} = 0 \end{cases}$$

整理得：

$$\begin{cases} \theta q_L - q_P q_L - 2(F+I) = 0 \\ \theta - q_L - 2(1+\gamma_1 w)q_P = 0 \end{cases}$$

因此，进行技术创新且取得成功情况下，共营企业和利润最大化企业的产量分别为：

$$\begin{cases} q_P^{IS} = \dfrac{\theta(3+2\gamma_1 w) + \sqrt{\theta^2(3+2\gamma_1 w)^2 + 8(1+\gamma_1 w)(\theta^2 - 2F - 2I)}}{2(1+\gamma_1 w)} \\ q_L^{IS} = \dfrac{-\theta(1+2\gamma_1 w) + \sqrt{\theta^2(1+2\gamma_1 w)^2 + 16(F+I)(1+\gamma_1 w)}}{2} \end{cases}$$

进行技术创新且取得成功情况下，共营企业和利润最大化企业的目标函数分别为：

$$\begin{cases} \pi_P^{IS} = (1+\gamma_1 w)(q_P^{IS})^2 - F \\ V_L^{IS} = \dfrac{1}{\gamma_2}\left[\dfrac{F+I}{(q_L^{IS})^2} - 1\right] \end{cases}$$

当共营企业进行技术创新，其技术创新投入为 I，技术创新失败使企业在 $t=1$ 时的劳动生产率仍然为 γ_1，与利润最大化企业进行劳动生产率为 γ_1 的双寡头 Cournot 竞争，其目标函数分别为：

$$\begin{cases} \max_{q_P} \pi_P = (\theta - q_L - q_P)q_P - \gamma_1 w q_P^2 - F \\ \max_{q_L} V_L = \dfrac{(\theta - q_P - q_L)q_L - F - I}{\gamma_1 q_L^2} \end{cases}$$

上式分别对 q_P, q_L 求一阶导数得：

$$\begin{cases} \dfrac{\partial \pi_P}{\partial q_P} = \theta - q_L - 2(1+\gamma_1 w)q_P = 0 \\ \dfrac{\partial V_L}{\partial q_L} = -\dfrac{1}{\gamma_1 q_L^3}[(\theta - q_P)q_L - 2(F+I)] = 0 \end{cases}$$

整理得：

$$\begin{cases} \theta q_L - q_P q_L - 2(F+I) = 0 \\ \theta - q_L - 2(1+\gamma_1 w)q_P = 0 \end{cases}$$

因此，进行技术创新投入但失败情况下，共营企业和利润最大化企业的产量分别为：

$$\begin{cases} q_P^{IN} = \dfrac{\theta(3+2\gamma_1 w) + \sqrt{\theta^2(3+2\gamma_1 w)^2 + 8(1+\gamma_1 w)(\theta^2 - 2F - 2I)}}{2(1+\gamma_1 w)} \\ q_L^{IN} = \dfrac{-\theta(1+2\gamma_1 w) + \sqrt{\theta^2(1+2\gamma_1 w)^2 + 16(F+I)(1+\gamma_1 w)}}{2} \end{cases}$$

进行技术创新投入但失败情况下，共营企业和利润最大化企业的目标函数分别为：

$$\begin{cases} \pi_P^{IN} = (1 + \gamma_1 w)(q_P^{IN})^2 - F \\ V_L^{IN} = \dfrac{1}{\gamma_1}\left[\dfrac{F+I}{(q_L^{IN})^2} - 1\right] \end{cases}$$

综上所述，共营企业进行技术创新投入时，每个员工的期望收益为：

$$V \text{是}^I = E(V) = \sqrt{\dfrac{I}{K}} \cdot E(V_L^{IS} \mid \theta > 0) + \left(1 - \sqrt{\dfrac{I}{K}}\right) \cdot E(V_L^{IN} \mid \theta > 0)$$

5.5.3　技术创新投入的期权价值和决策

共营企业 $t = 0$ 时决策是否进行技术创新投入，取决于进行技术创新投入的期权净收益。共营企业进行技术创新投资的期权机制为：

$$E(\Delta) = V_L^I - V^N = \sqrt{\dfrac{I}{K}} \cdot E(V_L^{IS} \mid \theta > 0)\mathrm{prob}(\theta > 0) + \left(1 - \sqrt{\dfrac{I}{K}}\right) \cdot$$

$$E(V_L^{IN} \mid \theta > 0)\mathrm{prob}(\theta > 0) - E(V^N \mid \theta > 0)\mathrm{prob}(\theta > 0)$$

其中，$E[\Delta]$ 是技术创新投入的期望净收益，衡量了进行技术创新投入的期权价值。当 $E[\Delta] > 0$，共营企业选择技术创新投入。共营企业在 $t = 0$ 时只知道 θ 的期望值 θ_0。$E_0[\Delta] = 0$ 的阈值 θ_0^* 是使共营企业是否进行技术创新投入无差异的事前市场需求容量参数。由于市场需求参数 θ 是一个随机变量，而且技术创新结果不确定，因此共营企业在 $t = 0$ 时的技术创新投入决策是基于未来市场需求容量参数 θ 的具体分布、技术创新结果和投入机会价值决定的。

1. 技术创新投入的期权价值

设市场需求容量参数 θ 服从区间 $[0, b]$ 上的均匀分布，有

$$E(\Delta) = \dfrac{1}{b}\left[\sqrt{\dfrac{I}{K}} \cdot \int_0^b V_L^{IS}\mathrm{d}\theta + \left(1 - \sqrt{\dfrac{I}{K}}\right) \cdot \int_0^b V_L^{IN}\mathrm{d}\theta - \int_0^b V^N\mathrm{d}\theta\right]_L$$

其中：

$$\int_0^b V_L^{IS}\mathrm{d}\theta = \dfrac{1}{\gamma_2}\left\{\dfrac{b^3(1+2\gamma_1 w)^2}{96(F+I)(1+\gamma_1 w)^2} - \dfrac{b(3+4\gamma_1 w)}{4(1+\gamma_1 w)}\right.$$
$$\left. + \dfrac{[16(F+I)(1+\gamma_1 w) + b^2(1+2\gamma_1 w)^2]^{\frac{3}{2}}}{96(F+I)(1+\gamma_1 w)^2(1+2\gamma_1 w)} - \dfrac{2(F+I)^{\frac{1}{2}}}{3(1+\gamma_1 w)^{\frac{1}{2}}(1+2\gamma_1 w)}\right\}$$

$$\int_0^b V_L^{IN}\mathrm{d}\theta = \dfrac{1}{\gamma_1}\left\{\dfrac{b^3(1+2\gamma_1 w)^2}{96(F+I)(1+\gamma_1 w)^2} - \dfrac{b(3+4\gamma_1 w)}{4(1+\gamma_1 w)}\right.$$
$$\left. + \dfrac{[16(F+I)(1+\gamma_1 w) + b^2(1+2\gamma_1 w)^2]^{\frac{3}{2}} - [16(F+I)(1+\gamma_1 w)]^{\frac{3}{2}}}{96(F+I)(1+\gamma_1 w)^2(1+2\gamma_1 w)}\right\}$$

$$\int_0^b V^N\mathrm{d}\theta = \dfrac{1}{\gamma_1}\left\{\dfrac{b^3(1+2\gamma_1 w)^2}{96F(1+\gamma_1 w)^2} - \dfrac{b(3+4\gamma_1 w)}{4(1+\gamma_1 w)}\right.$$

$$+ \frac{\left[16F(1+\gamma_1 w)+b^2(1+2\gamma_1 w)^2\right]^{\frac{3}{2}}-\left[16F(1+\gamma_1 w)\right]^{\frac{3}{2}}}{96F(1+\gamma_1 w)^2(1+2\gamma_1 w)}\Bigg\}$$

2. 投入期权价值的比较静态分析

共营企业进行早期技术创新投入，期权价值 $E[\Delta]$ 是受参数 θ_0、$\delta=\gamma_2-\gamma_1$、K、I 等影响的，如表 5-3 所示。下面将对 $E[\Delta]$ 就这些参数进行比较静态分析。

K 是衡量成功完成技术创新所需最大的不可逆投入成本的参数。

$$\frac{\partial E(\Delta)}{\partial K}=-\frac{1}{2b}\sqrt{\frac{I}{K^3}}\cdot\left(\frac{1}{\gamma_2}-\frac{1}{\gamma_1}\right)\cdot\Bigg\{\frac{b^3(1+2\gamma_1 w)^2}{96(F+I)(1+\gamma_1 w)^2}-\frac{b(3+4\gamma_1 w)}{4(1+\gamma_1 w)}$$

$$+\frac{\left[16F(1+\gamma_1 w)+b^2(1+2\gamma_1 w)^2\right]^{\frac{3}{2}}}{96F(1+\gamma_1 w)^2(1+2\gamma_1 w)}-\frac{2(F+I)^{\frac{1}{2}}}{3(1+\gamma_1 w)^{\frac{1}{2}}(1+2\gamma_1 w)}\Bigg\}$$

因此，$\dfrac{\partial E(\Delta)}{\partial K}<0$，说明技术创新成功所要求的最大投入量越大，技术创新期权价值越小。

$$\frac{\partial E(\Delta)}{\partial I}=\frac{1}{2b}\sqrt{\frac{1}{IK}}\cdot\left(\frac{1}{\gamma_2}-\frac{1}{\gamma_1}\right)\Bigg\{\frac{b^3(1+2\gamma_1 w)^2}{96(F+I)(1+\gamma_1 w)^2}-\frac{b(3+4\gamma_1 w)}{4(1+\gamma_1 w)}$$

$$+\frac{\left[16F(1+\gamma_1 w)+b^2(1+2\gamma_1 w)^2\right]^{\frac{3}{2}}}{96F(1+\gamma_1 w)^2(1+2\gamma_1 w)}-\frac{2(F+I)^{\frac{1}{2}}}{3(1+\gamma_1 w)^{\frac{1}{2}}(1+2\gamma_1 w)}\Bigg\}$$

$$+\frac{1}{b}\left[\sqrt{\frac{I}{K}}\cdot\left(\frac{1}{\gamma_2}-\frac{1}{\gamma_1}\right)+\frac{1}{\gamma_1}\right]\Bigg\{-\frac{b^3(1+2\gamma_1 w)^2}{96(F+I)^2(1+\gamma_1 w)^2}$$

$$+\frac{(F+I)^{\frac{1}{2}}(1+\gamma_1 w)^{\frac{1}{2}}-1}{3(F+I)(1+\gamma_1 w)(1+2\gamma_1 w)}-\frac{\left[16(F+I)(1+\gamma_1 w)+b^2(1+2\gamma_1 w)^2\right]^{\frac{3}{2}}}{96(F+I)^2(1+\gamma_1 w)^2(1+2\gamma_1 w)}\Bigg\}$$

因此，$\dfrac{\partial E(\Delta)}{\partial I}$ 符号不确定，说明技术创新投入大小与技术创新期权价值存在不确定性关系，与具体的参数大小相关。

$$\frac{\partial E(\Delta)}{\partial b}=\left[\sqrt{\frac{I}{K}}\cdot\left(\frac{1}{\gamma_2}-\frac{1}{\gamma_1}\right)+\frac{1}{\gamma_1}\right]\Bigg\{\frac{b(1+2\gamma_1 w)^2}{48(F+I)(1+\gamma_1 w)^2}+\frac{2(F+I)^{\frac{1}{2}}}{3b^2(1+\gamma_1 w)^{\frac{1}{2}}(1+2\gamma_1 w)}$$

$$+\frac{b(1+2\gamma_1 w)(\left[16(F+I)(1+\gamma_1 w)+b^2(1+2\gamma_1 w)^2\right]^{\frac{1}{2}}}{32(F+I)(1+\gamma_1 w)^2}\Bigg\}$$

$$-\Bigg\{\frac{b(1+2\gamma_1 w)^2}{48F(1+\gamma_1 w)^2}-\frac{2F^{\frac{1}{2}}}{3b^2(1+\gamma_1 w)^{\frac{1}{2}}(1+2\gamma_1 w)}$$

$$+\frac{b(1+2\gamma_1 w)\left[16F(1+\gamma_1 w)+b^2(1+2\gamma_1 w)^2\right]^{\frac{1}{2}}}{32F(1+\gamma_1 w)^2}\Bigg\}$$

因此 $\dfrac{\partial E(\Delta)}{\partial b}$ 符号不确定，说明市场的最大需求容量 b 的大小与技术创新期权价值存在不确定性关系,与具体的参数大小相关。

$\delta = \gamma_2 - \gamma_1$是衡量完成成功的技术创新使劳动力的生产率增加的参数。

$\frac{\partial E(\Delta)}{\partial \delta} > 0$表明技术创新成功所带来的预期劳动生产率增加效果越大,员工平均预期收益也更大。

表5-3 共营企业和利润最大化企业在技术创新期权博弈中的异同点

期权影响因素	PMF 与 PMF 共存	LMF 与 PMF 共存
$\frac{\partial E[\Delta]}{\partial K}$	< 0($E[\Delta]$ 与 K 成反比)	< 0($E[\Delta]$ 与 K 成反比)
$\frac{\partial E[\Delta]}{\partial b}$	> 0($E[\Delta]$ 与 b 成正比)	不确定
$\frac{\partial E[\Delta]}{\partial I}$	不确定	不确定
$\frac{\partial E[\Delta]}{\partial \delta}$	> 0($E[\Delta]$ 与 δ 成正比)	> 0($E[\Delta]$ 与 δ 成正比)

5.6 共营企业技术创新的风险范式及防范:以农民专业合作社为例

农民专业合作社数量快速增长的同时,生产规模偏小、缺乏技术创新意识,科技含量低,这与贯彻落实党中央、国务院"科技兴农"方针格格不入。因此,在今后的发展过程中,加强技术创新将是发展合作社的根本动力。但由于技术创新本身存在的巨大风险性,以及合作社目前正处于发展初期,创新风险成为制约和影响合作社技术创新的重要因素。如何正确认识和分析技术创新风险并加以有效防范是摆在合作社面前的一个重要课题。本节从技术创新的技术因素、外部环境因素、合作社自身因素三个维度探讨了合作社的技术创新风险范式,并在分析三个风险维度的基础上,提出了具体的风险防范策略。

5.6.1 农民专业合作社技术创新的风险特征

相对于传统的利润最大化企业,农民专业合作社技术创新除了具有一般企业的技术创新风险特征,如存在的"客观性、相对性、模糊性、渐进性、综合性"等特点。由于合作社自身的企业制度特点和发展的初级阶段,决定了合作社技术创新同时具有自身的风险特征。

1. 风险承受能力低

农民专业合作社因为资金、技术水平、研究人员、规模和吸收风险投资等方面相对比较欠缺,其风险承受的能力很低,一旦创新失败不仅会影响合作社经营活动的正常进行,甚至还会影响到合作社的生死存亡。相对于传统的利润最大化企业,合作社要承担更大的技术创新风险。合作社成员风险意识、投资意识不强,只想从合作社分享利益,而不愿向合作社出资冒风险,入社成员多,出资成员人数少,资金短缺。

农民专业合作社风险承受能力低主要是由以下原因造成的：①农民专业合作社的产权属于社员所有，容易出现期界问题，致使合作社的技术创新资金积累不足。②合作社一般从事单一的技术创新项目，很难同时从事多种途径的技术创新项目的替代研究，以便相互补充，降低风险。③农民专业合作社的技术成果商业转化能力较低，即使在技术创新的应用研究和技术开发阶段取得了成功，但由于合作社在生产过程中，每个社员的生产相对独立，在技术推广阶段，很容易失败。另一方面，在商业化过程中，由于合作社缺少营销能力，很难将技术成果推向市场，取得预期的商业利润。

2. 知识产权保护能力低

农民专业合作社是在家庭联产承包责任制的基础上建立起来的，组织相对分散。因此，技术创新成果在推广过程中，涉及每个社员，容易造成创新成果泄露。加上目前合作社普遍缺乏专利保护意识，容易造成农民专业合作社丧失从创新投资中获利的机会。当知识产权被盗的现象发生时，合作社往往难以承担昂贵的法律诉讼费用，最后只能接受因知识产权被盗所带来的经济和企业竞争力方面的损失。

5.6.2　农民专业合作社技术创新风险影响因素分析

农民专业合作社进行技术创新存在很大的不确定性和风险性，对合作社技术创新风险进行全面分析，有助于合作社更好地进行风险管理。本章从技术因素、合作社因素、外部环境因素三个维度分析技术创新的影响因素。如图 5-1 所示。

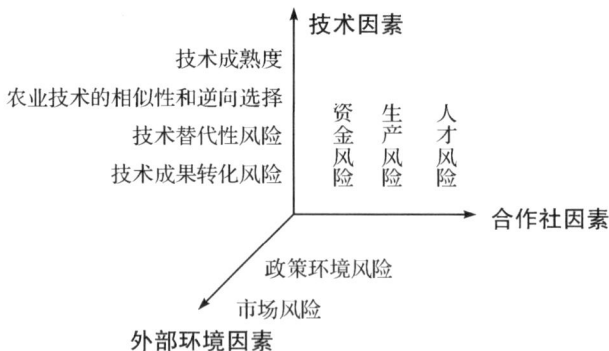

图 5-1　农民专业合作社技术创新风险的影响因素

1. 合作社因素

（1）资金风险

技术创新资金的高投入以及收益的不确定性，给合作社的融资渠道、融资成本带来很大的风险，从而影响了合作社技术创新实施的资本运营。技术创新的资金风险是指在技术创新的各个阶段由于预算不到位，或者出现分阶段超支、资金筹集出现意外迫使技术创新某阶段停止，从而使得整个创新项目搁浅的可能性。

农民专业合作社作为一种共营企业组织,资金筹集渠道比较少,而且在贷款方面存在逆向选择和道德风险,因此合作社很难从金融机构或其他风险投资机构获得技术创新基金。合作社在贷款方面的逆向选择是指银行等贷款人通过事先观察,寻找合适借款人的成本太高,因而可能与不合适的借款人签订贷款合同。现实中,合作社中的社员如果有一个值得投资的项目,但由于他们前期资金积累很少时,将无法进行产权投资。因此,贷款人在这种情况下一般不愿意为一个完全依赖外部资金的合作社进行融资,合作社也就无法从潜在的贷款人那里得到后续融资。合作社在贷款方面的道德风险指社员作为借方,在签订借贷合同后,将设法以非契约行为,对作为贷款人的资本家施加成本。比如,作为借方的社员可能选择风险过高的创新项目。风险过高往往伴随着高回报率和高风险率。在合作社中作为借方的社员享有剩余价值的控制权。所以当这种高风险的创新项目成功之后,受益的是合作社社员,即使失败了,则可能造成的损失将由贷款人承担。

在银行贷款业务中,抵押贷款是被认为相对于保证贷款较为安全的一种贷款种类。但由于农户资产抵押较少,而且农产品受到的自然灾害影响较大,贷款风险高,资金的流动性差,因此金融机构或风险投资机构一般不愿意把钱贷给农民。另外,成本问题也是金融部门所考虑的,在放贷之前,要对农民的还款能力进行评估。因为每个农民都是分散进行贷款,对他们评估需要耗费大量的人力、物力、财力。而且金融部门所担当的风险也很高。如果农民无法偿还贷款,金融部门也没有任何办法,损失是非常大的。金融部门作为赢利性的机构,认为这种投资不能带来自己预期的收益。

中国银监会辽宁监管局刘庆田通过对辽宁省农民专业合作社的调研发现,合作社自身相关的条件增加了合作社的资金风险。具体表现在:农民专业合作社管理缺失,信用体系不健全难以融合支农信贷资金。许多专业合作社的内部体系不健全,组织运作不规范,缺乏必要的约束和制衡,合作社管理及信用机制缺位,金融服务有效性欠缺。如某县蔬菜专业合作社的社员中总共有 62 户申请贷款,额度166 万元。但符合贷款条件的只有 28 户,占申请贷款社员的 45%。发放贷款 58万元,申请贷款额度 35%,未获得贷款的农户多数是因为在合作社组建前有陈欠贷款,且逾期时间较长。②组织结构松散未能有效构建信用体系。农民专业合作社组织形式比较松散,农民入社初衷仅为争取优惠政策和项目支持等利益驱使,大多是通过签订购销合同建立利益关系。如辽宁省有 85% 的专业合作社为"松散式"的农民联合组织,这部分农民专业合作社只能以社员身份获取贷款。③联保连带责任不清晰。联保贷款是指没有直系亲属关系的农户在自愿基础上组成联保小组,金融机构对联保小组成员提供的贷款称为农户联保贷款,联保小组成员承担连带责任。部分农民专业合作社为获取贷款,或合作社为社员担保,或社员为合作社担保,主要表现在贷款承贷与使用主体不清,信用资质厘清工作没有跟进,容易在贷款偿还时产生权利义务纠纷,极易出现违约。

（2）生产风险

生产风险是指在技术创新过程中，在新技术、新工艺研究开发之后，由于生产系统中有关因素及其变化的不确定性而导致创新失败的可能性。合作社通过开展生产技术培训，实施品牌战略，集中开发市场，统一收购销售社员产品，在一定程度上降低了农产品的生产风险和销售风险。但合作社作为一种相对松散的组织，社员在生产过程中保持相对的独立性。当技术创新成果投入生产过程中，由于社员众多，每个社员的生产又保持相对的独立性，合作社很难对每个社员的生产过程进行控制。因此，最终的新产品可能在质量、交货时间等方面难以满足市场要求。

目前很多农民专业合作社在生产技术上不成熟，必须借助外力，因而承担较大的生产风险。例如有一个土地经营合作社，流转土地2800多亩，引进技术采取机械化操作，种植优质水稻。由于水稻生产的农艺流程季节性强，在品种搭配、育插秧、植保、用水管理、收割、储藏、营销等各个环节都必须认真设计，稍有不慎，就可能带来减产和损失，而该合作社在晚稻的育插秧环节与耕种收配合上出了纰漏，育秧早了，收割迟了，以致晚稻秧龄期拉长，造成晚稻的田间管理、机械化植保统防统治等环节出现多种问题，于是造成晚稻减产，给农民专业合作社带来损失。

（3）管理风险

管理风险是指在技术创新过程中因管理不善而导致失败的可能性。由于制度设计方面的原因和发展阶段限制，相对于传统的利润最大化企业，农民专业合作社在管理方面存在更大的风险。

首先，由于技术创新风险管理中需要对技术创新涉及的知识方法等有一定程度的理解，增强与技术创新人员的沟通，从而对创新活动的组织更为科学。然而目前很多农民专业合作社没有设立专门的技术部门，因此很难进行技术引进、技术创新和技术实施方面的管理。

其次，在组织结构方面，农民专业合作社中社员在技术实施和生产中保持相对的独立性，在技术推广阶段很难实施有效的管理，因此农民专业合作社很难控制在生产和技术实施过程中出现的问题。

（4）人才风险

人才风险是指由于农民专业合作社管理者对人力资源的认识不足，导致相关方面的人才不足，或者由于管理者管理不当而导致创新项目不能继续的可能性。

目前我国农民专业合作社正处于发展初级阶段，合作社组织中，懂技术、善经营、会管理的人才少，了解合作社知识且甘于利益共享、风险共担的农民社员少。由于科技人才比较稀缺，大部分合作社的科技人才主要来自于科研机构、高校的科研人员，采取科技特派员的形式进行租借。科技特派员在帮助合作社进行技术创新的过程中，存在较大的不确定性。一方面当原单位需要其回到单位时，会造成创新项目的终止；另一方面，科技人才外聘会造成技术外溢的风险大大增加。

2. 技术风险

技术风险是指由于技术或工艺开发失败的可能性以及技术创新结果的不确定

性而给合作社带来的风险。农业技术创新具有高难度性和超前性,并且存在较高的技术壁垒,导致技术创新过程中存在更大的不确定性。

（1）技术成熟度

相关研究表明,当农业项目中带有大量不稳定和不成熟的技术时,技术风险会增加。农业技术的成熟度,在很大程度决定了一个农业项目的成功。这里所说的成熟度,不仅包括农业技术本身,同时也包括合作社社员对农业技术掌握的程度。在农民专业合作社中,由于在技术实施和生产中社员保持相对的独立性,因此社员对农业技术的掌握显得尤为重要。

（2）技术的相似性风险和逆向选择

目前我国农户所采用的技术多属于常规技术,高新技术所占比重很小,导致农业技术具有弱质性。即不同地域的农业生产结构、品种结构、技术水平、技术内容都具有很强的相似性。其技术资源过度竞争,政府农业科研推广机构应对科技推广在农产品水平、档次等结构性水平方面进行统筹规划。

农业技术信息的制约,即信息不完备和信息的不对称,信息的不完备性导致农产品不能正确地估计新技术的产出水平和投入水平。信息的不对称导致科技含量低的技术排挤科技含量高的技术,从而发生逆向选择情况。

（3）技术替代性风险

现在科技突飞猛进,新技术的替代风险越来越高。当农民专业合作社进行一项新技术的研发时,即使该项技术在目前是先进的,但是这项技术刚刚完成研究推向市场,在合作社进行技术推广的过程中,一项更新更先进的技术出现了,这时原来的技术已经过时,农民专业合作社无法收回成本,原来的投入就付诸东流。

（4）技术成果转化风险

一项新技术可能从理论界、学术界看来是完美的,但是如果不能将其商品化,技术创新也是失败的。由于农民专业合作社的出现,农业技术成果转化相对以前有了很大的提高。但是新技术如果无法成功的转化为市场上认可的产品,技术创新不能给合作社带来任何利润,甚至会给合作社带来很大的损失。例如,内蒙古赤峰市松山区碱洼子村和郎郡哈拉村以保护性耕作农机化示范园区为平台,有能力在自己经营的土地上应用新的农业生产技术,农技部门的技术推广变得更加容易,科技成果转化更加快速。但仍然存在很多问题和不足,主要表现在农民的科技文化素质偏低、科技服务网络不健全、科技人员服务不到位等造成农业科技成果在转化过程中出现较大的风险,转化失败,给农民带来很大的损失。

3. 外部环境风险

（1）市场风险

技术创新的市场风险是指由于创新产品不适应市场需求或市场变化,而导致创新产品未被市场充分有效地接受而导致的风险。技术创新的市场风险包括两方面,即市场本身存在的不确定性和技术的不确定性的顺序传递。如技术开发、技术转化中的市场不确定,开发新产品所形成的新市场规模、产品的相对竞争优势不确定,市场接受的时间、市场寿命以及市场开发所需资源投入强度等难以确定。

市场不确定性的风险包括销售风险、模仿者替代风险、消费者偏好风险、定价风险等。销售风险是指农民专业合作社在开展销售活动的过程中,由于促销行为不当或者其他干扰因素的出现而导致销售活动受阻甚至失败,或者是由于合作社本身的销售渠道不畅而造成新产品的积压,而给合作社带来损失的情况。模仿者替代风险是指由于模仿者的进入而使得技术开发者的市场份额减少,造成损失的情况。技术创新不仅是一个技术概念,还是一个经济概念,一项新技术无论多么先进如果得不到消费者的认同,那么新产品也就不能商品化,由此会使得合作社技术开发前期的投入得不到回报而产生损失的可能性,称作消费者偏好风险。定价风险是指在新技术开发过程中,农民专业合作社对新产品定价不合理而导致市场竞争激烈,从而增加合作社受损的可能性。

技术不确定性的风险,是指由于技术创新前期阶段准备不足而导致对后期市场阶段产生不利影响,从而产生损失的可能性。具体来说,技术创新在调研阶段、创新阶段、生产阶段所产生的风险都会随着技术创新的进行而向后传递,最后累积到市场,在市场化阶段爆发。传递性市场风险一般是由于前期对新技术的市场前景缺乏正确、清晰的认识,或者是在技术开发过程中对于消费者的需求认识不足,或者是虽然对于消费者的需求有一定了解,但是对于如何满足这些需求做得不到位,而对后续的市场销售阶段产生影响,使得农民专业合作社受损。

(2)政策和环境风险

政策和环境风险是指由于国家、地方相关政策、环境的变化或者行业内相关环境的变化,而对创新项目产生负面影响而导致技术创新失败的可能性。由于目前农民专业合作社的发展还处于初级阶段,在农业技术创新方面,大部分依赖于政府的政策支持。因此,政府的政策变化,对农民专业合作社的技术创新会产生很大的影响。

外部政策、环境风险:主要是指国家或地方政府在农民专业合作社开始技术创新过程中,出台了某些相关政策,而对合作社技术创新出现了不利影响。例如蔬菜的农药残留量标准,动物饲料的激素含量标准等政策,无法获得原材料、设备、新技术的进口许可证等,或者国家对此项技术的认证出台了新规定等。

内部政策、环境风险:由于农民专业合作社技术创新离不开其他合作社联盟、高校、研究机构等服务组织的支持,另外由于合作社资金、技术创新能力有限,有时不得不联合其他合作社或者合作社联盟、农业科技企业、科研院所等进行合作创新,这时技术联盟的相关规定和条例发生的变化,势必会对合作社技术创新成功率产生影响。

5.6.3 农民专业合作社技术创新风险的控制

虽然技术创新风险不可能完全消除,但技术创新管理比较完善的创新主体,在一定程度上能够有效地防范和控制某些风险因素。因此,技术创新要取得成功,必须在完善技术创新管理的同时,还要加强技术创新的风险管理。通过对技术创新系统树立风险意识,完善风险管理,在一定程度上防范和控制风险损失的发生和发展,使受控的技术创新活动向预期目标发展。本章结合农民专业合作社技术创新风险的主要特征,提出农民专业合作社技术创新风险的控制方法。

1. 发展合作社联社,提高风险控制能力

发展合作社联社,可以有效推进合作社规范化发展,规模化经营,提升合作社竞争力,增强抗御技术创新风险的能力。合作社联社是合作社发展到一定阶段的产物。随着外部市场竞争的不断加剧和合作社业务的不断扩大,合作社相互之间也愿意联合起来,进一步提升市场竞争力、降低经营成本。成立合作社联社,不仅可以通过横向一体化实现规模经济,并最大限度地降低合作社的交易成本、提高议价能力,改善为社员的服务,解决合作社依靠自身力量无法解决的问题,而且可以促进纵向一体化经营,向农产品深加工领域延伸、扩大合作社的业务范围,巩固和增强合作社的市场地位。组建合作社联社,能够提高合作社在技术创新人才,资金等方面的储备,增强抵御技术创新市场风险的能力。

因此,政府应该引导支持合作社内部制度建设,外部横向联合,夯实产业发展基础。目前很多农民专业合作社彼此之间相互封闭,缺乏必要的信任和合作基础等问题,政府各相关部门要利用自己特有的社会资源优势,作为第一推动者,填补合作社联社发起人能量不足的空缺,牵头帮助指导组建合作社联社。同时,政府部门参与指导合作社联社的创建,要充分尊重合作社联社,要维护合作社联社的独立、自治,要确保合作社联社成员对决策层人选、发展战略制度、重大经营事项等决定权,绝不能取而代之。

2. 利用政府采购等方式,防范市场风险

技术创新的市场阶段是技术价值直接实现的阶段,市场风险程度决定着技术创新的成败。技术经济学表明,即使创新成功后能为农民专业合作社带来超额利润,由于市场的缺陷,合作社也无法收回创新的全部利益,差额包括消费者剩余、使用创新产品的产业生产力的增加量和技术扩散的收益。技术创新具有投入高,市场风险大的特点,依靠政府采购合同,合作社技术创新可以获得预期的稳定市场,只要合作社技术开发成功就能得到持续利润,从而大大降低了技术创新过程中市场的不确定性,降低了技术创新的市场风险。另外,大多数农民专业合作社创新经费有限,如何将其使用在拥有较高价值和市场前景的领域十分关键。作为个体的合作社技术创新决策者,由于存在市场信息不对称等情况,无法准确把握技术创新的市场动态,容易导致创新的决策失误。政府采购则能使农民专业合作社清楚确定政府所需要的创新产品的数量、质量、型号及相关技术要求,从而明确农民专业合作社的技术创新的方向,避免创新投资的低效率,有效降低创新决策风险。

为农民专业合作社与政府相关采购部门的对接提供平台,展示农民专业合作社的发展成果,增加农民专业合作社的销售渠道。能够帮助农民合作社的优质、高端、有机特色的农产品和政府采购对接成功。利用政府采购直接扶植我国农业的发展,直接帮助农民解决产品销售难的实际问题,帮助农民将优质农产品卖上价钱。因此,一方面政府采购仍然需要进行内部完善,为合作社的健康发展提供制度保障;另一方面政府采购要支持、引导和推动全国农民专业合作社的发展,尽可能地为合作社的发展提供宽松的政策和社会环境。采购监督管理部门应当为农民专业合作社进入政府采购市场提供指导和服务。

例如,由于新西兰进口奶粉价格低质量好,诱使国内乳企对进口奶粉使用量不断提高,相应地对国内原料奶产生替代作用,发生挤出效应。导致国内合作社的牛奶销售出现问题,奶牛养殖环节萎缩,产生"去奶牛化"。为了降低农民专业合作社的市场风险,同时保住东北地区的奶牛业,国家给予了农民专业合作社市场资源支持,采取行政手段进行市场采购。如组织黑龙江与北京进行肉蛋奶产销对接专供,吉林与上海实行肉蛋奶产销对口专供。将东北肉蛋奶作为大专院校学生食堂专供产品,作为军队食堂专用产品等。

另外,政府可以在农民专业合作社与超市、合作社与企业等之间牵线搭桥,实现"农超对接"、"农企对接"等,解决合作社的农产品销路问题。例如,2011 年 4 月以来,从中央到地方媒体纷纷报道各地大白菜、土豆、大葱、莴笋等蔬菜滞销,价格大幅度下跌,导致不少菜农种植蔬菜出现严重亏损现象。椒江区章安街道杨司村鸿绿瓜菜专业合作社通过"农超对接",搭起了一座通往超市、食堂、酒店、农贸市场的桥梁,并减少了 10% 以上的中间环节成本,实施订单生产,从而摆脱了农产品滞销问题。

3. 技术风险控制对策

(1)建立以引进再创新和合作创新为主,独立创新为辅的创新机制

农民专业合作社在技术创新过程中,由于自身的资金、人才、规模等约束,其风险承受能力也相对较弱。因此,在农民专业合作社发展初期,由于其技术能力、资金、科技人才等方面的限制,不足以独立完成技术创新,而且对风险的承受能力有限,属于风险规避型组织。目前农民专业合作社的主要技术创新职能一般是建立技术推广平台,发挥合作社在农业技术推广中的作用,部分具有较强技术创新能力的合作社,一般选择一个及几个同类型的中小企业或其他合作社进行优势互补的合作创新,或者利用政府对农民专业合作社的政策性支持,从高校、科研院所等方面进行技术引进,选择风险较小的引进再创新。

目前全国的高等院校、科研院所开发了大批新技术、研制了许多新成果,但是大量的技术开发成果束之高阁,产学研严重脱节。同时,农民专业合作社由于种种原因却得不到相应的技术支持。因此,各级政府组织应该发挥牵头作用,积极组织和推动高校、科研机构面向市场、面向企业和合作社,开展关键、高新技术的研究。建立符合市场规律、以农民专业合作社为主体的产学研紧密结合的新体系,明确产

学研体系中合作社的主体地位。要以"产"字当头,支持和鼓励合作社与高校建立风险共担、优势互补、利益共享的合作机制。

对于一些只有依靠自身力量进行独立创新的技术,农民专业合作社应该尽量利用政府提供的创新基金、科技人员下乡提供的人才优势等,降低独立创新带来的风险。

（2）加强知识产权的管理和保护

由于农民专业合作社所涉及的技术创新一般是由公共部门引导下的,即使是合作社内部的独立创新或合作创新,其知识产权保护意识比较薄弱。尤其是作为合作社的内部成员普遍缺乏专利保护意识,造成其他合作社或私人企业可以无偿获取其创新成果。因此大多数合作社进行技术创新却无法独占其创新成果,导致大量的技术为其他企业无偿使用,从而加大了合作社技术创新的技术风险。

因此,为了加强技术创新的独占性,需要大力开展有关知识产权法律、法规和规章的宣传活动;认真执行国家和省有关知识产权的法律、法规和规章,严肃查处专利侵权和违法行为,切实保护合作社和科技人员的权益。另一方面,各级科技行政管理部门要加强对农民专业合作社的宏观管理和指导,与有关部门协同做好合作社技术创新成果的统计和监测工作,农民专业合作社在开发出一项新技术后,要及时帮助其申报专利,避免不法之徒钻空子而造成不必要的损失。

4. 完善金融和财政扶持政策,控制技术创新资金风险

农民专业合作社由于自身产权制度的因素,存在道德风险和逆向选择。因此,技术创新资金风险的控制主要体现在怎样扩大融资渠道,怎么管理和调度有限资金方面。而对于国家和地方政府而言是如何完善金融政策、财政政策,加大农民专业合作社技术创新扶持的力度。

（1）完善农民专业合作社技术创新的财政扶持政策

国家可以将一定期限内由财政部门对其实际上缴所得税额新增部分和增值税的地方留成部分,以上一年度为基数,按一定比例以科技创新基金项目等形式返还农民专业合作社,作为对技术开发的补助;另一方面地方财政要加大对技术创新的奖励力度和技术创新扶持项目的数量。并进一步提高奖励资金、扶持资金的发放效率和速度,适当简化审批和发放程序,使合作社的技术创新资金能够及时到位,避免了"空头账户"现象的发生。

丹麦政府把农业研究与开发看作是发展农业的先决条件,政府对农业的直接扶持主要体现在对科研开发的支持及协调创新的双边与多边关系上。由于丹麦农业的基本生产单位（农场）的经营规模不大,独立创新能力差,丹麦 90% 以上的农业研究经费源于政府（约占全国 GDP 的 0.05%）。

我国农业科研投资占农业总产值的比值仅为发达国家的 1/10,应加大农业基础研究、应用研究、高新技术研究、重大科技攻关的资金投入,确保农业自主科技创新能力的不断提高。同时,建立和完善以政府资金为引导、社会各方积极参与的多渠道、多层次的农业技术推广资金投入体系,促进农业高新技术的产业化。

（2）完善农村信用合作社的金融服务功能

农村信用合作社（Rural Credit Cooperatives,农村信用社、农信社）,是指经中国人民银行批准设立、由社员入股组成、实行民主管理,主要为合作社社员提供金融服务的农村合作金融机构。农村信用合作社的性质决定了其必须以服务"三农"为宗旨。然而,在现阶段利润最大化目的的驱动下,大部分农村信用合作社并没有发挥其应有的功能,真正发放给农民合作社或其成员的信贷资金微乎其微,缺乏扶持力度。

农村信用合作社要尽快制定相关信贷政策,构建信贷"绿色通道",因地制宜,采取灵活的信贷策略,在技术创新风险可控的前提下,积极探索做好信贷产品的创新工作,提高整体服务水平。农村信用合作社要优先把农民专业合作社全部纳入农村信用评定范围,尽快与当地农村经营管理部门构建合作机制,对辖内农民专业合作社逐一建立信用档案,加快建立和完善符合农民专业合作社特点的信用评价体系,稳步构建专业合作社自愿参加、政府监督指导、金融机构提供贷款支持的授信管理模式,为实施信贷支持打下基础。目前农民专业合作社存在潜在的技术创新风险问题,在信贷运作过程中必须强化风险意识。要建立信贷担保机制,加强与政府之间的协作,使政府对合作社提供最直接的资金支持,如对合作社贷款进行贴息支持和担保费支持,构建政府、合作社、农村信用合作社三位一体的担保格局。

5. 生产风险控制对策

（1）建立生产保险

农民专业合作社生产的产品,尤其是农产品、畜牧产品等,受到自然灾害、瘟疫等风险比较大。因此,合作社需要购买相应的生产保险。

（2）实行标准化作业,对创新农产品的生产实行全面检测

对于新农产品质量的控制,首先要通过标准化作用来实现。标准化作业是现代农业管理的基本要求,也是农民专业合作社正常运作的基本保证。标准化作业要求合作社实施统一施肥技术、统一耕种、统一除虫除草等。它促使农业的生产活动等更加合理化、高效化和规范化。保证在成本控制过程中还要做到合作社农产品的农药残留物、动物激素等达到标准。

例如,许屯镇东马屯苹果合作社通过规范生产标准和操作规程,建立内部生产管理和自律机制,为农户提供统一服务,较好地促进农业标准化实施和推广。许屯镇东马屯苹果合作社把农民组织起来,以提高组织化程度为载体,推进标准化生产,带动果农增收增效,成为农业部合作组织示范项目试点单位。合作社按照"龙头企业＋合作社＋农户"的经济模式运行,实行规范化营运,标准化生产,产业化经营,并且实行"统一品牌、统一标准、统一品质、统一农资和统一操作规程、统一生产技术、统一储藏销售、统一分配结算"等八统一生产服务。为提高农产品质量标准,合作社按绿色食品标准组织生产,实行严格的规范管理,制订水果生产技术操作规

程,建立生产技术档案和田间作业档案,从果树剪枝、春灌、施肥、打药、授粉、稀花、转果到套袋、采摘、储藏、运输、销售等环节,均在合作社生产管理技术人员具体指导下,按绿色食品生产标准和技术操作规程进行。以专业合作社为主的农民专业合作组织不断发展壮大,加快了农业标准化从文本走向田间、从条条走向农户、从理论走向生产的进程,使农业标准得到更广泛更深入更实在的推广与应用。

6. 人才风险控制对策

技术创新人才指既具有较广博的专业科学技术知识又了解市场需求、专门从事将科学技术成果转化为实用技术或转化开发为新产品的科技人才。农民专业合作社由于待遇相对较低,因此很难吸引高科技人才,缺乏高科技人才是农民专业合作社技术创新普遍存在的问题,建立一支富有创新能力的高素质科技人才队伍对于提高合作社技术创新能力,减少技术创新的风险有重要意义。农民专业合作社技术创新人才风险的控制需要合作社自身和政府机构共同来防范。

(1)农民专业合作社自身人才风险控制对策

农民专业合作社想要引进并留住所需的高科技人才,首先要建立一个和谐的环境,使科技人员真心接受合作社文化。其次,农民专业合作社由于资金上的限制,科技人员的工资相比于大企业来讲可能不高,但在工资待遇上要体现出科技人员与普通员工的差别,实行科技人员的技术入股。最后,农民专业合作社要在精神激励方面做得更加到位,要给予科技人员必要的精神奖励、人文关怀,并给予他们更大自由研究、创作的空间。

对于农民专业合作社技术创新外聘的技术人员,为了防止合作社技术外溢,在选择外聘科技人员时要经过仔细、认真的考察,最好是有熟人推荐并担保。其次要与之签订技术保密合同,签订合同后也要给予外聘人员一定的信任和自由研究的空间。

(2)政府对农民专业合作社技术创新人才风险防范的对策

鉴于农民专业合作社在资金、环境等方面的限制,而且大部分合作社在农村,在吸引科技人才方面的能力也就相对较弱,因此就需要政府为它们营造较为宽松的人才引进资金技术环境,政府应该鼓励大学生毕业后下农村合作社工作,实地了解合作社面临的困难。例如,为了激励大学生进入合作社工作,可以实行大学生在合作社工作3年以上,优先报考农村基层公务员等措施。鼓励高校、科研院所的产学研合作,鼓励科技下乡活动,实施科技特派员解决合作社科技人才风险。

政府除了帮助合作社引进技术人才之外,还可以通过提高合作社内部技术人员的技术能力,增加合作社的技术人才储备。例如,举办技术培训班或者免费让合作社技术能人继续参加深造等方式,提高和增加合作社的技术创新人才质量和数量。丹麦农业高度发达,其中较高的国民素质起了关键性作用,丹麦政府更是以此作为提高农业生产率的重要手段。丹麦100%的农民都受过不同程度的教育。通过基础教育、技术教育、管理教育、高级管理教育等不同层次的学习,学员不仅可以很快从事系统的农场工作,还可以在实践中成为技术农民或熟练农民,甚至有资格成为农场的高级管理人员。此外,农民的学习花销也比较便宜。由于丹麦的农业学校大都采取农民团体创办,政府补助的形式创建。一般政府补助资金占到办学经费的70%。接受培训的农民只需花极少的钱就可以受到教育。丹麦特别重视对青年农民的教育和继续教育。丹麦法律规定,农民想要购买30公顷以上的土地必须持有绿色证书(一般管理人员层次),并由此享受政府提供的优惠条件。这样,不仅新农民可以学习,技术熟练的农民以及农场的管理人员也可以继续进修。农民继续教育一般由地方农业咨询中心负责组织,全国农业咨询中心总部进行协调,各地农校及地方咨询中心相互合作,共同开发课程。

5.7 本章小结

本章讨论了技术创新不确定性和风险性对共营企业技术创新投入战略的影响,并以农民专业合作社为例,讨论了共营企业技术创新的风险特征、技术创新风险的影响因素及其风险防范机制。

首先,针对共营企业和利润最大化企业共存的寡头竞争市场,分析了不确定条件下市场需求信息、成本信息、技术创新投资信息获取对利润最大化企业和共营企业产出决策与福利的影响,并比较了利润最大化企业和共营企业在信息获取方面的差异性,以及不同寡头市场下两者之间的区别。研究表明,虽然共营企业和利润最大化企业在信息获取方面存在着部分相似之处,但在很多方面仍然存在很大的不同,共营企业对信息获取的反应更加敏感。

在此基础上,采用期权博弈,结合市场需求不确定性和技术创新结果不确定性,分析共营企业和利润最大化企业共存条件下的技术创新投资期权,并分别讨论技术创新成功所带来的成本节约程度、技术创新成功所需要的最大投入、预期市场需求水平对技术创新投入的影响。结果表明技术创新所要求的最大投资量越大,技术创新成功可能性越小,技术创新期权价值越小。预期成功技术创新所带来的劳动生产率增加效果越大,员工平均预期收益也越大。而共营企业的技术创新投入和市场最大需求规模与技术创新期权之间的相关关系存在一定的不确定性。

最后,以农民专业合作社为例,分析了共营企业的风险范式及其防范机制。讨论了合作社技术创新的风险特征,并从合作社因素、外部环境因素、技术因素三个维度分析了合作社技术创新风险的影响因素。同时,根据技术创新风险的影响因素,从技术风险、市场风险、资金风险、生产风险、政策和环境风险、人才风险等方面提出相应的风险控制对策。

6 共营企业技术创新实施模式选择：以农民专业合作社为例

技术创新的成败、绩效如何，主要取决于技术创新实施模式的选择，而技术创新实施模式的选择又受企业自身条件和周围环境的制约（高金德，2001）。因此，研究共营企业的技术创新实施模式选择对于提高共营企业技术创新的成功率和绩效，具有重要的战略意义。

在技术创新过程中，针对共营企业的典型代表，农民专业合作社选择适合自身内外部环境的技术创新实施模式是其提升竞争力的关键因素之一。技术创新实施模式选择的正确与否直接决定合作社技术创新的成败和绩效。因此，制定正确的技术创新实施模式，在现实中具有重要的意义。为了制定正确的技术创新实施模式，需要了解影响技术创新实施模式选择的因素。目前农民专业合作社主要的技术创新实施模式有哪些？合作社选择技术创新实施模式的主要影响因素是什么？为了积极实施"科技兴农"政策，使合作社能够从"生产型"向"科技型"转变，应该如何培育科技型合作社？上述问题的解决，对于增加农产品科技含量，增强我国合作社在国内及国际市场上的竞争力具有积极的作用。

本章通过对 40 多家科技型合作社进行个案分析，讨论了合作社技术创新的具体特征，以及现阶段合作社技术创新的主要实施模式；在此基础上研究了合作社技术创新实施模式选择的主要影响因素。为了建立科技型合作社，实施科技兴农战略，本章通过进一步探索已有科技型合作社的特点和申报原则，界定了科技型合作社的概念和特点。在此基础上，本章后部分借鉴西班牙蒙德拉贡合作社的经验，探讨了科技型合作社的培育对策，并提出相应的政策性建议。

6.1 合作社的技术创新实施模式选择问题研究

改革开放以来，中国一直在坚定不移地推动农村经济改革，我国农业与农村经济发展发生了深刻的变化。然而 20 世纪 90 年代以来，随着农产品市场格局逐步由卖方市场向买方市场转变，家庭联产承包经营遇到了很大障碍。农民专业合作社已成为发展现代农业的中坚力量，农民专业合作社的发展解决了农户分散小生产与大市场的对接问题，为社员提供了农资供应、产品销售、市场信息、技术交流等各类服务，在农民增收、农业增效、农村发展方面发挥了很好的作用（徐旭初，2005；孔祥智，2008）。

但是加入 WTO 以后,我国农业开始与世界农业接轨,农产品科技含量的高低直接影响了该产品的市场竞争力。而且一些进口国为保护本国产品,设置各种非关税壁垒,加大了我国农产品出口的难度。如临海洞林果蔬合作社的西兰花在出口日本的过程中由于农药残留量未达该国规定的标准,受到百般阻挠。温岭果蔗推出的新款"洁净果蔗"虽然在一定程度上方便了消费者的购买、携带和使用,但其保鲜技术与日本等其他国家的"低温配送"标准还相差甚远,因此在市场开拓方面依旧困难重重。我国传统的优势出口产品,如花卉、蔬菜、茶叶、水稻、水产品等,因技术原因受到限制,短期内难以扩大出口量。因此,在现有的制度框架下,为了增强我国合作社在国内及国际市场上的竞争力,增加农产品科技含量,积极实施"科技兴农"政策,技术创新成为目前合作社在经营和发展过程中最为重要的部分,选择适合自身条件和外部环境的技术创新实施模式是农民专业合作社技术创新成功和提升市场竞争力的关键。

本节通过对国内技术创新能力较强的合作社进行案例分析,结合合作社的企业特点,总结出合作社技术创新的主要特征。在此基础上,根据共营企业的特点,结合合作社技术创新实施模式选择的类别,分别从内部因素、外部因素、待开发技术特点系统分析了技术创新实施模式选择的主要影响因素和影响方式。

6.1.1 农民专业合作社技术创新特征及其实施模式

1. 农民专业合作社技术创新特征

农民专业合作社是一种劳动雇佣资本,以劳动者为主体的组织,其资产属于集体所有。绝大多数合作社实行一人一票制和民主管理原则,以追求社员利益最大化为目标,而不是追求合作社整体利润最大化为目标,采用"惠顾返还额"的形式分配利润。合作社的产品一般是农产品、手工业品、奶制品。根据其经营特点,合作社相应地分为供货合作社、营销合作社、服务合作社、产业合作社等。

根据合作社的上述特点,结合 Ward 的共营企业(Labor-managed Firms)组织理论(Ward,1958)和 Dow 的企业治理理论(Dow,2003),合作社是一种典型的共营企业。因此,合作社的技术创新和创新实施模式选择问题,应该根据共营企业的特点进行分析。

合作社的技术创新具有一般企业技术创新的共同特点,如风险性、外部性、时间差异性和一体化等性质。然而,合作社作为一种共营企业,加上其产品的特殊性,其技术创新与传统的利润最大化企业有所不同。归纳起来,合作社的技术创新还包括以下特征。

(1)创新产品的生命周期越来越短

近几年来,随着农业科学技术的发展,尤其是基因技术、生物技术、杂交技术的发展,以及国外品种的引进,一些产量比较低,质量和营养价值不高的农产品逐步被新品种代替。当前各地农民为了提高收入,纷纷引进不同地区的新品种,以及采取技术创新种植换季产品。利用先进农业技术,种植不同地区的产品,不同季节的产品,这对于增加农民收入是至关重要的。因此,随着新品种的更新速度日益加快,以往的品种也逐步退出市场,其生命周期也日益缩短。

（2）以公共部门创新引领独立创新

很多农业创新技术主要是被作为公共产品来供给的,农业创新技术具有公共产品的属性。因此农业创新技术被作为公共产品常由政府供给,从而实现农业技术创新的社会化。农业技术创新研究,尤其是基础研究,基本上由高校、国家科研机构负责,应用研究重点由国家分设机构和地方科研机构负责,开发研究重点由合作社或协会组织的研究机构负责。根据农业科研任务性质以及公益性程度不同,国家政府、地方政府、合作社分级办科研,各负其责,协调配合,已成为一种农业科研趋势。例如,美国农业部（USDA）统一负责美国农业技术创新各环节工作的协调;韩国农村振兴厅统一负责全国农业技术研究和推广工作,同时还承担农村生活指导以及农场主的培养和农业公务员的培训等。

（3）合作社技术创新的知识产权保护相对薄弱

由于合作社所涉及的技术创新一般是由公共部门引导的,即使是合作社内部的独立创新或合作创新,其知识产权保护意识也比较薄弱。尤其是合作社的内部成员普遍缺乏专利保护意识,造成其他合作社或私人企业可以无偿获取其创新成果,大大降低了合作社进行技术创新的积极性。

2. 合作社技术创新实施模式分析

按照技术创新所需资源和能力的主要来源不同,技术创新实施模式可以分为独立创新、合作创新、引进再创新（Reinhilde and Cassiman,1999）,如表 6-1 所示。

表 6-1　部分合作社的技术创新实施模式

合作社名称	所属产业	技术创新实施模式
三门县青蟹养殖合作社	养殖业	独立创新、合作创新、引进再创新
吴江市梅堰蚕业合作社	养殖业	合作创新、引进再创新
平阳雪雁蘑菇专业合作社	种植业	独立创新、引进再创新
丰城市恒衍鹌鹑养殖合作社	养殖业	独立创新、合作创新
常州市聪聪乳业合作社	养殖加工业	合作创新、引进再创新
东台市民星蚕业合作社	养殖业	独立创新
温州市西鹿基禽业专业合作社	养殖业	独立创新、合作创新、引进再创新
榆树市长山村农机股份合作社	种植业	引进再创新
溧阳市天目湖伍员春茶果专业合作社	种植、加工业	合作创新、引进再创新
乐清市红麟果蔬合作社	种植业	独立创新
瑞安沙洲温茱术专业合作社	种植、加工业	合作创新
临海永丰鲜果合作社	种植业	合作创新、引进再创新
温州市民鑫畜禽专业合作社	养殖业	合作创新、引进再创新
金沙县禹谟供销合作社酱醋厂	制造业	独立创新
瑞安市白银豆合作社	种植业、加工业	独立创新、合作创新、引进再创新
余姚"味香园"葡萄专业合作社	种植业	独立创新、合作创新

（续表）

合作社名称	所属产业	技术创新实施模式
永嘉县壶山香芋专业合作社	种植业	独立创新、引进再创新
余姚市绿好棒蜜梨专业合作社	种植业	引进再创新
常州市三新蚕桑食用菌合作社	养殖业、种植业	独立创新、引进再创新
瑞安市梅屿蔬菜合作社	种植业	合作创新、引进再创新
湖北建始县益寿果品专业合作社	种植业、加工业	引进再创新
黄姑镇韩庙蘑菇合作社	种植业	引进再创新
……	……	……

资料来源：对部分合作社案例分析的总结。

目前关于技术创新实施模式选择的研究主要针对利润最大化企业，而合作社作为一种共营企业组织，其技术创新实施模式的选择具有其自身的特殊性。由于目前国内合作社的发展处于刚刚起步阶段，其技术创新能力相对于利润最大化企业仍然存在较大的差异。例如对全国100多个科技型合作社的调查分析发现，其创新模式绝大多数依靠公共部门，如政府、高校、科研院所的产品推广。合作社再根据其产品、市场或区域的特殊性进行应用，属于引进再创新阶段。因此，仅仅把处于发展初级阶段的合作社作为对象，研究合作社的技术创新实施模式不是很恰当。本章选取国内技术创新能力较强的40个合作社作为考察对象，与国外技术创新实力较强的合作社进行比较，分析合作社技术创新实施模式。如表6-1所示是部分合作社的所属产业和技术创新实施模式分析。

从合作社的所属产业来看，目前比较成熟的合作社主要分布在种植业、养殖业，以及加工业，而制造业相对较少。在农产品领域，即使是创新能力较强的合作社也仍处在农产品的生产阶段，而附加值较高的加工业，仅仅占到17%（见图6-1）。因此我国的合作社大部分还处于发展的初级阶段，政府应该引导传统合作社向新一代合作社发展，鼓励合作社在合作生产的基础上，涉足附加值较高的加工领域，进行纵向一体化。

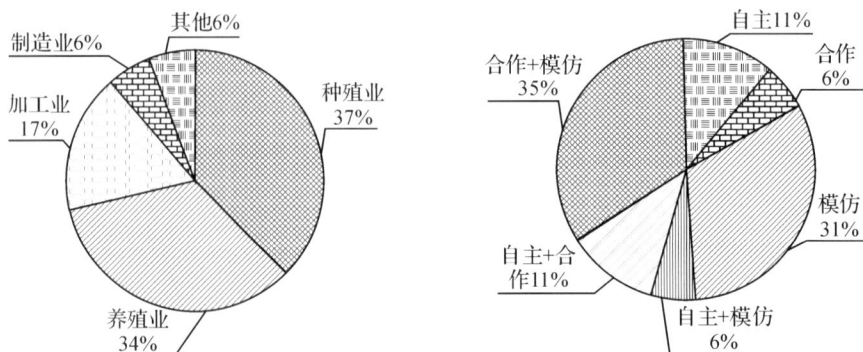

图 6-1　部分合作社的所属产业分布和技术创新实施模式分布

从创新模式的选择来看，合作社一般不局限于某一种创新模式，大部分合作社采用混合模式，如独立创新＋合作创新模式、合作创新＋引进再创新模式、独立创新＋引进再创新模式，甚至三种模式都有。从创新模式的分布看，即使规模较大的合作社，单纯的独立创新仅占11％，加上混合的模式才占28％；单纯的合作创新占6％，加上混合模式占52％；单纯的引进再创新占31％，加上混合模式占72％。因此，目前国内合作社虽然非常强调技术创新，但由于合作社在国内的发展还不成熟，大多数合作社缺乏技术创新能力和意识，即使是知名度较高的合作社也仅仅处于引进再创新阶段，甚至是单纯的技术引进阶段。也有部分合作社在政府的引导下，和科研院所、高校等知识密集型组织存在合作创新，进行产学研合作，但能够依靠自身的能力和资源进行独立创新的合作社则较少。虽然在案例分析过程中，有少部分合作社强调合作社中存在独立创新，但是从根本意义上讲，这也是部分合作社为了宣传自己，夸大了自己的技术创新能力和资源。

因此，目前我国合作社创新模式还处于引进再创新阶段。而美国和欧洲等国家的新一代农民专业合作社许多都拥有较强的技术创新能力，合作社内部大多设有科研部门，合作社的职能也越来越向公司企业化方向转变。荷兰许多合作社都建立了自己的加工企业和新产品开发研究中心，例如康宾纳合作社有6个加工企业，所属6个企业都设立了新产品研制开发部，并雇用了相当数量的食品、化工等方面的专家。美国的新奇士协会（合作社性质）自己办有研究和技术服务处，总体上按自收自支的方式运作，通过协会的支持，新奇士的包装厂可以用最新的技术以减少包装成本，增加收入。如今，新奇士的工程师已经设计了现代化的包装设备和新奇士的技术规范，并负责安装和维护它们。新奇士的科学家研究了扩展水果活力、改进加工工艺和消费的方法。来自这个创新机构的设备出租、服务和销售的收入不仅弥补了研究的成本和其他运作的开支，而且利用非会员的收入增强了协会的财务能力。而在我们的调查中，仅仅只有东台市民星蚕业合作社和余姚"味香园"葡萄专业合作社建立了自己的科研基地，而且科研人员较少，设备配备相对落后。

6.1.2　合作社技术创新实施模式选择的影响因素

针对多种技术创新实施模式，应该选择何种方式进行技术创新，是合作社面临的重大问题。为了确定具体的技术创新实施模式的选择方法和原则，需要分析各种模式选择的主要影响因素。根据新古典经济学理论、企业治理理论、技术创新理论，结合多个合作社技术创新的案例分析，合作社技术创新实施模式的选择受到三个方面因素的影响：合作社内部因素、合作社外部因素、待开发技术的特点。其中内部因素包括企业的产权制度、竞争战略、创新人才资源、企业规模等因素；外部因素包括政府支持（法律、法规和管理制度）、市场环境等因素；待开发技术的特点包括技术的复杂性、技术的缄默性和技术环境等因素（见图6-2）。

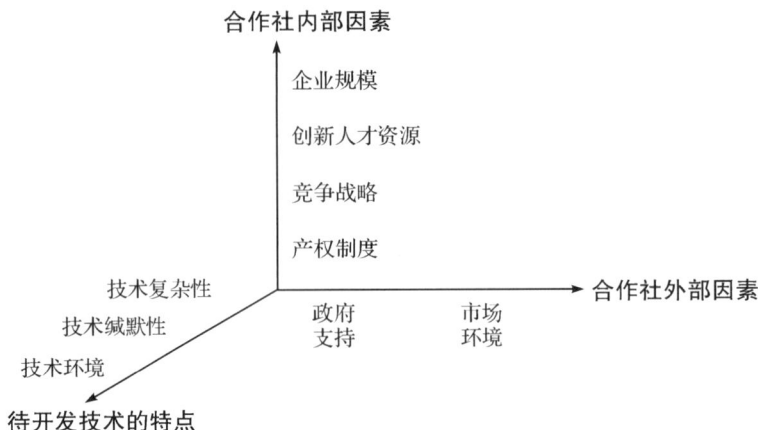

图 6-2　合作社技术创新实施模式选择的影响因素

1. 内部因素对合作社技术创新实施模式选择的影响

合作社技术创新实施模式的选择首先取决于内因——合作社的内部因素。内部影响因素是影响企业技术创新能力的关键因素,其产权制度、竞争战略、创新人才资源以及企业的规模等都影响企业技术创新实施模式的选择。

(1)产权制度与合作社的技术创新实施模式选择

根据新古典经济学和企业治理理论的观点,合作社作为一种社员自治的企业组织形式,在管理方式上遵行民主管理的原则,在分配制度上遵行按惠顾额分配的原则,可以确定合作社是一种典型的共营企业组织形式。

假设企业进行工艺创新,产品的成本由 c 下降为 $c-x$,相应的技术创新投入成本为 $u(x)$,市场上产品的价格是产量的逆需求函数 $P=a-Q$。

根据 Ward 的理论(Ward,1958),共营企业追求员工平均利润最大化。而利润最大化企业追求企业总体利润最大化。当市场上只有一家合作社和一家利润最大化企业时,两者的技术创新目标函数分别为

$$\begin{cases} \max\limits_{x_P,l_P} \pi_P = [a-c+x_P-q_P(l_P)-q_L(l_L)]q_P(l_P)-w_Pl_P-u_P(x_P) \\ \max\limits_{x_L,q_L} V_L+w_L = \dfrac{[a-c+x_L-q_P(l_P)-q_L(l_L)]q_L(l_L)-u_L(x_L)}{l_L} \end{cases}$$

其中,w_P,w_L 分别为利润最大化企业和共营企业劳动者的工资水平,l_P,l_L 分别为两家企业的员工工资,q_P 和 q_L 分别为两家企业的产出。因此,两种类型企业的技术创新成本投入的效益 x_L,x_P 满足:

$$\begin{cases} \dfrac{\partial \pi_P}{\partial l_P} = 0 \\ \dfrac{\partial V_L}{\partial l_L} = 0 \end{cases}$$

根据文献(罗建利和仲伟俊,2010)分析可知,$x_L > x_P$。因此,当两种不同产权制度的企业处于寡头竞争,不考虑其他因素时,合作社的技术创新投入大于利润最大化企业的投入。

由以上分析可知,相对于利润最大化企业,合作社倾向于投入更多的资金进行技术创新。因此,在其他条件相同时,更多的资金投入为合作社进行独立创新提供了机会。当然,合作社也可以用这些资金进行合作创新和引进再创新。因此,从产权制度的角度分析,合作社更加具有进行技术创新,尤其是独立创新的激励。

(2)竞争战略与合作社的技术创新实施模式选择

按照波特的企业竞争理论,企业的基本竞争战略包括成本领先战略、差异化战略和专一化战略。

①"成本领先战略"与技术创新实施模式选择。成本领先战略要求企业必须建立起高效、规模化的生产设施,全力以赴地降低成本,严格控制生产成本、管理费用、创新、服务、推销、广告等方面的成本费用。如果合作社打算通过技术创新降低生产成本,如加工成本、农产品种植成本、畜牧业或水产品养殖成本,一般是引进某种设备,或者依靠某种技术提高产量等。为了实现成本领先战略,企业不需要进行投资过大、风险较高的独立创新或合作创新,而选择技术跟随和引进再创新模式就可以降低企业的创新成本。因此,合作社采取成本领先战略时,只需要跟随、模仿、引入已有的成熟技术或设备,即选择引进再创新模式。

②"差异化战略"与技术创新实施模式选择。差异化战略将公司提供的产品或服务差异化,树立起一些全产业范围中具有独特性的东西。合作社实施差异化战略,一般需要通过杂交技术、基因技术或生物技术生产种植某种有特色的农产品,或养殖新的动物品种等。因此,相对于成本领先战略,差异化战略技术创新性较强,资本投入较高,面临的风险也较大。目前我国合作社的发展还不是很成熟,在激烈的市场竞争中,要实现差异化战略,可能只有极少数资金比较雄厚、技术人才较多的合作社才能实现。而大多数合作社单凭自己的能力和资源来解决产品开发、产品创新和市场开拓等技术方面的问题,是不现实的。而采用合作创新模式能弥补合作社资源和能力的不足,依靠政府的资助,与高校、科研机构进行产学研合作,能够降低创新风险,缩短创新时间,提高合作社的市场竞争地位。因此,当合作社实施差异化战略时,一般选择独立创新或合作创新模式。

③"专一化战略"与技术创新实施模式选择。专一化战略是主攻某个特殊的顾客群、某产品线的一个细分区段或某一地区市场。当合作社打算在特定的市场实施专一化战略时,组织应该拥有占领该市场的能力和资源,使其在该领域做技术领先者,以确立组织作为市场开拓者和领导者的声誉和地位,构筑较强的技术壁垒,抵御潜在进入者。因此,实施专一化战略的合作社,一般需要选择独立创新模式。

(3)创新人才资源与合作社的技术创新实施模式选择

技术创新,人才为本。技术开发人员,尤其是中高级技术开发人员的缺乏直接影响着合作社技术创新实施模式的选择。合作社技术创新人才基础薄弱，信息缺乏。通过对合作社的案例分析发现，对于小部分技术开发人员实力比较强的合作社，如丰城市恒衍鹌鹑养殖合作社、东台市民星蚕业合作社、三新蚕桑食用菌合作社等倾向于选择独立创新模式，而目前国内大部分合作社由于经济总量较小，对于人才的吸引力较差。一般具有一定技术创新人才的合作社往往采取与农业科研所、高校等进行合作创新，实行产学研合作技术创新方式。而技术比较薄弱的合作社仍然只能采取引进再创新，通过积极引进技术等措施进行技术创新。

（4）企业规模与合作社的技术创新实施模式选择

创新经济学的先驱熊彼特指出，企业规模对技术创新有影响，拥有垄断力量的大企业比小企业更具创新性，更有可能提高产业技术。因为大企业资金雄厚、实力强大、技术人员充裕，且具有规模经济；而小企业资金缺乏、实力较弱、技术人员稀少，难以承担技术创新的重任。

一般来说，规模较大的合作社，其资金雄厚，创新人才较多，因此，更加能够抵御技术创新的风险性，提高技术创新的成功率。规模较大的合作社，具备一定的能力和资源建立自己的创新基地，为合作社进行产品的独立创新和合作创新创造了条件。目前我国大部分合作社刚刚处于起步阶段，规模都比较小，因此主要依靠引进再创新和技术引进进行技术创新。而规模较大的合作社更有可能选择独立创新模式，如西班牙的蒙德拉贡合作社，荷兰合作社都建立起了自己的加工企业和新产品开发研究中心。

2. 外部因素对技术创新实施模式选择的影响

外部因素就是技术创新的环境因素，合作社技术创新的主要环境因素包括政府支持（法律、法规和管理制度）、市场环境等。

（1）政府支持和合作社的技术创新实施模式选择

虽然合作社是技术创新主体，但并不意味着政府与技术创新无关，地方政府在合作社技术创新中起着引导与激励作用，并为合作社创造良好的市场环境。科研人员下派、税收减免、贷款贴息、创新基金、财政拨款等可以看作是对企业技术创新的间接投入。其中，政府对合作社技术创新的支持方式在很大程度上影响合作社的技术创新实施模式选择。

①政府部门为了支持合作社的技术创新，积极推动农业科技入户工程、农技推广、农业标准化、农村信息网络、农业综合开发等建设项目，如甘肃省平凉市、湖南省邵阳市，以及浙江省、江苏省很多城市往往下派农业领域的专家、学者亲临合作社进行指导、技术培训。政府的这些措施，都为合作社实施引进再创新模式、技术引进提供了良好的引导作用。

②政府为了积极推进科研成果产业化，鼓励并引导科研院所、高校与合作社进行技术合作，进行产学研技术创新。在这种情况下，合作社往往更加倾向于和科研院所、高校进行合作创新。如临海市政府积极推进临海永丰鲜果合作社与浙江农

林大学植保系和浙江农科院进行合作创新，开发特早熟无核蜜橘，积极发展大棚等新技术种植，提早果品上市时间，开发"不知火"特晚熟杂柑新品种。常州市聪聪乳业合作社与常州洁农科技有限公司合作开展"奶牛绿色养殖标准化技术的研究与应用"技术攻关研究；与常州市农畜水产品质量监督检验测试中心合作开展"无公害标准化奶牛公寓建设"项目，生产无公害优质牛奶。丰城市恒衍鹌鹑养殖合作社与中国农科院、南京农业大学等科研单位进行"高产黄羽鹌鹑的选育及相关技术创新"项目，培育具有自主知识产权的鹌鹑良种以适应不同地区的市场要求，优化调整品种结构。吴江市梅堰蚕业合作社与苏州大学联合，利用蚕蛹进行蛹虫草的开发取得初步成功，延伸了蚕桑的产业链，提高了蚕桑生产的附加值。

③政府为了支持合作社技术创新，通过税收减免、贷款免息、创新基金优先资助、财政拨款等政策对合作社进行技术创新扶持。如果政府的政策性扶持力度很大，就能够在一定程度上激励合作社进行独立创新。如三新蚕桑食用菌合作社受到常州市新北区"桑、菇、果、蔬、肥循环生产模式优化链节技术的研究与应用"的项目资助和常州市科技局2004年、2005年下达的"珍稀食用菌高产配套技术示范推广"两个项目资助，通过独立创新，"两高一优蚕桑业及综合利用"项目2006年6月获新北区人民政府重大科技成果转化奖，获得了一批具有自主知识产权的新成果，制定了无公害珍稀菇两个企业标准，形成了三个高效生态循环生产模式，筛选了适宜桑木屑、蚕沙栽培的六个珍稀菇菌株，三个优良配方和一个珍稀菇高产优质新工艺。

（2）市场环境和合作社的技术创新实施模式选择

技术创新以市场为导向，即在企业将技术创新成果转化为产品和服务的过程中，最终要取决于市场的需求，从而实现创新收益的最大化。能否达到这一目的，客观上取决于一定的市场环境，即市场化程度和市场结构。

市场化程度影响合作社创新模式选择。在一个完善的市场经济条件下，市场公平地决定技术创新者的收益，创新者的收益是消费者对创新产品和服务的接受程度；完善的市场机制还可以消除部分技术创新的不确定性而产生的消极因素；公平、正当的市场竞争迫使企业不断进行技术创新。如果市场机制不完善，市场秩序混乱，假冒伪劣商品充斥市场，不正当竞争行为得不到制止，技术创新的权益得不到保护，企业就不愿花力气进行技术创新，而选择利用不正当手段来谋利。目前我国农业技术创新刚刚起步，大部分成果属于公共部门创新，导致整个农业技术创新体系中缺乏创新成果的知识产权保护意识。合作社的技术创新成果得不到法律保护或缺乏法律保护意识，进行技术创新而得不到回报。在这种情况下，即使企业进行技术创新，一般会选择引进再创新模式，这也是我国目前大部分技术创新的合作社采用引进再创新的主要原因之一。只有在市场比较完善，整个社会对农业技术创新的知识产权保护意识提高时，合作社才有积极性采用独立创新或合作创新模式。

市场结构影响合作社创新模式选择。市场结构主要存在完全垄断、完全竞争、垄断竞争三种形式。当市场处于完全竞争时,资源和信息可以完全自由流动,创新得不到保护,创新企业难以获得超额利润,创新缺乏足够的利益刺激。熊彼特指出,完全竞争市场对创新是有害的、不适宜的,而不完全竞争有利于创新,从创新活动中得到的回报足以抵消与市场势力相关的生产无效率所引起的福利损失。一般来说,当市场处于完全竞争状态,合作社的利润相对较小。在选择技术创新实施模式时,一般会选择风险较低、技术开发成本较小的模式,因此倾向于选择引进再创新模式。当市场处于完全垄断时,合作社往往会为了保持现有产品的垄断地位和获得超额利润,而不易有大的技术创新,其技术创新实施模式往往也仅局限于引进再创新模式。当市场处于垄断竞争时,企业可以通过创新获得垄断利润,而由于竞争,这种创新很快被其他企业所模仿;为了继续获得垄断利润,企业又不得不从事新的创新活动,这就为企业不断进行技术创新提供了充足的动力。因此,在这种情况下,由于技术创新使合作社的利润增加,此时技术创新资金较为雄厚,技术创新风险抵抗能力较强的合作社一般会倾向于选择独立创新和合作创新模式。目前我国的农产品市场,大部分市场接近于完全竞争状态,进入和退出一般处于自由状态,所以当前我国大部分合作社采用引进再创新模式。

3. 待开发技术的特点对技术创新实施模式选择的影响

合作社技术创新实施模式的选择,除了与合作社内部因素、合作社外部因素有关,还与待开发技术的特点密切相关,主要包括技术的复杂性、技术的缄默性以及技术环境。

①技术的复杂性。随着技术的发展,技术之间的相互关系和依赖性日益增加。企业,尤其是合作社,由于缺乏独立创新的资金和人力,即使是技术创新能力较强的合作社,也往往倾向于核心技术的开发,而与之联系的其他技术主要通过合作创新和引进再创新,甚至是技术引进的方式从外部获取。因此,技术复杂性的增加会迫使企业越来越多地选择合作创新和引进再创新模式。

②技术的缄默性。技术的缄默性是指技术不易明示化或诉诸文字的程度。根据缄默性的强弱,可以将技术分为隐性技术和显性技术。一般而言,隐性技术由于难以模仿,合作社往往采用独立创新的方式,以真正利用该技术提高竞争力。而显性知识由于容易被转移,合作社往往采取合作创新或引进再创新的方式,以降低技术创新的风险和创新成本。

③技术环境。由于技术创新存在较大的风险性和较高的创新成本,当市场上还不存在该技术,而一些科研院所、高校,或者其他企业甚至是竞争对手有意向进行合作创新时,合作社一般会选择合作创新。相反,如果技术市场上没有相似的技术,而又找不到相应的合作伙伴时,合作社倾向于选择独立创新。当技术市场上存在相应的成熟技术或相似技术,企业倾向于选择合作创新模式或者引进再创新模式。

6.2 案例分析：合作社的技术实施模式及其影响因素

由上述分析可知，合作社的技术实施模式包括独立创新、合作创新、引进再创新三种模式。其中不同的技术创新实施模式具备相应的特征，而合作社在技术创新过程中具体采用哪种技术创新模式则受到合作社内部因素、合作社外部因素、待开发技术的特点三种因素影响。

该节主要通过案例研究，选择 3 家农民专业合作社作为案例，利用描述性案例分析，通过访谈、文档分析等手段，探讨合作社各种技术创新实施模式的主要表现，并利用探索性案例分析探讨合作社采用技术创新实施模式的影响因素。

6.2.1 案例描述

1. 案例 A：独立创新实施模式——平阳县雪雁蘑菇专业合作社

（1）案例背景

平阳县雪雁蘑菇专业合作社于 2002 年 4 月 28 日正式挂牌成立，注册资金 137 万元，注册"雪雁"商标，是一个以农民为主体的互助性经济合作组织，制定了合作社职能岗位责任、财务、监督等管理制度，以利于合作社的规范化运作。合作社现有蘑菇生产基地 18 个，种植面积 2100 亩，社员 960 人，固定资产 320 万元。带动农户 2000 多户，总产标准鲜菇 6195 吨，总产值 1858.5 万元，农民净增收入 1018.5 万元，户平均净增收入 1.06 万元，保护价收购加工后出口创汇 50 多万美元，解决农村劳动力季节性受业人员 1.68 万人。合作社集蘑菇生产、加工、销售和技术服务为一体，下设多个分支结构，包括技术培训中心 1 处、鲜菇交易市场 1 处、盐渍蘑菇加工厂 8 座、蘑菇种苗繁育实验场 5 处、年生产百万瓶蘑菇麦粒栽培种的菌种场（厂）3 处。产品主要有新鲜蘑菇、盐渍蘑菇等。合作社成立至今，先后获得平阳县重点农业龙头企业，温州市十佳农村专业合作社，省、市级示范性农村专业合作社，供销系统国家级示范性专业合作社，浙江省模范集体等荣誉称号，该社蘑菇产品于 2004、2005 年连续两年被评为浙江省农业博览会金奖，并多次承担实施了国家科技部与农业部下达的国家级示范建设项目。由于充分发挥了科学技术综合性的作用，从而促进了经济、社会、生态"三个"效益和谐地同步发展。由此，国家、部、省、市、县等各级领导莅临"雪雁"指导时，都一致认为它是科技推动型农民专业合作社的典范。

（2）合作社独立创新战略的主要表现

"雪雁"刚建立就运用各级政府扶持的有限资金，结合自己的科技投入 70 多万元，创建了适应新时期农技推广的五个层次"金字塔"形的全方位科技服务网络新体系。合作社研究出来的多项蘑菇栽培技术，均为全国首创，并带来了巨大的经济效益。其独立创新主要体现在以下方面：

①合作社通过独立创新，制定了白色双孢蘑菇生产加工系列标准，正式出版发

行《标准化蘑菇冬闲田栽培学》一书,作为本社蘑菇标准化栽培指南,九三学社中央主席韩启德专门为该书的出版发行挥毫题词。

②合作社重视技术开发,蘑菇杀青是蘑菇加工过程中必不可少的一个环节。过去,蘑菇杀青水一般都作废水处理。现在利用鲜蘑菇杀青液制作蘑菇酱油、调味菇精等,使废弃资源转化增值。

③早在 1932 年,先顿已采用谷粒菌种,并取得美国专利(No1869159)。1940年以后,各国先后采用黑麦、小麦、高粱或谷子制种,均取得很好的效果。然而已有的制作过程比较烦琐,而且制作过程中容易出现问题。合作社理事长钱玉夫利用已有的研究成果,继续进行用生麦粒制菌种的研究。其研究成果大大简化了操作程序,降低了生产成本,种出来的蘑菇品质也有很大提高。现在这项技术已经在全国种菇业中推广使用。

④平阳县山多田少,茅草满山遍野皆是。为了充分利用当地资源,且根据新发展区少数菇农备料不足这一情况,合作社将满山遍野的茅草收割下来,经过技术处理后成功代替了稻草,当作种蘑菇的原料,效果良好,并积累了一定的经验。

⑤合作社理事长钱玉夫发表论文 90 多篇,出版《蘑菇实用栽培学》《实用香菇栽培学》《标准化蘑菇冬闲田栽培学》等食用菌专著 3 部,同时荣获科研成果 18 项。

⑥合作社创建了适应新时期农技推广的五个层次"金字塔"形的全方位科技服务网络新体系即由专业合作社总部的培训中心科技培育为第一层次"塔尖"的启动点,3 个收购站和加工厂 6 名技术辅导员组成的辅导站为技术服务基层点,5 个中心基地乡镇农技站与 2 个专业协会的技术网络为联络点,18 个基地 18 名农民技术辅导员蹲点包干、挨户跟踪技术指导为落脚点,38 个中心基地村择优选设的 38 户科技示范户作为第五层次"塔基"示范点组成的农技推广服务新体系,并对五个层次服务点明确地落实了不同的职责。

⑦承担科技部 2003—2005 年"万亩规范化出口蘑菇基地建设"国家级星火项目,通过科研攻关和星火项目等,使农民社员在优良品种、资源配置、加工增值、良性循环上获效益、得增收。采取了"两优化两提高"的措施:一是优化农民社员科技文化素质,制定科技培训硬指标,提高他们"三个一"的水平,即每户手头赠予一本适用技术书籍,每户能掌握一门实用适应性技术,每户每年平均能增加收入一万元;二是优化物种资源,提高物种资源增值率与利用率。

2. 案例 B:合作创新实施模式——瑞安市沙洲温莪术专业合作社

(1)案例背景

瑞安市沙洲温莪术专业合作社成立于 2002 年 10 月,在温州瑞安市陶山镇沙洲村,是以股份制方式自愿组建的,专门从事温莪术的种植、加工、收购、销售和技术服务的专业合作社,是目前温州地区规模最大的专业合作社之一。合作社设有营销部、农资供应部、技术开发部等,还在河北安国、安徽亳州、瑞安市制药厂、瑞安医药公司等设点销售。经营的主要产品有"陶马"牌温莪术、温郁金、片姜黄。2016

年,合作社合计销售片姜黄、温莪术 270 吨,温郁金 4.2 吨,温莪术油 170 千克,销售额达 218 万元。该社 2002 年荣获瑞安市供销社系统"先进单位",2004 年荣获瑞安市"农业龙头企业"荣誉称号,2006 年被瑞安市政府评为先进农民专业合作社,2007 年被国家标准化管理委员会列为农业标准化示范基地建设单位,被温州市政府和瑞安市政府评为示范农民专业合作社。

按照《浙江省农民专业合作社条例》有关规定,该合作社于 2005 年 8 月起开始规范化建设,增资扩股,社员由当初的 6 人增加到现在的 750 人,注册资金由 15 万元增加到 150 万元,其中投资 1 万元以上的社员有 38 人,增强了农民专业合作社的实力。2005 年 10 月以来,合作社与温州医科大学、浙江天瑞药业有限公司联合组建瑞安市温医沙洲温莪术技术服务有限公司,实行"企业＋合作社＋农户"的生产管理模式,进行温莪术(GAP)国家级基地建设,经济效益、社会效益显著。2006 年被温州市人民政府评为先进农民专业合作社、2007 年被国家标准化管理委员会列为农业标准化示范基地建设单位、被温州市人民政府和瑞安市人民政府评为示范农民专业合作社。现有本科及研究生等科技人员 6 人,长期在生产第一线负责相关技术指导和研究工作,具有雄厚的科技队伍和骨干力量,产品主要销往四川、安徽、广东、海南等地的各大药厂和医药公司,是目前温州地区规模最大的专业合作社之一。

(2)合作社合作创新战略的主要表现

①沙洲温莪术专业合作社于 2005 年联合浙江天瑞药业有限公司、温州医科大学组建了瑞安市温医沙洲温莪术技术服务有限公司,签订温莪术合作开发协议,开展产学研结合,积极实施温莪术 GAP 种植。

②沙洲温莪术专业合作社于 2005 年同温州医医科大学合作开展温莪术、温郁金 GAP 基地建设,截止 2016 年底,基地占地达 1500 多亩,推广温莪术 GAP 技术辐射区域达到 10000 亩。基地配套建立了应用基础研究平台、药物中试基地和产业化平台。2007 年 8 月投资 120 多万元建立了温莪术 GAP 基地指导站,包括化验室、检测室、样品陈列室、培训中心等,并配备相关使用器械,包括样品架、实验台、挥发油提取器、挥发油测定器、电热套以及水分测定仪等,现都已投入生产使用。

③沙洲温莪术专业合作社基地的温莪术种植已达标准化水平,从药材种子、仓储等源头为药物制剂提供了质量保障,为温莪术开拓了更广阔的药用市场,合作社与温州医科大学合作研发的莪术油葡萄糖注射液已收录于中国药典,成为国家一类新药。

④沙洲温莪术专业合作社与温州医科大学合作,利用温莪术油渣体研发牙膏、漱口液等产品,继续依靠科技,使温莪术产业链得以延伸。

⑤沙洲温莪术专业合作社与温州医科大学中法化妆联合实验室合作,利用废弃的温莪术油渣研发日化用品。目前,该类日化用品有"老姜舒"和"姜舒洁"两大系列,包括洗发露、沐浴露、焗油膏、啫喱水、护发素等,试用效果理想,市场前景广阔。

⑥另外,合作社与广东省广州思雅丹化妆品有限公司合作开发的一系列日化用品,现在已经在试用阶段中。

3. 案例 C:引进再创新实施模式——常州市聪聪乳业合作社

（1）案例背景

常州市聪聪乳业合作社,前身为常州市聪聪奶牛场,创建于 1997 年 3 月。经过七年艰苦创业、开拓创新,从自产自销到龙头带动进而发展到目前建设奶牛公寓产业化经营格局。现有固定资产 650 万元,奶牛公寓面积 5000 平方米,2003 年成立聪聪乳业合作社,吸纳 52 个奶牛业主、550 头奶牛加盟,集中在“公寓”饲养。同年被确定为省级农业资源开发科技示范园区和武进区农业产业化经营龙头企业。2004 年实现销售收入 1500 万元,其中生鲜牛奶收购 1100 万元,销售光明牛奶 400 万元,利润 250 万元。

聪聪乳业合作社在创办初期就确立以技术创新提高乳品质量、带动农民共同致富的发展思路,几年来,不断加强科技投入,完善技术装备,引进技术人才,提高技术含量,实行科学管理。加强与企事业、科技部门的技术合作,不断提高牛奶品质。1998 年在全市率先研制开发学生奶,填补常州市空白,供应全市及周边地区500 多所学校,学生奶市场占有率达 70%,销售额达 660 多万元;1999 年在常州市农博会上武聪牌学生奶荣获铜奖;2000 年武聪牌学生奶荣获第三届常州市名优农产品称号;2002 年又率先接轨上海,与上海光明乳业签订 18000 万元的牛奶购销合同,成为上海光明的优质奶源基地,占全市同类产品进军上海的 70%市场,并引进上海光明良种奶牛与先进技术,进一步提升技术含量;2003 年在全市首创奶牛公寓,实现现代畜牧业发展的新突破,开创奶牛产业“公司＋农户”组织化的先进模式;2004 年 6 月又率先在全市奶牛行业成立聪聪乳业合作社,实现技术管理的新突破,并配备国内先进的自动化挤奶设备、牛奶保鲜缸和质量检测仪器,与常州洁农科技有限公司合作开展“奶牛绿色养殖标准化技术的研究与应用”技术攻关研究。2004 年 10 月武聪牌生鲜牛乳获得无公害奶牛产地证书和无公害生鲜牛奶产品证书;2005 年在奶牛公寓实行“统一选种选配、统一饲料饲养、统一防疫诊疗、统一卫生消毒、统一挤奶收购、统一粪便处理”六统一全程质量控制技术、无公害标准化生产。与常州市农畜水产品质量监督检验测试中心合作开展“无公害标准化奶牛公寓建设”项目,生产无公害优质牛奶。目前良种奶牛比例显著提高,生产的无公害优质牛奶质量指标超过光明集团收购标准和无公害标准。产品在江苏市场占有率达 5%,奶牛公寓在全国排 15 位。奶牛公寓六统一全程质量控制技术得到上海光明集团的赞誉,并作为技术创新和先进管理模式在集团推广。

2006 年,聪聪与邻近金芙蓉、瑶瑶两个奶牛小区创始人就组建奶牛合作联社事宜,多次沟通达成共识,将由聪聪牵头,率先在全市成立“常州光明奶牛合作联社”,以利于资源共享、事业共创、企业共赢、社员共益。计划在现有 1100 多头奶牛的基础上,联社将以高效生态为前提,进一步加大有效投入和技术创新力度,总投资达 1500 万元（年均 300 万元），2010 年发展六个奶牛小区，奶牛总数达到 3000 头，全力打造常武地区奶源乳业"航空母舰"，在管理技术创新方面开展四大工程建设：①标准化生态奶牛公寓建设；②奶牛生态饮用水工程建设；③奶牛生态饲料工程建设；④奶牛粪尿无害化处理及农业再生资源产业化开发利用综合工程建设。

（2）合作社引进再创新战略的主要表现

①为了提高牛奶的产量和挤奶速度，常州市聪聪乳业合作社引进国内先进的自动化挤奶设备，实现技术管理的新突破。同时引进牛奶保鲜缸和质量检测仪器，使新鲜的牛奶能够得到及时冷藏。通过全自动控制系统，一步到位观察操作，使被冷原奶迅速降至所需温度并续保恒温，防止细菌繁殖，保持原乳处于 A 级乳状态。

②目前全国奶牛平均每年的单产量大约是 3500 千克，常州市聪聪乳业合作社引进上海光明良种奶牛与先进技术，每年的单产量最多可以达到 9000 公斤，进一步提升技术含量。

③原来，聪聪乳业专业合作社的牛粪如何处理一直是个让人头痛的问题，每年排出牛粪多达 5000 吨，每年光是请人把牛粪拖走，就得花费三四十万元。社长承尧兴考察了上海、山东、韩国、日本等地奶牛场后，琢磨出了一套生态养殖、循环利用的方法。为了处理奶牛的粪便，变废为宝，合作社利用已有的牛粪处理技术，创建了牛粪发酵处理池，这同时也成为合作社的第二产业——牛粪加工厂，生产颗粒有机肥料，供应合作社周边 15000 亩果园和花木、蔬果基地。然而目前牛粪基本是简单发酵后直接入地，追肥效果一般，合作社正在着手研究更加先进的牛粪发酵技术。为了处理牛尿的污染，变废为宝，合作社建起 300 立方米的沼气池，生产的沼气向周边居民无偿提供。但与日本、韩国采取的生态养殖相比，合作社的做法还有很大差距。因此，合作社在已有技术的基础上，进一步进行引进再创新，动工建设牛粪加工厂，将对牛粪、牛尿进行深度发酵，变废为宝。2010 年第一批农村沼气中央预算内投资计划获得批准下达后，2007 年，工程项目经过专家验收，建设规范，质量好，创新多，建设"一池三改"户用沼气池 780 户，5 个小型沼气工程已产气使用，实施的 3 处大中型沼气项目各有特色。聪聪乳业合作社建设的中型沼气工程，技术上探索了钢结构取得成功，在沼气、沼渣、沼液的利用和处理方面有自己独特的思路。2010 年 7 月，合作社与常州市枫华牧业有限公司等两家企业合作的大型沼气工程获得中央预算内投资共计 190 万元。

④常州市聪聪乳业合作社引进奶牛绿色养殖技术，开展"奶牛绿色养殖标准化技术的研究与应用"技术攻关研究。引进无公害标准化奶牛技术，开展"无公害标准化奶牛公寓建设"项目，生产无公害优质牛奶。合作社投资 650 万元兴建"奶牛公寓"。一头奶牛一年只要交 160 元的"床位费"，再加 720 元的饲养费、挤奶费等，便可轻松入住公寓，享受全面而专业的服务。合作社负责为入住的奶牛搭配膳食、打针吃药、挤奶、造基因遗谱，并集中处理养殖污染，牛奶也由合作社统一销售给光明乳业。

6.2.2 案例分析

1. 合作社采用独立创新战略的主要影响因素

根据上述分析,平阳县雪雁蘑菇专业合作社的很多技术创新项目都属于独立创新。合作社之所以能够采取独立创新战略,与合作社的内部因素、合作社的外部因素以及合作社的创新技术相关。可以从以下方面进行分析:

(1)创新人才资源

平阳县雪雁蘑菇专业合作社拥有食用菌专家 1 人、农艺师 8 人、农民技术员 18 人、专业科技示范户 38 户。尤其是合作社理事长钱玉夫是平阳县农业局的退休干部,从事蘑菇栽培技术研究和推广 43 年,将食用菌发展成当地农民增收致富的主导产业。合作社的技术创新人才优势为采取独立创新战略提供了条件。

(2)竞争战略

平阳县雪雁蘑菇专业合作社在竞争战略上实施"专一化战略",即生产单一产品新鲜蘑菇、盐渍蘑菇。合作社为了提高农民收入,提升品牌竞争力,努力成为该领域的技术领先者,该竞争战略促使合作社选择独立创新实施模式。

(3)产权制度

从产权制度的角度分析,相对于利润最大化企业,合作社倾向于投入更多的资金进行技术创新。因此,合作社更加具有进行技术创新,尤其是独立创新的激励。平阳县雪雁蘑菇专业合作社在成立之初缺乏技术创新资金的情况下,运用各级政府扶持的有限资金,结合自己的科技投入 70 多万元,创建了适应新时期农技推广的五个层次"金字塔"形的全方位科技服务网络新体系。

(4)市场环境

蘑菇生产由于受到地域和气候条件的约束,一般只有部分地区有条件进行蘑菇种植。在蘑菇市场上,一般只有几家蘑菇种植企业。因此,现阶段蘑菇市场处于垄断竞争状态,这为合作社进行独立创新提供了市场环境。

(5)政府支持

到目前为止,平阳县雪雁蘑菇专业合作社除了受到政府技术创新资金的资助和国家星火计划等项目资助外,在合作社进行技术创新之前,政府还没有创造条件,促使合作社与其他高校、科研院所进行合作,也没有相应的蘑菇项目推广。因此,在引进再创新和合作创新条件不是很成熟的条件下,增加了合作社选择独立创新实施模式可能性。

(6)待开发技术的特点

平阳县雪雁蘑菇专业合作社开发的几项技术和专利,从技术的复杂角度来看,属于比较简单的技术,而且从技术的研发到逐步推广,风险性不是很大。因此,合作社开发的技术特点决定了合作社有条件采取独立创新战略。

2. 合作社采用合作创新战略的主要影响因素

（1）政府支持

沙洲温莪术专业合作社之所以能够进行合作创新,与政府的支持和引导是分不开的。为做大做强温莪术产业,温州瑞安市科技局积极牵线,引导温州医科大学和浙江天瑞药业有限公司与合作社联合成立瑞安温莪术技术工程中心,以及温莪术、温郁金 GAP 基地,进行温莪术系列产品开发。

（2）技术创新人才

沙洲温莪术专业合作社不断充实技术力量,现有研究生及本科等科技人员 6人,技术人员长期在生产第一线,负责相关技术指导和研究工作。合作社雄厚的科技队伍和骨干力量为合作社与其他科研机构或企业进行合作创新提供了人力资源条件。

（3）待开发技术的特点

沙洲温莪术专业合作社与温州医科大学、浙江天瑞药业有限公司合作开发的几项技术和专利,从技术的复杂角度来看,属于比较复杂的技术,需要进行技术研究、应用研究、技术推广、产品销售等一系列过程,而且风险性很大。因此,合作社开发的技术特点决定了合作社只能选择合作创新战略或引进再创新战略。

3. 合作社采用引进再创新战略的主要影响因素

（1）合作社技术能人带动作用

聪聪乳业合作社社长承尧兴虽然草根出生,却对技术的发展趋势有独特的见解。在粪便处理、奶牛公寓建设方面能够引进优良的技术,并进行引进再创新,并发表论文 2 篇、发明专利 1 项。1999 年被推荐为常州市十佳青年农民和新长征突击手,2000 年被评为江苏省十佳青年农民,2001 年被评为江苏省劳动模范,2002年被评为常州市双十佳农民致富带头人和全国农村青年创业致富带头人。

（2）政府的支持

聪聪乳业合作社在引进再创新上的成就,离不开政府的支持。首先,在常州市科技局等的支持下,合作社与日本 NS-30 研究所进行合作,多次邀请研究所岛田先生来合作社指导,合作社也四次派员赴日本学习和掌握生物有机肥生产的核心技术,这也为合作社的有机肥生产提供了有力的技术支撑。其次,合作社进行牛粪加工的技术创新战略,其中也经过常州市工商局局长的指点进行规划设计。最后,合作社进行技术创新的过程中,得到了政府科研经费的资助,如 2010 年 7 月,合作社与常州市枫华牧业有限公司等两家企业合作的大型沼气工程获得中央预算内投资共计 190 万元;常州市科技局资助合作社和省市区沼气工程项目,资助合作社开展"奶牛绿色养殖标准化技术的研究与应用"和"无公害标准化奶牛公寓建设"项目攻关研究。

（3）待开发技术的特点

聪聪乳业合作社所开发的几项技术从技术的复杂性角度来说,属于较为简单的技术,只需要在引进的技术上进行简单的改造,而且风险不大。从技术的缄默性角度看,合作社开发的技术中包含的知识为显性知识,容易被转移,因此合作社容易采取引进再创新战略。从技术环境角度看,在合作社进行技术创新前,技术市场上存在相应的成熟技术或相似技术。这三个方面都为合作社进行引进再创新提供了条件。

4. 案例总结

综上所述,合作社技术创新实施模式选择的主要影响因素如表 6-2 所示。

表 6-2　3 个合作社技术创新实施模式选择的影响因素

案例		案例 A	案例 B	案例 C
实施模式		独立创新	合作创新	引进再创新
内部因素	规模	规模为 960 人	规模为 318 人	规模为 52 人
	技术人才	多	较多	少
	竞争战略	专一化	差异化	成本领先
外部因素	市场环境	垄断竞争	垄断	完全竞争
	政府支持	提供创新资金,但没有产学研合作项目和技术推广项目	为实施产学研合作牵线搭桥	提供创新资金,并为合作社引进先进技术牵线搭桥
待开发技术特点		技术简单、风险低	技术复杂,风险较高	技术复杂,风险高

根据上述分析可知,案例 A 在内部因素、外部因素,以及待开发技术特点方面均为其实施独立创新模式创造了条件,而案例 B 和案例 C 在内部因素、外部因素、待开发技术特点方面则分别为其实施合作创新与引进再创新模式创造了相应的条件。因此,这三个案例验证了本书提出的理论模型,即合作社的技术创新模式选择受到内部因素、外部因素以及待开发技术特点这三个因素的影响。

6.3　科技型农民专业合作社的培育和对策

目前我国的农民专业合作社普遍缺乏技术创新意识,农产品科技含量低,这与贯彻落实党中央、国务院"科技兴农"方针格格不入。在现有的制度框架下,农民专业合作社必须由"生产型"向"科技型"转变,提高合作社的技术创新能力,积极建设和培育科技型合作社。

在国内,甘肃临泽县首家科技型农民专业合作社——银先葡萄专业合作社自2007 年 7 月下旬正式运行以来,以独特的科技示范效益优势形成了较强的吸引力和凝聚力,使越来越多的农民受益增收。吉林金惠农农村合作社作为一家集种子、农药、化肥、农业新技术研究、推广、经营于一体的科技型农村合作社,从事玉米超高产模式技术研究,采用多项专利技术成功地发明了玉米一埯双株、三株超高产栽培模式,已申请国家专利。2009 年 10 月,江苏省科技厅下发了《关于组织申报江苏省科技型农民专业合作社的通知》,并启动了 116 家科技型农业专业合作社的建设。截至 2008 年年底,山西省有 86% 的合作社为科技型农民专业合作社,以科技为依托、以品牌为导向的农民专业合作社规模逐步扩大,集约化水平显著提高。同样,国外也非常重视科技型合作社的培育,美国和欧洲等国家的新一代农民专业合作社基本都拥有较强的技术创新能力,合作社内部大多设有科研部门,合作社的职能也越来越向公司企业化方向转变。荷兰合作社大部分都建立了自己的加工企业和新产品开发研究中心,如康宾纳合作社的 6 个成员都设立了新产品研制开发部,并雇用了相当数量的食品、化工等方面的专家。西班牙蒙德拉贡合作社联盟拥有 9 个技术研究中心,创新出一系列高新技术产品,如开发了一种自动化的斑马鱼滤水系统、关于卫生领域的芯片实验室微系统技术、微型制造技术、激光直接制造技术、燃料电池原型、光生伏特效应、智能型环境感知等。

因此,为了增强我国合作社在国内及国际市场上的竞争力,增加农产品科技含量,积极实施"科技兴农"政策,技术创新成为目前合作社在经营和发展过程中最为重要的部分。因此,如何培育和发展科技型合作社成为提高合作社市场竞争力和增加农民收入的重要手段和保证。

6.3.1 科技型农民专业合作社的界定

为了贯彻"科技兴农"战略,目前部分农民专业合作社已经开始把技术创新作为合作社的一项战略以提升竞争力,将农业科技成果应用到合作社的生产和经营活动中,部分地区还创建了农业科技合作社。本章把这种为合作社社员提供农业科技成果与生产加工流通和市场经济一体化相结合的合作社叫作科技型农民专业合作社。当然,那种纯粹为农民提供技术服务的农业科技合作社不在这个范围之内。

科技型农民专业合作社是在探索农民专业合作社技术创新活动的过程中产生的,其特点是以实现合作社的技术创新能力为主,以市场为导向将合作社和农业科技经济紧密结合,它吸纳了一些农业专家、农业科研院所、基层农业推广技术人员,掌握了一定农业技术的农村生产大户等带动广大的农户社员,最大限度地实现合作社农业科技成果的产业化,集研发、指导、推广和培训于一体,使农民掌握专业的农业科技知识,提高社员的劳动效率,降低生产成本,增加生产利润,增加农业加工产业链条的延长利润,更大程度地带动合作社社员致富,具有很强的生命力和发展壮大的潜力,因此各级政府都积极引导和鼓励农民组建科技型农民专业合作社。柯俊帆指出科技型农民专业合作社应该办成具有以下 4 个方面特点的合作社:

(1)科技型农民专业合作社应吸纳农业专家、农业院校和农业科研机构等农业科技人员入股或入社,同时应聘用一部分农业技术人才,对社员进行培训,指导社员进行生产和劳动,为社员提供专业的农业科技服务。科技型农民专业合作社的从业人员中应安排一定比例的农业专业技术人员,这是区别于一般农民专业合作社的重要特点。

（2）科技型农民专业合作社应以科技为创新的原动力。科技型农民专业合作社应主要从事农业技术及农业产品的开发生产、加工、销售和服务，其生产的农业产品的附加值应高于一般的合作社，科技型农民专业合作社在农业科研人才的带动下，不断升华创新技术和思维，构造一个完整的农民专业合作社的知识生产体系和农业科技创新体系，这也是它区别于其他农民专业合作社的本质特点。

（3）科技型农民专业合作社应具有农业科技与市场经济一体化的特点。科技型农民专业合作社是把市场经济和农村社员生产相结合的合作社体制的实践者，应该坚持以市场为导向，以提高社员的生产效率和效益，以农业科技产品的商品化、产业化、利润化为经营目标，把农业产业生产与农业科技活动紧密结合，大胆地追求经济效益的最大化，敢于重利、谋利，为社员创造更大的财富价值。作为一个科技型的农民专业合作社制企业，应形成一种科学的技术与生产，加工、销售与开发，专家技术人员与社员有机结合的运行机制。

（4）科技型农民专业合作社应该是强势群体的联合体，由强势群体的联合体来带动作为广大弱势群体的农民共同致富。目前国际合作社联盟的合作社是让弱势群体的农民联合起来组成合作社来形成强势群体，以对抗市场风险。但是在中国，由农民自发形成的弱势群体组合的合作社是无法做大的，农民对市场的风险意识不强，对农业技术的掌握水平不高，产品的流通销售渠道不畅通等问题制约着农民的生产和经营，只有由一些有强大的销售渠道和网络的大户、熟练掌握农业新技术而又能够大规模开发种养的生产大户、有一定生产经营资金的农业龙头企业联合起来的强势群体作为生产经营的领路人，再广泛地吸纳大量的农民组成的合作社，才能形成科技型农民专业合作社。

2009 年 10 月 22 日，江苏省科技厅发布了《关于组织申报江苏省科技型农民专业合作社的通知》。根据其文件精神，科技型农民专业合作社除了具备一般农民专业合作社的特点之外，还应该具有以下 4 个特点：

规模：合作社有一定的资金、技术、设备、土地、建筑物等经营要素，入社成员一般在 100 户以上，带动农民 500 户以上，合作社年销售达 500 万元以上。

成员企业的产业基础：合作社应该至少拥有 1 家具有加工销售能力的成员企业或具有较大规模的种养殖大户。且合作社成员企业实力较强，年销售规模达 2000 万元以上，具有推动特色产业和合作社发展的能力。

科技活动能力：合作社具备开展各类科技活动的基础设施条件；每年推广应用新品种或新技术 3 项以上，培训农民 1000 人次以上；科技型农民专业合作社有稳定的技术依托单位，签订产学研合同；常年外聘具有中高级职称的科技人员或科技特派员 2 人以上，每年吸引参与技术服务的科技人员不少于 10 人。

科技活动经济效益：通过科技活动的广泛开展，有效推动地方特色产业做大、成员企业做强和明显带动入社农民致富。按现有农民收入和物价水平测算，合作社帮助农民成员年均实现做工劳务收入10000元左右（其中苏南地区不低于12000元）；成员企业效益高于当地同类企业10%以上，入社农户人均纯收入高于当地农民人均纯收入20%以上，辐射周边农户年增收10%以上。

总之，科技型农民专业合作社是指经确认的具有较强依靠科技进步促进发展的意识，能积极开展多种形式的产学研合作，通过科技成果转化应用，带动农民致富取得明显成效的农业专业合作社。通过大力支持农业专业合作社开展产学研等科技活动，引导各类科技资源向科技型农业专业合作社聚集，培育创建可在面上推广应用的新模式、新典型，带动全省农民专业合作社走依靠科技谋发展的道路。

在当前的市场经济条件下发展农民专业合作社，就应该把合作社和农业科技紧密结合，推动科技型农民专业合作社的发展，只有合作社成为农业技术的推广者和使用者，同时又是农业技术的承接者和开发者，才能把农民专业合作社办好办大。笔者认为，科技型的农民专业合作社才是真正实现带动合作社农户社员致富，实现农业产业化，农产品工厂化和品牌化的最好载体。

6.3.2 科技型农民专业合作社的培育：借鉴蒙德拉贡合作社的经验

合作社技术创新在制度安排上与传统的利润最大化企业相比，既存在其优越性，也存在很大的缺陷，而且某些方面的不足严重阻碍了合作社技术创新的积极性。归纳起来，各国政府对合作社的政策性扶持主要体现在法律保护和规范、税收优惠、金融准入以及财政资助等。然而，以上这些扶持政策的依据是什么，是否能从根本上促进合作社的发展，还是一个未知数。因此，本章从合作社的企业制度为出发点进行分析，针对目前合作社发展过程中存在的问题，提出了相应的政策性建议。

蒙德拉贡合作社在企业制度上，发扬了合作社进行技术创新的优势，通过政策措施避免了合作社技术创新的不足之处。目前蒙德拉贡依靠技术创新取得了很大的成功，成为欧洲乃至世界最大的合作社集团，被美国《财富》杂志评为世界十大私人企业。根据IBCA（国际银行评级机构）的评定，蒙德拉贡联合公司的信贷机构（劳动合作银行）已经成为欧盟盈利第三的银行。

持续创新是蒙德拉贡的核心价值观之一，随着国际产业竞争的加剧，蒙德拉贡合作的经济已经越来越需要依靠持续创新为其产业进步提供技术支撑。一是逐步建立创新体系。其先后成立了12个研究中心，其中2家是集团级研究中心，其余分布在各个行业内，例如，自动化、光学、汽车、工具、装配等，创新队伍达615名专业人员，46名实习生。二是持续加大创新投入，2005年创新预算达3813万欧元，占工业毛利的5.5%，年增7.8%。三是注重科研长远发展规划。MCC制定了2005－2008年科技计划。计划包含信息通信技术、能源、健康与生物、材料和制造系统、合作社经营管理等，计划由23个合作社参与，由MCC技术中心和蒙特拉贡大学的技术中心合作完成研究。

1. 以新古典经济学理论为视角的分析

以 Ward-Domar-Vanek 模式的共营企业的新古典经济学理论为研究基础,笔者分别研究了存在技术创新溢出效应、技术吸收能力效应、技术创新不确定性和风险性条件性,共营企业的技术创新战略,以及共营企业和利润最大化企业在最佳企业规模和创新投入之间的区别。结果表明,在相同条件下,共营企业的规模一般低于传统的利润最大化企业,而其技术创新投入或技术创新激励高于利润最大化企业。相对于利润最大化企业,合作社倾向于投入更多的资金进行技术创新。因此,从新古典经济学理论的角度分析,合作社更加具有进行技术创新的激励。

从新古典经济学出发,合作社进行技术创新时,其规模比传统的利润最大化企业小,但是其技术创新投入和创新激励比利润最大化企业大。在有利可图的共营企业中,当达到一定规模后,在任的成员宁愿通过以外在的机会工资雇用新的雇员,而不愿意其他社员加入,以完全平等的身份分享企业利润。因此,根据研究统计,合作社在一个生命周期后,倾向于退化为利润最大化企业。

蒙德拉贡合作社为了防止这种情况,采取两种方案。其一是当合作社发展到一定规模之后,不继续扩大合作社的规模,而是让合作社之间进行合作,组成合作社联盟,蒙德拉贡合作社就是由 264 个合作社组成的联盟企业。其二是让合作社组建成员企业,让成员企业为合作社服务,但其成员企业的经营方式同样遵循合作社的方式。

2. 以产权经济学理论为视角的分析

根据产权学派的主要观点,模糊的个人所有权将导致共营企业出现技术创新投资不足,比如合作社内部的公共积累不足,以及外部的融资问题。

(1)内部表现为技术创新的公共积累不足

造成农民专业合作社缺乏技术创新资金的主要原因是期界问题。"期界问题"指共营企业现任员工在他们计划离开企业(或因为工作变换,或退休)后从其投资回报中得不到收益,因此共营企业想靠牺牲当前员工工资来进行内部资本积累将是困难的。即在农民专业合作社内部,投资只能通过合作社剩余的提留来筹集。在所有权属于集体、个人所有权弱化的情况下,会造成合作社社员进行技术创新的投资不足,而且社员预计成员资格期限越短,"投资不足"程度越大。具体表现为不清晰的公共产权和投资收益权。因此,从产权经济学角度,技术创新作为一种企业内部的风险投资,具有较大的风险性。而且技术创新的投资收益权具有模糊的产权界定,社员往往更多地会采取年度的分红获得短期收益,从而缺少技术创新的投资激励。

蒙德拉贡合作社要求社员入社时,交纳的股金较大(相当于一年以上的工资),而将企业的资产分为个人资本账户和合作社储备资金。规定每年的年终分红(一般占纯利润的 40%~45%)记在个人资本账户上,而纯利润的 40%~50% 为合作社储备资金,是共有资产,每人有份但不可分割。这种合作社制度形成了明晰的产权制度,形成职工个人与企业兴衰息息相关、休戚与共的基础。因此,这种明晰的产权制度消除了"期界问题"。合作社的储备资金,由于不可分割性,为技术创新提供了资金支持。

(2)技术创新过程中的外部融资存在道德风险和逆向选择

合作社作为一种共营企业,内部存在"工人雇佣资本,资本不能雇佣工人"情况,因此很难利用资本市场获得资本进行技术创新。①由于资本市场上的道德风险,银行往往把合作社置于机会主义之下。合作社社员有可能通过过度地提高工资将贷款转移为个人收益,或把贷款投资到高风险高回报的创新项目中去;②由于信用市场的道德风险,加上合作社缺乏实物资产作为抵押品,很难找到一种使银行相信他们没有机会主义的证据,从而限制了合作社的贷款能力,而且一旦合作社无力偿还贷款,银行将收回成员的个人抵押品,造成合作社社员个人财产丧失,使社员承担较大的技术创新投资风险。因此当缺乏技术创新资金时,合作社试图从外部资本市场取得贷款是很难的。

为了解决合作社技术创新的资金问题,蒙德拉贡的创始人阿里斯门迪建议成立一个金融机构,以资金及技术帮助其他刚起步的合作社。结果,"劳动者银行"(Caja Laboral Popular)和技术指导局就在这种需要下成立了。它们扮演了信用合作社及技术援助的角色。劳动者银行的主要部门有100多位职员,主要的工作是协助一些团体成立合作社,偶尔也协助一些既存的企业转型为合作社。劳动者银行协助这些团体包括选择地点、市场分析、产品创新、厂房等建筑物规划,直到几年后财务与组织健全为止。劳动者银行要求这些新成立的合作社,必须成为蒙德拉贡系统的一部分,并且受劳动者银行的监督。这些企业合作社的盈余都储存在劳动者银行里头,可以再投资产生更多的企业合作社。这种紧密且持续的与劳动者银行的关系,加上劳动者银行的经济与技术协助,是相当独特的,也是使这一模式百分之百成功率的原因。

劳动人民银行作为一家信用合作社,是一个由各个基层合作社控股的二级合作社,不仅吸纳社员的存款,还向合作社以外的经济组织和个体进行投融资。其功能是提供金融、技术及社会服务。它一方面使MCC具有了满足生产合作社信贷要求的金融手段,另一方面又由银行为新的合作社的组建与壮大起了至关重要的作用,合作社之间的相互支持在很大程度上是通过劳动人民银行实现的。对MCC的合作社企业来说,劳动人民银行是它们联结的纽带,也是它们坚强的后盾和有力的保障。

6.4 本章小结

本章通过对40多家科技型合作社的案例分析,讨论了合作社技术创新的具体特征,得出合作社的技术创新具有一般企业技术创新的共同特点,如风险性、外部性、时间差异性和一体化等性质。同时,合作社作为一种共营企业,其技术创新还具有创新产品的生命周期越来越短、以公共部门创新引领独立创新、合作社技术创新的知识产权保护相对薄弱等特征。

现阶段合作社技术创新的主要实施模式包括独立创新、合作创新、引进再创新三种方式。而且独立创新、合作创新、引进再创新这三种模式也不是完全排斥的，而是可以相互结合的。首先，具备不同能力、资源和创新水平的农民专业合作社可以根据自身情况选择适宜的创新模式。即少数发展较为成熟的农民专业合作社可以在某些有优势的领域选择独立创新，而大多数合作社则适宜选择引进再创新和合作创新模式。其次，从时间上看，引进再创新往往是独立创新必经的过渡阶段，一个新建的合作社一般通过引进再创新才能逐步积累自己的技术、资金实力、管理经验和人才队伍，为进行独立创新创造条件。最后，为了给农民专业合作社进行技术创新一个良好的外部环境，政府部门应该加强农业技术创新的知识产权意识，保护合作社技术创新的成果；进一步完善农产品市场，降低合作社技术创新的成本；以公共部门创新带领合作社技术创新，对合作社技术创新进行人才、资金等方面的资助。合作社技术创新实施模式的选择受到三个方面因素的影响：合作社内部因素、合作社外部因素、待开发技术的特点。其中合作社内部因素包括企业的产权制度、竞争战略、创新人才资源、企业规模等因素；合作社外部因素包括政府支持（法律、法规和管理制度）、市场环境等因素；待开发技术的特点包括技术的复杂性、技术的缄默性和技术环境等因素。在此基础上，以平阳县雪雁蘑菇专业合作社、瑞安市沙洲温葵术专业合作社和常州市聪聪乳业合作社三家合作社为例，利用描述性案例分析，通过访谈、文档分析等手段，探讨合作社各种技术创新实施模式的主要表现，并利用探索性案例分析探讨合作社采用技术创新实施模式的影响因素。

最后，为了建立科技型农民专业合作社，实施科技兴农战略，通过进一步探索已有科技型合作社的特点和申报原则，界定了科技型合作社的概念和特点。研究结果表明科技型合作社除了具有柯俊帆阐述的特点外，同时在合作社规模、成员企业的产业基础、科技活动能力和科技活动经济效益等方面与一般的合作社具有很大的区别。在此基础上，借鉴西班牙蒙德拉贡合作社的经验，探讨了科技型农民专业合作社的培育对策，并提出相应的政策性建议。

7 农业科技创新体系中农民专业合作社的职能配置

建立完善的农业科技创新体系,以推动农村和农业发展,是实施"科技兴农"战略,进行新农村建设的一个重要举措。目前农业科技创新体系为农业科技进步和技术成果转化提供了一个中介平台,推动了农业和农村发展。但农业科技创新体系在建设过程中仍存在很多问题:首先,表现为创新主体和农户的技术供需之间的矛盾。政府、科研院所通过技术服务中介组织,或直接与农民进行对接等方式实施农业科技创新,导致技术供应方与农民实际需求之间出现了断裂(速水佑次郎和拉坦,2000;李中华和高强,2009)。一方面技术部门提供的创新技术与农业实际需求相脱离,农业科技成果的市场转化率低;另一方面作为农业科技需求主体的农户无法获得相应的农业生产和加工技术。其次,创新技术扩散缓慢。由于新技术的异质性,其传播和扩散过程要求传播方和接收方具有一定的同质性(罗杰斯和伯德格,1988)。然而,政府、技术服务中介组织、农民三者之间由于在技术知识、技能方面存在较大的差异,导致农业创新技术难以扩散,或扩散缓慢,严重制约了农业科技成果的推广效率。再次,技术创新收益分配不均。技术创新获得的收益必须在农民、农产品消费者和农业要素提供者之间进行分配。但由于农户具有经营规模小和分散性的特征,使得农户难以组织起来,因而在收益分配中处于劣势地位。这导致农业科技创新不一定能够增加农民收入,严重挫伤了农民推广新技术的积极性(拉坦,1991)。因此,在推动建设农业科技创新体系过程中,必须有一个代表农民的中介组织——农民专业合作社,来解决上述问题。

农民专业合作社作为农民自己的组织,为社员提供了农资供应、产品销售、市场信息、技术交流等各类服务,在一定程度上解决了农户分散小生产与大市场的对接问题。目前我国以政府为主导的科技创新体系面临着严峻挑战,农民专业合作社在促进农业科技创新,提高农产品的科技含量,推进农业标准化生产等方面的作用日益显著(李中华和高强,2009)。从组织制度角度,合作社不但能够参与公共决策,而且是实现农业科技创新体系社会化的重要前提,尤其是农业技术推广体系的重要组成部分(国鲁来,2003a),合作社能够提高农业技术推广效率、降低推广成本(国鲁来,2003b)。农民专业合作社通过对科研机构和政府部门施加强有力的影响,促进政府增加对公共科研领域的投入。例如在美国和荷兰这两个最大的农产品出口国,农民对科研项目的确立和技术开发与试验方面的决策具有举足轻重的影响(夏英,2007)。从技术获取模式角度,合作社除了能够进行技术的引入和推广,相当多的合作社能够进行合作创新,少部分合作社甚至能够进行自主创新(龚春红,2006;罗建利和仲伟俊,2009)。从技术特征角度,农民专业合作社在产业共性技术和关键技术的开发和引进起到重要作用,加快了农业科技创新的步伐(王爱芝,2010)。从博弈论的角度,合作社参与农业科技创新能够提高社会福利,降低农产品原材料价格,加快农业科技创新,提高农业生产率(Giannakas and Murray, Fulton,2003;Drivas and Giannakas,2006;2007)。因此,合作社能够有效掌握农民的技术需求,促进农业技术引进和推广应用,加快农产品的标准化生产,提高农业科技成果的转化率,完善农业科技创新体系(李中华和高强,2009;潘代红,2009)。

综上所述,目前关于合作社参与农业科技创新的研究已经逐步展开,这为研究农业科技创新体系中合作社的作用和职能配置提供了必需的理论支撑。然而,虽然已有部分研究将合作社纳入农业科技创新体系,但对合作社参与功能认识不足,如大部分研究仅局限于技术推广职能。然而,农业科技创新的社会化并不意味着农业创新技术都必须由政府和农业科研院所提供,如果技术创新收益主要表现为农业生产者剩余,那么技术创新就可以成为合作社的行动。因此合作社在农业科技创新体系中还可以发挥其他的作用和功能(速水佑次郎和拉坦,2000)。相关研究虽然已经涉及农业科技创新体系中合作社的部分参与职能,但是关于合作社在创新体系中的参与职能缺乏理论依据,有待于进一步划分农业科技创新体系中合作社的作用和参与职能。

基于此,本章提出了一个理论分析框架,探讨农业科技创新体系中合作社的职能配置。首先利用农业科技创新的特点,将农民专业合作社纳入农业科技创新体系,构建新型农民专业合作社的理论分析框架。在此基础上,以农业科技创新过程为主线,利用"会员逻辑"和"影响逻辑"理论,提出合作社参与农业科技创新职能的概念框架。

7.1 理论模型

为了探讨农业科技创新体系中合作社的作用,首先需要对农业科技创新体系中的主体,及其主要职能进行分析。相对于工业技术创新体系,农业科技创新体系具有其独有的特征:①从技术创新的主体角度,除了包含金融机构、技术部门、高校和科研院所、农业科技企业、中介机构、政府等主体外,农业科技创新体系中还包含技术创新受体、同时具有独立生产者性质的农户。由于技术创新终端农户的分散性,造成很多农业技术创新成果最终在农户生产和销售阶段失败。因此,本章将农民专业合作社纳入农业科技创新体系中,解决农业科技创新体系中的问题。②在农业科技创新体系中,由于大部分农业科技成果具有一定的公共性和非排他性。因此,从技术创新成果的排他性和竞争性维度,课题组将农业科技创新划分为公共产品创新和私人产品创新(仲伟俊,2008)。一般情况下,涉及农产品生产领域的技术创新成果具有较大的非排他性和公共性,大部分属于公共产品创新,只有涉及农产品加工领域的技术创新成果属于私人产品创新。③从农业科技创新过程维度,技术创新可以分为基础研究、应用研究、技术开发、技术推广、产品生产与销售等。一般情况下,农业技术基础研究和应用研究由高校和科研院所负责。技术开发由高校和科研院所、农业科技企业或合作社负责,其中合作社在技术开发中能够发挥较大的作用,其作用可以细分为自主开发、合作开发、技术引进。而农业技术推广是指通过试验、示范、培训、指导以及咨询服务等,把应用于种植业、林业、畜牧业、渔业的科技成果和实用技术普及、应用于农业生产的产前、产中、产后全过程的活动。国家、农村集体经济组织扶持;实行科研单位、有关学校、推广机构与群众科技组织、科研人员、农业劳动者相结合;一般由政府技术推广部门、农业企业、合作社等负责。生产和营销一般由农户和合作社负责。基于农业科技创新的过程维度和技术创新成果的排他性和竞争性维度,本章提出了新型农业科技创新体系的理论分析框架(见图7-1)。因此,根据新型农业科技创新体系的理论分析框架及技术创新的过程维度分析,技术开发、技术推广、产品生产和销售是农民专业合作社促进农民科技创新的主要职能。

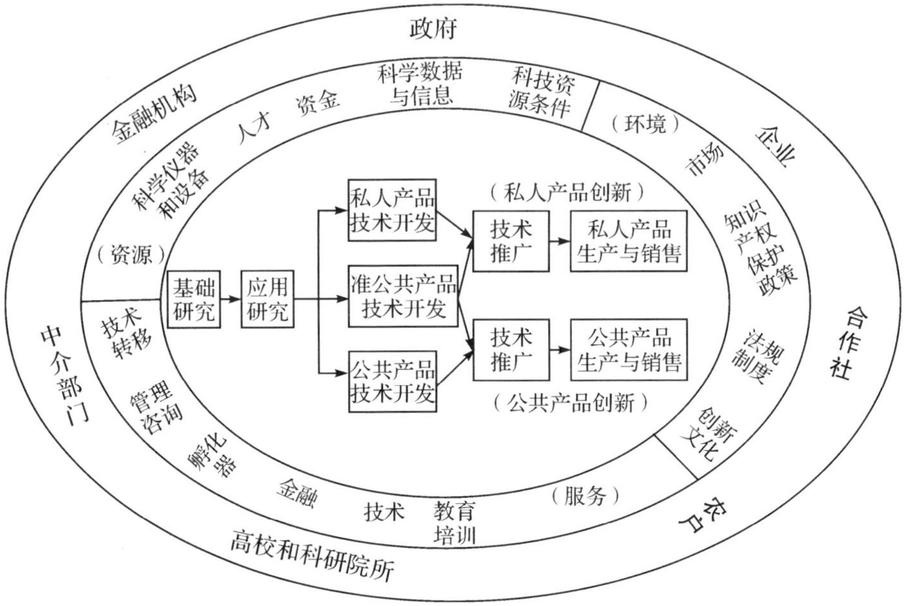

图 7-1　新型农业科技创新体系的理论分析框架

7.2　农业科技创新体系中合作社的参与职能

如何对技术创新体系中合作社的作用进行分类? 根据 Schmitter 和 Streeck

提出的"会员逻辑"(the logic of membership)和"影响逻辑"(the logic of infulence)理论(郁建兴,沈永东等,2011)。技术创新会员逻辑指合作社通过向会员提供足够的激励以从中汲取充分的技术创新资源,促进合作社的技术创新,推进合作社发展。影响逻辑指合作社通过提供足够的激励来保证合作社获得对政府公共机构(或竞争对手和其他技术创新主体)的影响力,以此获取充分的技术创新资源(认同或重视、默认、特许权、技术创新资金、人才等)来保证其技术创新的顺利进行。根据上述分析可知,在农业科技创新体系中,作为技术需求方的农户和技术供给方的农业科研机构之间,缺少一个合适的中介组织。农民专业合作社作为农民的组织,应当为社员提供服务,同时为农户与外界的联系提供组织平台。基于此,根据农民专业合作社的中介特性,本章认为农民专业合作社促进农业科技创新的主要表现可以分为对内职能和对外职能。结合农业科技创新的过程,除了基础研究和应用研究,合作社能够在技术开发(包括自主开发、合作开发、技术引进)、技术推广(包括试验示范、技术培训和技术咨询)、生产和营销方面发挥重大的作用。另外,合作社在参与农业科技创新过程中,还需要与创新体系中的其他主体,如政府、金融机构、其他合作社等进行合作。

综上,本章对农业科技创新体系中农民专业合作社的对内职能和对外职能进行如下界定。对内职能就是技术创新过程中农民专业合作社为社员所发挥的内部职能,包括自主开发、试验示范、技术培训和咨询,以及生产和营销方面发挥的作用。对外职能就是农民专业合作社与社员之外的机构,如政府、其他合作组织、农业企业、高校和科研院所、金融结构等合作时发挥的外部职能,以获取相应的外部创新资源,影响技术创新的公共政策。

另外,农民专业合作社在农业科技创新体系中的作用和职能发挥受到技术创新资源、技术创新能力和技术创新环境的影响。基于以上分析,结合本章语境,本章建立了农业科技创新体系中合作社的作用概念框架,如图 7-2 所示。

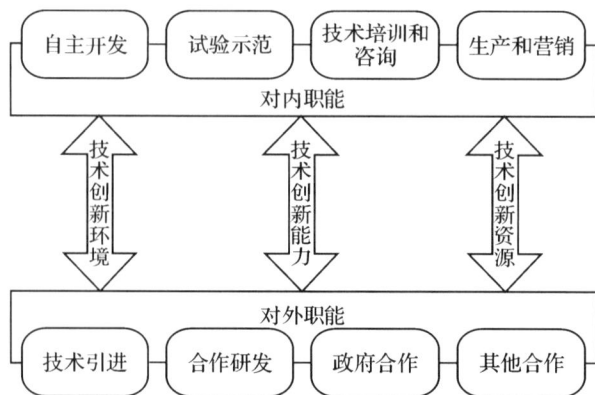

图 7-2 农民专业合作社在农业科技创新体系中的作用机制

1. 对内职能

在对内职能上，由于农业科技创新的需要，以及农户的技术需求和政府"科技兴农"战略的需要，农民专业合作社内部职能的履行变得日益重要。合作社不仅需要在技术创新的自主开发、技术推广、试验示范、技术培训和咨询、生产和营销等方面进行提升，也需要在上下游企业之间进行更好的沟通和合作。

目前我国农业科技成果不能有效地满足农户的实际需求，农户对农业科技的需求又不能得到有效的表达和供给，其原因在于两者之间缺乏一个有效的双向交流和传递信息的中介组织。一方面，小规模的分散经营、单薄的经济实力以及其他一些客观条件的限制，使单个农民难以直接获取相应的农业技术；另一方面，高校和农业科研院所拥有的农业科技难以转化为现实生产力，无法获得市场回报。农民专业合作社的成立，提高了农民的组织化程度，使科技成果的转化有了完整的受体，架起了农户与科研机构沟通合作的桥梁。

以往的农业技术推广体系中，一般采取"自上而下"的技术推广方式，导致政府推广的科技成果不能反映农户的真正技术需求。而农民专业合作社作为技术推广主体，能够利用组织优势，将农户的技术需求反映给政府和科研机构，按照农户的意愿开展技术推广活动，建立"自下而上"的推广方式，避免科研机构技术研发和技术推广的盲目性，提高科技成果的推广应用效率。技术推广是我国农民专业合作社最重要的一项技术服务，包括试验示范、技术培训和技术咨询（韩俊，秦中春等，2006）。

（1）自主开发

从国内外合作社的发展来看，合作社作为农户的组织平台，是农户和科技机构之间的中介组织。而且随着合作社的壮大和实力的增强，还越来越多地参与到农业科技的研发中（罗建利和仲伟俊，2009）。

在国外，农民专业合作社依托其较大的规模建立了完善的创新体系进行自主创新。例如，西班牙蒙德拉贡合作社已经建立了完善的技术创新体系，目前已建立了 12 个研究中心，其中 2 家是集团级研究中心，技术创新人才达 615 名专业人员、46 名实习生。依托其强大的科研人才队伍、研发中心和技术创新资金，蒙德拉贡合作社进行了一系列自主研发活动，其研发成果遍布自动化、光学、汽车、工具、装配等领域。另外，日本农协的信息技术中心开展实用性技术自主开发，为社员提供技术开发服务（于秋芳，2009）。荷兰皇家养牛协会，有装备精良的实验室、庞大的数据库和计算机网络，自主进行"牛种改良"研究，为全国养牛农户服务（张晓红，2009；欧继中和张晓红，2011）。在国内，合作社以其小规模灵活性和因地制宜的多样性显示出其在农业科技创新中的作用，部分合作社在农业技术创新体系中还能够进行自主开发。例如平阳县雪雁蘑菇专业合作社拥有食用菌专家 1 人、农艺师 8 人、农民技术员 18 人，合作社理事长钱玉夫从事蘑菇栽培技术研究和推广 40 多年，合作社自主开发了多项实用技术，并发明了利用鲜蘑菇杀青液制作蘑菇酱油等,使废弃资源转化增值;用生麦粒制菌种,降低了生产成本,提高蘑菇品质;用茅草代替稻草,当作种蘑菇的原料;并承担科技部 2003—2005 年"万亩规范化出口蘑菇基地建设"国家级星火项目。台州市路桥桐屿大红袍果业合作社自 2003 年开始投入 15 万元资助研发枇杷的冷藏保鲜技术,对枇杷采取逐步降温方式,使其成功保鲜了 51 天。经权威部门检测,产品各项指标基本无变化。该项目于 2003 年 7 月通过省、市专家鉴定,填补了国内枇杷保鲜空白,该项目于 2004 年被列入农业部示范性实施项目。合作社于 2008 年投资 40 万元创建了一座一次性贮藏 100 吨果品的保鲜库,通过冷藏保鲜手段来打破枇杷销售季节的局限。由此可见,合作社正在成为农业自主开发的重要主体。

(2)试验示范

为了有效推广农业新品种、新技术、新产品,同时降低农户在推广过程中的风险,以农民专业合作社为主体进行试验示范是合作社进行技术推广的一种重要方式。以合作社为主体建立试验示范基地,可以让成员更直观地看到效果,更快接受新的技术;同时减少由于引进技术不适用等导致的风险,有效提高合作社和广大成员的经营效益。例如,龙游县为了有效推广种粮新品种,以献军种粮专业合作社为组织平台,与科研院校之间建立紧密的技术协作关系,在种粮新品种的试验和示范上,能够及时得到科研院校的技术指导。避免了原来农户分散作业具有病虫害防治等田间管理方面不统一和种植面积小且不连片等问题,以及科研院所和农技部门难以与一家一户建立紧密的技术协作关系等问题。

(3)技术培训和技术咨询

在技术培训和技术咨询方面,农民专业合作社通过聘请专家教授授课指导,分发培训资料,以集中或分散的方式开展相关技术培训和技术咨询工作。

一方面,通过农民专业合作社这个组织平台,农业科技人员不必直接对独立、分散的农户提供技术培训和技术咨询,而是利用合作社组织平台,与合作社中的技术骨干或技术人员进行有效对接,技术骨干为社员提供技术培训和技术咨询。

另一方面,农民专业合作社能够主动地寻求相关专家和科技部门为社员进行技术培训和技术咨询。例如,新特新葡萄产销合作社从北京农学院长年聘请 3 名专家、教授为顾问,定期举办技术培训班,向社员传授葡萄种植管理技术。3 年来共举办辅导讲座 30 多次,参加听课社员和农户 1 万多人次,发放技术资料 1 万份。

(4)生产和营销

在生产和营销方面,农民专业合作社通过实施标准化的生产技术和标准化的生产管理方式,开展统一技术、统一管理、统一品牌、统一销售等统一服务管理,利用品牌营销,引导成员按照相关标准化要求使用农资进行生产,有效提高农技推广的效率。

农业生产标准化的实施,必须依托一定的组织,形成规模化的生产经营单元。农民专业合作社作为农业生产者或服务者的联合体,熟悉农业生产流程,具有完善的监管机制,具备农产品资格认证的软硬件设施和稳定的产地编码实施环境,改变了过去对分散、独立的农户无法监管的局面,为农业标准化的顺利实施提供了组织载体。

合作社通过建立标准化的生产基地,使组织成员间形成较强的联结,合作社能够提供规模化、质量稳定、技术需求较为一致的产品,从而有利于实施成套标准先进的生产技术,按照统一的、规范的技术规程进行生产;有利于吸引组织外的资源,如高校、科研机构对合作社开展技术服务。梅州市梅县城东镇的木子金柚专业合作社,依托合作社这一载体,引导社员按照无公害、绿色以及有机标准开展标准化生产。同时,开拓产品的高端销售市场,以获得匹配的市场价格。2009年合作社普通"木子"金柚售价8元/只,有机"木子"金柚15元/只,而且产品远销加拿大、迪拜、俄罗斯、荷兰等国家。

在品牌营销方面,农产品品牌的创建常常与产品质量的提升有着密切关系,高质量的产品才有可能创建产业品牌,形成品牌效应。赞皇县汇川优质核桃专业合作社自2008年成立以来,注册了"汇川"牌商标,开始了品牌营销之路。现在合作社的核桃有一半都是贴上商标用小包装卖出去的,最贵的98枚装精品核桃市场价卖到了200多元一盒,一个核桃就值2元多。

2.对外职能

在对外职能上,农民专业合作社为了获取外部技术资源,同时影响政府的科技公共决策,以及农业科技研发的方向,农民专业合作社需要与农业科技创新体系中的其他主体,如政府、金融机构、科研院所、农业企业、其他合作组织进行合作,从而提高合作社产品的科技含量,增加社员收入。合作社需要在技术引进、合作开发等方面履行其相应的职能,同时,也需要与政府和其他创新主体之间进行合作。

(1)技术引进

在技术引进方面,合作社能够根据社员的技术需求,引进农户真正需要的技术。同时合作社作为一种社会组织,能够影响政府和科研院所等技术开发的方向。在以往的农业技术推广过程中,农民作为技术推广的受体,往往是被动地接受相关农业技术。农民专业合作社在农业技术创新中具有技术主体受体一体化的特性,决定了其在农业技术创新中不仅仅可以成为农业技术推广的平台,而且能够作为技术引进的主体,主动地与政府和科研机构合作,寻求需要的农业技术。

例如,梅屿蔬菜合作社成立于2001年4月,合作社依托组织优势,同浙江省农科院、温州市农科院等大专院校、科研单位协作,大力引进开发高产、优质、高效的新品种、新设施和先进适用的栽培技术。到目前为止,共引进浙杂203、以色列FA-189等新品种11个,示范推广面积134.7公顷(2020亩),改进钢管大棚面积达66.67公顷(1000亩)。比2005年度推广FA-189等新品种增加67.9公顷(1018亩),通过试验示范推广开展技术指导,为发展绿色农产品生产提供了技术支撑。

（2）合作开发

农民专业合作社作为一种非营利组织，虽然目前大多数合作社尚不具备自主创新的能力和条件。但是相对于农户个体而言，合作社能够依托于组织优势，寻找相应的农业科研机构、高校和科研院所进行合作开发。尤其在当前条件下，国家大力推进"科技兴农"，作为农业科研机构、高校和科研院所，为了了解农户的技术需求和实施要求，也需要与农民专业合作社进行合作开发。

在农业科技创新体系中，部分农民专业合作社具备了一定的研发能力，在某些农业项目上与高校和农业科研机构进行合作开发。例如，瑞安市荆谷优质白银豆合作社成立于 2002 年 12 月，经营无公害优质白银豆。为了改进和完善白银豆栽培技术，合作社与瑞安市农业局进行合作，共同开发白银豆反季高效栽培技术，目前产品出口日本、东南亚。

（3）政府合作

回顾国际合作运动 160 余年的发展历程，西方国家在合作运动全面兴起时期，政府开始扶持合作社，20 世纪后期以来，政府减少对合作社的直接扶持，转向提供服务，鼓励合作社自主经营。因此，农民专业合作社开始与政府合作，从而获得更多的技术创新资源，并影响技术创新公共决策。

在农业科技创新体系中，农民专业合作社迫切需要与政府进行合作，从而获取相应的技术创新资源，包括资金、技术、人才等，同时对政府制定相关技术创新公共政策施加影响，使政府制定有利于合作社技术创新的公共政策和创新环境。首先，合作社作为一种有效的组织平台，在很多国家农业科技的选择、开发、传播和扩散上都起到了非常重要的作用。其次，农业技术创新具有投入高、市场风险大的特点，合作社可以通过与政府合作，与政府相关采购部门实现对接，依靠政府采购，直接帮助农民解决产品销售问题，减少技术创新的市场风险。例如，由于新西兰进口奶粉价格低质量好，使国内乳企对进口奶粉使用量不断提高，相应地对国内原料奶产生替代作用，发生"挤出"效应，导致国内合作社的牛奶销售出现问题，奶牛养殖环节萎缩，产生"去奶牛化"。为了降低合作社的市场风险，同时维持东北地区的奶牛业发展，国家给了了合作社市场资源支持，采取行政手段进行市场采购，组织黑龙江与北京进行肉蛋奶产销对接专供，吉林与上海实行肉蛋奶产销对口专供，将东北肉蛋奶作为大专院校学生食堂、军队食堂专供产品等。最后，农民专业合作社在帮助政府决策方面也能发挥独特的作用。合作社对所从事的行业具有较丰富的专业知识和实践经验，既了解社员意愿，又了解国家发展状况。因此，合作社参与政府决策，不仅有助于避免决策失误，还能够促进政府决策的贯彻落实。

（4）其他合作

在农业科技创新体系中，合作社除了需要与政府进行合作外，还需要加强与创新体系中其他主体的沟通和协作，如与销售企业、农业企业、技术中介部门等主体进行合作，引进技术或物化成果，获取相应的技术创新人才和资金，解决产品销路问题。

首先,农民专业合作社通过与科研教育等单位合作,长期聘请专业技术人员进行技术指导,提高农技推广的效果。其次,农民专业合作社与超市合作,进行"农超对接",降低技术创新的市场风险,减少流通环节,避免农产品在各个环节中因时间损耗而造成的新鲜度损耗及各环节逐步提价造成的价格过高。通过减少流通环节,有利于形成农民增收、市民受惠、超市受益的局面。例如,哈尔滨呼兰区保信农作物种植专业合作社与家乐福超市进行农超对接,家乐福超市为合作社设置了两个农超对接专柜,专门销售合作社的产品。目前农民专业合作社给超市的日供应量达到 2000~2500 千克,供应的蔬菜品种多达 14 种。通过农超直接对接,不仅提高了农民 30% 的收入,而且大大降低了农产品价格。再次,农民专业合作社与金融机构合作能够获得技术创新资金。由于农户资产抵押较少,农产品受到自然灾害影响较大,贷款风险高,资金的流动性差,而且对分散农户还款能力的评估成本过高,因此金融机构或风险投资机构一般不愿意把钱贷给分散的农户。农民专业合作社的出现为农户和金融机构之间搭建了桥梁。例如,绍兴市越城区农民专业合作社积极与金融机构合作,成功与越城区瑞丰银行实现对接,越城区瑞丰银行向绍兴古越禽业专业合作社等 11 家农民专业合作社发放了贷款授信书,共计授信4700 万元。西吴中华鳖养殖专业合作社与金华银行合作,建立起了良好的社银关系,推出了"甲鱼养殖项目联保贷款"。西吴中华鳖养殖专业合作社通过对合作社社员进行审查,使社员与银行直面对接,通过合作社推荐、理事(组长)在内的成员联保,为有合理资金需求的甲鱼养殖户及时办理贷款。武陟县菡香大米合作社通过与中国农业发展银行武陟县支行建立对接,成功签订了 1000 万元贷款合同。

7.3 农民专业合作社参与农业科技创新的影响因素

在农业科技创新体系中,农民专业合作社的技术创新参与职能受到三个方面的影响:农民专业合作社能获得和拥有什么样的技术创新资源,具备什么样的技术创新能力,面临什么样的技术创新环境(见图 7-3)。技术创新资源、能力和环境三者之间的相互作用关系共同影响着农民专业合作社的技术创新参与职能。技术创新资源是农民专业合作社参与农业科技创新的必要条件,而技术创新能力是对技术创新资源的控制和利用能力,即技术创新资源必须与技术创新能力相匹配,才能实现其技术创新参与能力。同时,农民专业合作社参与农业科技创新受到技术创新环境的影响,技术创新环境影响农民专业合作社获得技术创新资源的难易程度和成本,同时决定技术创新资源条件下相应能力的形成。

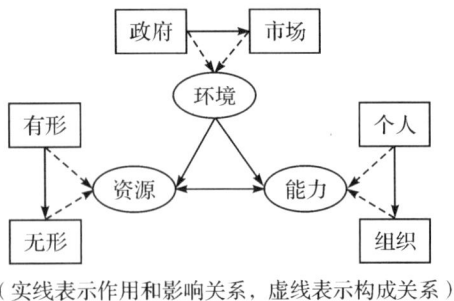

（实线表示作用和影响关系，虚线表示构成关系）

图7-3 农业科技创新体系中农民专业合作社参与职能的影响因素

1. 技术创新资源

技术创新资源往往在很大程度上决定农业科技创新体系中农民专业合作社的参与职能。技术创新资源包括有形资源和无形资源，具体包括技术创新人力资源、技术创新资金资源、技术创新信息资源。

技术创新人力资源，尤其是中高级技术开发人员的缺乏直接影响着农业科技创新体系中农民专业合作社职能选择。农民专业合作社技术创新人才基础薄弱，信息缺乏。通过对农民专业合作社的案例分析发现，对于少量技术开发人员综合能力比较强的合作社，如丰城市恒衍鹌鹑养殖合作社、东台市民星蚕业合作社、三新蚕桑食用菌合作社等倾向于选择自主创新模式，而目前国内大部分农民专业合作社由于经济总量较小，对于人才的吸引力与大合作社比尚有一定的差距。具有一定技术创新人才的农民专业合作社往往采取与农业科研所、高校等进行合作开发，实行产学研合作方式。对于技术比较薄弱的农民专业合作社仍然只能采取技术引进等措施进行技术创新（罗建利和仲伟俊，2009）。

技术创新资金资源是决定农民专业合作社参与技术创新职能的关键因素。一般来说，农民专业合作社资金雄厚，就有机会吸引更多的技术创新人才投入到农业技术创新，更加能够抵御技术创新的风险性，提高技术创新的成功率。拥有丰富财务资源的农民专业合作社，具备一定的能力和资源建立自己的研发基地，为农民专业合作社进行产品的自主开发和合作开发创造了条件。因此，资金较为雄厚的农民专业合作社更有可能选择自主开发方式。如西班牙的蒙德拉贡合作社、荷兰合作社都建立起了自己的加工企业和新产品开发研究中心。目前我国大部分农民专业合作社刚刚处于起步阶段，资金缺乏，因此主要依靠技术引进进行技术创新。

信息资源，尤其是技术信息资源也是影响农民专业合作社技术创新参与职能的主要因素之一。由于技术创新存在较大的风险性和较高的创新成本，当市场上还不存在该技术时，农民专业合作社一般会选择合作开发。相反，如果技术市场上没有相似的技术，而又找不到相应的合作伙伴时，合作社倾向于选择自主开发。当技术市场上存在相应的成熟技术或相似技术，农民专业合作社倾向于选择技术引进，然后实施试验示范、技术培训和技术咨询等一系列参与职能。

2. 技术创新能力

技术创新资源能够影响农民专业合作社技术创新的参与职能,而技术创新能力则是决定农民专业合作社技术创新参与职能的直接因素。技术创新能力是农民专业合作社综合利用各种技术资源及其相关的其他资源,帮助农民专业合作社增强竞争力的能力。主要包括个人能力和组织能力,其中组织能力是由个人技术创新能力组成,而人力资源的积累状况直接影响合作社个人技术创新能力的高低。合作社仅仅有技术创新资源,还不能在农业科技创新体系中发挥相应的技术创新职能。农民专业合作社参与农业科技创新需要具备相应的技术创新能力。农户通过农民专业合作社以组织的形式汲取和整合技术创新资源,形成技术创新能力。如合作社利用组织平台,吸收政府和其他主体的资源,或聘请专家获取相应的技术信息、技术服务和新技术、新产品,将专家的技术资源内化为组织的技术能力。

例如,为了实施技术引进,农民专业合作社需要具备相应的技术选择能力、技术吸收能力等。农民专业合作社为了进行自主开发,合作社需要具备相应的自主开发能力,同时配备相应的技术创新人才、资金等。

3. 技术创新环境

农业科技创新体系中合作社的作用受到市场化程度、知识产权环境、市场结构、政府政策扶持等技术创新环境的影响。

市场化程度影响农民专业合作社技术创新参与职能的选择。目前我国农业技术创新刚刚起步,大部分成果属于公共部门创新,因此整个农业技术创新体系中缺乏创新成果的知识产权保护。农民专业合作社的技术创新成果得不到法律保护,合作社将没有动力进行相应的技术开发。因此,大部分合作社在农业科技创新体系中一般对外表现为与高校、农业科研院所合作,采取技术引进策略,对内表现为技术推广,进行试验示范、技术培训和咨询等职能。

政府公共政策支持是影响农民专业合作社技术创新参与职能的关键因素之一,有效的公共政策支持可以显著地调动合作社技术创新的积极性。政府部门通过农业科技入户工程、农技推广、农业标准化、农村信息网络、农业综合开发等建设项目等,扶持和帮助合作社参与农业科技创新活动。如很多城市通过下派农业领域的专家、学者亲临合作社进行指导、技术培训,为合作社实施技术引进提供了良好的引导作用。政府为了积极推进科研成果产业化,鼓励并引导科研院所、高校与合作社进行技术合作,进行产学研技术创新,在这种情况下,合作社往往更加倾向于和科研院所、高校进行合作创新。如临海市政府积极推进临海永丰鲜果合作社与浙江农林大学植保系和浙江农科院进行合作创新,开发特早熟无核蜜橘,积极发展大棚等新技术种植,提早果品上市时间,开发"不知火"特晚熟杂柑新品种。政府通过税收减免、贷款免息、创新基金优先资助、财政拨款等政策对合作社进行技术创新扶持。如三新蚕桑食用菌合作社受到常州市新北区"桑、菇、果、蔬、肥循环生产模式优化链节技术的研究与应用"的项目资助和常州市科技局 2004 年、2005 年下达的"珍稀食用菌高产配套技术示范推广"两个项目资助,通过自主开发,获得了一批具有自主知识产权的创新成果,制定了无公害珍稀菇两个企业标准,形成了三个高效生态循环生产模式,筛选了适宜桑木屑、蚕沙栽培的六个珍稀菇菌株、三个优良配方和一个珍稀菇高产优质新工艺。因此,如果政府的政策性扶持力度很大,能够在一定程度上激励合作社进行自主开发。

7.4 本章小结

本章针对目前农业科技创新体系中存在的主要问题,如创新主体和农户之间的技术供需矛盾、创新技术扩散缓慢和创新收益分配不均等,提出了将农民专业合作社纳入农业科技创新体系中,构建新型的农业科技创新体系。新型的农业科技创新体系从农业技术创新过程和农业技术创新主体两个维度构建了一个理论分析框架,明确了合作社在农业科技创新体系中的作用。

在此基础上,基于"会员逻辑"和"影响逻辑"理论,本书认为农民专业合作社促进农业科技创新的主要表现可以分为对内职能和对外职能。对内职能就是技术创新过程中农民专业合作社为社员所发挥的内部职能,包括自主开发、试验示范、技术培训和咨询,以及生产和营销方面发挥的作用。对外职能就是农民专业合作社与社员之外的机构,如政府、其他合作组织、农业企业、高校和科研院所、金融结构等合作时发挥的外部职能,以获取相应的外部创新资源,影响技术创新的公共政策。

最后,从资源、能力和环境三个维度探讨了农民专业合作社参与农业科技创新影响因素。技术创新资源是农民专业合作社参与农业科技创新能力的必要条件,而技术创新能力是对技术创新资源的控制和利用能力,即技术创新资源必须与技术创新能力相匹配,才能发挥技术创新参与的作用。同时,农民专业合作社参与农业科技创新受到技术创新环境的影响,技术创新环境影响农民专业合作社获得技术创新资源的难易程度和成本,同时决定技术创新资源条件下相应能力的形成。

参 考 文 献

英文：

[1] Adler P. Technology Strategy：A Guide to The Literatures[J]. Research on Technological Innovation，Management and Policy，1989，4：25-151.

[2] Andres R C. Multinationals，Linkages，and Economic Development[J]. The American Economic Review，1996，86(4)：852-873.

[3] Anselin L，Varga A and Zoltan Acs. Local Geographic Spillovers between University Research and High Technology Innovations[J]. Journal of Urban Economics，1997，42(3)：422-448.

[4] Aoki M. Toward an Economic Model of the Japanese Firm[J]. Journal of Economic Literature，1990，28(1)：1-27.

[5] Askildsen J E and Ireland N J. Human Capital，Property Rights，and Labour Managed Firms[J]. Oxford Economic Papers，1993，45(2)：229.

[6] Balasubramanyam V N，Salisu M and Sapsford D. Foreign Direct Investment and Growth in EP and is Countries[J]. The Economic Journal，1996，106 (434)：92-105.

[7] Baniak A A. Note on Comparative Statics for a Labor-managed Firm Engaged in Exporting[J]. Journal of Comparative Economics，2000，28(3)：619-625.

[8] Bartlett W and Cable J. Labor-managed Cooperatives and Private Firms in North Central Italy：An Empirical Comparison[J]. Industrial & Labor Relations Review，1992，46(1)：103-118.

[9] Basar T and Ho Y C. Informational Properties of the Nash Solutions of Two Stochastic Nonzero-sum Games[J]. Journal of Economic Theory，1974，7(4)：370-387.

[10] Ben-Ner A. Labor-managed and Participatory Firms：A Note[J]. Journal of Economic Issues，1984，18(4)：1189-1195.

[11] Bennett J，Estrin S and Hare P. Output and Exports in Transition Economies：A Labor-management Model[J]. Journal of Comparative Economics，1999，27(2)：295-317.

[12] Bhagwati J N and Grossman G M. Essays in Development Economics：

Dependence and Interdependence[M]. Mit Press,1985.

[13] Blomström M. Foreign Investment and Productive Efficiency：The Case of Mexico[J]. The Journal of Industrial Economics,1986,35(1):97-110.

[14] Bloom N，Bond S and Reenen J V. Uncertainty and Investment Dynamics [J]. Review of Economic Studies,2007,74(2):391-415.

[15] Bloom N，Bond S and Reenen J V. Uncertainty and the Dynamics of R&D [J]. American Economic Review,2007,97(2):250-255.

[16] Bonin J P，Jones D C and Putterman L. Theoretical and Empirical Studies of Producer Cooperatives：Will Ever the Twain Meet?，American Economic Association,1993,31:1290-1320.

[17] Bonin J P. Innovation in a Labor-managed Firm：A Membership Perspective [J]. Journal of Industrial Economics,1983,31(3):313-329.

[18] Bradley K，Estrin S and Taylor S. Employee Ownership and Company Performance[J]. Industrial Relations ：A Journal of Economy & Society，1990,29(3):385-402.

[19] Brander J A and Spencer B J. Strategic Commitment with R&D：The Symmetric Case[J]. The Bell Journal of Economics,1983,14(1):225-235.

[20] Caves R E. Multinational Firms，Competition，and Productivity in Host-Country Markets[J]. Economica,1974,41(162):176-193.

[21] Cellini R and Lambertini L. Workers' Enterprises Are Not Perverse：Differential Oligopoly Games with Sticky Price[J]. Review of Economic Design,2006,10(3):233-248.

[22] Chakrabarti A K and Weisenfeld U. Marketing and R&D Strategies for Biotechnology Firms in the USA[J]. Technology Analysis and Strategic Management,1989,1(4):357-367.

[23] Chan P S and Heide D. Strategic Alliances In Technology：Key Competitive Weapon[J]. Sam Advanced Management,1993,58(4):9-17.

[24] Chiesa V and Manzini R. Organizing for Technological Collaborations：A Managerial Perspective[J]. R&D management,1998,28(3):199-212.

[25] Cho D H and Yu P I. Influential Factors in the Choice of Technology Acquisition Mode：An Empirical Analysis of Small and Medium Size Firms in the Korean Telecommunication Industry[J]. Technovation, 2000, 20(12):691-704.

[26] Choi H G and Ahn J. Risk Analysis Models and Risk Degree Determination in new Product Development：A Case Study[J]. Journal of Engineering and Technology Management,2010,27(1-2):110-124.

[27] Clarke R N. Collusion and the Incentives for Information Sharing[J]. Bell Journal of Economics,1983,14(2):383-394.

[28] Cockburn I M and Henderson R M. Absorptive Capacity，Coauthoring Behavior，and the Organization of Research in Drug Discovery [J]. The Journal of Industrial Economics,1998,46(2):157-182.

[29] Cohen W M and Levinthal D A. Absorptive Capacity：A New Perspective on Learning and Innovation[J]. Administrative Science Quarterly,1990,35 (1):128-152.

[30] Cohen W M and Levinthal D A. Innovation and Learning：The Two Faces of R&D[J]. The Economic Journal,1989,99(397):569-596.

[31] Craig B and Pencavel J. The Behavior of Worker Cooperatives：The Plywood Companies of the Pacific Northwest[J]. The American Economic Review,1992,82(5):1083-1105.

[32] Cremer H and Cremer J. Duopoly with Employee-controlled and Profit-maximizing Firms：Bertrand vs Cournot Competition [J]. Journal of Comparative Economics,1992,16(2):241-258.

[33] D'Aspremont C and Jacquemin A. Cooperative and Noncooperative R&D in Duopoly with Spillovers [J]. The American Economic Review,1988,78(5): 1133-1137.

[34] Dixit A. The Role of Investment in Entry-Deterrence [J]. Economic Journal,1980,90(357):95-106.

[35] Domar E D. The Soviet Collective Farm as a Producer Cooperative[J]. American Economic Review,1967,57(1):734-757.

[36] Dow G K and Skillman G L. Collective choice and control rights in firms [J]. Journal of Public Economic Theory,2007,9(1):107-125.

[37] Dow G K. Governing the Firm：Workers' Control in Theory and Practice [J]. Cambridge：Cambridge University Press,2003.

[38] Drivas K and Giannakas K. Agricultural Cooperatives and Quality-Enhancing R&D in the Agri-food System，European Association of Agricultural Economists,2006.

[39] Drivas K and Giannakas K. The Effect Of Marketing Cooperatives On Cost-Reducing Process Innovation Activity[J]. American Agricultural Economics Association（New Name 2008：Agricultural and Applied Economics Association）,2007.

[40] Dunning J H and Lundan S M. Multinational Enterprises and the Global Economy[M]. Cheltenham，Edward Elgar,2008.

[41] Estrin S. The Role of Producer Co-operatives in Employment Creation[J]. Economic Analysis and Workers Management,1985,19(4):345-384.

[42] Fehr E and Sertel M R. Two Forms of Workers' Enterprises Facing Imperfect Labor Markets[J]. Economics Letters,1993,41(2):121-127.

[43] Fronzaglia T, Guedes V G F and Santos E. The Role of Agricultural Cooperatives Interaction with Public Research on the Innovation Process [J]. Encontro de Pesquisadores Latino-americanos de Cooperativismo,2008: 1-21.

[44] Furubotn E G. The Long-Run Analysis of the Labor-managed Firm: An Alternative Interpretation[J]. American Economic Review,1976,66(1): 104-123.

[45] Futagami K and Okamura M. Strategic Investment: The Labor-managed Firm and the Profit-maximizing Firm [J]. Journal of Comparative Economics,1996,23(1):73-91.

[46] Gal-Or E. Information Transmission-Cournot and Bertrand Equilibria[J]. Review of Economic Studies,1986,53(1):85-92.

[47] Gandolfo G. Mathematical methods and models in economic dynamics[M]. Amsterdam, North-Holland Pub. Co 1971.

[48] Garino G. Governing the Firm: Workers' Control in Theory and Practice [J]. The Economic Journal,2004,114(11):555-556.

[49] George G, Zahra S A, Wheatley K K and Khan R. The effects of alliance portfolio characteristics and absorptive capacity on performance - A study of biotechnology firms [J]. Journal of High Technology Management Research,2001:205-226.

[50] Gerlach H A, Rønde T and Stahl K O. Project Choice and Risk in R&D[J]. Journal of Industrial Economics,2005,53(1):53-81.

[51] Giannakas K and Murray E, Fulton M. Agricultural Cooperatives And Cost-Reducing R&D In The Agri-Food System, American Agricultural Economics Association (New Name 2008: Agricultural and Applied Economics Association),2003.

[52] Gilbert R and Shapiro C. Optimal Patent Length and Breadth[J]. The RAND Journal of Economics,1990,21(1):106-112.

[53] Goel R K and Haruna S. Cooperative and Noncooperative R&D with Spillovers: The Case of Labor-managed firms[J]. Economic Systems,2007, 31(4):423-440.

[54] Goel R K. Economic Models of Technological Change: Theory and

Application[M]. Westport, CT, Quorum Books,1999.

[55] Goldsmith P D and Sporleder T L. Analyzing Foreign Direct Investment Decisions by Food and everage Firms: An Empirical Model of Transaction Theory[J]. Canadian Journal of Agricultural Economics/Revue canadienne d'agroeconomie,1998,46(3):329-346.

[56] Goyal S and Moraga-Gonzalez J L. R&D Networks[J]. Rand Journal of Economics,2001:686-707.

[57] Grenadier S R and Weiss A M. Investment in technological innovations: An option pricing approach[J]. Journal of Financial Economics,1997,44(3): 397-416.

[58] Griliches Z. The Search for R&D Spillovers [C]. National Bureau of Economic Research Inc. ,1998:251-268.

[59] Grunfeld L A. Meet Me Halfway But Don't Rush: Absorptive Capacity and Strategic R&D Investment Revisited [J]. International Journal of Industrial Organization,2003,21(8):1091-1109.

[60] Gunn C. Plywood Co-operatives in the United States: An Endangered Species[J]. Economic and Industrial Democracy,1992,13(4):525-534.

[61] Hagedoorn J, Link A N and Vonortas N S. Research partnerships[J]. Research Policy,2000,29(4-5):567-586.

[62] Hashimoto M and Raisian J. Employment Tenure and Earnings Profiles in Japan and the United States[J]. American Economic Review,1985,75(4): 721-735.

[63] Horowitz I. On the Effects of Cournot Rivalry between Entrepreneurial and Cooperative Firms[J]. Journal of Comparative Economics,1991,15(1):115-121.

[64] Hussain S A. A Markov Nash R&D Race with Innovation Uncertainty and Timing Uncertainty[J]. SSRN eLibrary,2006.

[65] Hussain S A. A R&D Race with Dual Uncertainties: Technical (In) Feasibility and Timing of Innovation, EconWPA,2005.

[66] Hussain S A. An R&D Race with Uncertain Technical Feasibility and Timing of Innovation[M], ATINER,2007.

[67] Hwang H, Lin Y S and Mai C C. On the Optimal Production and Location of a Labor-managed Firm[J]. Annals of Regional Science,2001,35(2):217.

[68] Hwang H, Yen-shu L and Chao-cheng M. Optimum Tariff on Imports from Imperfectly Competitive Labor-managed Firms[J]. Managerial & Decision Economics,1993,14(5):469-474.

[69] Ichiishi T. Coalition Structure in a Labor-managed Market Economy[J]. Econometrica,1977,45(2):341-360.

[70] Imai K and Komiya R. Business Enterprise in Japan: Views of Leading Japanese Economists[M], The MIT Press,1994.

[71] Jaffe A. The Importance of "Spillovers" in the Policy Mission of the Advanced Technology Program[J]. The Journal of Technology Transfer, 1998,23(2):11-19.

[72] Jensen M C and Meckling W H. Rights and Production Functions: An Application to Labor-managed Firms and Codetermination[J]. Journal of Business,1979,52(4):469-506.

[73] Joshi S and Smith S C. Endogenous formation of coops and cooperative leagues[J]. Journal of Economic Behavior & Organization,2008,68(1):217-233.

[74] Kamien M I and Zang I. Meet Me Halfway: Research Joint Ventures and Absorptive Capacity[J]. International Journal of Industrial Organization, 2000,18(7):995-1012.

[75] Katz E. The Optimal Location of the Competitive Firm under Price Uncertainty[J]. Journal of Urban Economics,1984,16(1):65-75.

[76] Klette T J, MOEN J and Griliches Z. Do Subsidies to Commercial R&D Reduce Market Failures? Microeconometric Evaluation Studies [J]. Research Policy,2000,29(4):471-495.

[77] Kokko A. Productivity Spillovers from Competition between Local Firms and Foreign Affiliates[J]. Journal of International Development, 1996, 8 (4):517-530.

[78] Kokko A. Technology, Market Characteristics, and Spillovers[J]. Journal of Development Economics,1994,43(2):279-293.

[79] Komiya R. Japanese Firms, Chinese Firms: Problems for Economic Reform in China Part [J]. Journal of the Japanese and International Economies, 1987,1(1):31-61.

[80] Kosová R. Do Foreign Firms Crowd Out Domestic Firms? Evidence from the Czech Republic[J]. The Review of Economics and Statistics,2010,92 (4):861-881.

[81] Kvakkestad V. Institutions and the R&D of GM-crops[J]. Ecological Economics,2009,68(10):2688-2695.

[82] Laffont J J and Moreaun M. Large-Market Cournot Equilibria in Labour-Managed Economies[J]. Economica,1985,52(206):153-165.

[83] Laffont J J and Moreaun M. The Nonexistence of a Free Entry Cournot Equilibrium in Labor-managed Economies[J]. Econometrica,1983,51(2): 455-462.

[84] Lake A W. Technology Creation and Technology Transfer by Multinational Firms[J]. The Economic Effects of Multinational Corporations,1979,1: 137-187.

[85] Lall S. Multinationals, Technology and Exports[M]. London, Palgrave Macmillan UK,1985.

[86] Lall S. Vertical Inter-Firm Linkages in LDCs: An Empirical Study[J]. Oxford Bulletin of Economics and Statistics,1980,42(3):203-226.

[87] Lambertini L. Process Innovation and the Persistence of Monopoly with Labour-managed Firms[J]. Review of Economic Design,1998,3(4): 359-369.

[88] Lambertini L. Spatial Competition with Profit-maximizing and Labour-managed Firms[J]. Papers in Regional Science,2001,80(4):499-507.

[89] Lane P J, Koka B R and Pathak S. The Reification of Absorptive Capacity: A Critical Review and Rejuvenation of the Construct[J]. Academy of Management Review,2006,31(4):833-863.

[90] Leahy D and Neary J P. Absorptive Capacity, R&D Spillovers, and Public Policy[J]. International Journal of Industrial Organization,2007,25(5): 1089-1108.

[91] Linsu K. Imitation to Innovation: the Dynamics of Korea's Technological Learning[M]. Boston, Harvard Business School Press,1997.

[92] Mai C C and Hwang H. Export Subsidies and Oligopolistic Rivalry between Labor-managed and Capitalist Economies[J]. Journal of Comparative Economics,1989,13(3):473-480.

[93] Mansfield E and Romeo A. Technology Transfer to Overseas Subsidiaries by U. S. Based Firms[J]. The Quarterly Journal of Economics,1980,95 (4):737-750.

[94] Markusen J R and Venables A J. Multinational Firms and The New Trade Theory[J]. National Bureau of Economic Research Working Paper Series, 1995,No. 5036.

[95] Meade J E. Labour-Managed Firms in Conditions of Imperfect Competition [J]. Economic Journal,1974,84(336):817-824.

[96] Meade J E. The Theory of Labour-Managed Firms and of Profit-sharing[J]. Economic Journal,1972,82(325):402-428.

［97］ Menke J D and Buxton D C. The Origin and History of the ESOP and Its Future Role as a Business Succession Tool［J］. Journal of Financial Service Professionals,2010,64(3).

［98］ Nagarajan A and Mitchell W. Evolutionary Diffusion: Internal and External Methods Used to Acquire Encompassing, Complementary, and Incremental Technological Changes in the Lithotripsy Industry［J］. Strategic Management Journal,1998,19(11):1063-1077.

［99］ Nakamura T. Seniority-Wage System and the Growth of a Labor-managed Firm［J］. Journal of Comparative Economics,2000,28(3):606.

［100］ Narayanan S and Wah L Y. Technological Maturity and Development without Research: The Challenge for Malaysian Manufacturing［J］. Development and Change,2000,31(2):435-457.

［101］ Neary H M and Ulph D. Strategic Investment and the Co-existence of Labour-Managed and Profit-maximizing firms［J］. Canadian Journal of Economics,1997,30(2):308-328.

［102］ Neary H M. The Labour-Managed Firm in Monopolistic Competition［J］. Economica,1985,52(208):435-447.

［103］ Nicholls-Nixon C L and Woo C Y. Technology Sourcing and Output of Established Firms in a Regime of Encompassing Technological Change［J］. Strategic Management Journal,2003,24(7):651-666.

［104］ Nonaka I and Takeuchi H. The Knowledge-Creating Company: How Japanese Companies Create the Dynamics of Innovation［M］. New York, Oxford University Press,1995.

［105］ Novshek W and Sonnenschein H. Fulfilled Expectations Cournot Duopoly with Information Acquisition and Release［J］. Bell Journal of Economics, 1982,13(1):214-218.

［106］ Ohnishi K. A Mixed Duopoly with a Lifetime Employment Contract As a Strategic Commitment［J］. FinanzArchiv: Public Finance Analysis,2006, 62(1):108-123.

［107］ Ohnishi K. Capacity Investment and Mixed Duopoly with State-Owned and Labor-managed Firms［J］. Annals of Economics and Finance,2009,10(1): 49-64.

［108］ Ohnishi K. Lifetime Employment Contract and Reaction Functions of Profit-maximizing and Labor-managed Firms［J］. Research in Economics,2010.

［109］ Ohnishi K. Strategic Commitment and Cournot Competition with Labor-managed and Profit-maximizing Firms[J]. Research in Economics,2008a, 62(4):188-196.

[110] Ohnishi K. Strategic Commitment and International Mixed Competition with Domestic State-owned and Foreign Labor-managed Firms [J]. FinanzArchiv: Public Finance Analysis,2008b,64(4):458-472.

[111] Ohnishi K. Strategic Investment In A New Mixed Market With Labor-managed and Profit-maximizing Firms[J]. Metroeconomica,2008c,59(4): 594-607.

[112] Okuguchi K. Comparative Statics for Profit-maximizing and Labor-managed Cournot Oligopolies [J]. Managerial & Decision Economics, 1993,14(5):433-444.

[113] Okuguchi K. Labor-managed and Capitalistic Firms in International Duopoly: The Effects of Export subsidy [J]. Journal of Comparative Economics,1991,15(3):476-484.

[114] Okuguchi K. Labor-managed Bertrand and Cournot Oligopolies [J]. Journal of Economics,1986,46(2):115-122.

[115] Okuguchi K. Labor-managed Cournot Oligopoly with Product Differentiation[J]. Journal of Economics,1992,56(2):197-208.

[116] Olofsdotter K. Foreign Direct Investment, Country Capabilities and Economic Growth [J]. Weltwirtschaftliches Archiv, 1998, 134 (3): 534-547.

[117] Ozawa T. Foreign Direct Investment and Economic Development [J]. Transnational Corporations,1992,1(1):27-54.

[118] Pack H. Exports and Externalities: The Sources of Taiwanese Growth [M]. Mimeo, Rodriguez-Clare,1993.

[119] Pejovich S. Why Has the Labor-managed Firm Failed[J]. CATO Journal, 1992,12(2):461.

[120] Ponssard J P. The Strategic Role of Information on the Demand Function in an Oligopolistic Market[J]. Management Science,1979,25(3):243-250.

[121] Reinhilde V and Cassiman B. Make and Buy in Innovation Strategies: Evidence from Belgian. Manufacturing Firms[J]. Research Policy,1999, 28(1):63-80.

[122] Richard J S and Terri A S. Cooperatives as Entrants[J]. RAND Journal of Economics,1987,18(4):581-595.

[123] Roijakkers N and Hagedoorn J. Inter-firm R&D Partnering in Pharmaceutical Biotechnology since 1975: Trends, Patterns, and

Networks[J]. Research Policy,2006,35(3):431-446.

[124] Sakai Y and Yamato T. Oligopoly, Information and Welfare[J]. Journal of Economics,1989,49(1):3-24.

[125] Sakai Y. Cournot and Bertrand Equilibria Under Imperfect Information [J]. Journal of Economics,1986,46(3):213-232.

[126] Sakai Y. The Role of Information in Profit-maximizing and Labor-managed Duopoly Models[J]. Managerial & Decision Economics,1993,14(5): 419-432.

[127] Sakai Y. The Value of Information in a Simple Duopoly Model[J]. Journal of Economic Theory,1985,36(1):36-54.

[128] Sapir A. A Growth Model for a Tenured-labor-managed Firm [J]. Quarterly Journal of Economics,1980,95(3):387-402.

[129] Sapir A. A Growth Model for a Tenured-labor-managed Firm: Reply[J]. Quarterly Journal of Economics,1983,98(3):543-543.

[130] Sertel M R and Toros O. Equivalence and Stability Results for Two Forms of Workers' Enterprise Facing Imperfect Labor Markets[J]. Journal of Comparative Economics,1999,27(2):319-333.

[131] Shoji H. A Note on Holding Excess Capacity to Deter Entry in a Labour-managed Industry [J]. Canadian Journal of Economics, 1996, 29 (2): 493-499.

[132] Sibille H. Les Cooperatives Ouvrieres de production: en France et dans la CEE[M], La Documentation francaise,1982.

[133] Solomon J. The Role of Technology Strategy in the Evolution of Competitive Advantage in Successful New Zealand Firms[D]. Master, Victoria University of Wellington,2001.

[134] Spinnewyn F and Svejnar J. Optimal Membership, Employment, and Income Distribution in Unionized and Labor-managed Firms[J]. Journal of Labor Economics,1990,8(3):317.

[135] Steensma H K and Corley K G. On the Performance of Technology-sourcing Partnerships: The Interaction between Partner Interdependence and Technology Attributes[J]. The Academy of Management Journal, 2000,43(6):1045-1067.

[136] Steensma H K and Fairbank J F. Internalizing External Technology: A Model of Governance Mode Choice and an Empirical Assessment[J]. The Journal of High Technology Management Research,1999,10(1):1-35.

[137] Stewart G. Strategic Entry Interactions Involving Profit-maximizing and

Labour-managed Firms[J]. Oxford Economic,1991,43(3):570-583.

[138] Todorova G and Durisin B. Absorptive Capacity: Valuing a Reconceptualization[J]. Academy of Management Review,2007,32(3): 774-786.

[139] Tortia E. Temporal Horizon and Capital Maintenance Requirement in Labour Managed Firms. The Role of Equity, Loan Financing and Divisible Reserves[M],2001.

[140] Tortia E. The Accumulation of Capital in Labour-managed Firms: Divisible Reserves and Bonds[J]. Corporate Ownership & Control,2005,2 (3):19-27.

[141] Vanek J. The General Theory of Labor-managed Market Economies[M]. Ithaca, Cornell University Press,1970.

[142] Villalonga B and McGahan A M. The Choice among Acquisitions, Alliances, and Divestitures[J]. Strategic Management Journal,2005,26 (13):1183-1208.

[143] Vives X. Duopoly Information Equilibrium: Cournot and Bertrand[J]. Journal of Economic Theory,1984,34(1):71-94.

[144] Vrande V, Lemmens C and Vanhaverbeke W. Choosing Governance Modes for External Technology Sourcing[J]. R&D Management,2006,36 (3):347-364.

[145] Wanyama F O. Co-operatives and the Sustainable Development Goals, 2014:1-16.

[146] Ward B. The Firm in Illyria: Market Syndicalism [J]. The American Economic Review,1958,48(4):566-589.

[147] Wei L. A Tale of Two Reforms[J]. Rand Journal of Economics,1999,30 (1):120-136.

[148] Whyte W F and Whyte K K. Making Mondragon: The growth and dynamics of the worker cooperative complex[M], Cornell University Press,1991.

[149] Wiethaus L. Absorptive capacity and connectedness: Why competing firms also adopt identical R&D approaches [J]. International Journal of Industrial Organization,2005,23(5-6):467-481.

[150] Yeung-Nan S. Location and Output of the Labor-managed Firm under Price Discrimination[J]. Annals of Regional Science,2005,39(1):55-62.

[151] Yin R K. Applications of Case Study Research[M], SAGE Publications, Inc,2012.

[152] Yin R K. Case Study Research：Design and Methods［M］. Thousand Oaks，CA，SAGE Publications,2013.

[153] Zafiris N. Appropriability Rules，Capital Maintenance，and the Efficiency of Cooperative Investment[J]. Journal of Comparative Economics,1982,6 (1):55-74.

[154] Zahra S and George G. Absorptive Capacity：A Review，Reconceptualization，and Extension ［J］. Academy of Management Review,2002,27(2):185-203.

[155] Zhang, J. Holding Excess Capacity to Deter Entry in a Labour-Managed Industry[J]. Canadian Journal of Economics,1993,26(1):222-234.

[156] Zhao H，Tong X，Wong P K and Zhu J. Types of Technology Sourcing and Innovation Capability：An Exploratory Study of Singapore Manufacturing Firms ［J］. Journal of High Technology Management Research,2005,16(2):209-224.

中文：

[1] 埃弗里特·M.罗吉斯和伯尔·J.伯德格.乡村社会变迁[M],浙江人民出版社,1988.

[2] 曾德明,方放,周青和朱丹.混合研发形式下的企业投资决策[J].系统管理学报,2006(6):524-527.

[3] 陈晓枫.技术溢出效应的产生及影响因素[J].福州大学学报(社会科学版)1999,13(2):23-27.

[4] 陈晓枫.以研究开发力度提高技术引进的有效性——论企业技术引进与研究开发[J].福州大学学报(社会科学版),1997(4):35-38.

[5] 刁天华.我国制药企业技术创新战略选择问题探讨［D].军事医学科学院,2007.

[6] 董雪兵和王争.R&D风险、创新环境与软件最优专利期限研究[J].经济研究,2007(9):112-120.

[7] 杜健.基于产业技术创新的FDI溢出机制研究[D].杭州:浙江大学,2006.

[8] 高金德.现阶段我国企业技术创新与创新战略模式的选择问题[J].科技管理研究,2001(3):19-23.

[9] 高山行,徐凯和李凌.技术溢出度量述评[J].科学学与科学技术管理,2007,(6):61-66.

[10] 龚春红.丹麦农业创新体系特点及对我国的启示[J].农业经济,2006(8):41-42.

[11] 谷兴荣和姚启明.农村新技术推广的风险共担模式探讨[J].科技与经济,

2009,22(2):51-54.

[12] 国鲁来.农业技术创新中的农民专业协会分析[J].古今农业,2003(2):10-20.

[13] 国鲁来.农业技术创新诱致的组织制度创新——农民专业协会在农业公共技术创新体系建设中的作用[J].中国农村观察,2003(5):24-31.

[14] 韩俊,秦中春,张云华和罗丹.我国农民合作经济组织发展的现状与面临的问题[J].调查研究报告,2006,144:1-21.

[15] 何健维.劳动共营厂商与利润极大化厂商间之国际竞争:R&D补贴政策分析[D].台湾嘉义:台湾中正大学,1982.

[16] 胡耀辉.探析不确定性对企业技术创新联盟的影响及应对之策[J].科技进步与对策,2007,24(6):90-93.

[17] 季敏.国外员工持股制及其对我国的主要启示[J].上海改革,2001(6):49-53.

[18] 简浩羽.网络外部性下的利润厂商与共营厂商竞争分析[D].台湾桃园:台湾中央大学,1996.

[19] 孔祥智.统和分的辩证法——福建省集体林权制度改革与合作经济组织发展[M].北京:中国人民大学出版社,2008.

[20] 孔祥智.中国三农前景报告[M].北京:中国时代经济出版社,2005.

[21] 拉坦.诱致性制度变迁理论.财产权利与制度变迁[M].上海:上海三联书店,1991.

[22] 赖明勇和包群.我国外商直接投资吸收能力研究[J].南开经济研究,2002(3):45-50.

[23] 李笠农.集体所有制、合作制和股份合作制的比较研究[J].经济经纬,2000(3):6-11.

[24] 李平和顾新一.R&D项目进度费用风险优化的研究[J].管理工程学报,2006,20(2):14-18.

[25] 李强和曾勇.不确定环境下企业技术创新投融资决策研究[J].系统工程理论与实践,2005,25(3):32-38.

[26] 李先德和孙致陆.法国农业合作社发展及其对中国的启示[J].农业经济与管理,2014(2):32-40,52.

[27] 李中华和高强.以合作社为载体创新农业技术推广体系建设[J].青岛农业大学学报(社会科学版),2009(4):12-16.

[28] 林燕淑,麦朝成和黄鸿.共营厂商之最适区位与最适产量[J]."中央研究"院经济研究所《经济论文》,1992,20(2):505-524.

[29] 林燕淑.不完全竞争共营厂商之理论与应用[M].台北:台湾研究院经济研究所,1991.

[30] 刘常勇和谢洪明.企业知识吸收能力的主要影响因素[J].科学学研究,2003,21(3):307-310.

[31] 刘国平.关于南斯拉夫社会主义自治制度的基本经验和值得研究的几个问题 [J].苏联东欧问题,1981(3):39-43.

[32] 刘向华和李楚霖.不确定竞争市场的 R&D 投资决策分析[J].经济数学, 2004,21(1):10-15.

[33] 罗建利和仲伟俊.共营企业和利润最大化企业的 R&D 战略互动[J].系统工 程学报,2010,25(5):666-674.

[34] 罗建利和仲伟俊.合作社的技术创新模式选择问题研究[J].中国科技论坛, 2009(10):125-129.

[35] 罗杰斯和伯德格.乡村社会变迁[M].杭州:浙江人民出版社,1988.

[36] 马家喜.企业技术获取模式选择及能力提升路径研究[D].南京:东南大 学,2010.

[37] 梅姝娥.技术创新模式选择问题研究[J].东南大学学报(哲学社会科学版), 2008,10(3):20-24.

[38] 欧继中和张晓红.合作社助推荷兰农业腾飞[J].农村经营管理,2011(6).

[39] 潘代红.农村专业技术协会发展探讨[C].第四届云南省科学技术论坛论文 集,2009.

[40] 施姵全.最适出口补贴:共营厂商与利润极大[C].台北:台大经济系贸易研讨 会,2007.

[41] 首藤信彦.超越国际技术联合[J].世界经济评论,1993(8):25-27.

[42] 速水佑次郎和拉坦.农业发展的国际分析[M].北京:中国社会科学出版 社,2000.

[43] 索贵彬和赵国杰.基于灰色可拓物元模型的企业技术创新风险度量研究[J]. 科学管理研究,2008,26(1):14-17.

[44] 唐清泉和甄丽明.透视技术创新投入的机理与影响因素:一个文献综述[J]. 科学学与科学技术管理,2009,30(11):75-80.

[45] 王爱芝.强化农民专业合作社的农业科技创新职能[J].上海集体经济,2010 (3):22-23.

[46] 尉小雁.强化跨国公司技术溢出效应[J].商业时代,2004(27):55-56.

[47] 翁君奕.竞争、不确定性与企业间技术创新合作[J].经济研究,2002(3): 53-60.

[48] 吴晓波和陈颖.基于吸收能力的研发模式选择的实证研究[J].科学学研究, 2010,28(11):1722-1730.

[49] 吴永忠.论技术创新的不确定性[J].自然辩证法研究,2002,18(6):37-40.

[50] 夏英.国外"农合社"推广科技成果的启示[J].中国农村科技,2007(5):50-51.

[51] 徐怀伏.技术创新溢出的制度分析[D].南京:南京农业大学,2007.

[52] 徐旭初.中国农民专业合作经济组织的制度分析[M].北京:经济科学出版

社,2005.

[53] 杨瑞龙.企业理论:现代观点[M].北京:中国人民大学出版社,2005.

[54] 杨瑞龙和卢周来.对劳动管理型企业的经济学研究:一个方法论的述评[J].
中国社会科学,2005(2):48-56.

[55] 杨学义.中国引进技术的消化吸收论析[J].重庆商学院学报,2001(6):16-18.

[56] 应永胜.美国的薪金制度——企业薪资管理知识[J].福建商业高等专科学校
学报,2002(2):28-29.

[57] 于秋芳.战后日本农协发展史研究[D].南京:南京农业大学,2009.

[58] 于珍和杨蕙馨.技术溢出对技术创新的影响与测量研究[J].山东大学学报
(哲学社会科学版),2007(2):90-95.

[59] 郁建兴,沈永东和吴逊.行业协会促进产业升级的作用类型及其实现机
制——一项多案例的研究[J].浙江大学学报(人文社会科学版),2011,41
(6):23-34.

[60] 张化尧,万迪昉,袁安府和史小坤.基于创新外溢性与不确定性的企业 R&D
行为分析[J].管理工程学报,2005,19(1):60-64.

[61] 张理.双寡头在需求不确定条件下研发(R&D)投资策略的实物期权博弈
[D].武汉:华中科技大学,2004.

[62] 张木生.美国新一代合作社的特征、绩效及问题分析[J].现代农业装备,2006
(6):35-38.

[63] 张晓红,欧继中.荷兰和日本农业合作组织模式比较与启示[J].中州学刊,
2009(5):76-78.

[64] 赵玻.美国新一代合作社:组织特征、优势及绩效[J].农业经济问题,2007
(11):99-103.

[65] 赵国杰,吴连玉和郭春丽.农民专业技术协会技术创新扩散调查研究——以
河间国欣农研会为例[J].中国农机化,2009(6):104-107.

[66] 仲伟俊.公共产品创新问题研究[J].东南大学学报(哲学社会科学版),2008,
10(3):13-19.

[67] 仲伟俊和梅姝娥.企业技术创新管理理论与方法[M].北京:科学出版
社,2009.

[68] 周志红.美国员工持股制度对我国的启示[J].高科技与产业化,2006(6):
36-38.

[69] 朱彬钰.集群企业资源获取、吸收能力与技术创新绩效——珠三角传统产业
集群中的企业研究[J].科技进步与对策,2009,26(10):85-90.

[70] 左大培.世界市场经济概论[M].北京:中国社会科学出版社,2009.

图索引

表索引

关键词索引

后 记

本书是在我的博士学位论文基础上修改完成的,是我倾注大量心血完成的第一部独立专著。本书的写作过程见证了我的学术探索和成长过程。它的完成和出版也可谓我的学术生涯中的一个标志性事件！其间,既经历了获得博士学位、发表重要学术论文和课题立项的兴奋和喜悦,也经历了许多学术和生活中的挫折、忐忑、动摇。经过近二十年的学习和磨砺,我从本科应用数学专业转到硕士的计算机应用技术专业,再到博士期间的管理学科与工程,最后在博士后期间转到农林经济管理,我已经从懵懂、迷茫,转变到略有几分稳重成熟和理智了;从一个学术研究的门外汉、初学者,开始向一个真正的研究者转变,真正享受交叉学科的丰富多彩！

2007年,我有幸进入东南大学经济管理学院攻读管理科学与工程博士学位,接受了系统的管理学理论的训练。在东南大学四年的学习生活中,导师仲伟俊教授为我创造了一个非常宽松、自由的学习环境,提供了更多的学术交流与科研机会,使我能够完全按照自己的兴趣进行选题和学位论文写作。从本书题目的确定到框架的构建,直至正文的写作,无不倾注着导师仲伟俊教授的大量心血。导师组梅姝娥教授和张玉林教授也给予很多教诲和指导,尤其是攻读博士学位期间的每一次例会上都提出了建设性建议,使我收益甚深。借此机会我再次表达诚挚的谢意和崇高的敬意。博士期间,在课题组的交流中,马家喜、王念新、吴金南、谢翠华、鲁芳、翁丽、熊强、李治文、谢刚、谢园园等同学给了我很多启发,在此表示感谢。

本书的后续研究和大量修改工作是在浙江大学中国农村发展研究中心(CARD)做博士后期间完成的,倾注了我的指导老师郭红东教授的大量心血。他的悉心指导,使本书的研究深度和我个人的学术能力均有了很大提升。郭老师渊博的学识、严谨的治学理念、风趣而乐观的生活态度、高尚的人格魅力使我由衷地敬佩感动,并深受感染。郭老师还一直关心着我今后的发展方向和成长。同时,博士后期间CARD中心黄祖辉教授的指点迷津总能给我带来豁然开朗的感觉,不由体验到"众里寻他千百度,蓦然回首,那人却在,灯火阑珊处"的意境。在浙江大学度过博士后生涯乃是我人生的最大幸事。

在本书的写作的后期阶段,我在英国Exeter大学进行为期一年的访问学者生涯。在访学期间,感谢Exeter大学商学院导师贾甫博士的安排和帮助。一年的海外访学生涯,贾甫博士在生活上给予我细心的照顾和帮助,在学术上给予我建设性的建议与指导,尤其是在案例研究方法上,通过合作撰写论文,一步一步让我掌握案例研究方法的精髓。感谢 Exeter 大学商学院 Adrian Bailey 博士、博士生龚宇和董昊同学、硕士生万粒同学,以及 Sheffield 大学博士生孙蕙等在生活上和学术上给予我的帮助,与他们的相处充实而快乐。温州大学硕士研究生郑阳阳、邱春晓等两位同学承担了大量的户外调查和资料收集工作,尤其是郑阳阳同学在本书的撰写过程中,负责了大量的文字性工作。感谢浙江大学出版社的编辑对本书的出版付出的辛勤努力。感谢温州大学的领导对我攻读博士、从事博士后工作以及出国访学的支持和帮助,以及温州大学各位同事,在生活中给予我的帮助与鼓励。尤其是温州大学商学院院长,给我提供了大量的调研机会,同时在书稿写作中提出了很多有建设性的建议。笔者在研究过程中,获得了国家自然科学基金青年科学基金项目(71203161),教育部人文社会科学研究青年基金项目(11YJCZH121),浙江省哲学社会科学规划课题(15NDJC100YB)和中国博士后科学基金资助项目(2013M530287)等资助,使我能够在博士学位论文的基础上进行深入研究。

江苏省科技厅提供了江苏省科技型农民专业合作社的大量资料。温州市政协、人大对本项目的进行十分关注,他们为笔者安排了对温州瑞安市马屿、梅屿等乡镇合作社的情况进行专题调研,还专门安排笔者到浙江省台州市进行专题调研,并对临海市涌泉"忘不了"农民专业合作社的建设情况进行了实地访谈。同时,课题在研究过程中,得到了很多合作社管理人员的帮助和支持,尤其是丰城市恒衍鹌鹑养殖合作社、乐清市鑫欣葡萄专业合作社、吴江市梅堰欣农蚕业专业合作社、嘉兴市绿江葡萄专业合作社、平阳雪雁蘑菇专业合作社(前任管理人员)、旗海海产品专业合作社、杭州广通植保防治服务专业合作社、溧阳市天目湖伍员春茶果专业合作社等合作社社长和相关管理人员、技术人员提供了大量的数据资料。本研究凝聚着他们的智慧和汗水。

最后衷心地感谢我的父母、家人多年的支持与鼓励,特别是我妻子与女儿的支持与理解,她们对我生活的辛苦操劳、精心照顾,使我有更多的时间投入到教学和科研工作之中。衷心感谢我所拥有的一切爱与关怀,我只有加倍努力、不断进取,才是对他们最好的报答。

限于笔者的水平和合作社体系观察的长期性特点等原因,本研究肯定有不足之处,敬请各位同行批评指正!

罗建利